国家出版基金项目
NATIONAL PUBLICATION FOUNDATION

| 李顿调查团档案文献集 |

主编　张　生

"国史馆"藏档（二）

编者　陈海懿　常国栋　张　任

南京大学出版社

本书由

国家社会科学基金"抗日战争研究"专项工程
"国外有关中国抗日战争史料整理与研究之一：李顿调查团档案翻译与研究"(16KZD017)

教育部人文社会科学重点研究基地"南京大学中华民国史研究中心"
重大项目"战时中国社会"(19JJD770006)

南京大学人文基金

江苏省优势学科基金第三期

资助

编译委员会

主　编　张　生
副主编　郭昭昭　陈海懿　宋书强　屈胜飞　陈志刚

编译者　张　生　南京大学中华民国史研究中心教授
　　　　王希亮　黑龙江省社会科学院历史研究所研究员
　　　　郭昭昭　江苏科技大学马克思主义学院副教授
　　　　陈志刚　西南大学历史文化学院副教授
　　　　宋书强　中国药科大学马克思主义学院讲师
　　　　屈胜飞　浙江工业大学马克思主义学院讲师
　　　　陈海懿　南京大学历史学院助理研究员
　　　　万秋阳　南京晓庄学院外国语学院日语系讲师
　　　　殷昭鲁　鲁东大学马克思主义学院副教授
　　　　孙洪军　江苏科技大学马克思主义学院副教授
　　　　李英姿　江苏科技大学马克思主义学院副教授
　　　　颜桂珍　浙江工业大学马克思主义学院副教授
　　　　黄文凯　广西大学文学院副教授
　　　　翟意安　南京大学历史学院讲师
　　　　杨　骏　南京大学历史学院讲师
　　　　向　明　江苏科技大学马克思主义学院讲师
　　　　王小强　江苏科技大学马克思主义学院讲师
　　　　郭　欣　中国药科大学马克思主义学院讲师
　　　　赵飞飞　鲁东大学马克思主义学院讲师
　　　　孙绪芹　南京体育学院休闲体育系讲师
　　　　刘　齐　南京大学历史学院博士后
　　　　徐一鸣　南京大学历史学院博士研究生

常国栋　南京大学历史学院博士研究生

苏　凯　南京大学历史学院博士研究生

马　瑞　南京大学历史学院博士研究生

菅先锋　南京大学历史学院博士研究生

吴佳佳　南京大学历史学院博士研究生

张圣东　日本明治大学文学研究科博士研究生

张一闻　日本明治大学文学研究科博士研究生

叶　磊　中山大学历史学系博士研究生

史鑫鑫　南京大学历史学院硕士研究生

李剑星　南京大学历史学院硕士研究生

马海天　南京大学历史学院硕士研究生

张雅婷　南京大学历史学院硕士研究生

杨师琪　南京大学历史学院硕士研究生

潘　健　南京大学历史学院硕士研究生

唐　杨　南京师范大学马克思主义学院硕士研究生

郝宝平　江苏科技大学马克思主义学院硕士研究生

陈梦玲　江苏科技大学马克思主义学院硕士研究生

张　任　江南大学马克思主义学院硕士研究生

黎纹丹　西南大学外国语学院硕士研究生

朱心怡　西南大学外国语学院硕士研究生

杨　溢　西南大学外国语学院硕士研究生

孙学良　西南大学外国语学院硕士研究生

孙　莹　西南大学外国语学院硕士研究生

费　凡　浙江师范大学人文学院硕士研究生

竺丽妮　浙江师范大学外国语学院硕士研究生

戴瑶瑶　浙江师范大学外国语学院硕士研究生

杨　越　西安电子科技大学

曹文博　浙江工业大学外国语学院

余松琦　西南大学含宏学院

序　言

中国历史的奥秘,深藏于大兴安岭两侧的广袤原野。

明治维新以来,日本企图步老牌帝国主义后尘,争夺所谓"生存空间";俄国自彼得大帝新政,不断东进,寻找阳光地带和不冻港。日俄竞争于中国东北,流血漂杵;日本逐步占得上风,九一八事变发生,中国面临亡国灭种的新危机。

日本侵华之际,世界已进入全球化的新时代,民族国家成为国际社会的主体,以国际条约体系规范各国的行为,以政治和外交手段解决彼此的分歧,是国际社会付出重大代价以后得出的共识。而法西斯、军国主义国家如德、意、日,昧于世界大势,穷兵黩武,以求一逞。以故意制造的借口,发动侵华战争,霸占中国东北百余万平方公里土地、数千万人民,是日本昭显于世的侵略事实。

国际联盟(League of Nations)应中国方面之吁请,派出国联调查团处理此事。1932年1月21日,国联调查团正式成立。调查团团长由英国人李顿爵士(The Rt. Hon. The Earl of Lytton)担任,故亦称李顿调查团(Lytton Commission)。除李顿外,美国代表为麦考益将军(Gen. McCoy),法国代表为亨利·克劳德将军(Gen. Claudel),德国代表为希尼博士(Dr. Schnee),意大利代表为马柯迪伯爵(H. E. Count Aldrovandi)。为显示在中日间不做左右袒,国联理事会还决定顾维钧作为顾问代表中国参加工作,吉田伊三郎代表日方。代表团秘书长为国联秘书处哈斯(Mr. Robert Haas)。代表团另有翻译、辅助人员。1932年9月4日,代表团完成报告书,签署于中国北平。报告书确认:第一,九一八事变之责任,完全在于日本,而不在中国;第二,伪满洲国政权非由真正及自然之独立运动所产生;第三,申明东三省为中国领土。日本为此恼羞成怒,退出国联,自

1

绝于国际社会。

《李顿调查团档案文献集》就是反映李顿调查团组建、调查过程、调查结论、各方反应和影响的中、日等国相关资料的汇编,对于研究九一八事变和李顿调查团,具有重要的参考价值。

如何看待李顿调查团来东亚调查的来龙去脉?笔者认为应有三个维度的观照:

其一,在中国发现历史。

美国历史学家柯文提出的这一范式,相比"冲击—反应"模式,即从外部冲击观察中国历史的旧范式,自有其意义。近代以来,由条约体系加持的列强,对中国社会产生了巨大的影响。中国沿海通商口岸是中国最早接触西方世界的部分,在资本主义全球化的过程中得风气之先,所谓"西风东渐",对中国旧有典章制度的影响无远弗届。近代中国在西方裹挟下步履踉跄,蹒跚竭蹶,自为事实。但如果把中国近代历史仅仅看成西方列强冲击之结果,在理论、方法和事实上,均为重大缺陷。

主要从中国内部,探寻历史演进的机制和规律,是柯文提出的范式的意义所在。

事实上,九一八事变发生、国联调查团来华前后,中国社会内部对此作出了剧烈的反应。在瑞士日内瓦所藏国联巨量档案文献中,中国各界通过电报、快邮代电、信函等形式具名或匿名送达代表团的呈文引人注目,集中表达了国难当头之时中华民族谴责日本侵略、要求国际社会主持公道、收回东北主权、确保永久和平的诉求,对代表团、国联和整个国际社会形成了巨大影响,显示了近代中国社会演进的内在动力。

东北各界身受亡国之痛,电函尤多。基层民众虽文化程度不高,所怀民族国家大义却毫不含糊。东北某兵工厂机器匠张光明致信代表团称:"我是中华民国的公民,我不是'满洲国'人,我不拥护这国的伪组织。"高超尘说:"不少日子以前,'满洲国家'即已成立了,但那完全是日本人的主使,强迫我辽地居民承认。街上的行人,日人随便问'您是哪国人',你如说是'满洲人'便罢,如说是中国人,便行暴打以至死。"辽宁城西北大橡村国民小学校致函称:"逐出日本军,打到[倒]'满洲国',宁做战死鬼,不做亡国民。"陈子耕揭露说:"自事变以后,日本恶势力已伸张入全东北,如每县的政事皆由日人权势下所掌握,复又收买警察、军人、政客等,以假托民意来欺骗世界人的耳目,硬说建设'满洲国'是中华人民的意思,强迫人民全出去游行,打着欢迎建设'新国家'的旗号……我誓死不忘我的中华祖国,敢说华人莫非至心不跳时、血停时,不然一定于[与]他们周旋。"小学生何子明来信说:"我小学生告诉您们'满洲国'成立我不赞成……有一天我在学校,日本人去了,教我们大家一齐说'大日本万岁',我们要不说他就杀我们,把我迫不得已的就说了。其中有一位七岁的小孩,他说'大中华万岁! 打倒小日本!'日本人听了就立刻把那个小同学杀了,真叫我想起来就愁啊。"

经济地位和文化水平较高者,则向代表团分析日本侵占中国东北的深远危害。哈尔滨商民代表函称:"虽然,满洲吞并,恐不惟中国之不利。即各国之经济,亦将受其影响。世界二次大战,迫于眉睫矣。"中国国民党青年团哈尔滨市支部分析说:"查日本军阀向有一贯之对外积极侵略政策,吾人细玩以前田中义一之满蒙大陆政策,及最近本庄繁等上日本天皇之奏折,可以看出其对外一贯之积极侵略政策,即第一步占领满蒙,第二步并吞中国,第三步征服世界是也。……以今日之日本蕞尔岛国,世界各国尚且畏之如虎,而况并有三省之后版图增大数倍,恐不数年后,即将向世界各国进攻,有孰敢撄其锋镝乎?……勿徒视为亚洲人之事,无关痛痒,失国联之威信,而贻噬脐之后悔也。"

不惟东北民众,民族危亡激起了全中国人的爱国心。清华大学自治会1932年4月12日用英文致函代表团指出:中国面临巨大的困难,好似1806年的德国和1871年的法国,但就像"青年意大利"党人一样,青年人对国家的重建充满信心。日本的侵略,不仅危害了中国,也对世界和平形成严重威胁,青年人愿意为国家流尽"最后一滴血"。而国联也面临着建立以来最大的危机,对九一八事变的处理,将考验它处理全球问题的能力。公平和正义能否实现,将影响到人类的命运。他们向代表团严正提出"五点要求":1. 日本从中国撤军;2. 上海问题与东北问题一起解决;3. 不承认日本侵略和用武力改变的现状;4. 任何解决不得损害中国的领土和主权完整;5. 日本必须对此事件的后果负责。南京海外华侨协会1932年3月16日致电代表团:日本进兵东三省和淞沪地区,"违反了国联盟约和《凯洛格—白里安公约》,扰乱了远东地区和世界的和平。

同时，日本一直在做虚假的宣传，竭力蒙蔽整个世界。我们诚挚地请求你们到现场来，亲眼看看日军对中国人民的生命财产进行怎样的恣意破坏。希望你们按照国际法及司法原则，对其进行制裁。如果你们不能完成这一使命，那么世界上将无任何公平正义可言。在这种情况下，为了民族的生存，我们将采取一切手段自卫，决不会向武力屈服。"

除了档案，中国当时的杂志、报纸，大量地报道了九一八事变和国联调查团相关情况，其关切的细致程度，说明了各界的高度投入。那些浸透着时人忧虑、带着鲜明时代特色的文字表明：九一八事变的发生，对当时的中国社会是一场精神洗礼，每个人都从东北沦陷中感受到切肤之痛。这种舆论和思想的汇合，极大地改变了此后中国社会各界的主要诉求，抗日图存成为压倒性的任务，每一种政治力量都必须对此作出回应。

其二，在世界发现中国历史。

以中国为本位，探讨中国历史的内生力量，是题中应有之义。但全球化以来，中国历史已经成为世界历史的一部分。仅仅依靠中国方面的资料，不利于我们以更加广阔的视野看待中国历史和"九一八"的历史。

事实上，奔赴世界各地"动手动脚找东西"，已经成为中国学者深化中国近现代史，特别是抗战史研究的不二法门。比如，在中日历史问题中占据核心地位的南京大屠杀问题。除中国各地档案馆、图书馆外，中国学者深入美、德、英、日、俄、法、西、意、丹等国相关机构，系统全面地整理了加害者日方、受害者中方和第三方档案文献，发现了大量珍贵文献、图像资料，出版《南京大屠杀史料集》72卷。不仅证明了日军进行大屠杀的残酷性、蓄意性和计划性，也证明南京大屠杀早在发生之时，就引起了各国政府和社会舆论的关注；南京和东京两场审判，进行了繁复的质证，确保了程序和判决的正义；日方细致的粉饰，在中国人民和全世界正义人士的揭露下真相毕露。全球性的资料，不仅深化了历史研究，也为文学、社会学、心理学、新闻传播学、艺术学等跨学科方法进入相关研究提供基础；不仅摧毁了右翼的各种谬论，也迫使日本政府不敢公然否认南京大屠杀的发生和战争犯罪性质。

国际抗战资料，展现了中国抗战史的丰富侧面。如美国驻中国各地使领馆的报告，具体生动地记录了战时中国各区域的社会、政治、军事等各方面情形,对战时国共关系亦有颇有见地的分析;俄、美、日等国档案馆的细菌战资料,揭示了战时日本违反国际法研制细菌武器的规模和使用情况,记录了中国各地民众遭遇的重大伤亡和中国军民在当时条件下的应对,以及暗示了战后美国掩饰"死亡工厂"实情的目的;英美等国档案所反映的重庆大轰炸和日军对中国大中小城市的普遍的无差别轰炸,不仅记录了日本战争犯罪的普遍性,也彰显了战时中国全国军民同仇敌忾、不畏强暴的英勇气概。哈佛大学所藏费吴生档案、得克萨斯州州立大学奥斯汀分校所藏辛德贝格档案、曼彻斯特档案馆所藏田伯烈档案等则从个人角度凸显了中国抗战在"第三方"眼中的图景。

对于李顿调查团的研究,自莫能外。比如,除了前述中国各界给国联的呈文,最近在日内瓦"国联和联合国档案馆"中发现:调查团在日本与日本政要的谈话记录,在中国各地特别是在北平和九一八事变直接相关人士如张学良、王以哲、荣臻等人的谈话记录,调查团在东北实地调查、询问日军高层的记录,中共在"九一八"前后的活动,中国各界的陈情书,日本官方和东北伪组织人员、汉奸的表态,世界各国、各界的反应等。特别是张学良等人反复向代表团说明的九一八事变前夕东北军高层力避冲突的态度,王以哲、荣臻在"九一八"当晚与张学良的联系,北大营遭受日军进攻以后东北军的反应等情况,对于厘清九一八事变真相,有着不可取代的意义。

我们通过初步努力发现,李顿调查团成立前后,中方向国联提交了论证东北主权属于中国的篇幅巨大的系统性说帖,顾维钧、孟治、徐道邻等还用英文、德文进行著述。日方相应地提交了由日本旅美"学者"起草的说帖,其主攻点是中国的抗日运动、东北在张氏父子治下的惨淡、东北的"匪患",避而不谈柳条沟事件的蓄意性。日方资料表明,即使在九一八事变发生数月后,其关于"九一八"当晚情形的说辞仍然漏洞百出、逻辑混乱,在李顿询问时不能自圆其说。而欧美学者则向国联提供了第三方意见,如 *The Verdict of the League: China and Japan in Manchuria*(《国联的裁决:中日在满洲》),哈佛大学法学院教授曼利·哈德森(Manley O. Hudson)著;*Manchuria: Cradle of Conflict*(《满洲:冲突的策源地》),欧文·拉铁摩尔(Owen Lattimore)著;*The Manchuria Arena: An Australian View of the Far Eastern Conflict*(《满洲竞技场:远东冲突的澳洲视角》），卡特拉克（F.M. Cutlack）著；*The Tinder Box of Asia*（《亚洲的火药桶》），乔治·索科尔斯基（George E. Sokolsky，中文名索克斯）著；*The World's Danger Zone*（《世界的危险地带》），舍伍德·艾迪（Sherwood Eddy）著；等等，为国联理解中国东北问题提供了有益的视角。另外，收藏在美国斯坦福大学胡佛研究所的蒋介石日记等也反映了当时国民政府高层的态度和举措。

这次出版的资料中，收集了中国台湾地区的"国史馆"藏档，日本外务省藏档，国联和联合国档案馆 S 系列藏档等多卷档案。丰沛的资料说明，即使是李顿调查团这样过去在大学教材中只是以一两段话提出的问题，其实仍有海量的各种海外文献可资研究。

可以说，世界各地抗日档案和各种资料，不仅补充了中国方面的抗日资料，也弥补了"在中国发现历史"范式的不足，体现了历史唯物主义对历史研究全面性、客观性的要求，自然地延伸推导出"在世界发现中国历史"的新命题。把"中国的"和"世界的"结合起来，才能更深广、入微地揭示抗日战争史的内涵。

其三，在中国发现世界历史。

中国历史，是世界历史的重要组成部分；中国抗战，构成了第二次世界大战的东亚主战场。离开中国历史谈世界历史注定是不周全的。只有充分发掘中国历史的世界意义，世界史才能获得真正的全球史意义。

过往的抗战史国际化，说明了中国抗战的世界意义。研究发现，东北抗联资料不仅呈现了十四年抗战的艰苦过程，也说明了战时东北亚复杂的国际关系。日方资料中的"华北治安战""清乡作战"资料，从反面反映了八路军、新四军的顽强，其牵制大量日军的事实，从另一面说明中共敌后游击战所发挥的中流砥柱作用。1937 年 12 月 12 日在南京江面制造"巴纳号事件"的日军航空兵官兵，后来是制造"珍珠港事件"的主力之一，说明了中国抗战与太平洋战争的联系。参与制造九一八事变、华北事变和南京大屠杀的许多日军部队，后来在太平洋战场上被美澳等盟国军队消灭，说明了太平洋战场和中国战场的相互支持。中国军队在滇缅战场的作战和在越南等地的受降，中国对朝鲜、马来亚、越南等地游击战和抗日斗争的介入和帮助，说明了中国抗战对东亚、东南亚解放的意义和价值。对大后方英美军人、"工合"人士、新闻界和其他各界人士的研究,彰显了抗日统一战线的多重维度,等等。这对我们的研究富有启发性意义。

李顿调查团的相关资料表明,九一八事变及其后续发展,具有深刻的世界史含义。

麦金德1902年在英国皇家地理学会发表文章,提出"世界岛"的概念。麦金德认为,地球由两部分构成:由欧洲、亚洲、非洲组成的世界岛,是世界上面积最大、人口最多、最富饶的陆地组合。在"世界岛"的中央,是自伏尔加河到长江,自喜马拉雅山脉到北极的心脏地带,在世界史的发展中具有重要意义。其实,就世界近现代史而言,中国东北具有极其重要的地缘战略意义,堪称"世界之砧"——美国、俄罗斯、日本等这些当今世界的顶级力量,无不在中国东北及其周边地区倾注心力,影响世界大局。

今天看来,李顿调查团的组建,是国际社会运用国际规约积极调解大国冲突、维护当时既存的凡尔赛—华盛顿体系的一次尝试。参与各国均为当时世界强国,即为明证。

英国作为列强中在华条约利益最丰的国家,积极投入国联调查团的建立。张伯伦、麦克米伦等知名政治家均极愿加入代表团,甚至跟外交部官员暗通款曲,询问排名情况。李顿在中日间多地奔波,主导调查和报告书的起草,正是这一背景的反映。

美国作为国联非成员国,积极介入调查团,说明了美国对远东局势的关切,其态度和不承认日本用武力改变当时中国领土主权现状的"史汀生主义"是一致的。日美之间的紧张关系,一直延续到珍珠港事变发生。在日美最终谈判中,中国的领土和主权,仍然是美方的先决条件。可以说,九一八事变,从大历史的角度看,是改变日本和美国国运的大事。

苏联在国联未能采取强力措施制止日本侵略后,默认了伪满洲国的存在,后甚至通过对日条约加以承认,其对日本的忍让和妥协,延续到它对日本宣战。但日本关东军土力在苏联牵制下不敢贸然南下,影响了中国抗日战争的形态。

日本侵占中国东北,却始终得不到中国和国际主流社会的承认,乃不断扩大侵略,不仅影响了对苏备战,也使得其在"重庆政权之所以不投降,是因为有英美支持"的判断下，不断南进，最终自取灭亡。2015年8月14日，日本首相安倍晋三在战后70年讲话中承认："日本迷失了世界大局。满洲事变以及退出国际联盟——日本逐渐变成国际社会经过巨大灾难而建立起来的新的国际秩序的挑战者，前进的方向有错误，而走上了战争的道路。其结果，70年前，日本战败了。"从这个意义上说，九一八事变—李顿调查—退出国联，成为日本近代史的转折点。

亚马孙雨林的蝴蝶振动翅膀，可能在西太平洋引发一场风暴。发生在沈阳一个小地方的九一八事变，成为今天国际秩序的肇因。其故焉在？马克思和恩格斯在《德意志意识形态》中指出：在历史演进的过程中，人的"普遍交往"逐步发展起来，"狭隘地域性的个人为世界历史性的、真正普遍的个人所代替"。近代以来中国人民的历史，与世界历史共构而存续。

回望李顿调查团的历史，我仿佛感受到了太平洋洋底的咆哮呼啸前来，如同雷鸣。

是为序。

张 生

2019年10月

出版凡例

一、本文献集所选资料,原文中的人名、地名、别字、错字及不规范用字等,为尊重历史和文献原貌,均原文照录。因此而影响读者判断、引用之处,除个别需说明情况以脚注"译者按"或"编者按"形式标出外,别字、错字在其后以"〔 〕"注明正字;增补的字,以"【 】"标明之;因原文献漫漶不清而缺字处,用"□"标识。

二、凡采用民国纪年或日本天皇年号纪年者等,为尊重历史和文献原貌,均原文照录。台湾地区的文献中涉及政治人物头衔和机构名称者,按有关规定处理,在页下一并说明。

三、所选资料均在起始处说明来源,或在文后标注其详细来源信息。

四、外文文献译文中,日本人名从西文文献译出者,保留其西文拼法,以便核对;其余外国人名,均在某专题或文件中第一次出现时标其西文拼法。不同时期形成的中文文献中涉及的外国人名、地名翻译差异较大,为尊重历史和文献原貌,一般不作改动。

五、所选文献经过前人编辑而加脚注注释者,以"原编辑者注"保留在页下。

六、所选资料中原有污蔑中国人民、美化日本侵略之词,或基于立场表达其看法之处,为尊重历史和文献原貌,不改动原文,或在页下特别说明,请读者加以鉴别。

本册说明

　　本册文献集所编录资料均来自台湾"国史馆"所藏"外交部"全宗档案,都是基于"李顿""国联调查""国际联盟调查团"等关键字检索所得档案,可以分为五个部分,即 1. 外交部与军事委员会委员长蒋中正等接洽中日纠纷之文电;2. 东省事变之解决方针及措置(第一、二、三、四、五卷);3. 国联调查团报告;4. 东省事变(二);5. 各国对东省事变之态度及舆论(第四、七卷)。本册文献集编排遵照原始档案全宗的页码顺序。主要内容兹分述如下:

　　第一部分是"外交部与军事委员会委员长蒋中正等接洽中日纠纷之文电"卷,时间跨度为 1931 年 9 月 19 日至 1933 年 3 月 3 日。自九一八事变翌日,日本政府遣使馆人员与国民政府外交部交涉侨民问题,到蒋介石与国民政府要员们谈论外交态度取舍为止。主要内容包括:九一八事变后日军在东北的侵略情形;李顿报告书出台前后,日本进行的分化工作;张学良向国民政府反映榆关、热河等地防务;国联九国起草委员会的态度变化;外交部关于国联最后报告书通过后中国应取态度之建议;蒋介石关于召回驻日公使的意见等。

　　第二部分是"东省事变之解决方针及措置"系列档案,分有五个卷宗:

　　(一)时间跨度为 1931 年 9 月 19 日至 1933 年 8 月 15 日,内容包括:九一八事变后爱国组织及个人呈送外交部的御侮建议;张学良与国民政府之间关于应付九一八事变后严重局面的往来函电;东北义勇军与外交部往来函电;东北外交研究委员会与外交部之间关于利用国际力量解决九一八事变的往来函电;驻外使馆人员条陈救国方略等。

　　(二)时间跨度为 1931 年 10 月 1 日至 1932 年 4 月 28 日,内容包括:特种外交委员会出台关于对日交涉的决议;国民党四全大会对日问题决议草案;特种外交委员会对锦州事件的认知与解决办法;颜惠庆与外交部关于提引国联盟约条约问题的往来电文;一·二八事变的善后解决问题。

（三）时间跨度为 1932 年 12 月 4 日至 1933 年 12 月 10 日,内容包括:汪精卫抗击日本侵略的思想,阐述交涉与抵抗并行之方针;日内瓦代表团对李顿报告书之研判;国民政府与日本断绝外交关系之讨论;对国联大会决议草案之修改意见;国民政府西南政务委员会对解决东三省问题之建议;国民政府对国联最后报告书的判断与策略;国民政府关于运用外交手段,引用国联盟约制裁日本的讨论;热河败绩对外交方面的影响等。

（四）时间跨度为 1931 年 9 月 25 日至 1934 年 3 月 9 日,内容包括:华北情形处置与对日外交政策办法;顾维钧关于回复罗斯福宣言之建议;1933 年 2 月至 9 月间国联大会常会中国代表演词要点;国民政府与苏联接洽之经过等。

（五）时间跨度为 1932 年 5 月 21 日至 1932 年 12 月 2 日,内容包括:日内瓦中国代表团与外交部之间关于接受李顿报告书时的对外声明各项原则之往来电文;顾维钧就日方松冈言论、经济抵制、李顿报告书等问题在国联的陈述意见;日内瓦中国代表团对国内时局之意见;特种外交委员会就李顿报告书、顾问会议、东三省善后等问题,对日内瓦中国代表团之指示;日本对调查团的态度与对侵华行为之辩护等。

第三部分是"国联调查团报告"卷,时间跨度为 1932 年 5 月 1 日到 1932 年 11 月 28 日,收录了自国联调查团报告草案形成后,外交部关于报告书的函电。比如:国联调查委员会预备报告书;撰写李顿报告书地点之选择;日本对李顿报告书的关注情形;交通部对报告书之建议等。

第四部分是"东省事变（二）"卷,时间跨度为 1932 年 11 月 21 日至 1933 年 2 月 17 日,包括:国联行政院召开特别会议讨论李顿报告书;围绕国联最后报告书最终出台,中日以及各国代表在历次会议中关于中日纠纷的陈述、认知与抉择;国联十九国委员会报告书全文接收和转译事宜等。

第五部分是"各国对东省事变之态度及舆论",收录其中第四卷和第七卷,时间跨度为 1931 年 11 月 18 日至 1935 年 1 月 30 日。第四卷的内容主要是国联最后报告书出台后,国民政府各驻外使节呈报各国对中日纠纷的看法、态度与舆论,包括驻比利时、墨西哥、巴拿马、危地马拉、苏联、加拿大、意大利等国使领馆。第七卷的内容主要包括:各国在日内瓦国联会议期间的态度,以及与中方的晤谈情形;各国报纸及舆论界在此时间段内的批评与倾向。各国与中方外交人员商谈有关国联最后报告书的具体情况,涉及苏联、英国、美国、法国、捷克、西班牙、爱尔兰、瑞典、加拿大、德国、意大利等国家。

目　录

序　言……………………………………………………………… 1

出版凡例…………………………………………………………… 1

本册说明…………………………………………………………… 1

一、外交部与军事委员会委员长蒋中正等接洽中日纠纷之文电 … 1

　　1. 外交部致南昌行营蒋主席电(1931 年 9 月 19 日) …………… 1

　　2. 外交部致南昌行营蒋主席电(1931 年 9 月 19 日) …………… 1

　　3. 外交部致南昌行营蒋主席电(1931 年 9 月 19 日) …………… 2

　　4. 汉口蒋委员长致外交部电(1932 年 7 月 4 日) ……………… 3

　　5. 外交部致汉口蒋委员长电(日期不详) ………………………… 3

　　6. 汉口蒋委员长致外交部电(1932 年 9 月 11 日) …………… 4

　　7. 外交部致汉口蒋委员长电(1932 年 9 月 18 日) …………… 4

　　8. 外交部致汉口蒋委员长电(1932 年 9 月 18 日) …………… 5

　　9. 汉口蒋委员长致外交部电(1932 年 9 月 20 日) …………… 5

　　10. 汉口蒋委员长致外交部电(1932 年 9 月 18 日) …………… 5

　　11. 外交部致汉口蒋委员长电(1932 年 10 月 27 日) ………… 6

　　12. 刘次长照译颜代表自日内瓦来电(1932 年 10 月 26 日) … 6

　　13. 刘次长照译顾公使自巴黎来电(1932 年 10 月 26 日) …… 7

　　14. 汉口蒋委员长致外交部电(1932 年 10 月 29 日) ………… 7

　　15. 东京蒋作宾致外交部电(1932 年 10 月 27 日) …………… 7

　　16. 外交部致长沙蒋委员长电(1932 年 11 月 2 日) ………… 8

　　17. 照译颜代表自日内瓦来电(1932 年 11 月 3 日) ………… 8

　　18. 外交部致汉口蒋委员长电(1932 年 11 月 4 日) ………… 9

　　19. 外交部致汉口蒋委员长电(1932 年 11 月 5 日) ………… 10

1

20. 外交部致汉口蒋委员长电(1932年11月5日) ·················· 10

21. 外交部致汉口蒋委员长电(1932年11月8日) ·················· 11

22. 外交部致林主席、蒋委员长电(1932年11月6日) ·············· 11

23. 外交部致汉口蒋委员长电(1932年11月12日) ················· 12

24. 外交部致蒋委员长函稿(日期不详) ························· 12

25. 外交部致汉口蒋委员长电(1932年11月22日) ················· 13

26. 外交部致汉口蒋委员长(1932年11月22日) ·················· 13

27. 外交部致汉口蒋委员长电(1932年11月23日) ················· 13

28. 外交部致汉口蒋委员长电(1932年11月25日) ················· 14

29. 外交部致汉口蒋委员长电(1932年11月26日) ················· 14

30. 外交部致汉口蒋委员长电(1932年11月26日) ················· 14

31. 外交部致汉口蒋委员长电(1932年11月28日) ················· 15

32. 外交部致汉口蒋委员长电(1932年11月29日) ················· 15

33. 外交部致汉口蒋委员长电(日期不详) ······················ 15

34. 汉口蒋委员长致外交部电(1932年12月2日) ················· 16

35. 外交部致汉口蒋委员长电(1932年12月2日) ················· 16

36. 外交部致汉口蒋委员长电(1932年12月3日) ················· 17

37. 汉口蒋委员长致外交部电(1932年12月4日) ················· 17

38. 外交部致汉口蒋委员长电(1932年12月8日) ················· 17

39. 外交部致汉口蒋委员长电(1932年12月9日) ················· 18

40. 外交部致蒋委员长电(1932年12月13日) ···················· 18

41. 豫鄂皖三省剿匪总司令部致外交部电(1932年12月19日) ····· 18

42. 外交部致事委员会蒋委员长、军政部何部长电(1933年1月2日)

·· 19

43. 外交部致宋代院长、蒋委员长电(1933年1月4日) ············ 19

44. 外交部致蒋委员长电(1933年1月7日) ····················· 19

45. 外交部致宋院长、蒋委员长电(1933年1月7日) ·············· 20

46. 外交部致军委会蒋委员长电(1933年1月8日) ················ 20

47. 外交部致军事委员会蒋委员长电(1933年1月8日) ············ 21

48. 外交部致宋院长、蒋委员长电(1933年1月13日) ············· 21

49. 外交部致军事委员会蒋委员长、北平张委员电(日期不详) ········ 22

50. 外交部致蒋委员长、张委员电(1933年1月18日) ·············· 22

51. 外交部致蒋委员长、张委员电(1933年1月18日) ·············· 23

52. 外交部致蒋委员长、军政部、参谋本部电(1933年1月20日) ··· 23

53. 外交部致蒋委员长电(1933年1月30日) ·············· 23

54. 外交部致军事委员会、军政部电(1933年1月23日) ·············· 24

55. 外交部致宋院长、蒋委员长电(1933年1月26日) ·············· 24

56. 外交部致南昌蒋委员长电(1933年1月29日) ·············· 25

57. 外交部致南昌蒋委员长电(1932年1月30日) ·············· 26

58. 外交部致蒋委员长、何部长电(1933年1月26日) ·············· 26

59. 外交部致军事委员会蒋委员长、宋院长电(1933年1月27日)

·············· 27

60. 外交部致南昌蒋委员长电(1933年1月31日) ·············· 27

61. 外交部致南昌蒋委员长电(1933年2月3日) ·············· 28

62. 外交部致南昌蒋委员长、北平张委员电(1933年2月3日) ······ 28

63. 汉口杨永泰致外交部电(1933年2月7日) ·············· 29

64. 外交部致南昌蒋委员长、北平张委员和广州张委员慎微电(1933年2
月12日) ·············· 29

65. 南昌蒋委员长致外交部电(1933年2月14日) ·············· 29

66. 南昌蒋委员长致外交部电(1933年2月14日) ·············· 30

67. 外交部致南昌蒋委员长电(1933年2月17日) ·············· 30

68. 南昌蒋委员长致外交部电(1933年2月17日) ·············· 31

69. 外交部致南昌蒋委员长电(1933年2月17日) ·············· 31

70. 南昌蒋委员长致外交部电(1933年2月19日) ·············· 32

71. 外交部致南昌蒋委员长等处电(1933年2月20日) ·············· 32

72. 外交部致南昌蒋委员长等处电(1933年2月21日) ·············· 32

73. 南昌蒋委员长致外交部电(1933年2月23日) ·············· 33

74. 外交部致南昌蒋委员长、北平张委员和广州张委员慎微电(1933年2
月23日) ·············· 33

75. 外交部致南昌蒋委员长等处电(1933年2月25日) ·············· 33

76. 外交部致南昌蒋委员长等处电(1933年2月25日) ·············· 34

77. 南昌蒋委员长致外交部电(1933年2月27日) ·············· 34

78. 外交部致南昌蒋委员长电(1933年2月27日) …………… 35

79. 南昌蒋委员长致外交部电(1933年2月27日) …………… 35

80. 日内瓦颜代表等致外交部电(1933年2月29日) ………… 36

81. 南昌蒋委员长致外交部电(1933年3月1日) …………… 36

82. 南昌蒋委员长来电(1933年3月2日) …………………… 37

83. 南昌蒋委员长致外交部电(1933年3月3日) …………… 37

二、东省事变之解决方针及措置(一) ……………………… 38

1. 外交部致驻西班牙公使馆电(1931年9月24日) ………… 38

2. 外交部致驻秘鲁使馆并转驻中南美各使馆电(1932年5月24日)

   ………………………………………………………… 38

3. 驻奥地利亚公使馆呈外交部电(1932年9月21日) ……… 39

4. 驻奥利地亚公使馆呈外交部电(1933年8月15日) ……… 48

5. 三宝垄张国威致外交部电(1931年10月15日) ………… 55

6. 维也纳童德乾致外交部电(1931年11月15日) ………… 55

7. 黑河权世恩致外交部电(1931年11月27日) …………… 56

8. 黑河权世恩致外交部电(1932年3月15日) …………… 56

9. 黑河权世恩致外交部电(1932年3月18日) …………… 57

10. 黑河权世恩致外交部电(1932年3月25日) …………… 58

11. 维也纳童德乾致外交部电(1932年4月30日) ………… 59

12. 维也纳童德乾致外交部电(1932年12月18日) ………… 59

13. 里斯本王廷璋致南京外交部电(1933年1月22日) …… 59

14. 罗马潘佑聚致南京外交部电(1933年4月20日) ……… 60

15. 维也纳童德乾致南京外交部电(1933年4月20日) …… 60

16. 伊利诺伊大学芝加哥分校中国学生会致南京外交部电(1931年9月
    22日) …………………………………………………… 61

17. 北平河北省党务整理委员致外交部电(1931年9月20日) … 61

18. 伦敦留英学生会致南京外交部电(1931年9月24日) …… 62

19. 南京外交部致童萱甫电(1931年9月25日) …………… 62

20. 伦敦总领馆转互助工团正义工商会等致南京外交部电(1931年9月
    26日) …………………………………………………… 62

21. 河北省青县县长黄德中致外交部电(1931 年 9 月 28 日) ········ 63

22. 韩修德致外交部电(1931 年 9 月 28 日) ························ 64

23. 外交部致北平冯庸大学职员联合会电(1931 年 10 月 6 日) ······ 66

24. 河北省青县县长黄德中致外交部电(一)(1931 年 10 月 6 日) ··· 66

25. 河北省青县县长黄德中致外交部电(二)(1931 年 10 月 6 日) ··· 69

26. 鲍振青致外交部电(1931 年 10 月 31 日) ····················· 71

27. 关于对日"案件部分"解决之方针(1931 年 11 月 4 日) ········· 73

28. 江苏省国难救济会致南京外交部电(1931 年 12 月 30 日) ······· 75

29. 北平胡适致南京外交部电(1932 年 2 月 9 日) ················· 77

30. 外交部致胡适电(1932 年 2 月 11 日) ························· 77

31. 外交部致华侨救国义赈会电(1932 年 5 月 5 日) ··············· 77

32. 外交部致热河旅平同乡抗日救国会电(1932 年 8 月 10 日) ······ 78

33. 外交部致北平张副司令急电(1931 年 9 月 19 日) ·············· 78

34. 外交部致北平张副司令急电(1931 年 9 月 23 日) ·············· 78

35. 北平张学良致外交部电(1931 年 9 月 28 日) ·················· 80

36. 外交部致北平张副司令急电(1931 年 11 月 12 日) ············· 81

37. 北平情报处致外交部电(1931 年 12 月 9 日) ·················· 81

38. 外交部致海伦马主席电(1931 年 12 月 19 日) ················· 82

39. 北平外交研究委员会致外交部电(1932 年 1 月 14 日) ·········· 83

40. 外交部致北平张绥靖主任电(1932 年 2 月 1 日) ··············· 84

41. 外交部致北平张主任电(1932 年 2 月 6 日) ··················· 84

42. 外交部致北平张委员电(1932 年 12 月 15 日) ················· 85

43. 北平张学良致外交部电(1931 年 9 月 19 日) ·················· 86

44. 外交部致北平张副司令急电(1931 年 9 月 20 日) ·············· 86

45. 外交部致北平张副司令急电(1931 年 9 月 21 日) ·············· 87

46. 北平张学良致外交部电(1931 年 9 月 21 日) ·················· 87

47. 北平张学良致外交部电(1931 年 9 月 21 日) ·················· 87

48. 北平张学良致外交部电(1931 年 9 月 21 日) ·················· 88

49. 外交部致北平张副司令急电(1931 年 9 月 26 日) ·············· 88

50. 外交部致北平张副司令急电(1931 年 9 月 28 日) ·············· 89

51. 北平张学良致外交部电(1931 年 9 月 28 日) ·················· 89

52. 外交部致北平张副司令电(1931年10月6日) ┈┈┈┈┈ 90

53. 外交部致北平张副司令电(1931年10月7日) ┈┈┈┈┈ 90

54. 外交部致北平张副司令电(1931年10月17日) ┈┈┈┈┈ 91

55. 外交部致北平张副司令电(1931年10月18日) ┈┈┈┈┈ 91

56. 外交部致北平张副司令电(1931年10月17日) ┈┈┈┈┈ 92

57. 外交部致北平张副司令电(1931年10月21日) ┈┈┈┈┈ 92

58. 外交部致北平张副司令电(1931年11月4日) ┈┈┈┈┈ 92

59. 外交部致北平张副司令电(1931年11月7日) ┈┈┈┈┈ 93

60. 外交部致北平张副司令电(1931年11月) ┈┈┈┈┈┈ 93

61. 外交部致北平张副司令电(1931年11月12日) ┈┈┈┈┈ 93

62. 北平张学良致外交部电(1931年11月26日) ┈┈┈┈┈ 94

63. 外交部致北平张副司令电(1931年11月26日) ┈┈┈┈┈ 94

64. 北平张学良致外交部电(1931年11月29日) ┈┈┈┈┈ 95

65. 顾维钧致张副司令电稿(1931年12月3日) ┈┈┈┈┈ 95

66. 外交部致北平张副司令电(1931年12月4日) ┈┈┈┈┈ 95

67. 海伦马占山致南京国民政府蒋总司令、北平张副司令、万督办电
    (1931年12月16日) ┈┈┈┈┈┈┈┈┈┈┈┈┈┈┈┈ 96

68. 外交部致北平张主任电(1931年12月25日) ┈┈┈┈┈ 97

69. 外交部致北平张长官、天津王主席即急电(1931年12月25日)
    ┈┈┈┈┈┈┈┈┈┈┈┈┈┈┈┈┈┈┈┈┈┈┈┈┈ 97

70. 北平张学良致外交部电(1931年12月27日) ┈┈┈┈┈ 97

71. 外交部致北平张主任电(1931年12月28日) ┈┈┈┈┈ 98

72. 刘哲致外交部电(1931年12月29日) ┈┈┈┈┈┈┈┈ 98

73. 北平张学良致南京外交部电(1931年12月31日) ┈┈┈┈┈ 99

74. 国民政府致张学良电(1931年12月25日) ┈┈┈┈┈┈ 99

75. 国民政府致北平张主任电(1931年12月30日) ┈┈┈┈┈ 100

76. 北平张学良致外交部电(1932年1月3日) ┈┈┈┈┈ 100

77. 北平张学良致南京特种外交委员会电(1932年1月2日) ┈┈ 101

78. 外交部致北平张主任电(1932年1月10日) ┈┈┈┈┈ 102

79. 外交部致北平张主任电(1932年1月11日) ┈┈┈┈┈ 102

80. 北平张学良致南京外交部电(1932年1月11日) ┈┈┈┈┈ 102

81. 外交部致北平张主任电(1932年1月15日) ⋯⋯⋯⋯⋯⋯⋯ 103

82. 外交部致北平张主任电(1932年1月19日) ⋯⋯⋯⋯⋯⋯⋯ 103

83. 外交部致王维宙、刘敬舆先生函(1932年1月26日) ⋯⋯⋯⋯ 103

84. 北平张学良致南京外交部电(1932年2月3日) ⋯⋯⋯⋯⋯⋯ 104

85. 外交部致北平东北外交研究委员会电(1932年2月9日) ⋯⋯ 104

86. 北平东北外交研究委员会致南京外交部电(1932年2月19日)
⋯⋯⋯⋯⋯⋯⋯⋯⋯⋯⋯⋯⋯⋯⋯⋯⋯⋯⋯⋯⋯⋯⋯⋯⋯⋯ 105

87. 外交部致东北外交研究委员会电(1932年2月20日) ⋯⋯⋯⋯ 106

88. 北平张学良致南京外交部电(1932年2月29日) ⋯⋯⋯⋯⋯⋯ 106

89. 外交部致北平张主任电(1932年3月1日) ⋯⋯⋯⋯⋯⋯⋯⋯ 107

90. 北平张学良致蒋总司令、罗部长电(1932年3月2日) ⋯⋯⋯⋯ 107

91. 外交部致北平张主任电(1932年3月3日) ⋯⋯⋯⋯⋯⋯⋯⋯ 108

92. 北平张学良等致南京、洛阳各院部、各委员会等处电(1932年8月1
日) ⋯⋯⋯⋯⋯⋯⋯⋯⋯⋯⋯⋯⋯⋯⋯⋯⋯⋯⋯⋯⋯⋯⋯⋯⋯ 108

93. 北平政委会委员张学良等人通电择要(1932年8月1日) ⋯⋯ 109

94. 罗文干致北平张委员电(1932年12月10日) ⋯⋯⋯⋯⋯⋯⋯ 109

95. 北平张委员致南京外交部罗部长电(1933年1月19日) ⋯⋯⋯ 110

96. 北平张学良致南京外交部罗部长电(1932年12月13日) ⋯⋯ 110

97. 外交部致北平张委员电(1933年2月7日) ⋯⋯⋯⋯⋯⋯⋯⋯ 111

三、东省事变之解决方针及措置(二) ⋯⋯⋯⋯⋯⋯⋯⋯⋯⋯⋯⋯ 112

1. 外交部致日内瓦施部长电(1931年10月1日) ⋯⋯⋯⋯⋯⋯ 112

2. 外交部致驻日本、美公使馆、日内瓦施代表电(1931年10月9日)
⋯⋯⋯⋯⋯⋯⋯⋯⋯⋯⋯⋯⋯⋯⋯⋯⋯⋯⋯⋯⋯⋯⋯⋯⋯⋯ 112

3. 四全大会对日问题决议案草案(1931年) ⋯⋯⋯⋯⋯⋯⋯⋯ 113

4. 无标题(1931年) ⋯⋯⋯⋯⋯⋯⋯⋯⋯⋯⋯⋯⋯⋯⋯⋯⋯⋯ 114

5. 外交部致施代表电(1931年) ⋯⋯⋯⋯⋯⋯⋯⋯⋯⋯⋯⋯⋯ 115

6. 训令颜公使译文(1931年) ⋯⋯⋯⋯⋯⋯⋯⋯⋯⋯⋯⋯⋯⋯ 116

7. 外交部致日内瓦国联会代表电(1931年10月8日) ⋯⋯⋯⋯ 118

8. 外交部致日内瓦施代表电(1931年10月11日) ⋯⋯⋯⋯⋯⋯ 118

9. 外交部致日内瓦中国代表处电(1931年10月13日) ⋯⋯⋯⋯ 119

10. 外交部拟致施代表电(1931 年 10 月 18 日) ……………… 119

11. 外交部致日内瓦施代表电(1931 年 11 月 11 日) ……… 120

12. 外交部致驻法使馆电(1931 年 11 月 21 日) …………… 120

13. 外交部致驻法使馆电(1931 年 11 月 22 日) …………… 121

14. 外交部致驻法使馆电(1931 年 11 月 25 日) …………… 121

15. 外交部致驻法使馆电(1931 年 11 月 25 日) …………… 122

16. 外交部致巴黎施代表电(1931 年 11 月 27 日) ………… 122

17. 外交部致巴黎国际联合会施代表电(1931 年 12 月 2 日) ……… 123

18. 外交部致巴黎国联代表团电(1931 年 12 月 21 日) …… 123

19. 外交部致巴黎代表团电(1931 年 12 月 28 日) ………… 123

20. 外交部与颜代表往来电文节要(1932 年 1 月 9 日) ……… 124

21. 照译颜代表自日内瓦来电(1932 年 2 月 11 日) ………… 126

22. 照译颜代表第二六二号来电(1932 年 3 月 2 日) ……… 126

23. 照译颜代表自日内瓦来电(1932 年 4 月 22 日) ………… 127

24. 日内瓦颜惠庆致外交部电(1932 年 2 月 3 日) ………… 128

25. 照译代表团自日内瓦来电(1932 年 2 月 8 日) ………… 128

26. 照译自日内瓦来电(1932 年 2 月 12 日) ……………… 129

27. 日内瓦颜惠庆致外交部电(1932 年 2 月 19 日) ……… 129

28. 外交部致日内瓦颜代表电(1932 年 2 月 20 日) ……… 130

29. 照译颜代表二月二十一日来电(1932 年 2 月 21 日) …… 130

30. 照译颜代表自日内瓦来电(1932 年 2 月 22 日) ……… 131

31. 照译本国代表团自日内瓦来电(1932 年 2 月 22 日) …… 131

32. 照译颜代表自日内瓦来电(1932 年 2 月 23 日) ……… 131

33. 照译颜代表自日内瓦来电(1932 年 2 月 23 日) ……… 132

34. 照译颜代表自日内瓦来电(1932 年 2 月 24 日) ……… 132

35. 外交部致颜代表、严代办电(1932 年 2 月 24 日) ……… 132

36. 照译颜代表自日内瓦来电(1932 年 2 月 26 日) ……… 133

37. 照译颜代表二五二号来电(1932 年 2 月 28 日) ……… 133

38. 外交部致中国代表团电(1932 年 2 月 28 日) ………… 133

39. 照译颜代表二五八号来电(1932 年 3 月 2 日) ………… 134

40. 照译颜代表自日内瓦来电(1932 年 3 月 3 日) ………… 134

41. 照译日内瓦代表团来电(1932年3月2日) …………………… 134

42. 照译颜代表自日内瓦来电(1932年3月2日) ……………… 135

43. 照译代表团自日内瓦来电(1932年3月4日) ……………… 135

44. 颜代表二六四号来电译意(1932年3月4日) ……………… 135

45. 外交部致日内瓦中国代表处电(1932年3月6日) ………… 136

46. 照译日内瓦代表团来电(1932年3月9日) ………………… 136

47. 照译颜代表自日内瓦来电(1932年3月12日) …………… 136

48. 照译颜代表自日内瓦来电(1932年3月13日) …………… 137

49. 照译颜代表自日内瓦来电(1932年3月17日) …………… 137

50. 照译颜代表自日内瓦来电(1932年3月28日) …………… 138

51. 照译颜代表自日内瓦来电(1932年3月25日) …………… 138

52. 照译颜代表自日内瓦来电(1932年3月21日) …………… 138

53. 外交部致驻日内瓦代表团电(1932年4月2日) …………… 139

54. 外交部致驻日内瓦代表团电(1932年4月4日) …………… 139

55. 照译颜代表自日内瓦来电(1932年4月3日) ……………… 140

56. 照译颜代表自日内瓦来电(1932年4月7日) ……………… 140

57. 照译颜代表三一四号来电(1932年4月17日) …………… 141

58. 照译外交部致颜代表电(1932年4月12日) ……………… 141

59. 照译颜代表自日内瓦来电(1932年4月16日) …………… 141

60. 汪精卫致颜惠庆电(1932年4月28日) …………………… 142

四、东省事变之解决方针及措置(三) ……………………………… 143

1. 照译郭代表自日内瓦来电(1933年12月10日) ………… 143

2. 中国驻日内瓦代表团致外交部电(1933年1月13日) …… 144

3. 照译颜、顾二代表自日内瓦来电(1933年1月16日) …… 146

4. 外交部致日内瓦中国代表处电(1933年1月20日) ……… 146

5. 照译颜顾郭三代表自日内瓦来电(1933年2月17日) …… 147

6. 外交部致日内瓦代表团、华盛顿施代表电(1933年2月24日)

………………………………………………………………… 148

7. 照译顾郭二代表自日内瓦来电(1933年3月3日) ……… 149

8. 日内瓦颜顾郭致外交部电(1932年12月15日) ………… 150

9. 照译颜代表自日内瓦来电(1932 年 12 月 4 日) ·············· 151

10. 照译外交部致日内瓦中国代表团电(1932 年 12 月 8 日) ····· 151

11. 照译颜、顾、郭三代表自日内瓦来电(1932 年 12 月 11 日) ······ 152

12. 外交部致日内瓦代表团电(1932 年 12 月 13 日) ··············· 152

13. 日内瓦顾代表致外交部电(1932 年 12 月 14 日) ·············· 153

14. 照译颜代表自日内瓦来电(1932 年 12 月 14 日) ·············· 153

15. 日内瓦颜、顾、郭三代表致外交部电(1932 年 12 月 15 日) ····· 154

16. 日内瓦吴秀峰致外交部电(1932 年 12 月 15 日) ·············· 154

17. 照译颜、顾、郭三代表自日内瓦来电(1932 年 12 月 16 日) ····· 155

18. 照译日内瓦代表团来电(1932 年 12 月 16 日) ··············· 155

19. 照译颜、顾两代表自日内瓦来电(1932 年 12 月 17 日) ········· 155

20. 照译颜代表自日内瓦来电(1932 年 12 月 18 日) ·············· 156

21. 照译颜代表自日内瓦来电(1932 年 12 月 18 日) ·············· 157

22. 外交部拟致日内瓦代表团电(1932 年 12 月 19 日) ············ 157

23. 日内瓦支部致外交部电(1932 年 12 月 20 日) ··············· 158

24. 照译我国代表团自日内瓦来电(1932 年 12 月 22 日) ·········· 158

25. 照译中国代表团自日内瓦来电(1932 年 12 月 27 日) ·········· 158

26. 外交部致日内瓦颜代表电(1933 年 1 月 6 日) ··············· 159

27. 日内瓦代表处致外交部电(1933 年 1 月 7 日) ··············· 159

28. 外交部致日内瓦代表团电(1933 年 1 月 9 日) ··············· 160

29. 照译颜、顾、郭三代表自日内瓦来电(1933 年 1 月 10 日) ······· 160

30. 日内瓦颜、顾、郭致外交部电(1933 年 1 月 11 日) ··········· 161

31. 日内瓦郭泰祺致外交部电(1933 年 1 月 10 日) ··············· 162

32. 日内瓦戈公振致外交部电(1933 年 1 月 12 日) ··············· 162

33. 照译外交部致日内瓦中国代表团电(1933 年 1 月 15 日) ········· 163

34. 外交部致日内瓦代表团电(1933 年 1 月 18 日) ··············· 164

35. 照译颜代表自日内瓦来电(1933 年 1 月 14 日) ··············· 164

36. 照译颜、顾、郭三代表自日内瓦来电(1933 年 1 月 16 日) ······· 165

37. 外交部致日内瓦代表团电(1933 年 1 月 19 日) ··············· 165

38. 照译颜、顾、郭三代表自日内瓦来电(1933 年 1 月 18 日) ······· 166

39. 照译颜、顾、郭三代表自日内瓦来电(1933 年 1 月 21 日) ········ 166

40．外交部致日内瓦中国代表团、驻美施公使电(1933 年 1 月 22 日)
…………………………………………………………… 167

41．日内瓦代表团致外交部电(1933 年 1 月 22 日) ………… 167

42．照译颜代表自日内瓦来电(1933 年 1 月 26 日) ………… 168

43．日内瓦戈公振致外交部电(1933 年 1 月 26 日) ………… 168

44．外交部致日内瓦代表团电(1933 年 1 月 30 日) ………… 169

45．外交部致日内瓦中国代表团电(1933 年 1 月 31 日) ……… 170

46．照译颜代表自日内瓦来电(1933 年 2 月 16 日) ………… 170

47．照译颜、顾两代表自日内瓦来电(1933 年 2 月 7 日) ……… 170

48．照译颜代表自日内瓦来电(1933 年 2 月 7 日) ………… 171

49．照译颜、顾两代表自日内瓦来电(1933 年 2 月 8 日) ……… 172

50．照译中国代表团自日内瓦来电(1933 年 2 月 15 日) ……… 172

51．照译颜、顾、郭三代表自日内瓦来电(1933 年 2 月 17 日) ……… 173

52．照译颜代表自日内瓦来电(1933 年 2 月 20 日) ………… 173

53．照译代表团日内瓦来电(1933 年 2 月 20 日) …………… 174

54．外交部致日内瓦中国代表团电令(1933 年 2 月 21 日) ……… 174

55．外交部致日内瓦中国代表团电令(1933 年 2 月 21 日) ……… 174

56．外交部致日内瓦中国代表团电令(1933 年 2 月 21 日) ……… 175

57．照译颜、顾、郭三代表自日内瓦来电(1933 年 2 月 21 日) ……… 175

58．照译颜代表自日内瓦来电(1933 年 2 月 24 日) ………… 176

59．照译外交部致日内瓦代表团去电(1933 年 2 月 25 日) ……… 176

60．照译顾代表自日内瓦来电(1933 年 2 月 24 日) ………… 177

61．日内瓦代表办事处致外交部电(1933 年 2 月 26 日) ……… 177

62．照译代表团日内瓦来电(1933 年 2 月 26 日) …………… 178

63．照译颜代表自日内瓦来电(1933 年 2 月 28 日) ………… 179

64．外交部致日内瓦代表团电(1933 年 2 月 27 日) ………… 179

65．照译外交部致日内瓦代表团去电(1933 年 3 月 1 日) ……… 179

66．照译外交部致日内瓦代表团去电(1933 年 3 月 3 日) ……… 180

67．照译外交部致日内瓦代表团去电(1933 年 3 月 5 日) ……… 180

68．照译日内瓦颜、顾两代表来电(1933 年 3 月 5 日) ……… 180

69．日内瓦钧、祺致外交部电(1933 年 3 月 5 日) …………… 181

70. 日内瓦顾维钧致外交部电(1933 年 3 月 6 日) ……………… 181

71. 日内瓦顾维钧致外交部电(1933 年 3 月 6 日) ……………… 182

72. 日内瓦颜、顾、郭三代表致外交部电(1933 年 3 月 6 日) ……… 182

73. 日内瓦顾维钧致外交部电(1933 年 3 月 7 日) ……………… 183

74. 蒋委员长致日内瓦颜、顾、郭三代表电(1933 年 3 月 13 日) … 183

75. 照译颜、顾、郭三代表自日内瓦来电(1933 年 3 月 13 日) ……… 184

76. 照译外交部致日内瓦代表团电(1933 年 3 月 15 日) ………… 184

五、东省事变之解决方针及措置(四) ………………………… 185

1. 外交部致日内瓦中国代表电(1933 年 3 月 19 日) ………… 185

2. 顾代表自日内瓦来电(1933 年 4 月 26 日) ………………… 186

3. 照译顾公使自巴黎来电(1933 年 5 月 18 日) ……………… 186

4. 本年国联大会常会中国代表演词要点(1933 年 9 月 18 日) …… 187

5. 日内瓦顾维钧、郭泰祺致外交部电(1933 年 10 月 2 日) ……… 188

6. 日内瓦颜、顾、郭三代表致外交部电(1933 年 3 月 18 日) …… 189

7. 外交部致日内瓦中国代表团电(1933 年 3 月 21 日) ………… 190

8. 日内瓦颜、顾、郭致外交部电(1933 年 3 月 23 日) ………… 190

9. 照译顾代表自日内瓦来电(1933 年 3 月 27 日) …………… 190

10. 照译外交部致日内瓦中国代表团电(1933 年 3 月 27 日) ……… 191

11. 日内瓦郭泰祺致外交部电(1933 年 3 月 29 日) …………… 191

12. 日内瓦郭泰祺致汪精卫电(1933 年 4 月 2 日) …………… 192

13. 外交部致日内瓦郭泰祺电(1933 年 4 月 3 日) …………… 192

14. 照译顾、郭两代表自日内瓦来电(1933 年 4 月 5 日) ……… 192

15. 照译顾、郭两代表自日内瓦来电(1933 年 4 月 5 日) ……… 194

16. 日内瓦顾维钧等致外交部电(1933 年 4 月 20 日) ………… 194

17. 外交部致日内瓦、华盛顿、莫斯科中国代表处电(1933 年 4 月 22 日)
………………………………………………………… 195

18. 外交部致日内瓦代表团,伦敦、巴黎公使馆电(1933 年 5 月 1 日)
………………………………………………………… 195

19. 外交部致纽约、日内瓦、伦敦公使电(日期不详) ………… 196

20. 照译顾代表自巴黎来电(1933 年 5 月 19 日) ……………… 196

21. 外交部拟致顾公使稿(1933年5月20日) ······················ 197

22. 日内瓦顾代表致外交部电(1933年5月26日) ·················· 197

23. 日内瓦顾代表致外交部电(1933年5月24日) ·················· 198

24. 照译代表团自日内瓦来电(1933年6月4日) ·················· 198

25. 外交部致顾代表电(1933年6月8日) ························ 198

26. 照译顾公使自巴黎来电(1933年7月11日) ·················· 199

27. 巴黎(由柏林转)顾维钧致外交部电(1933年9月19日) ········ 200

28. 汪精卫对于国联大会之意见(1933年9月22日) ·············· 200

29. 照抄汪院长致日内瓦顾、郭二代表电(1933年9月22日) ····· 200

30. 日内瓦顾维钧、郭泰祺致外交部电(1933年9月23日) ········ 201

31. 顾、郭代表自日来弗来电(1933年9月30日) ················ 201

32. 外交部致莫斯科莫代表电(1931年9月25日) ················ 202

33. 外交部致驻莫斯科颜大使电(1934年3月9日) ·············· 202

34. 抄何应钦寒密电(1933年4月18日) ························ 203

35. 莫斯科莫德惠致外交部电(1931年9月26日) ················ 203

36. 王曾思等致顾部长电(日期不详) ·························· 204

37. 赤塔耿匡致外交部电(1932年4月24日) ···················· 204

38. 黑河权世恩致外交部电(1932年6月8日) ·················· 204

39. 铁道部咨外交部电(1932年6月6日) ······················ 205

40. 铁道部咨外交部电(1932年6月8日) ······················ 206

41. 照译莫斯科颜公使来电(1932年3月10日) ·················· 206

42. 汪精卫致颜惠庆电(日期不详) ···························· 206

43. 北平何、黄部长致外交部电(1933年3月5日) ·············· 207

44. 罗文干致何应钦电(日期不详) ···························· 207

45. 外交部致北平何部长电(1933年3月21日) ·················· 207

46. 何应钦致朱培德、唐生智并转罗文干电(1933年3月19日) ··· 208

六、东省事变之解决方针及措置(五) ························ 209

1. 罗文干致日内瓦中国代表团电(1932年10月14日) ·········· 209

2. 日内瓦颜代表、顾代表、郭代表致外交部电(1932年10月14日)

···································· 209

3. 罗文干致日内瓦中国代表团电(1932 年 10 月 17 日) ·············· 210

4. 罗文干致日内瓦中国代表团电(1932 年 10 月 20 日) ·············· 212

5. 外交部致日内瓦中国代表团电(1932 年 10 月 25 日) ·············· 214

6. 外交部致日内瓦代表处电(1932 年 10 月 28 日) ··············· 214

7. 日内瓦惠、钧、祺致外交部电(1932 年 10 月 29 日) ··············· 215

8. 日内瓦顾代表颜代表郭代表致外交部电(1932 年 11 月 5 日) ··· 215

9. 照译颜代表自日内瓦来电(1932 年 11 月 9 日) ··············· 216

10. 照译顾代表自日内瓦来电(1932 年 11 月 21 日) ·············· 218

11. 照译顾代表自日内瓦来电(1932 年 11 月 21 日) ·············· 219

12. 外交部致日内瓦中国代表团电(1932 年 12 月 1 日) ·············· 220

13. 照译颜代表自日内瓦来电(1932 年 5 月 21 日) ·············· 221

14. 照译颜代表自日内瓦来电(1932 年 5 月 25 日) ·············· 221

15. 罗马颜惠庆致外交部电(1932 年 6 月 7 日) ··············· 221

16. 照译颜代表自日内瓦来电(1932 年 6 月 17 日) ·············· 222

17. 照译自日内瓦来电(1932 年 6 月 15 日) ··············· 222

18. 照译颜代表自日内瓦来电(1932 年 6 月 16 日) ·············· 223

19. 北平罗文干致徐谟电(1932 年 6 月 20 日) ··············· 223

20. 北平罗文干致徐谟电(1932 年 6 月 20 日) ··············· 223

21. 照译颜代表自日内瓦来电(1932 年 6 月 20 日) ·············· 224

22. 照译颜代表自日内瓦来电(1932 年 6 月 21 日) ·············· 224

23. 外交部致日内瓦代表团电(1932 年 6 月 24 日) ·············· 224

24. 日内瓦颜公使致外交部电(1932 年 7 月 25 日) ·············· 225

25. 照译颜代表自日内瓦来电(1932 年 9 月 17 日) ·············· 225

26. 照译颜代表自日内瓦来电(1932 年 9 月 21 日) ·············· 225

27. 日内瓦惠、钧、祺致外交部电(1932 年 10 月 10 日) ·············· 226

28. 外交部致日内瓦中国代表团电(1932 年 10 月 16 日) ·········· 227

29. 外交部致日内瓦中国代表处电(1932 年 10 月 21 日) ·········· 228

30. 巴黎颜代表致外交部电(1932 年 10 月 22 日) ·············· 228

31. 照译颜代表自日内瓦来电(1932 年 10 月 29 日) ·············· 229

32. 照译颜代表自日内瓦来电(1932 年 10 月 30 日) ·············· 229

33. 外交部拟致日内瓦代表团电(1932 年 11 月 1 日) ·············· 230

34. 照译日内瓦颜公使来电(1932年10月31日) …………… 231

35. 照译颜代表自日内瓦来电(1932年11月3日) ………… 231

36. 照译顾代表自巴黎来电(1932年11月6日) …………… 232

37. 外交部拟致日内瓦颜代表等电稿(1932年11月8日) …… 232

38. 外交部拟致日内瓦中国代表团电(1932年11月8日) … 234

39. 外交部致巴黎顾代表电(1932年11月6日) …………… 234

40. 照译颜代表自日内瓦来电(1932年11月6日) ………… 235

41. 照译颜代表自日内瓦来电(1932年11月15日) ……… 235

42. 照译颜代表自日内瓦来电(1932年11月20日) ……… 236

43. 照译外交部致日内瓦代表团电(1932年11月22日) … 236

44. 外交部致日内瓦中国代表团电(1932年11月23日) … 236

45. 照译代表团日内瓦来电(1932年11月23日) ………… 237

46. 照译顾代表自日内瓦来电(1932年11月23日) ……… 238

47. 照译顾代表自日内瓦来电(1932年11月24日) ……… 238

48. 照译顾代表自日内瓦来电(1932年11月25日) ……… 239

49. 外交部致代表团电(日期不详) …………………………… 240

50. 照译颜代表自日内瓦来电(1932年11月28日) ……… 241

51. 照译中国代表团自日内瓦来电(1932年11月28日) … 241

52. 照译代表团日内瓦来电(1932年12月2日) ………… 241

七、国联调查团报告 ……………………………………………… 243

1. 长春代表处致外交部电(1932年5月3日) …………… 243

2. 国联调查委员会初步报告(1932年5月1日) ………… 243

3. 外交部致北平档案保管处转国联调查团中国代表处钱主任电(1932
   年5月4日) ………………………………………………… 246

4. 罗文干致顾代表电(1932年5月23日) ……………… 247

5. 外交部致北平档案保管处转国联调查团中国代表处王秘书长电(1932
   年5月23日) ……………………………………………… 247

6. 罗文干致顾维钧电(1932年5月25日) ……………… 247

7. 外交部致北平张绥靖主任电(1932年5月26日) …… 248

8. 徐谟致顾维钧电(1932年5月) ………………………… 248

9. 照译《东京日日新闻》报道(1932 年 6 月 4 日) ……………… 248

10. 北平顾代表致外交部罗文干电(1932 年 6 月 7 日) ………… 249

11. 北平萧继荣致南京外交部转顾代表电(1932 年 6 月 13 日) …… 250

12. 北平王广圻致南京外交部转顾代表电(1932 年 6 月 14 日) …… 250

13. 北平顾维钧致外交部罗文干电(1932 年 8 月 5 日) ………… 251

14. 东京蒋公使致外交部电(1932 年 8 月 29 日) ……………… 251

15. 上海某致南京外交部电(1932 年 9 月 5 日) ………………… 252

16. 交通部致外交部咨文(1932 年 11 月 19 日) ………………… 252

17. 单片纸张(日期不详) …………………………………………… 259

18. 外交部致交通部咨文(1932 年 11 月 21 日) ………………… 259

19. 参与国际联合会调查委员会中国代表处致外交部公函(1932 年 11 月
    25 日) ……………………………………………………… 260

20. 外交部致参与国际联合会调查委员会中国代表处公函(1932 年 11 月
    28 日) ……………………………………………………… 260

21. 外交部呈国民政府文(1932 年 11 月 28 日) ………………… 261

22. 外交部呈行政院文(1932 年 11 月 28 日) …………………… 261

八、东省事变(二) …………………………………………………… 262

1. 国联行政院开会详情(1932 年 11 月 21 日) ………………… 262

2. 国联行政院开会详情(1932 年 11 月 23 日) ………………… 267

3. 国联行政院开会详情(1932 年 11 月 24 日) ………………… 270

4. 国联行政院开会详情(1932 年 11 月 25 日) ………………… 273

5. 国联行政院开会详情(1932 年 11 月 28 日) ………………… 277

6. 十九国委员会开会详情(1932 年 12 月 1 日) ……………… 278

7. 国联秘书处分送松冈致行政院之备忘录(1932 年 12 月 1 日) … 280

8. 中国驻日内瓦代表团发表节略(1932 年 12 月 4 日) ……… 281

9. 十二月四日颜代表及松冈播音演说词(1932 年 12 月 4 日) …… 282

10. 国联秘书处分发各处中国代表顾博士长篇备忘录(1932 年 12 月 5
    日) ………………………………………………………… 283

11. 八国集议方针(1932 年 12 月 5 日) ………………………… 285

12. 国联大会开会详情(1932 年 12 月 6 日) …………………… 285

13. 国联大会开会详情(1932 年 12 月 7 日) …………………… 291

14. 国联大会开会详情(1932 年 12 月 8 日) …………………… 297

15. 国联大会开会详情(1932 年 12 月 9 日) …………………… 304

16. 各方对于十九国委员会之观察(1932 年 12 月 12 日) ……… 305

17. 十九国委员会开会详情(1932 年 12 月 13 日) ……………… 307

18. 五国起草委员会开会详情(1932 年 12 月 12 日—15 日) …… 309

19. 国联消息(1932 年 12 月 16 日) …………………………… 310

20. 国联消息(1932 年 12 月 17 日) …………………………… 311

21. 起草委员会消息(1932 年 12 月 18 日) …………………… 312

22. 国联消息(1932 年 12 月 15 日) …………………………… 313

23. 上海电台致外交部电报科电(1933 年 2 月 17 日) ………… 315

24. 上海沪电台致外交部电报科电(1933 年 2 月 17 日) ……… 315

25. 上海办事处致外交部电(1933 年 2 月 17 日) ……………… 316

26. 上海办事处致外交部总务司电(1933 年 2 月 17 日) ……… 316

九、各国对东省事变之态度及舆论(四) …………………………… 317

1. 驻芝加哥总领事馆呈外交部亚洲司(1933 年 3 月 11 日) …… 317

2. 驻墨西哥公使馆呈外交部亚洲司(1933 年 3 月 14 日) …… 317

3. 外交部致驻墨使馆电(1933 年 3 月 14 日) ………………… 318

4. 驻意大利使馆致外交部亚洲司电(1933 年 3 月 24 日) …… 319

5. 外交部致驻比使馆电(1933 年 3 月 24 日) ………………… 319

6. 驻比使馆致外交部电(1933 年 3 月 24 日) ………………… 320

7. 驻意大利使馆致外交部电(1933 年 3 月 25 日) …………… 320

8. 布鲁塞尔罗怀致外交部电(1933 年 3 月 24 日) …………… 322

9. 中华民国外交部驻暹罗商务委员办事处呈外交部函(1933 年 3 月 27 日) …………………………………………………… 322

10. 布鲁塞尔(北京)罗怀致外交部电(1933 年 3 月 29 日) …… 323

11. 驻墨西哥公使馆致外交部电(1933 年 3 月 30 日) ………… 324

12. 奥太瓦总领事馆致外交部电(1933 年 3 月 31 日) ………… 325

13. 驻比使馆致外交部电(1933 年 4 月 7 日) ………………… 326

14. 驻墨西哥公使馆致外交部电(1933 年 4 月 11 日) ………… 326

15. 罗马潘佑强致外交部电(1933 年 4 月 13 日) ···················· 327

16. 奥太瓦总领事馆致外交部电(1933 年 4 月 26 日) ············· 328

17. 驻比使馆致外交部电(1933 年 5 月 6 日) ····················· 328

18. 驻比使馆致外交部电(1933 年 5 月 24 日) ···················· 329

19. 外交部致驻比使馆电(1933 年 5 月 26 日) ···················· 330

20. 驻比使馆致外交部电(1933 年 6 月 15 日) ···················· 331

21. 驻比使馆致外交部电(1933 年 6 月 15 日) ···················· 331

22. 驻巴拿马公使馆致外交部电(1933 年 6 月 27 日) ·············· 331

23. 驻巴拿马公使馆致外交部电(1933 年 7 月 6 日) ··············· 332

24. 驻比使馆致外交部电(1933 年 7 月 27 日) ···················· 335

25. 驻巴拿马公使馆致外交部电(1933 年 9 月 28 日) ·············· 335

26. 澳斯麓王念祖致外交部电(1933 年 11 月 28 日) ·············· 337

27. 危地马拉王麟阁致外交部电(1934 年 7 月 4 日) ··············· 337

28. 罗忠诒致外交部电(1934 年 7 月 7 日) ························ 338

29. 莫斯科驻俄使馆致外交部电(1933 年 12 月 19 日) ············ 338

30. 莫斯科驻苏联大使馆致外交部电(1934 年 4 月 5 日) ·········· 339

十、各国对东省事变之态度及舆论(七)····················· 340

　　1. 照译颜、顾、郭三代表自日内瓦来电(1932 年 11 月 24 日) ········ 340

　　2. 照译颜、顾、郭三代表自日内瓦来电(1932 年 11 月 27 日) ········ 341

　　3. 照译颜代表自日内瓦来电(1932 年 12 月 5 日) ··············· 342

　　4. 照译颜代表自日内瓦来电(1932 年 12 月 6 日) ··············· 342

　　5. 照译中国代表团自日内瓦来电(1932 年 12 月 7 日) ··········· 343

　　6. 照译中国代表团自日内瓦来电(1932 年 12 月 8 日) ··········· 343

　　7. 照译中国代表团自日内瓦来电(1932 年 12 月 7 日) ··········· 344

　　8. 照译颜、顾、郭三代表自日内瓦来电(1932 年 12 月 8 日) ········ 345

　　9. 照译颜、顾、郭自日内瓦来电(1932 年 12 月 8 日) ············ 345

　　10. 照译中国代表团自日内瓦来电(1932 年 12 月 8 日) ··········· 345

　　11. 照译中国代表团自日内瓦来电(1932 年 12 月 8 日) ··········· 346

　　12. 照译颜代表自日内瓦来电(1932 年 12 月 9 日) ·············· 347

　　13. 照译中国代表团自日内瓦来电(1932 年 12 月 11 日) ··········· 347

14. 照译顾代表自日内瓦来电(1932 年 12 月 12 日) ·············· 348

15. 照译颜代表自日内瓦来电(1932 年 12 月 12 日) ·············· 349

16. 照译颜、顾、郭三代表自日内瓦来电(1932 年 12 月 13 日) ······ 349

17. 照译中国代表团自日内瓦来电(1932 年 12 月 13 日) ··········· 350

18. 照译顾代表自日内瓦来电(1932 年 12 月 15 日) ·············· 351

19. 照译颜代表自日内瓦来电(1932 年 12 月 16 日) ·············· 352

20. 照译颜代表自日内瓦来电(1932 年 12 月 22 日) ·············· 352

21. 照译顾代表自柏林来电(1932 年 12 月 29 日) ················· 353

22. 照译郭代表自伦敦来电(1933 年 1 月 4 日) ·················· 353

23. 巴黎顾维钧致外交部电(1933 年 1 月 6 日) ·················· 353

24. 照译颜代表自日内瓦来电(1933 年 1 月 8 日) ················· 355

25. 照译顾代表自日内瓦来电(1933 年 1 月 9 日) ················· 355

26. 照译颜代表自日内瓦来电(1933 年 1 月 16 日) ················ 356

27. 照译郭代表自日内瓦来电(1933 年 1 月 17 日) ················ 356

28. 照译顾代表自日内瓦来电(1933 年 1 月 21 日) ················ 357

29. 照译颜代表自日内瓦来电(1933 年 1 月 23 日) ················ 358

30. 照译代表团自日内瓦来电(1933 年 1 月 27 日) ················ 358

31. 照译顾代表自巴黎来电(1933 年 1 月 27 日) ·················· 358

32. 照译颜代表自日内瓦来电(1933 年 1 月 28 日) ················ 359

33. 照译颜代表自日内瓦来电(1933 年 2 月 2 日) ················· 359

34. 照译顾代表自日内瓦来电(1933 年 2 月 2 日) ················· 360

35. 照译郭代表自伦敦来电(1933 年 2 月 3 日) ·················· 361

36. 照译顾代表自日内瓦来电(1933 年 2 月 3 日) ················· 361

37. 照译顾代表自日内瓦来电(1933 年 2 月 4 日) ················· 362

38. 照译顾代表自日内瓦来电(1933 年 2 月 7 日) ················· 363

39. 照译颜、顾两代表自日内瓦来电(1933 年 2 月 7 日) ············· 363

40. 照译顾代表自日内瓦来电(1933 年 2 月 8 日) ················· 364

41. 照译颜代表自日内瓦来电(1933 年 2 月 17 日) ················ 364

42. 照译颜代表自日内瓦来电(1933 年 2 月 21 日) ················ 365

43. 照译颜代表自日内瓦来电(1933 年 2 月 25 日) ················ 365

44. 照译颜代表自日内瓦来电(1933 年 2 月 28 日) ················ 365

45. 照译外交部致施、郭、顾三使电(1933 年 3 月 2 日) ·········· 366

46. 照译驻英使馆来电(1933 年 3 月 4 日) ················· 366

47. 照译顾代表自日内瓦来电(1933 年 3 月 4 日) ··········· 366

48. 照译顾代表自日内瓦来电(1933 年 3 月 6 日) ··········· 367

49. 照译顾代表自日内瓦来电(1933 年 3 月 8 日) ··········· 367

50. 照译郭公使自伦敦来电(1933 年 3 月 12 日) ············ 368

51. 照译顾公使自柏林来电(1933 年 3 月 13 日) ············ 368

52. 照译顾代表自日内瓦来电(1933 年 3 月 13 日) ·········· 369

53. 照译顾代表自日内瓦来电(1933 年 3 月 14 日) ·········· 369

54. 照译顾代表自日内瓦来电(1933 年 3 月 16 日) ·········· 369

55. 照译顾代表自日内瓦来电(1933 年 3 月 17 日) ·········· 370

56. 照译顾代表自日内瓦来电(1933 年 3 月 17 日) ·········· 371

57. 照译顾代表自日内瓦来电(1933 年 3 月 25 日) ·········· 371

58. 驻法使馆致外交部函(1933 年 3 月 29 日) ·············· 372

59. 照译顾公使自巴黎来电(1933 年 4 月 23 日) ············ 372

60. 照译郭公使自伦敦来电(1933 年 4 月 28 日) ············ 373

61. 伦敦郭泰祺致外交部电(1933 年 5 月 2 日) ············· 373

62. 照译顾公使自巴黎来电(1933 年 5 月 5 日) ············· 374

63. 伦敦郭公使致外交部电(1933 年 4 月 30 日) ············ 374

64. 照译郭公使自伦敦来电(1933 年 5 月 9 日) ············· 375

65. 照译顾公使自巴黎来电(1933 年 5 月 13 日) ············ 375

66. 照译郭公使自伦敦来电(1933 年 5 月 13 日) ············ 376

67. 照译顾公使自巴黎来电(1933 年 5 月 19 日) ············ 376

68. 照译顾代表自日内瓦来电(1933 年 5 月 24 日) ·········· 377

69. 照译郭公使自伦敦来电(1933 年 5 月 24 日) ············ 377

70. 顾维钧致南京外交部电(1933 年 6 月 17 日) ············ 378

71. 巴黎顾公使致外交部电(1933 年 8 月 4 日) ············· 378

72. 伦敦郭泰祺致外交部电(1933 年 11 月 9 日) ············ 379

73. 伦敦郭公使致外交部电(1934 年 1 月 15 日) ············ 379

74. 驻英使馆致外交部电(1934 年 1 月 24 日) ·············· 380

75. 巴黎顾维钧致外交部电(1934 年 1 月 26 日) ············ 380

76. 巴黎顾维钧致外交部电(1934 年 2 月 17 日) ……………… 380

77. 顾维钧致外交部和汪院长函(1934 年 3 月 14 日) ……………… 381

78. 外交部致驻法顾公使函(1934 年 3 月 20 日) ……………… 383

79. 伦敦郭公使致外交部电(1934 年 5 月 3 日) ……………… 384

80. 巴黎顾公使致外交部电(1933 年 5 月 11 日) ……………… 384

81. 巴黎萧继荣致外交部电(1934 年 7 月 11 日) ……………… 385

82. 外交部致驻英使馆电(1934 年 8 月 25 日) ……………… 385

83. 伦敦郭泰祺致外交部电(1934 年 8 月 30 日) ……………… 386

84. 伦敦郭泰祺致外交部电(1934 年 11 月 19 日) ……………… 386

85. 伦敦郭公使致外交部电(1934 年 11 月 23 日) ……………… 387

86. 伦敦郭公使致外交部电(1935 年 1 月 30 日) ……………… 387

87. 张歆海致戴季陶函(1931 年 11 月 18 日) ……………… 388

88. 中央宣传部致外交部函(1931 年 12 月 23 日) ……………… 389

附录:《沈阳事变案附件二:国联大会报告书草案》 ……………… 394

索 引 ……………………………………………………………… 422

一、外交部与军事委员会委员长蒋中正等接洽中日纠纷之文电①

1. 外交部致南昌行营蒋主席电(1931 年 9 月 19 日)

去电第 21813 号

万急。限即刻到。南昌行营蒋主席钧鉴:密。本日两电计达。钧览。顷据日使馆上村书记官奉日政府令,来部面称:此次事件发生后,日政府恐对在日华侨发生事故,已下令加悉保护,希望中国政府对各地日侨亦尽力保护,勿使人民有报复行为等语。查此事现经提出抗议,发生自应由政府谋正当解决。我方对于在华日侨仍须力为保护,除已警告日政府对于在日鲜、华侨民负完全保护责任外,拟请钧座通令各省市切实劝谕民众力持镇静,对于日侨勿有□□②仇视行动,以免事势扩大,反贻对方口实,是否有当,敬乞钧裁。

王宠惠叩

资料来源:《外交部与军事委员会委员长蒋中正等接洽中日纠纷之文电》,台湾"国史馆"藏"外交部"全宗,第 4 页。

2. 外交部致南昌行营蒋主席电(1931 年 9 月 19 日)

去电第 21815 号

万急。限即刻到。南昌行营探报蒋主席钧鉴:密。据日本通讯社发布消

① 编者按:"外交部与军事委员会委员长蒋中正等接洽中日纠纷之文电"一卷藏台湾"国史馆"之"外交部"全宗,入藏登录号为 020000001439A。每条电文的资料来源标示原档案中的页码,不再标注入藏登录号,且每条电文标题由文献集编委会根据电文内容制作而成,特此说明。

② 编者按:原文难以辨认。后同。

息称:十八日午后十一时,日本守备队在沈阳北大营与华军冲突。午后十二时,向沈阳城内正式攻击,沈阳商埠地华军与日军巷战,今晨六时日军占领沈阳。又报称:日军在长春、宽城子等处将华军解除武装。辽阳、铁岭、海城日军,均向沈阳出动,关东军司令部移奉天,冢本关东长官向奉天出发,朝鲜各师团正作准备等语。业经本部分电北平张副司令及沈阳臧主席询问此事详情。如果属实,当由本部电令驻日江代办及向日使重光提出严重抗议,并一面电日内瓦施代表,在大会宣布日方谋我真相,要求召集行政院,按照国际联合会盟约第十六条之规定,迅予必要之措置。再将此事向英、美、法、意等非战公约签字国正式通告,益尽量于报纸宣布。谨先电呈鉴核。外交部。

资料来源:《外交部与军事委员会委员长蒋中正等接洽中日纠纷之文电》,台湾"国史馆"藏"外交部"全宗,第6—7页。

3. 外交部致南昌行营蒋主席电(1931 年 9 月 19 日)

去电第 21824 号

万急。限即刻到。南昌行营蒋主席钧鉴:密。本日电计达。钧览所陈各节,各方来电大都已证实。顷据驻扎京日本上村领事称:日政府认沈阳冲突事为不幸,已电令日军长官勿令扩大等语。同时,美国方面亦有日政府已下令制止之消息,此事情势或可稍为和缓,但日本军人果能服政府命令与否,尚不可知。除已向重光及东京政府,同时提出紧急严重抗议,要求日军立即撤退原防,并电令日内瓦施代表等为相当宣传,并与英、法、美等国切实接洽外,拟暂以镇静态度探查详情,处理此案。一面拟请钧座,迅予设法以此事激发粤方天良,令其捐除成见,一致御外。是否有当,敬呈裁示。廷叩。皓[①]。

资料来源:《外交部与军事委员会委员长蒋中正等接洽中日纠纷之文电》,台湾"国史馆"藏"外交部"全宗,第11页。

---

① 编者按:档案原文中多次出现韵目代日的电报纪日记方法,其中一部分未注明日期,请读者加以辨别。

4. 汉口蒋委员长致外交部电（1932 年 7 月 4 日）

来电第 34909 号

发电：1932 年 7 月 4 日 21 时 45 分

收电：1932 年 7 月 4 日 24 时 0 分

机急。南京汪院长赐鉴：军委会朱主任益之兄、李主任任潮兄、内政部黄部长季宽兄、外交部罗部长钧任兄勋鉴：东（一日）电敬悉。密。以武力彻底抗日已转汉卿，俟得复后，再共商办理可也。蒋中正叩。支（四日）。戌汉。参。

资料来源：《外交部与军事委员会委员长蒋中正等接洽中日纠纷之文电》，台湾"国史馆"藏"外交部"全宗，第 12 页。

5. 外交部致汉口蒋委员长电（日期不详①）

去电第 031037 号

汉口蒋委员长赐鉴：密。奉读庚电，至佩荩筹。日本承认伪组织，势在必行。文干已与汪、宋院长等商筹应付，决定除严重抗议并请国联采取办法外，另致照会与华会九国条约当事国，说明日本此举为其继续的破坏该约行为之最严重一幕，应请即时举行该约当事国会议，应付日本违法举动造成之局势。此着与美国宣言及国联决议并不相背。虽明知在调查团报告书未公布前，各国仍不欲有若何重要主张，但吾方此项要求实为将来说话地步。刻正在属稿，一俟日方承认证实，即可递发，仍请裁示。

罗文干叩

资料来源：《外交部与军事委员会委员长蒋中正等接洽中日纠纷之文电》，台湾"国史馆"藏"外交部"全宗，第 13 页。

---

① 编者按：日期不详是指无法从原档案中找出函电的明确日期，后同。

6. 汉口蒋委员长致外交部电(1932年9月11日)

来电第36998号

发电:1932年9月11日19时30分

收电:1932年9月11日21时35分

急。南京外交部罗部长钧任兄鉴:佳戍电悉。密。对承认伪国之应付步骤,至为佩慰。特复。中正。真(十一日)。

资料来源:《外交部与军事委员会委员长蒋中正等接洽中日纠纷之文电》,台湾"国史馆"藏"外交部"全宗,第14页。

7. 外交部致汉口蒋委员长电(1932年9月18日)

去电第31201号

汉口蒋委员长赐鉴:密。巧电计达。顷接颜代表十七日电称:日本承认伪组织事,本日已致牒文于国联,请求迅取行动,俾大会决议案得以维持。施、郭两使及王亮畴对于政府依照最后决定援用九国条约第七条,照请该约各当事国注意并设法一层,均表赞同。欧洲评论谓:日本承认伪组织,法律上并无影响。日本之目的在造成一种无退步余地之既成事实,作不能退步之借口。国联秘书长认为,日本继续扩大事态,国联与日本之冲突恐难避免。法政府对日意见渐趋恶化,认为欧洲不安定之局面,维持国联,倾向美国,以保证和平有绝对之必要。英国仍取模棱态度。至对俄问题,拟先请郭使在伦敦试谈,再由惠庆续商。又接奉前次长锦纶电称:美东方司长称美政府拟先与其他九国条约签约国会商,然后再答复我国照会。日本正设法迟延发表国联调查团之报告,借图热河。我方似应竭力反对各等语。颜代表所提牒文,大致依照本部所开训条办理,甚为妥善。日方希图迟延发表报告书一层,自应坚决反对。已电颜照办。近闻俄外长李维诺夫又赴日内瓦,已令颜再与试谈。谨闻。罗文干。巧。

资料来源:《外交部与军事委员会委员长蒋中正等接洽中日纠纷之文电》,台湾"国史馆"藏"外交部"全宗,第16—17页。

8. 外交部致汉口蒋委员长电（1932 年 9 月 18 日）

去电第 31199 号

汉口蒋委员长赐鉴：密。顷据有关系西人方面密告，调查团报告书比较有利于我。惟日本急欲制造已成局面，以窘国联。中国目前政策，应令日人在东省始终不得安稳。义勇军之游击式战争，最为有效，务必设法长期维持。如蒋委员长能往北一行，尤能令日人稍为警惕等语。干意，延长义勇军活动之说极是。总期设法源源接济，令日人不得稍安，想公意必以为然也。罗文干叩。巧。

资料来源：《外交部与军事委员会委员长蒋中正等接洽中日纠纷之文电》，台湾"国史馆"藏"外交部"全宗，第 18 页。

9. 汉口蒋委员长致外交部电（1932 年 9 月 20 日）

来电第 37384、85 号

发电：1932 年 9 月 20 日 19 时 50 分

收电：1932 年 9 月 20 日 21 时 45 分

南京外交部罗部长勋鉴：巧（十八）、啸（十八）两电均悉。密。卓见甚是。各情仍希续电为荷，中正。哿（二十日）。秘。

急。南京外交部罗部长勋鉴：皓（十九）电悉。密。嗣后驻外各使如有电来，已饬转电大部矣。中正。哿（二十日）。秘。

资料来源：《外交部与军事委员会委员长蒋中正等接洽中日纠纷之文电》，台湾"国史馆"藏"外交部"全宗，第 19 页。

10. 汉口蒋委员长致外交部电（1932 年 9 月 18 日）

来电第 37277 号

发电：1932 年 9 月 18 日 17 时 20 分

收电：1932 年 9 月 18 日 20 时 50 分

南京外交部罗部长勋鉴：筱（十七）电悉。密。现值外交正紧，蒋公使似不能准予给假回国。除迳电蒋使劝留外,希即切电慰勉为荷。中正。巧(十八)。秘。

资料来源:《外交部与军事委员会委员长蒋中正等接洽中日纠纷之文电》,台湾"国史馆"藏"外交部"全宗,第20页。

11. 外交部致汉口蒋委员长电(1932 年 10 月 27 日)

去电第 31948 号

汉口蒋委员长赐鉴:密。顷接颜代表电,译述如下:关于李顿报告程序,大概由当事双方发表声明书,然后由行政院将该声明书及报告转送大会。现中日问题既由大会处理,行政院将不加评议。大会在请求十九委员会起草最后建议,以使双方接受前似将讨论。众信日本将不接受。惟列强暨李顿调查团委员之从事于调解者,仍反对以强硬办法对付日本。现维持盟约之议,渐占优势。日方首先动议,侧重中国无政府及国际改造中国。此两说似不足引起深刻印象等语。谨闻。罗文干叩。

资料来源:《外交部与军事委员会委员长蒋中正等接洽中日纠纷之文电》,台湾"国史馆"藏"外交部"全宗,第21页。

12. 刘次长照译颜代表自日内瓦来电(1932 年 10 月 26 日)

汉口蒋委员长钧鉴、南京外交部鉴:日内瓦颜代表来电,关于李顿报告书之程序,大概由当事双方在行政【院】中发表声明书。行政院然后将该声明书连同报告书,特呈大会。但现当大会处理纠纷之际,行政院本身将不作劝告式之评阅,虽其代表个人可以为之。大会在请求十九委员会起草最后建议,以使当事双方接受之前,似将举行讨论。众信日本将不予接受。但列强暨李顿调查团委员之从事于调解者,仍反对以强硬办法对付日本。维持盟约之议,渐占优势。日方首先动议,侧重于中国之无政府及国际改造中国之必要。乃此两说似不足以引起深刻之印象等语。外交部。感。

资料来源:《外交部与军事委员会委员长蒋中正等接洽中日纠纷之文电》,台湾"国史馆"藏"外交部"全宗,第22页。

13. 刘次长照译顾公使自巴黎来电（1932 年 10 月 26 日）

汉口蒋委员长钧鉴：巴黎顾公使来电。南京外交部：第十八号。据东京消息，斋藤首相向新闻记者宣称："与中国交涉，较诸满洲问题，尤为重大。但吾人不知中国政府实际何在。李顿报告书提议与中国直接交涉，但吾人既不知中国政府何在，亦不知主持之者为何人，吾人又何能为之。"

又东京消息，北京盛传复辟之说。有吉明、驹井，及反对南京之中国领袖之出现，实为不祥之兆。华北领袖显转向溥仪尽忠，并实行独立。日本对此项独立运动表示赞同，以其为自决之表示也。拟请由南京发表声明，以阐明局势等语。外交部。

资料来源：《外交部与军事委员会委员长蒋中正等接洽中日纠纷之文电》，台湾"国史馆"藏"外交部"全宗，第 23 页。

14. 汉口蒋委员长致外交部电（1932 年 10 月 29 日）

来电第 39099 号

发电：1932 年 10 月 29 日 17 时 0 分

收电：1932 年 10 月 29 日 19 时 40 分

南京外交部鉴：勘（二十八）电悉。密。日方力向国际造谣，淆惑观听。部中应即根据事实，向世界为有力之总辩明。中正。艳（二十九）。秘。

资料来源：《外交部与军事委员会委员长蒋中正等接洽中日纠纷之文电》，台湾"国史馆"藏"外交部"全宗，第 24 页。

15. 东京蒋作宾致外交部电（1932 年 10 月 27 日）

来电第 39025 号

发电：1932 年 10 月 27 日 8 时 10 分

收电：1932 年 10 月 28 日 7 时 13 分

汉口蒋委员长钧鉴：密。蒋公使来电如下：

南京外交部呈阅。最近，日方对于李顿报告书未审议前积极进行两种工作。一极力分化北方,谣传韩将独立,冯、阎、韩、吴联合拥段、张欲去汤及复辟诸说,肆意挑拨,以期分化实现。二在国际造成纷乱之空气,宣传鲁、川、粤、闽、贵等省,内讧不已,随地"匪共"抢劫。英人已助西藏独立,藏兵已入川边,蒙人又将大举入寇。故意耸动国际视听,其用意即为将来开会时发言地步。此间,外交团关于上述谣言,时来询问,均经随时极力解释,并嘱各外报慎重转载。惟此项记述,欧美已有转载,应请密电各使,特加注意。宾。二十七日等语。除已电令驻外各重要使馆,随时纠正该项恶意宣传外,谨此电闻。外交部。勘(二十八日)。

资料来源:《外交部与军事委员会委员长蒋中正等接洽中日纠纷之文电》,台湾"国史馆"藏"外交部"全宗,第25—26页。

16. 外交部致长沙蒋委员长电(1932年11月2日)

去电第32123号

长沙蒋委员长赐鉴:前以国联瞬将开会,而鲁、蜀战事突发,不啻与日人以攻击之口实。特以个人名义,先后拍发有、俭、堪之电。恳请各关系将领,息争救亡。兹接四川刘主席复电,颇有止戈之意,并称:兹奉来教,词严意殷,现钦排难之诚,敢申斡旋之请。倘荷代呈发,□迅派大员入川,切实制止渝军前进,静候中央裁决。一面并专电渝方,曲为开譬,俾雾霾立消,祥和重见。宁惟蜀人拜赐,国家亦利赖之矣等语。谨电奉闻,并乞裁示。罗文干叩。

资料来源:《外交部与军事委员会委员长蒋中正等接洽中日纠纷之文电》,台湾"国史馆"藏"外交部"全宗,第27页。

17. 照译颜代表自日内瓦来电(1932年11月3日)

十一月三日十八时卅分发

南京外交部:

十一月三日。第四百四十号。因美国及国联中主要会员国,尚未有与日本冲突之准备。最后解决,又有延至来年之趋势。下列程序正在考虑中,报告书既提及俄、美两国非国联会员,因提议召集凯洛【格】公约签字国会议,讨论报告者,该会关于解决办法之决定,再由大会予以接受。因美国反对召集九

国会议,故有此项程序之提议。如此,则大会将于十二月内通过三项决议:

(一)接受报告书内调查之所得;

(二)对于"满洲国"不予承认并不与合作;

(三)国际间与中国之合作,意在满洲问题未有最后解决之前,扶助中国国民政府。

最后一项,倘日本亦请求加入,则将告以须先接受李顿报告书才可。行政院将于二十一日开会,曾电询李维诺夫秘书何日抵此,尚未得复。台维斯①谓:俄国对日本频送秋波,意在加压力于中、美两国。庆须赴莫斯科否。

资料来源:《外交部与军事委员会委员长蒋中正等接洽中日纠纷之文电》,台湾"国史馆"藏"外交部"全宗,第28页。

18. 外交部致汉口蒋委员长电(1932年11月4日)

去电第 32220 号

汉口蒋委员长赐鉴:顷接日内瓦颜代表来电。译意如下:

因美国及国联中主要会员国尚未有与日本争议之准备,最后解决,又有延至来年之趋势。下列程序正在考虑中,报告书既提出俄美两国非国联会员,因有提议召集凯洛【格】公约签字国会议讨论报告书者。该会关于解决办法之决定,再由国联大会予以接受。因美国反对召集九国会议,故有此项程序之提议。如此,则大会将于十二月间通过三项决议:

(一)接受报告书内所查各节;

(二)对于"满洲国"不予承认并不与合作;

(三)国际间与中国之合作,俾在满洲问题未有最后解决之前,扶助中国国民政府。

倘日本亦请求加入合作则将告以须先接受李顿报告书方可。行政院将于二十一日开会,台维斯谓:俄国对日本频送秋波,意在加压力于中、美两国等语。谨闻。罗文丁叩。

资料来源:《外交部与军事委员会委员长蒋中正等接洽中日纠纷之文电》,台湾"国史馆"藏"外交部"全宗,第29—30页。

---

① 编者按:台维斯(Norman H. Davis),也译台维丝、特维斯等,曾担任美国驻日内瓦代表。

19. 外交部致汉口蒋委员长电（1932 年 11 月 5 日）

去文亚字第 6575 号

汉口蒋委员长赐鉴：顷接日内瓦颜代表来电。译意如下：

十一月四日，曾晤秘书长特拉蒙氏。渠对庆前电报告之程序，大概予以证实。但拟召开之会议，将由在华有利益关系之各国参加。美、俄两国亦将包括在内，非战公约签字国则不全体参加。该会议得于明年一月间，召集开国联大会，并于三月间开会。接受该会议之报告，并提出最后之建议。庆谓：如此迁延，恐使日方扩大事态。特拉蒙答称：现在最重要者，厥为以美、俄两国之协助，对日本逐渐增加压迫，以期达到现在不能达到之解决办法。国联即用尽方法，而实际犹不得解决，殊属不智，且于中国亦无实益。渠谓：至少为人道计，对于东省时局必须有所作为，但亦不知如何办法。渠以为：义勇军确使日本疲于应付，日本金元现已跌至纸磅一先令三便士又半。故加紧抵货，极为重要。加之日本国内其他问题，必能令日本极感困难。调查团自身暨此间人士视报告书末章，不若前数章之重要，盖以其仅系建议而已。兹鉴于达到最后解决办法程序之冗长，庆以为，立予让步，殊为不智等语。谨闻。罗文干叩。虞。印。

资料来源：《外交部与军事委员会委员长蒋中正等接洽中日纠纷之文电》，台湾"国史馆"藏"外交部"全宗，第 31—32 页。

20. 外交部致汉口蒋委员长电（1932 年 11 月 5 日）

去文亚字第 6570 号

汉口蒋委员长赐鉴：部电达。日内瓦颜代表等，关于李顿报告书外交委员会决议各节，已选电尊处接洽。本月一日，对于前八章所叙事实，又经外交委员会决议一电，即于前日发出。兹将原电抄陈核阅，叩祈检收。外交部。虞。印。

资料来源：《外交部与军事委员会委员长蒋中正等接洽中日纠纷之文电》，台湾"国史馆"藏"外交部"全宗，第 34 页。

21. 外交部致汉口蒋委员长电（1932 年 11 月 8 日）

去文亚字第 6684 号

汉口蒋委员长勋鉴：接施肇基氏自华盛顿来电。译意如下：

顷与美国某当局作私人密谈，据称：除非行政院关于美国条约，或将有特别讨论，美国将不派代表列席会议。推想英国之政策，大概须俟明了他国所坚持之意见后，再行加入。目下暂无举动，以免激怒中日双方。自国务卿致波拉一函，及其八月间之演词发表后，各国已知美国之政策。美国现不欲正式承诺，将为中立者之权利，与国联所指为侵略者之国家奋斗，但将作一种行将奋斗之有力的暗示。法国之主张，渐不满于日本，而转赞成维持条约之尊严。日本并未得有何项借款，不过某商务账款而已。且该项账款，亦未必继续长久。国联、中国、美国均已有言在先，及对在军事压力之下，直接谈判最好。在日内瓦召集世界会议，解决整个纠纷。为中国计，尤宜内部大团结，以改进一般状态，并继续在满洲抵抗，经济绝交，支持到底，惟不必趋于极端。

现时，中国即作若何特别诺言，亦未见动听。盖不信任中国有履行之能力。日本现陷于孤立，其急欲求与国，自无疑义等语。又接顾代表自巴黎来电称：探悉将来国联行政院会议，将专事谛听中日双方之意见，及其他代表之交换意见。该会议将无所决定，但将报告书连同各代表意见，呈交国联大会。国联大会在十九委员会举行讨论之后，将提议由中日两国根据若干概括的原则进行交涉。此际，国联大会将不作报告，但暂行闭会二、三月，以待中日交涉之结果。现在普遍之趋势，厥为借口于先试和解，而将争议暂行搁置。应请尊处将最低限度之具体方针见示，俾于行政院讨论时，有所遵循等语。谨电奉闻。罗文干叩。

资料来源：《外交部与军事委员会委员长蒋中正等接洽中日纠纷之文电》，台湾"国史馆"藏"外交部"全宗，第 35—36 页。

22. 外交部致林主席、蒋委员长电（1932 年 11 月 6 日）

去文亚字第 6743 号

主席、蒋委员长钧鉴：

孔专使祥熙电称：驻美使馆急须充实，及施肇基、李锦纶在美工作等事。

窃查本部对施肇基,最近已汇去美金二千元应用。对李锦纶,亦每月汇寄美金一千元,又在国内另送家用四百五十元。至施使使美,自系驾轻就熟,因身份关系,在美接洽尤较代办为有力。故自颜使赴日内瓦后,即派其赴美联络,期收良好效果。本拟一俟中苏邦交恢复,即请调颜使为驻苏联大使,而以施使继任驻美公使。此项计划,文干业于趋谒时陈明,并蒙俯赐同意在案。谨将孔专使来电,录呈鉴核。敬请钧安。

附呈孔专使来电。①

罗文干谨上

资料来源:《外交部与军事委员会委员长蒋中正等接洽中日纠纷之文电》,台湾"国史馆"藏"外交部"全宗,第37—38页。

23. 外交部致汉口蒋委员长电(1932年11月12日)

去文亚字第6816号

汉口蒋委员长赐鉴:密。接颜代表本月九日,所发第四百五十一号电。详述国联方面讨论中日问题假定之程序,计共八节。当即于本月十一日,提交外交委员会缜密讨论,同日,电复颜代表在案。兹将抄录全份送呈察阅,仍请随时密示机宜为祷。罗文干叩。寒。印。

附抄颜代表来电一件,本部复电一件。②

资料来源:《外交部与军事委员会委员长蒋中正等接洽中日纠纷之文电》,台湾"国史馆"藏"外交部"全宗,第39页。

24. 外交部致蒋委员长函稿(日期不详)

介公委员长赐鉴:日前承教一是,莫名感荷。回京后,先将尊意全部电达日内瓦。连日,复综覆外委会同人意思,经数度讨论后,决议详细方案,大致与我公所示办法无甚出入。尤以撤除军队及外国顾问两点,与尊意完全吻合。此项方案,已于昨晚电知代表团矣。兹将电稿抄呈钧阅,仍恳随时指示,俾有

---

① 编者按:无附件内容。
② 编者按:无附件内容。

遵循。是所至祷。专肃祗颂。

资料来源:《外交部与军事委员会委员长蒋中正等接洽中日纠纷之文电》,台湾"国史馆"藏"外交部"全宗,第 41 页。

25. 外交部致汉口蒋委员长电(1932 年 11 月 22 日)

去文亚字第 7190 号

汉口蒋委员长赐鉴:密。接日内瓦颜代表第四百六十八号、第四百六十九号电两件,及顾代表第四百七十号电一件,报告行政院二十一日开会情形。兹特抄录原电,送呈察阅。罗文干叩。

资料来源:《外交部与军事委员会委员长蒋中正等接洽中日纠纷之文电》,台湾"国史馆"藏"外交部"全宗,第 42 页。

26. 外交部致汉口蒋委员长(1932 年 11 月 22 日)

去文亚字第 7191 号

汉口蒋委员长赐鉴:密。接日内瓦郭代表十八日来电,内述会晤美军缩代表脑门台维斯(Norman H. Davis)谈话情形。又,颜代表十九日来电报告,友邦代表预备提出之决议草案及我方所拟修改各点。兹特抄录原电并本部复颜代表电,送呈密阅。罗文干叩。

资料来源:《外交部与军事委员会委员长蒋中正等接洽中日纠纷之文电》,台湾"国史馆"藏"外交部"全宗,第 43 页。

27. 外交部致汉口蒋委员长电(1932 年 11 月 23 日)

去文亚字第 7113 号

汉口蒋委员长赐鉴:密。本部与日内瓦代表来往电八件,业经抄送在案。兹接顾代表二十一日来电报告,在行政院会议之演说词中,关于经济抵制所持理由之要义,及该代表第四百七十二号、第四百七十三号电两件。特抄录原电,送呈察阅。罗文干叩。

资料来源:《外交部与军事委员会委员长蒋中正等接洽中日纠纷之文电》,

台湾"国史馆"藏"外交部"全宗,第 44 页。

28. 外交部致汉口蒋委员长电(1932 年 11 月 25 日)

去电第 32622 号

汉口蒋委员长赐鉴:据路透访员本月十五日,东京来信略称:近日咸传宇垣组阁,同时并有阴谋暗杀宇垣者。据极可靠方面消息:荒木、小矶间意见日趋破裂,极堪重视。此次小几去职调满,与此有关。又,近卫军师长冈本,近因发现下级官佐中有奏请天皇撤换高级长官、解散议会阴谋。本拟严加惩处,以荒木派仍占势力,未果,遂尔辞职。凡此种种,可见陆军高级当局间,稳健与激烈两派暗斗日剧。惟处目前经济困难情形之下,稳健派或可乘此转机,再握政权等语。谨闻。外交部。

资料来源:《外交部与军事委员会委员长蒋中正等接洽中日纠纷之文电》,台湾"国史馆"藏"外交部"全宗,第 45 页。

29. 外交部致汉口蒋委员长电(1932 年 11 月 26 日)

去文亚字第 7225 号

汉口蒋委员长赐鉴:密。近接日内瓦颜代表等来电六件,报告关于程序问题,暨顾代表与松冈在会辩论,及与美代表台维斯晤谈各情形,均关重要。谨录呈察阅。罗文干叩。

附颜代表等来电六件。①

资料来源:《外交部与军事委员会委员长蒋中正等接洽中日纠纷之文电》,台湾"国史馆"藏"外交部"全宗,第 46 页。

30. 外交部致汉口蒋委员长电(1932 年 11 月 26 日)

去文亚字第 7226 号

汉口蒋委员长赐鉴:接日内瓦颜代表报告,会晤德外长秘密谈话,及顾代

---

① 编者按:无附件内容。

表报告,昨二十五日开会情形,来电各一件。兹特抄录原电,送呈察阅。罗文干叩。

资料来源:《外交部与军事委员会委员长蒋中正等接洽中日纠纷之文电》,台湾"国史馆"藏"外交部"全宗,第47页。

31. 外交部致汉口蒋委员长电(1932年11月28日)

去文亚字第 7277 号

汉口蒋委员长赐鉴:密。顷接颜代表等报告与行政院主席爱尔兰代表伐勒拉①、捷克代表班纳斯②等,午食谈论情形电一件。兹特抄录原电译文,送请察阅。罗文干。艳。印。

附抄原电译文一件。③

资料来源:《外交部与军事委员会委员长蒋中正等接洽中日纠纷之文电》,台湾"国史馆"藏"外交部"全宗,第48页。

32. 外交部致汉口蒋委员长电(1932年11月29日)

去文亚字第 7307 号

汉口蒋委员长赐鉴:接日内瓦顾代表,第四百八十七号来电一件,报告本月二十八日行政院会议情形。兹特附呈此项来电译文,送请察阅。罗文干叩。

资料来源:《外交部与军事委员会委员长蒋中正等接洽中日纠纷之文电》,台湾"国史馆"藏"外交部"全宗,第50页。

33. 外交部致汉口蒋委员长电(日期不详)

去电 32742 号

汉口蒋委员长赐鉴:密。顷接日内瓦三代表电称连日松冈访晤各国代表,

---

① 编者按:指 Éamon de Valera,亦译为凡勒拉、伐维拉、伐维诺等。后同。
② 编者按:指爱德华·贝奈斯(Edvard Beneš)。后同。
③ 编者按:无附件内容。

宣称中日将直接交涉,宋院长虽曾否认,但蒋委员长仍极力主张云云。捷克外交总长等聆悉颇滋疑虑,谓国联正谋解决,若中日果直接谈判,将置国联于何地云。除已力辟此种诞言,谓日方惯技决无其事外,拟请转恳蒋委员长再予否认,以正国际观听为荷等语。查日方每于紧要关头,故造直接交涉之谣言,迭经本部严辟其妄,现又利用故技假造钧意。拟请我公即在汉口发表否认之声明,同时电达本部,俾可转电代表团纠正日方恶意宣传。罗文干叩。东。

资料来源:《外交部与军事委员会委员长蒋中正等接洽中日纠纷之文电》,台湾"国史馆"藏"外交部"全宗,第 51 页。

34. 汉口蒋委员长致外交部电(1932 年 12 月 2 日)

来电第 40593 号

发电:1932 年 12 月 2 日 18 时 45 分

收电:1932 年 12 月 2 日 21 时 30 分

南京宋代院长子文兄,外交部罗部长钧任兄勋鉴:密。子文兄快函诵悉,并接石曾先生巴黎来电,亦与拉西曼电,词意相同。此项电欧辟谣之电文,即奉托钧任兄代为拟稿,以中名义或受中委托,电颜代表,转达国联秘书长,正式否认,并请其转述于国联大会。惟该电措词,应以简单扼要为主。以后应付倭方造谣办法,亦亟宜改换。否则,彼造我辟,将辟不胜辟。最好我亦设法特予反攻,庶免长处被动地位也。如何。盼复。中正。冬(二日)。秘印。

资料来源:《外交部与军事委员会委员长蒋中正等接洽中日纠纷之文电》,台湾"国史馆"藏"外交部"全宗,第 52 页。

35. 外交部致汉口蒋委员长电(1932 年 12 月 2 日)

去文亚字第 7398 号

汉口蒋委员长赐鉴:接日内瓦我国代表团,第四百九十号报告。本月一日,十九委员会会议情形来电一件。兹特将该电译文,送请察阅。罗文干叩。

资料来源:《外交部与军事委员会委员长蒋中正等接洽中日纠纷之文电》,台湾"国史馆"藏"外交部"全宗,第 53 页。

36. 外交部致汉口蒋委员长电（1932 年 12 月 3 日）

去电第 32852 号

汉口蒋委员长赐鉴：密。接顾代表电称：日本宣言称在一九二七年，蒋总司令政府要求日本军队留于济南，直至政府能维持该省之治安为止等语，此种宣言是否属实等因。查日方所称，显系捏造。本部现拟电令顾代表，予以否认。钧意如何。敬乞察核，电示遵行。罗文干叩。

资料来源：《外交部与军事委员会委员长蒋中正等接洽中日纠纷之文电》，台湾"国史馆"藏"外交部"全宗，第 54 页。

37. 汉口蒋委员长致外交部电（1932 年 12 月 4 日）

来电第 40675 号

发电：1932 年 12 月 4 日 16 时 38 分

收电：1932 年 12 月 4 日 19 时 40 分

南京外交部罗部长钧任兄勋鉴：江（三日）电悉。密。日人捏造一九二七年之谣言云云，绝对无此事，可即严加否认。中正。支（四日）。秘。印。

资料来源：《外交部与军事委员会委员长蒋中正等接洽中日纠纷之文电》，台湾"国史馆"藏"外交部"全宗，第 55 页。

38. 外交部致汉口蒋委员长电（1932 年 12 月 8 日）

去文亚字第 7583 号

汉口蒋委员长赐鉴：密。叠接日内瓦颜代表等，报告大会开会情形，来电五件。特抄录，送请察阅。罗文干叩。印。

附原电译文五件。①

资料来源：《外交部与军事委员会委员长蒋中正等接洽中日纠纷之文电》，台湾"国史馆"藏"外交部"全宗，第 56 页。

---

①　编者按：无附件内容。

39. 外交部致汉口蒋委员长电（1932 年 12 月 9 日）

去文亚字第 7612 号

汉口蒋委员长赐鉴：密。叠接日内瓦颜代表等，报告各国代表在大会演说情形电四件。特将原电译文抄录，送请察阅。罗文干叩。印。

附抄原电译文四件。①

资料来源：《外交部与军事委员会委员长蒋中正等接洽中日纠纷之文电》，台湾"国史馆"藏"外交部"全宗，第 57 页。

40. 外交部致蒋委员长电（1932 年 12 月 13 日）

去文亚字第 7703 号

蒋委员长赐鉴：密。兹接张委员学良元电一件。谨录呈察阅。罗文干叩。附抄张委员元电一件。②

资料来源：《外交部与军事委员会委员长蒋中正等接洽中日纠纷之文电》，台湾"国史馆"藏"外交部"全宗，第 58 页。

41. 豫鄂皖三省剿匪总司令部致外交部电
（1932 年 12 月 19 日）

秘字第 508 号

南京外交部罗部长钧任兄勋鉴：灰代电，并抄转日内瓦颜代表等原电译文四件均悉。日内瓦各代表报告续情，仍盼随时见告。特复。蒋中正印。寒。

资料来源：《外交部与军事委员会委员长蒋中正等接洽中日纠纷之文电》，台湾"国史馆"藏"外交部"全宗，第 59 页。

---

① 编者按：无附件内容。
② 编者按：无附件内容。

42. 外交部致事委员会蒋委员长、军政部何部长电
（1933 年 1 月 2 日）

去文亚字第 8273 号

军事委员会蒋委员长、军政部何部长勋鉴：极密。顷据顾大使维钧自巴黎来电称：据可靠消息，日本新在□□①厂，定购小坦克车四辆，□□②厂于去年春季，亦接有日本购买大炮之定货。日本并在英国、法国、意大利及捷克等处，购买各种军用品，以期影响于满洲问题之政策。提议我方亦采取同样策略，购买货物及需用品等，以见好于友我各国而取反对态度，如加拿大国等语。特电达查核办理，并见复为荷。外交部。

资料来源：《外交部与军事委员会委员长蒋中正等接洽中日纠纷之文电》，台湾"国史馆"藏"外交部"全宗，第 62 页。

43. 外交部致宋代院长、蒋委员长电（1933 年 1 月 4 日）

去电第 33683 号

上海宋院长勋鉴，蒋委员长赐鉴：顷接李前次长锦纶由美京急电，称余日章博士于四日晨晓史汀生时，突患脑充血症，现移海军医院调治。医云：病况虽险恶，但若不发生其他变化，尚有救。请转呈蒋委员长指示办法等语。罗文干。

资料来源：《外交部与军事委员会委员长蒋中正等接洽中日纠纷之文电》，台湾"国史馆"藏"外交部"全宗，第 63 页。

44. 外交部致蒋委员长电（1933 年 1 月 7 日）

去文亚字第 8431 号

南京蒋委员长赐鉴：密。顷接北平张委员阳寅电称：日人狡计百出，其侵

---

① 编者按：原文为英文，难以辨认。
② 编者按：原文为英文，难以辨认。

略野心具有整个计划。榆关之事,似决非局部问题。彼既一方肆意侵略,一方复作和平解决宣传。揣其用意所在,要不外以彼后方部队,尚未集中完毕,冀以此延缓我方行动,并对我国上下挑拨感情,更在国际方面朦[蒙]蔽观听。实则外间所传种种谋和消息,竟无其事。我既烛破其奸,亦决不至堕其术中。现在,前方布置益求完全巩固,一切均照既定方针进行。此时,全国上下应致奋斗,决心对敌人狡计特加注意,勿为其谣言所动,庶可挽救危亡。近两日来,敌在前方虽不时扰,究均被我军击退。此后情形当随时奉达。弟为人个性,我兄多年知己,谅能洞悉。凡事为与不为,均心口如一,从未自饰。决不因一时毁誉,而欺世人。务望释念,勿为敌谣所惑,而虑及弟之决心不坚也等语。特电奉闻。外交部。罗文干叩。

资料来源:《外交部与军事委员会委员长蒋中正等接洽中日纠纷之文电》,台湾"国史馆"藏"外交部"全宗,第65—66页。

45. 外交部致宋院长、蒋委员长电(1933年1月7日)

去文亚字第8432号

宋院长勋鉴,蒋委员长赐鉴:密。据李前次长锦纶六日由美电称:今日此间新闻界传出消息,中国企图退出国联,并与日本绝交。官方意见认为,二者对于中国均为不利,并认日本极望中国有此动作。可否请政府表示除非日本退出榆关,我方必力图恢复。此举既可激发国民之爱国心,亦可予侨胞以鼓励等语。美国新闻消息显系误传,兹已电复否认。至关于电中所称政府表示一节,如认为可行,拟请以院长名义发表主张。特电请钧裁。关于电中所称政府表示一节,除电请送院长核办外。特电请察阅。外交部叩。

资料来源:《外交部与军事委员会委员长蒋中正等接洽中日纠纷之文电》,台湾"国史馆"藏"外交部"全宗,第67页。

46. 外交部致军委会蒋委员长电(1933年1月8日)

去文亚字第8443号

军事委员会蒋委员长赐鉴:密。顷接据何遂严宽鱼电称:据确报我东北骑兵第三旅由九门口绕至绥中,炸毁铁道桥四十一。义军郑桂林部副司令吴金铎,随同骑三旅作战。本地人民闻炮声,知正式军队出关,烽起回应,将榆关至绥中向铁道拆毁多段,日铁甲车已不能行动。我榆关方面军队,正谋反攻。日军为应援计,企图由秦皇岛登陆等语。谨闻。外交部。

资料来源:《外交部与军事委员会委员长蒋中正等接洽中日纠纷之文电》,台湾"国史馆"藏"外交部"全宗,第68页。

47. 外交部致军事委员会蒋委员长电(1933年1月8日)

去文亚字第 8444 号

军事委员会蒋委员长赐鉴:密。顷接张委员致干阳西电称:关于中立区暨日方所传局部解决之说,纯属故作谣传,淆惑观听。昨经电达计荷。鉴察目前局势,似已无和平可言。除以实力与敌为彻底之周旋外,别无他道。弟决心久具矢效捐躯。日前榆关之战,我将士效死赴义精神,已知其可以用命。所最要者,抵抗成绩如何,须以军实补助及应援实力为标准。此非弟一人一家之事,乃中国整个存亡问题。惟在我全国上下共同努力,以与敌相拼到底。至弟国难家仇尚浚,何所顾惜,奋斗之心安肯后人。迭电奉陈,请兄勿怀顾虑。甚盼中央及其他方面,尽力筹维。关于后方补充、援应事项,速谋切实有效办法,庶合全国之力以与强敌相抗,存亡之机在此一举等语。特电请鉴察。罗文干叩。

资料来源:《外交部与军事委员会委员长蒋中正等接洽中日纠纷之文电》,台湾"国史馆"藏"外交部"全宗,第69—70页。

48. 外交部致宋院长、蒋委员长电(1933年1月13日)

去文亚字第 8623 号

宋院长鉴,蒋委员长赐鉴:密。据本部曹秘书邦正,由北平用英文电称:英应参赞、美詹公使及各武官意见,谓:保全北平之最好办法,即将我方军事机关迁出,使日方行动无所借口。然后,再电日内瓦颜代表,以北平在历史文化上之价值以及为人道主义种种理由,要求制止在城内有任何军事动作。詹使谓:当尽力援助,但外国军队不取何项动作。嗣与张委员谈及。渠称:此节不引起误会,为彼有意逃避者,当可照办。至英国出任调解说,毫无根据。克莱之举动未奉有训令已明了。鉴于此间之军事情况,张委员迄未接到政府之饷械及军事计划。张委员谓:当尽责任。现情况正为国难,因一般人利用时机造出谣言,谓彼与中央或彼与其所率军队有种种误会等等。亟请统一军事指挥,并有更密切之协调等语。谨闻。罗文干叩。

资料来源:《外交部与军事委员会委员长蒋中正等接洽中日纠纷之文电》,台湾"国史馆"藏"外交部"全宗,第75—76页。

49. 外交部致军事委员会蒋委员长、北平张委员电（日期不详）

去电第 34015 号

军事委员会蒋委员长、北平张委员勋鉴:密。本月十三日,伦敦泰晤士报社论称:日本最后目的在取得热河,殆无疑问。但各国所最为关心者,厥为此项战事应限于局部,而不应蔓延至中国本部。若战事果延至平津一带,则列强决不容再行坐视,必将由国联共筹共同行动等语。查伦敦泰晤士报之言论,向是以代表英外部之态度。一面表示不愿过问关外,一面力诚日本不得染指关内。特电奉达,藉供参考。文干叩。删。

资料来源:《外交部与军事委员会委员长蒋中正等接洽中日纠纷之文电》,台湾"国史馆"藏"外交部"全宗,第77页。

50. 外交部致蒋委员长、张委员电(1933年1月18日)

去文亚字第 8773 号

蒋委员长赐鉴,北平张委员勋鉴:密。顷据郭公使十七日电称:今日下午晤西门,彼与其谈话时,态度似较以前确切,亟欲祛除其有祖日之印象。我方如能立即恢复榆关,自属上策。究竟此事前途若何,果能实现,其裨益于最后报告之解决定非浅鲜。此间同人对于此种迅速行动,金认为得计,极表同情等语。特电请鉴核。请查照。外交部。

资料来源:《外交部与军事委员会委员长蒋中正等接洽中日纠纷之文电》,台湾"国史馆"藏"外交部"全宗,第78页。

51. 外交部致蒋委员长、张委员电（1933 年 1 月 18 日）

去文亚字第 8802 号

蒋委员长赐鉴，张委员勋鉴：密。据路透消息报称：伦敦《每日电讯报》（*Daily Telegraph*）十六日，关于本日十九国委员会会议之时评，谓：欧洲各大国无意于制裁日本，使其退还东省于中国。即以抱不平之美国，亦无与国联联合或单独取制裁之意。吾人希望特拉蒙提议十九国委员会，将全案移交七国委员会一节，在日内瓦方面将得同意。小国方面，或有反对者。但此种重要问题之判决，关系远东之和平，应由负责之国家决定之等语。查英国态度之祖日，可以概见。当兹国联开会，我代表据理力争之际，其结果若何至难逆料。我方似应积极自助，继续抵抗，庶几国际视听得以转而助我。除电达张委员查照，请蒋委员长鉴核外，特电请鉴核，送查照。外交部。

资料来源：《外交部与军事委员会委员长蒋中正等接洽中日纠纷之文电》，台湾"国史馆"藏"外交部"全宗，第 79—80 页。

52. 外交部致蒋委员长、军政部、参谋本部电
（1933 年 1 月 20 日）

去文亚字第 8896 号

蒋委员长赐鉴，军政部、参谋本部勋鉴：密。接张委员学良效电称：接东京极可靠方面密报，日当局真意，榆关案不扩大。热河现紧急，已由此增派二师往援，以为我不放弃，彼必拼死夺取，意极坚等情况，密闻等语，谨电闻。罗文干叩。

资料来源：《外交部与军事委员会委员长蒋中正等接洽中日纠纷之文电》，台湾"国史馆"藏"外交部"全宗，第 82 页。

53. 外交部致蒋委员长电（1933 年 1 月 30 日）

去文亚字第 8898 号

蒋委员长赐鉴：密。顷据美联社二十日伦敦来电消息，本月十九日下午三时，英国国务院在外交部开会。此系本年第一次审议讨论满洲问题，暨战债及

其他国内问题等语。查中国问题□与战债问题同时研究,足见英国外交政策之所在。谨闻。罗文干叩。印。

资料来源:《外交部与军事委员会委员长蒋中正等接洽中日纠纷之文电》,台湾"国史馆"藏"外交部"全宗,第 83 页。

54. 外交部致军事委员会、军政部电(1933 年 1 月 23 日)

去文亚字第 8905 号

军事委员会蒋委员长赐鉴,军政部何部长勋鉴:密。顷据本部曹秘书邦正,自北平二十一日来电称:朱庆润需款甚急,作为前方兵士购粮食之用。渠将亲自管理款项,即返前方,请速设法汇款来此。现在与张委员讨论,前方军队必须有一统一之指挥。汤主席拥护朱氏,诚确准备抵抗。目下举国宣称接济热河,从事抵抗。盖欲张委员行动较为积极,而令各方对于抨击国家取一致之态度,以为收回东省失地张本。此举实为重要等语。查日本外务当局内田二十一日在□□宣言各节,竟指热河为伪满洲国一部分。侵热河野心,业已明白暴露。现我国上下既已坚决抵抗,值此一发千钧之际,尤当集中力量,充分准备,前线军队云集,指挥立早统一。汤主席迭电请求给养,似应尽先接济,藉壮士气而固军心。特电奉达。罗文干。

资料来源:《外交部与军事委员会委员长蒋中正等接洽中日纠纷之文电》,台湾"国史馆"藏"外交部"全宗,第 85—86 页。

55. 外交部致宋院长、蒋委员长电(1933 年 1 月 26 日)

去文亚字第 9114 号

宋院长勋鉴,蒋委员长赐鉴:密。顷据余日章博士由美函称:在美京及纽约各处与此间有名人士讨论中日事件所得意见,概括如次。国联本身,视其会员国之意志为转移。现今,因战债、军缩及经济衰落种种问题,使欧洲各国对于日本之侵略威胁束手无策。因之,国联对于当前之重大国际问题,亦无法解决。中国自事变开始,即诉讼国联,此时惟有继续催促其寻求一公正适当之解决,利用之,以揭发日方暴行。美国为维持九国公约及非战公约之有效,虽不能漠视无关,但无论其如何表同情于中国,目前,除遵守史汀生氏宣言,不承认凡由违犯国际条约之精神所造成之局势而外,亦无他法。日本得此千载一时之机会,自然节节进逼。除非其本国财政破产,将无法以促其控制政治之军人心理之觉悟。为中国计,应注意下列各点:

(1)中国政府及人民应准备被日方再事攻击,予以强有力之抵抗;

(2)在最短时期内自行努力企图恢复东省;

(3)现在无论如何,避免与日正式宣战;

(4)中国人民(非政府及党)对于东省之义勇军力予援助,而对于抵制日货尤宜全国一致努力;

(5)中国政府在国内应依联省自治之原则求统一,谋改革。

至于中俄复交一事,对于维持远东及世界之和平,以及改进两国间之关系,固有莫大利益。但俄之助中国,尚未到时期,不可依赖过甚。天助自助者,于国家亦然等语。谨闻。外交部。

资料来源:《外交部与军事委员会委员长蒋中正等接洽中日纠纷之文电》,台湾"国史馆"藏"外交部"全宗,第87—88页。

56. 外交部致南昌蒋委员长电(1933年1月29日)

去电第34353号

南昌蒋委员长赐鉴:密。迭接颜代表等电称:九国起草委员会通过报告书草案第一部分,内载提出国联之中日争执进展情形。包含行政院各项决议案,并概序〔叙〕二十年十二月十日以后之事变。又说明曾根据决议案,试行调解,迄未成功。第二部分依据各点,□半采自李顿报告。第三部分结论,包括判词。第四部分建议性质,较为重要,尚未起草。此间人士金以建议,宜侧重对于日本施以压力。而最要之点,在以普通原则为解决之基础。又以中国倘不采中日已入战争状态之举动,他国何能出此。我方答以中国现在不愿使时局益趋严重。惟报告书公布之后,则局势及中国态度必大见改变云云。我须力求自助,国联最多不过予以道德上之扶助。又称:国联秘书厅重要份子[①],以

---

① 编者按:"份子"同"分子"。后同。

此次中日事变,中国太重法律空论,而日方以武力所获成功,则印入多数人脑中。欲纠正此种观念,中国须立即采取行动。又美国驻法大使告颜代表谓法国态度颇佳各等语。谨电陈察阅。罗文干叩。

资料来源:《外交部与军事委员会委员长蒋中正等接洽中日纠纷之文电》,台湾"国史馆"藏"外交部"全宗,第89—90页。

57. 外交部致南昌蒋委员长电(1932年1月30日)

去电第 34360 号

南昌蒋委员长赐鉴:密。三十电计达。兹又接颜代表来电,以关于不承认问题,因美国反对,起草委员会态度软化。是以美国宁有再出干涉必要。数委员国并云:国联三月十一日决议案,已超过美国一月七日通牒程度。欲再采较美积极步骤,煞费踌躇。美现对次要各点,已经让步。故各小国对于不承认问题,未便再行坚持。法律上特定罪名,似难办到。然引用李顿报告书语句,可增重道德上罪名。报告提出后,日本如仍继续侵略中国,中国不必根据法律,俾可根据事实单独引用盟约第十六条。此乃各小国之胆怯,无罪责日本之勇气。庆以为,此次大会报告,当较李顿报告书佳。又称:报告书内容摘要第二部分,谓:争执调解业已失败,现拟报告。关于时局情状之一切消息,大会认为,可于李顿报告书开首八章中觅得,并称:日本承认"满洲国",他国并无继而出此者。最后一句称:就九月十八日以前,紧张情形之起源上论,虽似应由中日二国分任其责。但九月十八日以后,事变之发展,在中国方面实不发生责任问题各等语。现本部已电施使,令即切商美政府,请其再行设法促国联采取强硬态度。谨电陈察核。罗文干叩。

资料来源:《外交部与军事委员会委员长蒋中正等接洽中日纠纷之文电》,台湾"国史馆"藏"外交部"全宗,第91—92页。

58. 外交部致蒋委员长、何部长电(1933年1月26日)

去文亚字第 9132 号

军事委员会蒋委员长赐鉴,军政部何部长勋鉴:密。据驻日蒋使二十五日电云:日本议会,颇责难政府。尤其对于军部专横、外交专恃武力,多所指摘。

各界不以政府办法为然,似渐自决议会闭幕后,内阁恐为更动等语。特谨电奉闻。罗文干叩。

资料来源:《外交部与军事委员会委员长蒋中正等接洽中日纠纷之文电》,台湾"国史馆"藏"外交部"全宗,第93页。

59. 外交部致军事委员会蒋委员长、宋院长电
(1933 年 1 月 27 日)

去文亚字第 9131 号

军事委员会蒋委员长、宋院长赐鉴:密。近接上海救国团称:联合会熊理事希龄来函,对于国防、军需、外交各端,有所陈述。相应谨录呈察核。罗文干叩。

附抄熊理事希龄来函一件。[①]

资料来源:《外交部与军事委员会委员长蒋中正等接洽中日纠纷之文电》,台湾"国史馆"藏"外交部"全宗,第94页。

60. 外交部致南昌蒋委员长电(1933 年 1 月 31 日)

去电第 3375 号

南昌蒋委员长赐鉴:据确报日军第八、第十、第十四、三师团守备队,约三万人。陷日起,分二十四列车,于一周内陆续过釜山。经汉城开往东省,谋攻热河等语。热河大战,恐在旦夕。大局之有无转机,系于我方之能否坚决抵抗。昨日,吴达铨君来京,因未遇公,嘱转所见。吴谓:近日,华北局势紧张已极。公倘于此时发表宣言,声述热河为我领土。日军如来侵犯,必举国与之抵抗,则对内、对外均有莫大之效果。如能亲自北上坐镇指挥,尤足孚洽众望,而坚军心,云云。如何之处,尚请酌裁密示为祷。罗文干叩。

资料来源:《外交部与军事委员会委员长蒋中正等接洽中日纠纷之文电》,台湾"国史馆"藏"外交部"全宗,第95页。

---

① 　编者按:无附件内容。

61. 外交部致南昌蒋委员长电(1933年2月3日)

去电第 34462 号

南昌蒋委员长赐鉴:密。昨与英使晤谈,促其电请英政府,对不承认伪组织问题,采强硬态度。英使已两电西门,加以劝说。美国当局以为,英、日虽未必有谅解,但英国之欲寻一挽救国联而不开罪日本之解决办法,则毫无疑义。截至现在,草案对于中国尚称满意等语。又颜代表来电,以报告草案修正结果,有利于我方。原案第一、第二两部,改为第二、第三部。新加序言一节,建议将包含于第四部。俟十九委员会开会,再起草等语。谨电陈察阅。罗文干叩。

资料来源:《外交部与军事委员会委员长蒋中正等接洽中日纠纷之文电》,台湾"国史馆"藏"外交部"全宗,第 98 页。

62. 外交部致南昌蒋委员长、北平张委员电
(1933年2月3日)

电 857 号

南昌蒋委员长、北平张委员汉卿兄勋鉴:密。英蓝使①到此后,迭与晤谈中日问题,告以袒日之不利,与维持国际条约之必要,并提及近日吾国对英舆论,请其力促英政府速变方针。蓝使颇为所动,已将此间情形,迭电政府,并陈说所见。昨日,英外部宣言谓:英政府仍以李顿报告书为根据,绝无与日缔结密约之事,亦未迫令他国反对否认"满洲国"等语。据蓝使称:此项声明,即彼迭电政府之结果。蓝使个人态度,似尚不坏。以后英方主张如何,当再续陈。罗文干叩。三日。

资料来源:《外交部与军事委员会委员长蒋中正等接洽中日纠纷之文电》,台湾"国史馆"藏"外交部"全宗,第 99 页。

---

① 编者按:指英国驻华公使蓝普森(M. W. Lampson),亦译为蓝博森、蓝博辛、蓝浦森、兰浦森等。后同。

63. 汉口杨永泰致外交部电（1933 年 2 月 7 日）

来电第 43560 号

发电：1933 年 2 月 7 日 15 时 5 分

收电：1933 年 2 月 7 日 17 时 50 分

南京外交部罗部长钧任兄勋鉴：密。在都备承教益，厚饫郁厨，佩荷无似。弟随节赴赣回总部，诸务待理。浩森兄又乞假，已于支日旋汉。尊处寄呈总座之日内瓦情报，及各处外交情况，拟请分寄弟一份，以资参考。庶于国际情形，不至隔膜。弟处亦极慎密，不虞漏泄。笏廷兄均此奉候。弟永泰叩。阳（七日）。

资料来源：《外交部与军事委员会委员长蒋中正等接洽中日纠纷之文电》，台湾"国史馆"藏"外交部"全宗，第 105 页。

64. 外交部致南昌蒋委员长、北平张委员和广州
张委员慎微电（1933 年 2 月 12 日）

去电第 34646、7 号

南昌蒋委员长赐鉴，北平张委员汉卿兄勋鉴，广州张委员慎微鉴：密。佳电计达。十九委员会函询日方，是否承认维持东省现状，非解决纠纷之道，并口头质问日方，对于热河究将如何。倘日方答复满意，该委员会对该国提案予以考量。现国联对日态度，较前强硬。日方虽表示愤激，而事关具体质问，自不容遁饰搪塞，迄今尚未答复。又闻，十九委员会所草拟之最后报告即将完竣。谨电陈察阅。罗文干叩。弟文干。希密告粤中各要人。干。

资料来源：《外交部与军事委员会委员长蒋中正等接洽中日纠纷之文电》，台湾"国史馆"藏"外交部"全宗，第 112 页。

65. 南昌蒋委员长致外交部电（1933 年 2 月 14 日）

来电第 43868 号

发电：1933 年 2 月 14 日 0 时 10 分

收电：1933 年 2 月 14 日 8 时 10 分

南京外交部鉴:蒸(十)电诵悉。密。此后关于国际及边陲有何情报,均望随时择要电告为祷。蒋中正元(十三日),酉。行厅印。

资料来源:《外交部与军事委员会委员长蒋中正等接洽中日纠纷之文电》,台湾"国史馆"藏"外交部"全宗,第113页。

66. 南昌蒋委员长致外交部电(1933年2月14日)

来电第43891号

发电:1933年2月14日18时10分

收电:1933年2月14日21时20分

南京外交部罗部长勋鉴:文(十二日)电悉。蒋中正。寒(十四日)。行厅。

文电:十九委会询日,是否承认维持东省现状,非解决纠纷之道,并口头质问日方,对于热河究将如何由。

资料来源:《外交部与军事委员会委员长蒋中正等接洽中日纠纷之文电》,台湾"国史馆"藏"外交部"全宗,第114页。

67. 外交部致南昌蒋委员长电(1933年2月17日)

去电第34756号

南昌蒋委员长赐鉴:密。最后报告书,业经十九委员会通过。其中建议案最关重要,全文已另邮呈。顷据代表团电:日内瓦一般意见,均确信该报告书可在大会通过。是可为中国在精神上,获得极大外交胜利。各国现虽惧用第十六条,但报告通过三个月后,势必适用该条。现在,中国最要任务,系以全力抵御侵占。盖抗争愈烈,则愈得各国同情,而今愈难避免适用该案。友好中有主张中国应于报告大会通过后,即相机与日断绝外交关系,以免日本借口尚未入于战争状态。代表团以为:此际,我方亟应公布全国一致,抵抗外患及与国联合作等建设计划等语。谨电请鉴核。罗文干。

资料来源:《外交部与军事委员会委员长蒋中正等接洽中日纠纷之文电》,台湾"国史馆"藏"外交部"全宗,第115页。

68. 南昌蒋委员长致外交部电（1933 年 2 月 17 日）

来电第 44028 号

发电：1933 年 2 月 16 日 22 时 50 分

收电：1933 年 2 月 17 日 9 时 00 分

特急。南京外交部罗部长勋鉴：密。顷接友人电称：年来国联与日本争持者表面似为中日纠纷问题，实际日本所争，在除满蒙共管中国。国联所争，在连满蒙共管中国。闻真（十一）日，九国起草委员会审查报告书第三部第五项，直明揭共管之必要。凡一国家，而须经国际协力改造，独立地位安在。纵令我国电各国技术的援助，亦只可由我国自由选择，何须国际协定，且进而干涉我国。言论及教育，殊为难堪。况此项，已超出解决中日纷争范围以外。请速电我国代表，力争取消或为强硬保留，关系至巨。此时力争，尚未为晚。倘经大会表决，将永受拘束。心所谓危，不敢缄默等语，如何。请兄详加核夺，为要。中正。铣（十六）。行厅。

资料来源：《外交部与军事委员会委员长蒋中正等接洽中日纠纷之文电》，台湾"国史馆"藏"外交部"全宗，第 116 页。

69. 外交部致南昌蒋委员长电（1933 年 2 月 17 日）

南昌蒋委员长赐鉴：密。铣电奉悉。报告书之第三部第五节要旨，据颜代表报告，中国现处过渡建设时期，虽经中央政府努力，其成绩大有进步。然政治上暴动、社会上混乱，及各方分裂倾向，仍不可免。此种情状，必须采用国际合作政策。中国政府如提出请求国联应予技术上援助，改新各项制度，俾得巩固其国家。所虑国际共管一事，其不成问题，甚为明显等语。钧电所示消息，谅系报告者，采自日方，核与报告书第三部第五节旨趣有别。谨电复鉴察。罗文丁叩。

资料来源：《外交部与军事委员会委员长蒋中正等接洽中日纠纷之文电》，台湾"国史馆"藏"外交部"全宗，第 117 页。

70. 南昌蒋委员长致外交部电(1933年2月19日)

来电第44121号

发电:1933年2月19日15时10分

收电:1933年2月19日17时35分

南京外交部:电报科。铣(十六)电悉。中正皓。行厅。

铣电转东京蒋公使电。日因国联形势紧张,人心恐慌。

资料来源:《外交部与军事委员会委员长蒋中正等接洽中日纠纷之文电》,台湾"国史馆"藏"外交部"全宗,第118页。

71. 外交部致南昌蒋委员长等处电(1933年2月20日)

去电第34842号

南昌蒋委员长赐鉴,北平张委员汉卿兄勋鉴,热河汤主席勋鉴,广州张委员慎微鉴:美国当局迳向我方表示,国联报告尚佳,日内瓦各事进行顺利。惟该报告,尚系一草案。现仍有少数有力之潜势力,反对美国卷入旋涡,发生对外纠纷。故中国应处以静默,藉免言动反阻进步,以待大会决议。谨电陈察阅。

资料来源:《外交部与军事委员会委员长蒋中正等接洽中日纠纷之文电》,台湾"国史馆"藏"外交部"全宗,第119页。

72. 外交部致南昌蒋委员长等处电(1933年2月21日)

南昌蒋委员长赐鉴,北平张委员汉卿兄、承德汤主席阁忱兄、北平朱子桥先生勋鉴:密。驻日法大使玛泰尔,昨过京来晤。玛使云:满洲问题,国联已主持公道。惟实力之援助,恐各国一时未能做到。现中国上下一致决心抗日,将来可操胜算。日军械虽精,中国可利用青纱障,使其飞机、大炮失效。前日本对俄亦曾用此,终于获胜。当答以法国为国联重要会员,多承赞助,至深感谢。我国现在团结御侮,军民皆愿效死牺牲,自当利用天然优点以制敌人等语。谨电奉闻。罗文干叩。

资料来源:《外交部与军事委员会委员长蒋中正等接洽中日纠纷之文电》,台湾"国史馆"藏"外交部"全宗,第120页。

73. 南昌蒋委员长致外交部电（1933 年 2 月 23 日）

来电第 44354 号

发电：1933 年 2 月 23 日 19 时 45 分

收电：1933 年 2 月 24 日 1 时 5 分

南京外交部罗部长勋鉴：密。马（二十一）日，电告与驻日法使玛泰尔晤谈各情，已悉。蒋中正。漾（二十三）。行厅。

资料来源：《外交部与军事委员会委员长蒋中正等接洽中日纠纷之文电》，台湾"国史馆"藏"外交部"全宗，第 123 页。

74. 外交部致南昌蒋委员长、北平张委员和广州张委员慎微电（1933 年 2 月 23 日）

去电第 34983 号

南昌蒋委员长赐鉴，北平张委员汉卿兄勋鉴，广州张委员慎微鉴：密。国联报告书，行将通过大会，而日本仍悍然总攻热河。我为促国联始终强硬对日，益使日本在国际陷于孤立起见，业经电令颜代表等投可决票。美国当局看法，以日本不致对华宣战。设中国首先宣战，则彼获益匪浅，深望勿中其计，并以国联建议，虽不载制裁办法，但不承认三字范围极广。国联报告通过后，美或即发表批评。至英国态度之忽变，实由于英国属地加拿大等对伦敦之压迫。日本如侵入长城，必危及英在天津等处利益。中国对英有排货之虞。伦敦发觉，华盛顿对西门所采政策不满等情状凑合所致。谨电陈察阅，罗文干叩。

再，此电仍请勿/不能宣布。

资料来源：《外交部与军事委员会委员长蒋中正等接洽中日纠纷之文电》，台湾"国史馆"藏"外交部"全宗，第 124 页。

75. 外交部致南昌蒋委员长等处电（1933 年 2 月 25 日）

去电第 35048 号

南昌蒋委员长赐鉴，宋院长勋鉴，北平张委员勋鉴，北平刘次长勋鉴，广州张慎微先生鉴,承德汤主席勋鉴:顷接日内瓦代表团来电,称:报告书已经大会一致通过。日本代表团于报告通过后,即离会场。详细情形再电达等语。除俟得日内瓦续电,再行达外。谨先电闻。罗文干叩。

资料来源:《外交部与军事委员会委员长蒋中正等接洽中日纠纷之文电》,台湾"国史馆"藏"外交部"全宗,第 125 页。

76. 外交部致南昌蒋委员长等处电(1933 年 2 月 25 日)

去电第 35063 号

南昌蒋委员长赐鉴,北平张委员汉卿兄勋鉴,热河汤主席勋鉴,北平刘次长子楷兄勋鉴,广州张委员慎微鉴:密。有电计达。颜代表在大会演说,批评报告书结论及建议。同时,宣告中国对建议予以接受。惟如日方不予接受,建议无从实行。中国在盟约第十五条第六项下之权利,并无保留。国联大会议决,指派咨询顾问委员会。该委员会由十九委员会各委员,及加拿大、荷兰代表组织之,并将邀请美俄参加工作。至适当时,将向大会建议或报告,并得将报告转送通力合作之非会员国政府。顾代表在大会发言,谓:热河为中日整个问题之一部分,痛驳日方主张及理由,请其加以制裁。一般意见,金以报告业经通过,咨询顾问委员会亦已成立,希望中国能尽其本分,竭力抵抗。时局如再有发展,国联必重出干涉。再,颜代表现已正式致文国联,接受报告书。谨电陈察核。罗文干叩。

再,此电请勿/不能宣布。

资料来源:《外交部与军事委员会委员长蒋中正等接洽中日纠纷之文电》,台湾"国史馆"藏"外交部"全宗,第 127—128 页。

77. 南昌蒋委员长致外交部电(1933 年 2 月 27 日)

来电第 44532 号

发电:1933 年 2 月 27 日 11 时 30 分

收电:1933 年 2 月 27 日 12 时 40 分

南京外交部罗部长鉴:有(二十五)电悉。特复。蒋中正。宥(二十六)。行厅。

有电:颜代表在大会批评报告,业经论及建议。

资料来源:《外交部与军事委员会委员长蒋中正等接洽中日纠纷之文电》,台湾"国史馆"藏"外交部"全宗,第 129 页。

78. 外交部致南昌蒋委员长电(1933 年 2 月 27 日)

去电第 35702 号

南昌蒋委员长赐鉴:密。关于撤回驻日公使一事,国联各小国多劝我实行。一面竭力抵抗,以为将来援引第十六条地步。近立法院亦有此建议。本部以兹事体大,目前已与颜、顾、施等□通电商,特再电询日内瓦代表团及施公使意见。最近,据颜代表等复称:年来我国仍与日方信使往还,各国认为奇事。现报告书通过,我已胜诉,应早日宣布绝交,以正世界视听。我方如欲引用制裁办法,绝交为必不可免。盖盟约于制裁一节,必须以日方从事战争为理由,方可引用。倘我本身不认为日本从事战争,断不能使他国作如是看法。如仅撤回公使仍留代办。在法律上毫无意义,徒示我无决心。至于维持原状,除非欲与日本立即直接交涉,实不见有丝毫利益,又接施公使电称:美国在最近之将来不至对日采取经济制裁,因彼邦人士恐因此发生战争。现大会既通过报告书,第二步之努力,在使该报告逐步实行,俾以他国之压迫使日本就范各等语。部已将此事提出中央国防委员会。现该会正在审慎讨论,并将提出外交委员会,详加审议。谨先电闻。罗文干叩。

资料来源:《外交部与军事委员会委员长蒋中正等接洽中日纠纷之文电》,台湾"国史馆"藏"外交部"全宗,第 130—131 页。

79. 南昌蒋委员长致外交部电(1933 年 2 月 27 日)

来电第 44542 号

发电:1933 年 2 月 27 日 15 时 40 分

收电:1933 年 2 月 27 日 18 时 0 分

南京外交部罗部长鉴:有(二十五)电悉。特复。蒋中正。感(二十七)。行厅。

有电:报告书在大会通过。

资料来源:《外交部与军事委员会委员长蒋中正等接洽中日纠纷之文电》,台湾"国史馆"藏"外交部"全宗,第132页。

80. 日内瓦颜代表等致外交部电(1933年2月29日)

来电第44603号

发电:1933年2月29日17时00分

收电:1933年3月1日3时20分

南昌蒋委员长赐鉴,北平张委员勋鉴:顷接颜、顾、郭三代表致国府一件。文曰:

国民政府钧鉴:前年三省之陷,不战而走,世界为之骇异。此次热河之役,日人宣传,谓我军并无抵抗诚意。松冈在国际联合会且谓,我军勇于内战,无意对外。连日,热河要地纷纷失守,各国论者以我军凭崇山峻岭之险,有主客攻守之异,而战线屡缩,失地频闻。友我者,对于我是否真心抵抗,群来慰问。忌我者,谓我本无自助决心,国际联合会原可不必多事。惠等待罪海外,无法答辩。且自报告书公布后,战事方面重甚于外交。将来外交前途,多视军事为转移。惠等心余力绌,应付乏术,应请准予开去代表职务,另简贤能接充,不胜盼祷之至。颜惠庆、顾维钧、郭泰祺叩等语。

资料来源:《外交部与军事委员会委员长蒋中正等接洽中日纠纷之文电》,台湾"国史馆"藏"外交部"全宗,第135页。

81. 南昌蒋委员长致外交部电(1933年3月1日)

来电第44661号

发电:1933年3月1日13时20分

收电:1933年3月1日15时10分

限即刻到。南京罗部长勋鉴:密。感电诵悉。关于召回日公使意见与外交态度,中已详告叶楚伧,允请接洽。中正。东午。行机。

资料来源:《外交部与军事委员会委员长蒋中正等接洽中日纠纷之文电》,台湾"国史馆"藏"外交部"全宗,第136页。

82. 南昌蒋委员长来电（1933 年 3 月 2 日）

电第 2459 号

1933 年 3 月 2 日下午七时

限即刻到。南京中央党部兼秘书长：感电敬悉。密。中须略缓方能决定行期。一切大计，请会中诸公公决，弟无成见。惟外交问题，徒然正式召回公使，恐无如何意义，不如准其先告假回国报告。中以为，我国外交态度至少待美新总统就职后之外交方针确定后，我国然后表明，当不致迟误也。如何，并请转告罗部长，是荷。中正。东午。行机印。

资料来源：《外交部与军事委员会委员长蒋中正等接洽中日纠纷之文电》，台湾"国史馆"藏"外交部"全宗，第 139 页。

83. 南昌蒋委员长致外交部电（1933 年 3 月 3 日）

来电第 44788 号

发电：1933 年 3 月 3 日 18 时 28 分

收电：1933 年 3 月 3 日 20 时 45 分

南京外交部罗部长勋鉴：东（一日）日两电均悉。密。复颜、顾、郭三代表电，极为周洽至佩，即希恳切慰留，共支危局。中正。江（三日）。行厅。

东日两电：一转三代表辞职电，一复三代表电。

资料来源：《外交部与军事委员会委员长蒋中正等接洽中日纠纷之文电》，台湾"国史馆"藏"外交部"全宗，第 140 页。

二、东省事变之解决方针及措置(一)①

1. 外交部致驻西班牙公使馆电(1931 年 9 月 24 日)

去文亚字第 1004 号

马德里中国代表处:密。二十一日、二十三日及迭次特电计达。国际联合会行政院对东省事变决议三点,本部已电该行政院主席勒鲁,请其采取最速行动,执行决议。仰迅与西政府接洽,表示感谢主张公道之意,并深盼其始终竭力协助。闻国际联合会闭会后,行政院有移至玛得利②之说,确否?盼火速电复。外交部。二十四日。

资料来源:《东省事变之解决方针及措置(一)》,台湾"国史馆"藏"外交部"全宗,第 4 页。

2. 外交部致驻秘鲁使馆并转驻中南美各使馆电
(1932 年 5 月 24 日)

去电第 29438 号

利马中国代表处,并转驻中南美各使馆鉴:中日问题,沪案虽暂告段落,而东北则仍被侵略不已。政府方针以促请国联,督促日本履行迭次议决案,为第一步办法。在日军未完全撤尽以前,不谈政治问题。日方前以上海租界安全

---

① 编者按:"东省事变之解决方针及措置(一)"卷藏台湾"国史馆"之"外交部"全宗,入藏登录号为 020000001415A。每条电文的资料来源标示原档案中的页码,不再标注入藏登录号,且每条电文标题由文献集编委会根据电文内容制作而成,特此说明。

② 编者按:马德里的音译名。

为目的,谋开圆桌会议,决予反对。但此项会议,如专为中日事件全部之解决,并议及日本对沪案之责任与赔偿,及利用租界为作战根据地各问题,则可以赞同。现日本新闻以军阀为背影,其对华侵略必较前益为积极。不仅压迫中国,且威胁世界和平。希将上述意旨向驻在国政府声明,并妥为接洽,请其在九月国联大会为我声援,仍盼电复。外交部。二十四日。

资料来源:《东省事变之解决方针及措置(一)》,台湾"国史馆"藏"外交部"全宗,第 5 页。

3. 驻奥地利亚公使馆呈外交部电(1932 年 9 月 21 日)

呈为条陈收回东北两策,及其进行办法,仰乞钧部鉴核,代呈国民政府,采择施行事。窃查倭贼自战胜中、俄合并朝鲜以还,进行鲸吞我东北三省,灭亡吾国。此乃其上下一般之意志,故非田中【义】一内阁之政策。去年九月十八日,该国悍然炮击沈阳,强占国土者,盖已熟察列强多事,世界经济恐慌,乘机发乱,实行其二十余年来兼并东北之计划也。然其始也,尚恐国联之攻击,尤惧英美之干涉,苏俄之阻碍,我军之抵抗。迄至节节尝试,洞悉虚实,乃敢强占三省,图谋并吞,非偶然也。吾国收回东北,惟有迅速治标,积极治本两策。谨就管见所及,条陈如下:

(一)迅速治标之策者,即竭全力联络美、法、英、意、德、俄六强,勒令倭贼退出三省及我国对日停止外交,长期断绝经济关系是也。兹特分别述之,窃观美与日本争霸太平洋,日本强弱,关系美之安危。凡日侵略吾国及亚洲大陆,扩充政治、经济势力,北美即受其政治、经济之压迫。故倭贼强占东北三省,惟美决意维持远东和平均势,尊重九国及非战两约,援华防日,以弭后患,不幸世界经济恐慌,苏俄密图社会革命,英避艰难,法、日同谋,不敢单独干涉,致启战祸,又非其劳小功大之策,故其屡次对日抗议,未能坚持,即其请华府签约九国向日警告,亦无结果且因反对国联,不便切实参议合作,增加国联势力。非徒此也,九国条约系美共和党政府之成绩,挽救民主党威尔逊总统对日政策之失败。本年十一月,美国总统选举。如民主党复政,其维持九国条约深恐无胡佛总统及史汀生国务卿之决心。该党允许菲律宾独立,似有淡视远东问题之患。

由此观之,北美及其共和党政府,实为吾国最良之外援。自本年七月,洛桑、日内瓦两会议结果后,英法合并联络北美,而美亦与英法接近。今日美之主张,似较易于昔日。当斯国难方殷之际,务须竭力在美宣传日本破坏远东均势,及扰乱太平洋和平之祸,坚其与华合作之心,促其迅速积极干涉,并请波拉氏提倡义举,一面疏通民主党要人,以备不虞。此吾国外交战场之第一要点也。

英与日本有旧盟之谊,对华未忘汉口之恨,虽其采行属地主张,亲美防日,实不愿左袒吾国,促成废除不平等条约政策。且在帝国及欧陆之负担已重,实无暇顾及东北之存亡。其在三省政济、经济之利害,非若北美之重要。利用日本以防俄,又为其传统政策。故自九一八事变发生之后,英政府顾虑太多,迟疑不决。惟幸英首相出自工党,外交部长又属自由党。如我国竭力疏通,广大宣传,详述日本破坏远东均势,危及太平洋英属,请求实行国联盟约、九国条约,与美一致干涉,仍非难事。此吾国外交战场之第二要点也。

法为大战后,欧洲惟一帝国主义者。其联络英美,用以控制德意,又复反对英美援助中国,以示与日本合作,处心积虑,非徒谋维持在吾国之广州湾及他租界权利,且欲永久占领安南,预防安人革命,进取云桂,瓜分华夏,其联日谋我,久为其外交秘密之政策,亦为其一般外交家之意见。如法驻美大使克罗德尔氏与法外交部国联司长马西里氏,为仇华亲日之尤者。马氏久充驻日内瓦常任代表,关于国联一切问题,听其主张左右会议结果。前任右派政府固不待论,即今日之左派内阁,仍竭诚信任,亲日反华。

日本自废止英盟后,亦谋联法,以抗英美。当华府会议及日内瓦缩军会议时,日、法显然合作。当去年九一八事变之际,驻法芳泽大使与法已有秘密协商,法借日款八千万法郎,专供日本军需。巴黎右派报纸重要记者十五人,共领芳泽运动费八百万法郎,扩大仇华亲日宣传,扰乱世界舆论。法前外交长白里安氏,故意召集国联行政院会议于巴黎,利用该地右派报纸反华袒日之黑暗环境,造成去年十二月十日之决案。而白氏更公然不守盟约,主张东北问题为例外,日代表亦公然保留在我三省之警察权。

比时,日本提议组织调查团者,莫非实行其延宕抵制之政策。似以便得暇,铲除我国军队,图谋三省独立,合并日本而已。至该团组织困难,迟疑不发,舍西伯利亚之便道,而远经北美东渡者,亦皆日法之阴谋也。故列强中,诚意自助而助我恢复东北者,北美也。显然与日本谋我,使日强占三省,以至今日,而自图云、桂者,惟法一国而已。现在法国激进党首领埃里岳氏执政,反对右派内阁强权孤立政策,竭力联络英、美,控制德、意、苏俄。埃总理对华素表同情,且与中央蔡、李两委员办理中法文化合作事业,私交颇笃。假使蔡、李两委员使法,秘密直接疏通,间离日法合作,坚请其遵守国联盟约第十、第十六两条及九国条约,赞助美英干涉,一面津贴巴黎右派报纸,改变论调,利用左派机关扩大宣传。如法国变更态度,则日本孤立无援,我国乘机收回东省可不折一矢。此吾国外交战场之第三要点也。

至于意、德、俄三强之邦交关系亦重。幸三强外交方针与我国相近,进行较易。意大利乃五强之最弱者,与法竞争甚烈,冲突亦多。凡欧洲问题,则亲英联德以制法。关于世界问题,则联美、英、俄、德以孤法。当欧战期间,虽与日本订结密约,助日山东之要求。然近年意首相摩朔里尼①,潜谋包围法国。凡与法国有利害冲突者,则联络之。中、意素无争执之焦点,实有合作之利益。故自九一八事变以来,摩氏屡次对华表示同情,苟我方迎合摩氏英雄之心理,陈述法日合作之祸患,而联络之成功颇易。非独影响于国联调查团之报告,即当下届日内瓦大会讨论中日问题时,亦可望得其切实之援助。关系吾国收回东北问题,非浅鲜也。

德与中国利害之关系相似,自逻伽洛条约②成立后,德乃恢复头等国之地位,参加五强会议。其在国联主张颇有势力,国联调查团亦有德之代表。自国府派蒋公使联德以还,中德邦交日亲,事事合作。沈阳变□,德国对华表示同情。惟以凡尔赛和约尚存,日本系五强之一,将来须其援助之处颇多,故不敢显然助华反日,多树强敌,然若请德主张公理,暗中赞成,事极顺利,其于收回东北问题,亦不无裨益焉。

苏俄防日侵略,反对日本帝国主义,实为吾国反日天然之盟邦,关系国家存亡,其在东亚战略之地位,远优北美,尤非英法可比。苟中、俄合作,足以抵抗倭贼,战胜疆场。不幸苏联宣传共产,动摇国基,外交断绝,互相猜疑,非徒不能实行条约,恢复外蒙,反启日本吞并东北之野心,肆行无忌。沈阳事变以来之惨史,虽云我国无备,英美一时不遑东顾。而中俄失和,亦为内中之一重要原因也。为今日计,惟有采德、土政策并行。反共联俄,迅速恢复邦交条约,收回外蒙主权,订结互不侵犯条约。再谋外交协商,一致反日,一面疏通美、

---

① 编者注:贝尼托·墨索里尼(1883—1945),意大利国家法西斯党党魁、法西斯独裁者,第二次世界大战的元凶之一。

② 编者注:逻伽洛条约即洛迦诺公约。

英,解释疑虑。当斯之际,苏俄之五年计划未成,外蒙仍受英、美、法之包围。波兰与俄互不侵犯条约,虽于本年七月二十五日签字,而法俄、罗俄两约有连带之关系,尚未成立。西方后顾多忧,东北方固难抗日,一旦俄与法、罗两约签字,兵工计划告竣,固能与日本角力。而我国外交颇孤,军备缺乏。假使倭贼久占三省,进攻热河关内,不待我国筹备,逼迫应战。而美、英、法及国联,亦不能切实干涉制止。为军略救急计,势必联络苏俄,连络袭日后方之一策。此吾国外交战场最特殊困难之点也。

日本对华政策,莫非政治、经济之侵略。为吾国外交之对敌,除侦探其□外交军事行动,密联其平民、革党推倒军阀,破坏陆海空军重要机关,煽动朝鲜、台湾独立,挑拨其与六强之恶感外,平时已无他直接外交可言。自其强占三省以后,该国当局仍持矫伪无耻态度,俨若无事,维持在华外交关系,粉饰和平欺骗世界。为破坏阴谋计,倭贼一日不交还国土,即一日不与彼恢复经济关系。对日外交虽不便正式断绝,至启战祸,但实际停止邦交,仍不可缓,使全国人民决心抵抗,与东北同胞一致,至数年或数十年而不辞。今日倭贼经济几陷破产,平民苦于军阀专制,农夫鬻女求生。强占东北三省,一时尚难生产,即有生产,亦无消场。

斯时也,苟能得美、法、意一致干涉,对日经济绝交。日虽强顽,势必屈服。或可促成彼之革命,推倒军阀,扶助朝鲜、台湾独立。即四强不能切实赞助,而中、日政治经济关系断绝,倭贼不能安枕远东,亦无宁日扩大宣传摇动世界。苏联一方,密筹军事外交,伺隙图逞捣乱。亚洲列强目及大患自难袖手,亦足以促成美、英召集第二次华府会议之机会也。不然吾国仍维持日本外交关系,即彼派驻东北大使承认伪满洲国,亦不更变态度,则日本欣然利用引诱,虚与委蛇,以便布置三省,巩固势力。列强以中日邦交如故,东亚依然和平,想亦不愿强硬干涉结怨日本。诚恐问题延搁愈久,人民抵抗愈衰,而日本占有三省,富强倍增,将来祸害足以亡国,固非可与丧失西藏、外蒙同年而语也。

以上各节,略陈迅速联络六强之必要,及助长美、日交恶,间离英、日旧盟,法、日新交及预防日本与俄、德、意接近,并与倭贼经济绝交,停止外交关系之大概情形也。至于切实进行联络六强之办法,促其成功,必须遴选重要外交专家长期驻扎,及组织有系统之对外宣传是也。盖选派重要外交家驻扎,列强得以亲近该国元首、政府、外交部及政党首领要人,关系密切,目的易达。法之战胜德意志,实由其励力行包围德国政策三十余年之结果,而执行此政策者,尤赖其久驻英、美、俄、意四强大使之功。

我国对于美、英、德三强,业经特派重要使节,而法、意两国尚缺,亦宜速选外交名家驻扎,以兹运动。蔡、李两委员使法,最合时宜。法系左派执政,英、法订结信任协约,又与北美亲近,时机亦利我国,宜于国联调查团报告未成之前,与美、英、法、意、德五强政府,接洽就绪,使其报告内证明日本侵略三省罪状,列入日本迅速履行行政院两次规定撤兵之决案,及各国遵守盟约第十及十六两条之义务。迨与列强及他各国商议妥当,即于九月下旬国联大会开会时,运动各国代表演说,一致勒令日本撤兵,主张实行盟约十六条经济绝交之规定。日虽强暴,亦必屈服。

苟下届大会失败,国联已无解决之望。惟有继续宣传日祸,疏通美、英、法、意,召集第二次华府会议,实行非战条约及九国条约之一策也。关于组织有系统之对外宣传,实为今日之急务。一方面将我国之公理、正义,申诉世界。一方面将日本侵略东北三省,进攻关内,危害美、英、法、俄远东之领土权利,及其在我国一切残暴行为一一宣布各国。迨至下届国联大会开幕,此种宣传尤为重要。鼓吹国联列强干涉,主张经济封锁日本,勒令撤兵,交还东省等项。

关于对外宣传之组织,列强业有成例。我国除外交部已设情报司外,驻六强使馆,及日内瓦代表团亦须特设新闻处,专理宣传工作,牺牲巨款,疏通反对报纸,津贴新闻要人,供给材料,随时宣传。聘请外国名流,演讲、游说、著书,主张公理,详述日祸。如驻奥之德、法、俄、意、英、捷克、罗马尼亚诸国使馆,亦公设、密设新闻处或新闻随员,专任接洽报界,为国宣传。但国际宣传之机关,尤莫善于自办对外电报通讯社,分社上海、华盛顿、伦敦、巴黎、日内瓦、柏林六处。或利用路透社或美、法电社已成之组织及势力,订结秘密合作合同。我国有此机关,即能对世界舆论界发言。迄下届国联大会开幕时,遵照中央计划,竭力对外宣传,襄助驻外新闻处之不及,主张公理,博取同情。不然则自放弃发言之权利,任倭贼之欲为,诚恐世界舆论之是非,悉变为敌人之是非。大则亡国,小则丧地。

故自沈阳乱后,倭贼利用其电报通讯社,尽力对外宣传,掩饰野心。虽平时炮击我国城市,惨杀人民,强占数省,犯天下之大韪,违背一切公法条约,仍使欧美一部报纸中立或左袒,故意平淡视之。近数月来,欧洲登载东亚消息颇少,且多东京、沈阳之通电,为日宣传。间载上海电报系属记载事实,日本利用国际报纸之缄默、中立,肆行无忌,故一般舆论竟视我东省永久丧失,不提日本撤兵问题,而论承认伪满洲国之事实,中日问题似可就此解决。即亲华派之言论,亦失收回三省之望。倭贼强占东北,谋灭华胄,破坏远东均势和平,仍使列强不惊不惧,因为外交之常案,宣传之亡国,实无异于兵力也。

难者曰,今日使费支绌,遴派要人出使,组织对外宣传,实难举办。联络列强,亦可与彼驻华公使接洽,且外交胜败,全赖武力为后盾,弱国无外交可言云云。殊不知外交为国家存亡之第一防线,驻外使节乃防守前线之将士。昔年德奥降服,非战之罪,外交失败也。美、英、法、意虽强,仍恐外交孤立。本年七月意相摩氏因洛桑、日内瓦两会议失败,英、法合作,即自任外交部长。特派前任外交长刚梯氏使英,以图补救。吾国驻扎美、英、法、俄之使节,为对日外交前线之干城,关系存亡,且欧美重要国际会议,列强总理、外交部长多亲出席。我国远居东亚,悉派驻外公使参加,责任尤重。对外宣传即国家在世界舞台之发言,关系之大,路人皆知。

当兹危急存亡之秋,仍徒节省数百万使费、宣传费,不替自撤防线,放弃发言,坐失东北数省,促其灭亡。国之不存,省费何益。关于列强驻华公使,以奉行本国政府训令,保护在华利权为目的。我国驻外公使则执行中央政策,转移彼国意见,图谋我国利益。使命不同,结果亦异。强国立国有武力为后盾,故其外交较易。弱国国防空虚,生存竞争专恃条约之保障、外交之灵敏,故其外交困难。欧美各小国之地位皆是也。谓强国无外交,而弱国有外交,则可。若谓强国有外交,而弱国无外交,则不可也。孙子曰:上战伐谋,其次伐交,其次伐兵,其下攻城。今日吾国"共匪"未平,军备未修,兵工未兴,百政待理。欲谋和平恢复东北三省,挽救国家危亡,舍牺牲巨款,迅速补派要使,积极联络六强,包围日本,扩大对外宣传外,无他策。

(二)迅速治标政策之成败,纯恃六强态度为转移。如外交成功,固属侥幸。然图救国百年之大计,永久恢复丧地,奠定邦基者,必须积极进行治本之策。而积极治本之策,除联络六强,包围日本,业经备述外,尚有要点八端,即永久废除内战,刻日剿平"共产土匪",普及救国教育,采用征兵制度,严布陆海空防密网,扩充兵工,交通实业要政,培养百万科学专家,提倡尚德尚学尚武风俗是也。

盖国内战争为文明国之奇耻,法治国之所无也。我国武汉起义,国民革命莫非扫除一人专制政体,推倒军阀官僚陋习,振兴民族,求中国之自由平等,乃先总理救国救民之苦衷,出不得已,绝非治国之常策。迨国民革命成功后,实现三民主义、五权宪法，进行建国方略。凡同志、同胞务宜分工合作，继行总理之遗志，制定宪法，以固邦本，尊崇中央，以免纠纷。无论若何意见，若何贤能，悉由中央会议讨论，取决多数，分别施行，依法处置，非徒无内战之必要，实无内战之可能。不幸国运多艰，日本作祟，天灾人祸纷至沓来，同室操戈，人民涂炭，世界目为乱国，倭贼乘隙灭我，将使地球四万五千万之最大民族变为奴隶。总理遗志不能实行，岂不哀哉。在今日拯救之策，惟有全国陆海空军，定名国防军，将士兵卒一律向总理遗像及宪法国旗宣誓，除剿灭"赤军土匪"外，完全致力国防，誓死御侮，及永不参加政争、内乱两条严定于宪法之内，垂之万世，以副全国人民云霓之望。至于平时地方治安秩序，纯属保安员警之责，非国防军之义务也。此为要点者一。

共产盘踞中央，原系吾国内政惟一之大患。"赤祸"一日未平，则国基一日动摇，人民流离涂炭，百政无法兴办，数年来，湘、鄂、赣、闽之痛史，罄竹难书。至于"土匪"海盗久为人民之蟊贼，国家之诟病。小则污辱国体，大则挑启战衅，均须迅速铲除，正本清源。此中央素所洞悉，正在派兵进剿者也。此为要点者二。

教育为立国之本，民族盛衰存亡系焉。科学教育固为急务，而精神教育尤为重要。我国精神教育，惟鼓励青年爱国，鲜有责成青年救国。爱国限于情感，救国重在实行。故今日中国须以救国二字为精神教育之本，三民主义为精神教育之方。使全国大、中、小各校青年，均负救国之责任，志伊尹之所志，学总理之所学。尤勉力总理最后遗言，人人奋斗，人人救国。果尔，则内患、外患无力消灭，暴日虽强，不足畏也。此为要点者三。

征兵制度乃民族自强之要素，健康体力之良法，完成救国教育之目的，悉赖于此。盖救国教育坚定青年之志，征兵之制强健青年之身。一体一用，不可分离。本党政纲对内政策第七条，亦定采用征兵制度。世界各国除英、美以海军立国，不愿采行，德、奥、匈、保受和约束缚，不能恢复外，莫不励行此制，日、法最为严密。吾国东界日本死敌，南有法兰西之患，虽全国户口达四亿五千万，尚不能与七千余万人之暴日抵抗者，皆以此也。且我国一般人民志气衰败，身体病弱。若不早日施行斯制，积极挽救，诚恐有亡国灭种之患。暴日强占东北，惨杀同胞之行为，可为殷鉴。关于补助征兵制度，宜采德、瑞办法，广设练枪射击操场，奖励陆海空之体育运动。全国人民既负敢死救国之决心，复具持枪救国之能力，人人为国干城，焉有亡国之患。孔子曰：足食、足兵、民信之矣。国防军备其可忽哉。此为要点者四。

国防重要,各国皆然,苟非北美加拿大双方协定,无战可能而撤防外。列强边境,莫不严为守备。法对德之边境密布炮垒,尤为森严。我国死敌厥为日本,其次苏俄,其次法兰西。倭贼对华作战计划,不外利用其陆海空军之力,由东三省、秦皇岛、天津以取北平,由龙口、青岛以夺济南。一由长江上海、海州、杭州进攻南京、汉口,裁断交通。又由澎湖岛占领福州、厦门,另派海军偏师炮击广州,使吾国政治、经济、军事、交通之中心,悉入掌握。彼有伟大海军,运输便利,我则交通断绝,全国疮痍,自难应战。(按:今日迫不得已而与日本交战作战计划,惟有集中数十万大军于黄河南北,北控保定,东出山东,静以待动。一俟敌军远离海岸,铁道交通困难,即以全力攻其中坚,歼灭数万,敌胆必寒而溃退。如将士精练,军需充足,当此局部获胜。至于沿江滨海,各省惟有竭力防守,牺牲一时而已)苏俄谋我,当以陆军进攻新疆,直捣甘肃,而黑龙【江】吉林、蒙古次之。若法与我作战,必以陆军出安南,取滇、桂,而以海陆军攻粤、闽、三江、山东、河北,强占上海,进窥南京,此三强预谋我之大概也。故吾国对于日、俄、法,边界平时务须严密布置炮垒,沿海滨江各岸,亦应预备鱼雷防网。而山海关、秦皇岛、大沽口、龙口、烟台、威海、青岛、海州、舟山、福州、厦门、汕头、广州、琼州及沿江要塞尤为重要。关于空中防网,须采欧美最新组织,选购机器,安设以上沿海要塞,及与日、俄、法连境重镇与海防、鱼雷相辅而行。敌舰不敢长驱直入,飞机更难入境。一旦与倭贼交绥,全国战斗力,即可集中前线,国内安然筹备接济。我方地大物博,人民众多,足以抵抗数年。而彼富源有限,必先破产。不然,陆、海、空防仍无最新严密布置,则边境沿海滨江各省,悉听敌军炮击占领烧杀盗窃。富源之区疮痍,将士疲于奔命,焉能集中兵力与敌应战,国难以来之惨史可以见矣,此为要点者五。

今日之战争纯系科学之战争,非若古代角力者可比也。凡一国工厂制造枪炮之精密,机器之锋利,军舰飞机之改良,毒气炸药之进步,均优于敌,不待召集动员,已获上算。苟兵工厂不备,或其制造粗钝稀少,徒赖外国接济。一旦敌舰封锁海岸,军需绝源。虽召集数百万兵士与敌交绥,无异驱群羊以御虎狼,未有不败者也。交通之于国家,犹血脉之于身体,路人皆知,血脉不通,势必殒命,交通不便,国将不国。世界各国铁道发达,比例我国落后。东北已修铁路,固不敷用,西北、西南数省寸路未筑。凡往新疆、云南者,反假道苏俄、安南。国不统一,民生凋敝,富源坐弃于地,国防毫无建设,皆以此也。至于国路发达较速，但仍限于东南，内省航空路线犹尤属寥寥。关于农、工、商各业，缺乏科学知识，人工多而生产少。内不能解决民生问题，外不能竞争世界市场。经济侵略，祸莫大焉。以上三端，悉为吾国当今之急务也。此为要点者六。

各国富强之道，虽由其天产之丰富，陆海空军之精强，然其所以开发富源，精练三军者，莫非科学专家众多之功也。盖彼科学家竭生平之力研究一科或某科之一部，所学既专，所得亦精，发明亦多。德之制造化学物品、徐柏林飞船及新巡洋舰为英、美、法、意所难企及，皆由于此也。即政治、经济、军事、外交均属专门科学，列强人士亦多毕生研究，集会讨论。平时专家众多，战时悉得其用，自无人才缺乏之患。我国青年学子仍延速成普通之陋习，昧于专门科学之重要。盖速成者即无所成，普通者即至一学不通，此国家进步绝大之诟病。故自革新以来，已数十年，而中央一切建设新政，莫不缺乏专家。迨国难发生，尤知人材之不足。为今日计，务须牺牲巨款，迅速培养百万科学专家，以图挽救。使人尽其才，地尽其利，国家富强其庶几乎。此为要点者七。

风俗之良否，关系国家之兴亡，民族之盛衰，英有法治缙绅之风，美有冒险勤劳之风，法有节俭好学之风，德有坚忍纪律之风。（按：近年德国纪律风俗，颇为国家社会党、共党所破坏）且其体育发达，优于他国。此皆四强民族之美德兴衰之由来也。尝考吾国史乘，当其兴盛也，风俗纯正，道不失［拾］遗。及其衰亡也，风俗败坏，盗贼蜂起。前清末年，风俗萎靡，民气衰弱，除田野老农、讲学名儒家庭外，鲜有不趋于烟赌淫逸之迷途。竟有富贵之家教子吸食鸦片，预防淫赌，遂告成亡国灭种之社会。而尚德好学立志自强之士，反遭淘汰，岂不哀哉。迨总理起义武汉，青年志气一时振兴。不幸军阀官僚执政，风俗愈坏，国民革命成功，民气复盛。惟以国运多艰，共产破坏国家，风俗愈趋愈下，烟赌淫逸之风过于畴昔，使四亿五千万之伟大民族，反不若瑞士、比利时数百万户口国家人才之众多，且被列强压迫不能独立。虽党国元勋立身作则，仍不能挽狂澜于既倒。拯救之策，莫若竭力提倡孔孟道德，总理遗教，崇尚法治，好学纪律之风。广设图书、博物各馆及体育运动操场，使青年学子尊师重学，养成尚武奋斗之精神。而一般人民亦知崇德尚贤，讲求学问，运动身体。心身既有寄托，自无暇于烟赌淫逸。救华胄于危亡，其在此乎。此为要点者八。

以上八端，窃以为今日救国救民之急务，建国百年之大计。若中央励行三十余年，卧薪尝胆，忍辱含羞，待时机成熟，兴师讨伐，规复丧土，可操左券。此收回东北三省治本之策也。当兹倭贼强占东省，进窥热河关内，惨杀同胞志士之际。德乾忝辱外交,不揣冒昧,谨将管见所及,条陈收回东北治标、治本两策。是否有当,伏乞钧座鉴核,代呈国民政府采择施行,实为公便。谨呈外交部长罗。

驻奥使馆一等秘书兼代办使事童德乾

资料来源:《东省事变之解决方针及措置(一)》,台湾"国史馆"藏"外交部"全宗,第6—22页。

4. 驻奥利地亚公使馆呈外交部电(1933年8月15日)

呈为条陈利用中日停战状态期间,迅速实行救国要政。组织陆海伟大之空军,破坏日本联络俄、美之孤华政策。赞助俄美接近,欧洲和平,欧美合作,及议定具体国防军事计划、外交方针,以救灭亡四策。伏乞钧部鉴核,分转采择施行事。

窃查倭贼决心吞并东北四省,灭亡吾国,必须迅速筹办最新军备,组织国防,统一陆海空三军,竭力联络美英法俄意德六强,实现孤日外交,标本并施,行谋定而战。挽救灭亡各节,详细办法,迭经民二十一年八月十日、本年二月十三日、三月九日、同月二十一日,四次呈文,及他专电十启,条陈各在案。

窃观两月以来,倭贼厉行外交包围我国,巩固强占东北地位,东亚局势变动异常。中日订结停战条约,日俄谈判售卖东路,承认伪国,划分边界诸问题。日美密议,订结仲裁条约。欧洲政局危险,欧美缩军债款,经济诸纠纷,及我国军事外交缺乏统一计划方针,此皆为吾国丧地亡国之患。德乾忝辱外交,未敢坐视,谨将管见所及,条陈如下:

(一)利用中日停战状态期间,迅速实行救国要政,尤须组织陆海之伟大空军,及现在陆军科学化。自五月三十一日起,中日订结停战条约后,两国战局告一段落。此吾国陆、海、空三军未修,及列强不愿干涉当然之结果。日本固视此为我方默示放弃东北之事实,而我国对于四省领土主权,仍完全保留。丁兹统一未成,内政不修,人心解体,军备缺乏,"共匪"猖獗,国库空虚之际。除保留东北领土主权,订结军事停战条约外,实无其他良策。惟停战条约为和约之先声,乃国际之惯例。此次中日停战条约系双方政治、军事之作用,究非订结和约之预备,并为倭贼实行田中灭华之政策。盖日本要求承认伪满洲国为其不易之条件,即非割让东北四省①,则拒绝讲和,而我国任何政府,万难自犯国联法定讲和条件,接受日本侵略要求,断送国土四分之一。虽两国谈判一年至数年或数十年,和约亦难成立,势必至中日大战,吾国败绩灭亡。或我陆、海、空三军组织完备,孤日外交成功。或中俄联盟抗日,倭贼战败,日本革命。或列强实力干涉,肇启太平洋大战。四种结果,始有订结和约之可能。

故今后中日之关系,永为停战之状态,而无真实和平之时期。日本强占东北四省,即行破坏残余军队义务之反抗实力,巩固基础,组织对华作战根据地。效满清亡明之故事,待机而动。迄下届欧战爆发,或欧美政局愈乱,英伦势难中立,北美无暇东顾。此乃倭贼举兵入关,灭我之时也。若吾国乘中日停战状态期间,或欧战未开之前,决心统一内政,刻日肃清"共匪",赶练国防陆、海、空三军,速办最新军备、飞机、化学各工厂。多筑铁路国道,广设航空路线。兼办征兵制度,厉行军国民教育。奖励全国人民求学尚武两德救国之美风,严禁烟赌淫逸四恶亡国之败俗。决定具体计划,迅速施行。庙算未定,万勿轻动。卧薪尝胆,隐忍奇辱。迨军备、外交俱获上算,始可伐兵。使中日停战状态期间,变为吾国筹备救亡复地之机会。以上救国要政中之最紧急者,又莫若乘缩军会议②订结条约之前途,迅速组织陆上、海上、伟大之空军,培养高等军事专家,及陆军摩托化、科学化是也。

夫空军之强弱,与国家存亡,尤有密切之关系,实较陆海两军为重要。又非海军建造之难,经费之巨。自欧战以还,列强深知飞机、化学品,为将来国际间决胜负之主要工具。群起研究,竞争兴办。迄本年意大利空军部长巴尔博将军创立空军学说后,世界战略为之一变。彼谓战胜空中者,即获最后之胜利。故组织陆上、海上之空军,为今日立国之要素。一俟与敌交绥,即刻派遣大空军飞渡敌境,破灭其陆、海、空三军之策源地,各种军用工厂机关,以及交通、行政之枢纽,财政、经济、商务之中心。不待敌军集中,而其战斗力已失。最短期间,即决胜负,与孙子兵贵神速,迅雷不及掩耳之义无异。

若是,则陆上之炮垒、战壕,俱失效力。海上之军舰,亦不足畏。自此学说发表后,列强莫不震惊,法国尤惧。即行废除飞机附属陆、海两军之制度,改组独立伟大之空军。而陆、海两军补助之飞机队不与焉。德国航空部长亦亲往

---

① 编者按:东北四省,即辽宁、吉林、黑龙江及旧热河省。后同。
② 编者按:指军缩会议。后同。

罗马,谋组空军。(按:和约禁止德国使用军事飞机)意大利为扩充战时空军,动员普及飞行教育计,凡国内各航空学校,人民均可自由前往登记学习。提倡奖励,不遗余力。意国空军组织,甲于世界,其全国陆军动员,将变为空军动员矣。英国普及飞行军事教育之方法,亦甚周密,他国相继效法者日众。吾国组织空军,必须选聘意、英、美、法、德著名军事飞行专家教练。(按:日本空军系由法某空军将军教练者,近两年来战败我军者,皆其门徒)广设陆上、海上之空军学校,学生成绩优者,按照陆军学生加倍褒奖,并采英、意普及飞行教育计划,提创青年军民人员、学生、兵士自由登记,学习飞行一概免费。成绩佳者,收入学校,肄业一律优待。毕业之后,或入国立空军大学校,或选派欧美深造,三年当有小成,十年之后专才充足,则吾国陆上、海上之伟大之空军,不难成立。同时亦当兴办最新飞机工厂,关于陆上军用飞机厂,英、法、意、美、捷五国各有优点。海上军用飞机,为意所长,民用飞机,德产甚佳。务宜选择,商办合作。利用外才机灵,取长舍短,加工制造。附设化学炸弹制造厂,聘请专家,办理数年之后,当有成绩。至于兴办空军经费,应以岁出十分之二三充用,广筹飞机救国捐款。国防组织能于最短期间而获最大之效者,莫过于此。

至陆军组织摩托化、科学化,亦为当务之急。盖列强陆军次第编组六轮汽车、(按:此种军用山行汽车,业经呈报)铁甲汽车、唐克车①、自行汽车各队,为其主要部分。德现政府公布全国预备作战体育告令,内有每人应学习驾驶汽车、修理汽车一条,其注意陆军摩托化可知。即奥二万八千人之小陆军,已备军用六轮汽车一百二十辆,每辆运兵十二名,安置高射炮或机关炮一尊。而军官乘自行小汽车三辆以随之。铁甲汽车、唐克车,受和约禁止,不能采用。此本年六月二十七日,德乾随奥总统阅兵所目睹者也。若夫选聘外国著名军事各科专家,(按:奥炮兵专科校长马提克上校,为德奥罕见之炮兵专家)培养最高军事人才,选派青年赴欧洲研究高深学术,设立参谋大学,组织军事研究院、学会、图书馆及派驻六强陆海空随员,皆为不可缓之图。迨吾国陆上海上伟大之空军成立,军官学识高深,陆军一律摩托化科学化,陆海空防亦有具体计划布置,虽无海军,不足为虑。

吾国存亡悉赖于此,中日停战状态期间,即为吾国上下,竭力筹备救国最后之时机也。不然,以为倭贼既得东北四省,无意入关灭华,毫不戒备。内政

---

① 编者按:应指坦克车。后同。

纷争如故，"共匪"无法肃清，救国要政，不能进行。惟望列强维持和平均势，或待缩军会议，废除日本侵略军备。一旦欧美无暇东顾，倭贼乘机入关，势如破竹。彼之灭我政策，又非满清亡明可比。岂徒祖国沦亡，华胄为奴，且恐黄帝子孙将无遗类矣。果尔，则今日停战状态期间，适合倭贼筹备军事、外交灭我之计划。此吾国上下所宜朝夕战栗，不可一日忽视者也。

（二）破坏日本接近俄、美之阴谋，及吾国实现联络六强孤日政策。倭贼吞并东北、图灭中国之计划，悉照田中秘密奏折之规定，进行严密，有条不紊。强占四省之后，即行扑灭抵抗之势力。彼固不忧我国之反攻及不承认，而惧列强一致干涉，令其撤兵。列强中与我东北存亡之利害关系最密切，而反对最力者，莫若苏俄、北美，而英法则远逊之。俄有中东铁路营业，又有东海滨海省及海参崴要港，实难坐视日本占领北满①。而倭贼为实行侵略东北及东西伯利亚计，必欲强占东路，兼并俄领。借口海参崴，迫近日本海。若俄空军成立，即足以制日本之死命。

故驱逐远东俄国势力，为其巩固日本东亚霸权之第一策。又虑中、俄同盟，妨碍日本侵略大陆之阴谋。乃乘今日，俄第二次五年兵工计划未成，军备尚弱之时，强占东路，调兵示威苏俄。固知抛弃东路，则东海滨省及海参崴要港，均不可保，即伊尔库茨克以东之领土与在我外蒙之势力，亦遭压迫。但我国对俄方针不定，迟疑未决，内政紊乱，军备不修，故俄亦难与我合作抗日。北美仍未承认苏俄，两强不能协议，英、俄利害冲突，尤难一致。故俄决定售卖中东铁路于伪满洲国，并有意会议俄满界务，承认伪国，对日表示友谊，和缓东京侵俄政策。日本亦不愿与俄冒然开衅，促成列强干涉及中俄同盟。战争扩大，利少害多，莫若先行巩固北满地位，待时而动。故其对俄提议，欣然接受。

假使苏俄与"满洲"划界，承认伪国，则日本在我东北四省之地位益固，尤为吾国外交史上之绝大之打击。将来英美法各国虽拒绝承认，亦无实效。现在俄、满双方代表已于六月二十五日会议东京，谈判卖路问题，由日本监视主持。此会议之结果，关系我国东北之存亡，且恐为两强合作谋我之先声。为吾国计，必须竭力破坏东京会议，间离日俄邦交。破坏间离之策，除请法、意、美劝阻苏俄卖路，承认伪国外，（按：美国务卿、俄外长现在伦敦参加经济会议，并接洽两国商务问题）惟有我方迅速切实联俄订结协商之一策。所幸日俄主义

---

① 　编者按：北满，即中国东北北部地区。

相反,旬日以来迭生冲突。日本提出收买东海滨等省案,俄国舆论沸腾,诚为破坏间离之机会。

俄惧势孤力弱,及欧洲后顾之忧,难以对日。其外交部长乘伦敦会议,一面与英解决工程师案,一面与芬兰、埃斯托尼、莱托尼、波兰、土耳其、罗马尼亚、波斯、阿富汗八国,于本月三日订结不侵犯条约。四日并与罗马尼亚、捷克、南斯拉夫三小协商,签订同样条约,他国亦可加入。德乾以加入此约为联俄间日之机会,及又因现在日美在英密议仲裁条约之大患,故曾于四日,电呈钧部,文云:日本外交孤我,危险万状。可否联俄,加入东欧不侵犯条约。阻碍东京谈判,及苏俄承认"满洲",破坏伦敦日美密议仲裁条约,预防美国软化,乞钧裁等语。计邀钧鉴。

且日本实行田中侵略我国计划,以间离中俄,挑拨列强,预防美英,联络法国,利用德意及破坏中国统一,促成欧洲战事七策,为其外交不易之方针。故德乾素以我国联俄与联美,同一重要。当民十八年四月,日内瓦缩军会议时,俄外交部长李特维洛夫氏,提议恢复邦交。德乾力请蒋公使赞成,藉可收回东路、外蒙,未经中央照准。迄东省大吏受日人愚弄,没收东路,中俄冲突,蒋公使复与俄议定共同宣言,俄国承认中国占领东路现状。惟要求我方允许其新派局长到任,维时日本深恐中俄和平解决纷争,严令驻德大使暗中破坏,使我国拒绝俄方以上要求,不能解决。德乾虽亦曾与会,虽请赞成,亦无成效。迨谈判决裂,俄兵入境,中俄邦交日益恶化,一如倭贼之阴谋。民二十年九月十八日夜,日本敢于发乱强占东北者,莫非由是时我国军事外交无备,中俄冲突,俄美绝交,及欧洲政局不靖,世界经济恐慌五因也。

德乾略悉此情,迭经条陈管见,呈请联俄。至去年十二月十二日,中俄恢复邦交之际,德乾适偕驻奥俄使岳来勒夫氏(按:即现在驻日本大使,为日俄会议俄方总代表)私膳。谈及两国互不干涉内政,对外一致合作,共同防日,破坏日本间离阴谋之必要,当约相互建议政府。除同月十二、十三,将此情形函电报告颜代表接洽外,德乾曾于十八日电呈钧部,文云:中俄邦交恢复,国基大定,可否进谋协商反日,请求美国加入,乞钧裁等语。同月十四日,俄使奉命返莫斯科,乘机请求使华,实现中俄合作主张。俄政府以日俄交涉紧要,乃派为驻日大使,中俄协商反日之议,双方均未进行。且反共联俄政策,列强采用者多,德、意、土行之已久,德现政府仇共最烈。系继续德俄协商条约,法兰西、波兰与俄订结互不侵犯条约,邦交日亲。波兰已无东顾之忧,三小协商与苏俄间之不侵犯条约,现已成立。美亦拟承认苏俄政府,现在借俄巨款,已为事实之承认。我国独当倭贼死敌,远非波兰邻德可比。波兰有法、罗两同盟,复得三小协商之赞助,国际地位巩固,军事外交有备,仍以联俄为必要,况我国乎?

最近列强对俄政策大变,如我国今日联俄,欧美自无疑忌反对之可能。且自俄提议售卖中东铁路,反对我政府之抗议,并表示承认伪国后,情形愈险。故现在联俄孤日之政策尤极为紧要。不然待苏俄接近日本,两强合作,则我外交孤立,势将束手待毙。虽美英法意一致助华,亦无实效。此吾国今日外交重要之点一也。日本违犯九国条约,非战条约,强占东北四省,破坏远东及太平洋之均势,危及北美门户开放政策,与美有利害密切之关系,华盛顿当然反对。美之海军甚强,出产最富,对日态度足以引动英、法、意、德及世界各国之同情,尤为日本所最惧者,亦即我国惟一之外援。

故二十年以来,日本不敢举兵灭华者,其畏俄军袭击尚少,而惧北美联络列强干涉实多。回忆最近两年之中,美政府对日侵略东北,迭经提出抗议与国联合作,日本目为大患。今年五月初间,日本石井专使与美总统罗斯福会议时,曾要求美承认伪满洲国,为其对缩军提案让步之条件。嗣以美总统拒绝,乃施间接手段,灭杀北美反日侵略中国政策。乘美国务卿胡尔氏来英,共同参加经济会议,秘与胡氏谈判,订结两国仲裁条约,软化美国态度,间离我国外援。若我方此时不竭力设法破坏,一旦该约成功,深恐美国对于远东问题,愈形消极。非徒蓝辛石井协约之精神复活,并影响华胄之存亡。此吾国今日外交重要之第要点二也。

俄既与日谈判卖路,表示承认伪国。美若袖手旁观,则英、法有旧盟新交属地各关系,自不愿倡异议。德意无直接利害,尤不待论。田中政策之第一步工作可告成功。此次倭贼侵略东北之计划,先以武力之强占,继以外交之包围。一如昔年灭亡朝鲜,图我满蒙之故事。现在倭贼以日、俄、美之谈判,视为其占领东北双倍保险之政策。但由我方观之,莫非孤华灭华之毒计。

总之,我国外交方针与日本正相反,联络美、俄、英、法、意、德,破坏日本包围,间离其与列强之接近,尤须阻止苏俄承认伪国,预防北美受日软化。治我国防陆空两军组织就绪,再定战守,收回东北。否则苏俄破坏国联合法之条件,日本愈多借口,岂徒永久丧失东北四省而已哉。

(三)赞助俄美接近,欧洲和平,及欧美合作,以俾列强有暇维持远东太平洋之均势。窃查日本以间离列强促成欧战,挑拨欧美为其外交方针之要点。

俄、美断绝外交,欧洲政局不靖,及世界经济恐慌,亦为九一八事变之原因。盖俄美不和,列强实难协商制日。欧洲纷争异常,焉能兼顾东亚。此次世界经济之恐慌,亦起于欧陆各国之冲突,牵动北美。如德法之仇视,法意之争端,德波之走廊,德奥之合并,意南之交恶,匈牙利与三小协商之不和,罗俄此间之萨拉比省之悬案。(按:此问题经本月三日,俄罗订结不侵犯条约后,似已解决)

总之,意、德、匈、保、奥五国主张修改和约国界,法、波、捷、罗、南、比、丹七国竭力反对。法、波、捷、南、比六[五]国保护现境,不愿裁兵。德、匈、保谋复丧地,要求军备平等,互相坚持,几无和平解决之期。自德国家社会党执政后,决心速筹军备,破坏和约,吞并奥国,欧洲政局愈形紧张。虽近来英、法、意、德订结合作草约,仍难排解。至于各国关税自封,钱帑限制,银行倒闭,债款停付,以及欧美战债问题。经济、钱帑各争端,自媾和以来,欧洲政治之冲突,欧美钱帑、经济之纠纷,未有过于今日者。欲于斯时请求欧美列强干涉东北问题,勒令日本履行国联决定之媾和条件,其可得乎?故在日内瓦祸未完全消灭之前,促成俄美接近,欧洲和平,欧美合作三者,当为吾国世界外交之最切要者也。

(四)召集军事外交专家(按:非军官外交官之意)会议,密定具体国防与作战计划,以及外交方针。窃观外交为境外第一防线,军队为境内第一防线,均为国防上最要之工具。国家存亡之所系,不可一日忽视者也。吾国之国防作战计划,向未经全国军事专家集会研究,决定方案,以备不虞。如沈阳之变,东北司令长官尚不知日本之用意,各省将领亦难协定攻守。中央军队注意"剿共",无暇兼顾,故军依照计划,节节进行,与外交一致,即同时并进。而我国具有对外素无具体国防作战,国防作战计划之将领各行其是,尤难与外交一致。即外交方面亦然,当暴日来犯之时,平日既无具体方针(按:德乾于民十九年呈请迅速决定对外方针,巩固国防境外第一防线)临乱自不知所措。且更有非外交专家者,又从中掣肘,主张不齐,自遭失败。

补救之策,惟有迅速召集全国内外军事与外交专家学者之两种学者,秘密会议,潜心研究国防具体与作战计划,以及国家对外政策。精密讨论决定方案,呈请国府核定,训令主管机关,严密照办。而此两界当局,尤应永久合作,以防外患。若遇有异变,再行召集会议,决定应付方策。果尔,则国防前线之军事与外交,时有戒备,自不致重演沈阳异变及中俄冲突之故事。即倭贼虽狨,亦不得自逞也。当兹国势愈危,日祸愈深,以后十年存亡所系。德乾目睹国危,未敢缄默,谨就目前管见所及内政、外交情形,条陈四策。是否有当,伏乞钧裁。分转采择施行,实为公便。谨呈外交部长罗。

驻奥使馆一等秘书代办使事童德乾
1933 年 8 月 15 日

资料来源:《东省事变之解决方针及措置(一)》,台湾"国史馆"藏"外交部"全宗,第 23—34 页。

5. 三宝垄张国威致外交部电(1931 年 10 月 15 日)

来电第 24997 号

发电:1931 年 10 月 15 日 10 时 28 分

收电:1931 年 10 月 15 日 12 时 45 分

南京国民政府外交部总次长钧鉴:为和平起见,我国应请非战签约各国,解除日本武装。国威。

资料来源:《东省事变之解决方针及措置(一)》,台湾"国史馆"藏"外交部"全宗,第 36 页。

6. 维也纳童德乾致外交部电(1931 年 11 月 15 日)

来电第 26722 号

发电:1931 年 11 月 15 日 17 时 30 分

收电:1931 年 11 月 16 日 9 时 20 分

南京外交部:倭贼行动,危险万状,可否坚恳美、英、法迅速依照盟约十六条,切实制止,联俄干涉。乞钧裁。干叩。

资料来源:《东省事变之解决方针及措置(一)》,台湾"国史馆"藏"外交部"全宗,第 37 页。

7. 黑河权世恩致外交部电(1931 年 11 月 27 日)

来电第 27621 号

发电：1931 年 11 月 27 日 9 时 29 分

收电：1931 年 11 月 28 日 11 时 15 分

南京外交部部长次长钧鉴：查日本不肯依限撤兵，国际联合会已不可恃。处此情况之下，我国苟不肯屈服，势必争战，以谋出路。在昔，拿翁败于莫斯科，以军士不胜严寒所致。日本不得逞志于远东，亦以苏联能利用天时地利所致。康必达组织民军，拟解巴黎之围。是善用民气，以抗普军。足见用兵一道，与天时、地利、人和均有关系，并不悉系于兵力之强弱也。我国现时民气悲愤【至】极点，我东省健兵缉盗，向具抗寒能力。而日本之官兵马匹，最畏冷地奇寒。世恩昔在伯利，曾目睹其冻毙甚巨。我果乘此天时、地利、人和之优势，下令各方时以轻骑散队乘隙捣虚，扰彼三千余里之防线，使之疲于奔命，则逆料凶锋不难挫也。挽浩劫还我山河，在此一举。若时日一失，来日大难。愚昧如世恩者，则不敢言而亦不忍言也。冒昧陈词，伏乞鉴。宥。权世恩叩。二十七日。

资料来源：《东省事变之解决方针及措置(一)》，台湾"国史馆"藏"外交部"全宗，第 38—39 页。

8. 黑河权世恩致外交部电(1932 年 3 月 15 日)

来电第 32025 号

发电：1932 年 3 月 15 日 14 时 40 分

收电：1932 年 3 月 16 日 12 时 40 分

南京外交部部长次长钧鉴：十二日电敬悉。上海事件，预备遵照国际联合会大会三月四月议决案，进行解决。政府采取此项政策，必有不得已之苦衷。但对于列强控制下之国际联合会，国人早已失其信仰。历考该会关于中日事件之议决案，凡不偏护于日本者，无不等于废纸。事实俱在，似应猛省。且此次暴日无礼肆扰，果觍然与之妥协。彼对于撤兵唯一条件，必将淞沪划为中立区，则淞沪失。倘彼继续肆扰于沿海各口，则沿海各口岂不一一尽失。且列强亦以中立地带，有利于彼暗中怂恿暴日蛮干。从此咽喉尽失，万劫不复矣。

概自民国二十年以来,政见不同,屠戮无已。所幸此次对于抗日之举,全国一致,民气激昂,已达极点。宁为玉碎,早具决心。若政府外示主战,内主议和,徘徊歧途,适足以误国。倘和议实现,则全国分崩,可以立见。偷安一时,贻祸千载。保全一隅,破坏全局。国亡无日,何以对我历史上之先烈,何以对我先总理大无畏之精神,更何以对我四万万之小百姓。失之毫厘谬以千里,存亡绝续之分,决于今日。钧部总揽外交,伏恳千万审慎,毋作亡臣。不胜惊惶,危惧之至。权世恩叩。十五日。

资料来源:《东省事变之解决方针及措置(一)》,台湾"国史馆"藏"外交部"全宗,第41—42页。

9. 黑河权世恩致外交部电(1932 年 3 月 18 日)

来电第 32119 号

发电:1932 年 3 月 18 日 12 时 30 分

收电:1932 年 3 月 19 日 7 时 25 分

南京外交部部长次长钧鉴:十五日电计达。默察我国今日大势,战则必兴,和则必亡。谨援匹夫有责之义,殆敢详切直陈于钧部计。自辽吉事变以来,主政者以宁人息事,减少牺牲为主旨,其结果仅获得淞沪巨大之牺牲。而第二朝鲜之满洲伪政府,竟庇护于日本铁蹄之下而出现矣。此和平主义之不足以对外也。【黑龙】江省马占山抵抗不终,忍辱与之妥协。今则黑河、瑷珲、奉天、克特逊河、海伦等处浩劫兵变,他处闻风继起者,尚方兴未艾。此又和平主义之不足以对内也。

又计自鸦片之役,弥患以来。丧师辱国,割地求和,主权破坏,门户洞开。外人视中国,讵尚有丝毫独立之价值。不有一番悲壮忍痛之牺牲,安能绝彼帝国主义者之压迫,而保全我黄帝子孙之命脉。盖幸自近年以来,国家民族主义渐臻发达,人民爱国之心迥非昔比。宁甘一切牺牲,不愿作亡国奴隶。此观于近日一致对外之精神,已可概见。所最可痛哭流涕者,不时犹有和平声浪,频传于耳鼓。不知列强近日愿作调人,其目的亦在宰割投机,绝无善意在焉。而我当此外侮之来,不思彻底自卫,亦谬然以和平主义随声附和,倘一旦和议实现,则外侮之来愈自逼紧,内战之起愈自扩大。届时,对外固无法应付,而国内兵匪、"共匪"、土匪亦将趁火打劫,到处蜂起。试问何以收拾。推原政府之意,本欲保民卫国,而国家恐因此而灭亡,人民恐因此而屠杀。际此千钧一发之秋,心所谓危,不能不言。惟念政策虽决于中枢,钧部实外交管吁。事关全国存亡,国人世世岂能宽恕。今世恩以国民一份子,而又忝属末僚,故敢倾吐胸膈,伏乞采纳。慎勿以人微言轻,而河汉斯言,则国家幸甚。权世恩万叩。十八日。

资料来源:《东省事变之解决方针及措置(一)》,台湾"国史馆"藏"外交部"全宗,第43—45页。

10. 黑河权世恩致外交部电(1932年3月25日)

来电第32368号

发电:1932年3月25日9时43分

收电:1932年3月26日11时00分

南京外交部部长次长钧鉴:十八日电计达。迩来和议之声,甚嚣尘上。世恩远在异邦,莫明真相,不胜杞忧。忆昔锦州撤防,日本进一步而组织满洲伪政府矣。今之淞沪退兵,日本复进一步而复入沪宁铁路矣。彼之历次言和,无非借以缓和国际间之空气,为一种用兵之手段。我国屡受其欺,善于谋国者,似应猛醒。至于我国言和,只有返还我三省失地,赔偿战上海之亿万损失,方为不辱国、不丧权之最低限度,而日本岂能承受。详考今日和议之根本,断无成立之可能。无他,两国立场上,势相凿枘也。现和议既无法成立,只有长期奋斗以救危亡。查我国地广民众,本可以长期抵抗。今东北三省已失,而我国尚依然存在,此后果能用搏兔全力,保守长江命脉,则我国断不至于灭亡。毒蛇蛰手,壮士断腕,是在善断与否。再查日本蕞尔三岛,本系外强中干。经济恐慌,日甚一日,且军阀与人民和战意见极不一致,其民气亦非日俄战争时之民气也。返观我国,民气激昂已达极点,两相比较,岂可同日而语。

语云:知彼知己,百战百胜。我政府苟能下最大决心,作十年长期抵抗,终局胜利敢断在我,而不在彼。惟念战事与外交息息相关,似宜由钧部建议政府采择施行,并恳将近日和战事实,电示一二,不胜盼祷。权世恩叩。二十五日。

资料来源:《东省事变之解决方针及措置(一)》,台湾"国史馆"藏"外交部"全宗,第46—47页。

11. 维也纳童德乾致外交部电(1932 年 4 月 30 日)

来电第 33230 号

发电:1932 年 4 月 30 日 12 时 05 分

收电:1932 年 5 月 1 日 2 时 40 分

南京外交部钧鉴:日本派兵攻击东北,我军应否向国际联合会列强切实抗议日本,并恳美英召集会议,切实干涉收回三省。乞钧裁。干。

资料来源:《东省事变之解决方针及措置(一)》,台湾"国史馆"藏"外交部"全宗,第 48 页。

12. 维也纳童德乾致外交部电(1932 年 12 月 18 日)

来电第 41349 号

发电:1932 年 12 月 18 日 20 时 00 分

收电:1932 年 12 月 19 日 9 时 10 分

南京外交部:中俄邦交恢复,国基大定。可否进谋协商反日,请求美国加入。乞钧裁。奥京浙省警官官费生,饥寒迫切,乞电转,电汇欠费救急。乾叩。

资料来源:《东省事变之解决方针及措置(一)》,台湾"国史馆"藏"外交部"全宗,第 49 页。

13. 里斯本王廷璋致南京外交部电(1933 年 1 月 22 日)

来电第 429603 号

发电:1933 年 1 月 22 日 17 时 3 分

收电:1933 年 1 月 23 日 8 时 55 分

南京外交部部长钧鉴:璋以国难,于年前十月十一日,赴日内瓦投效,密查国际形势。建议在东亚,组织有实力之国际联合会,请美、苏联加入行政院,并提以中国陆军十师,英、法、美驻远东舰队,归国际联合会调遣。在日未退出占领地时期,朝夕开会调查劝告,为武装调解,保持国际条约尊严等事。几经缜密研究,各国政治外交名流只有赞同。璋于十一月十四日,缮具法文说贴,面呈顾代表相继提出。十二月,因王秘书在《葡报》登载污辱使馆及公使之言,事体严重,呕回葡处理。十二月十五日,《巴黎时报》著论,以为此议甚有价值。现今国际联合会,筋力已尽。日本不许美、俄加入,沉舟破釜应有最后决心。矧半壁山河已沦异域,外交失策,过信国际联合会,为一般所瞒骗,以致于此。钧座主持外交,幸无以人废言为百世焉。谨贡愚诚,伏乞明教。

廷璋

二十二日

资料来源:《东省事变之解决方针及措置(一)》,台湾"国史馆"藏"外交部"全宗,第 51 页。

14. 罗马潘佑聚致南京外交部电(1933 年 4 月 20 日)

来电第 47156 号

发电:1933 年 4 月 20 日 17 时 15 分

收电:1933 年 4 月 21 日 6 时 53 分

南京外交部:速转蒋总司令,请令党员成立党军,专以"剿匪"。国军全部动员抗日,生愿效死。

潘佑聚

二十日

资料来源:《东省事变之解决方针及措置(一)》,台湾"国史馆"藏"外交部"全宗,第 52 页。

15. 维也纳童德乾致南京外交部电(1933 年 4 月 20 日)

来电第 47154 号

1933 年 4 月 20 日 18 时 40 分

1933 年 4 月 21 日 6 时 50 分

南京外交部:第三号,二十日。日本灭亡我国,英首相、前任法总理日内会议华盛顿,可否先期痛陈利害,求救美总统,以便三国会议干涉。乞钧裁。乾叩。

资料来源:《东省事变之解决方针及措置(一)》,台湾"国史馆"藏"外交部"全宗,第 53 页。

16. 伊利诺伊大学芝加哥分校中国学生会致南京外交部电
(1931 年 9 月 22 日)

来电第 23768 号

发电:1931 年 9 月 22 日 15 时 1 分

收电:1931 年 9 月 23 日 13 时 25 分

南京外交部转全国同胞均[钧]鉴:日寇东省,国亡无日。恳求同胞实行四端:(一)息争御外;(二)贯彻经济绝交;(三)革命外交;(四)卧薪尝胆,共雪国耻。同人除联络侨众宣传外,并准备返国执戈死难。

美国伊利诺伊大学生会叩

资料来源:《东省事变之解决方针及措置(一)》,台湾"国史馆"藏"外交部"全宗,第 54 页。

17. 北平河北省党务整理委员致外交部电
(1931 年 9 月 20 日)

来电第 23737 号

发电:1931 年 9 月 20 日 18 时 20 分

收电:1931 年 9 月 23 日 7 时 50 分

衔略,均[钧]鉴:日本军队已于九月十九日,以暴力占领我沈阳及营口、长春、辽阳及各衙署、各通讯机关。沈阳兵工厂及飞机场均被炸,武装军警已被缴械驱逐,各处已改悬日本旗。天津、朝鲜、旅顺、铁岭、梅城之日军,均已动员。日海军已至牛庄,开向天津。现情势已极度严重,东省灭亡在即。今事已至此,哀痛愤怒亦无益,只求全国同胞沉痛醒觉。中国若可不即亡,即在此一着。请速奋起,将事件之严重与强邻之暴虐,公布中外,以求公判。现在别无小法,只有忍辱负重,应付宜求实际有效,不在空言。应抱和平、镇静态度,从宣传日本之恶毒野心与持不合作主义两点步骤做法,并组织国民外交协会,厉行国民外交,以为政府后盾。同胞乎!速奋起,救此最后一着。河北省党务整理委员会叩。哿(廿)。

资料来源:《东省事变之解决方针及措置(一)》,台湾"国史馆"藏"外交部"全宗,第 55—56 页。

18. 伦敦留英学生会致南京外交部电(1931年9月24日)

来电第 23884 号

发电:1931 年 9 月 24 日 12 时

收电:1931 年 9 月 25 日 1 时 10 分

外交部转国民政府全国学生会、南北各报界鉴:日军占我疆土,举国同仇。请立停止内争,实行经济绝交,誓死铲除日本在华势力。同学掬血,誓为后援。留英学生会。二十三日。驻领转发。

资料来源:《东省事变之解决方针及措置(一)》,台湾"国史馆"藏"外交部"全宗,第 58 页。

19. 南京外交部致童萱甫电(1931年9月25日)

去文内字第 159 号

萱甫仁兄庭长伟望:接奉大教、至佩苾筹。回环雒诵尤深,纫感强邻图我,虎视狼顾,莫遂狡计,竟逞横蛮。凡有血气无不发指。现正集群策群力共谋应付,来教所闻各节,自当存备参考。专此布复。敬颂勋祺。

王宠惠启

资料来源:《东省事变之解决方针及措置(一)》,台湾"国史馆"藏"外交部"全宗,第 62 页。

20. 伦敦总领馆转互助工团正义工商会等致南京外交部电
(1931年9月26日)

来电第 24□67 号

发电 1931 年 9 月 26 日 23 时 53 分

收电 1931 年 9 月 27 日 14 时 35 分

南京外交部请转各界各报公鉴:日本蛮横,□杀旅韩、华侨,又复无故称兵侵占三省,欺侮中国,莫此为甚。凡我国人无不痛心裂腑,若不一致奋起,不但人格尽失,祖国沦亡势所难免。今特大声疾呼痛陈全国父老兄弟之前:(一)力息内争;(二)对日整个的经济绝交;(三)绝对不同日人往来;(四)誓为政府后盾。互助工团正义工商会、致公堂、华商协会、留英学会、国民党伦敦支部、车□社等同叩。驻伦敦总领馆。二十六日。

资料来源:《东省事变之解决方针及措置(一)》,台湾"国史馆"藏"外交部"全宗,第63页。

21. 河北省青县县长黄德中致外交部电
(1931 年 9 月 28 日)

外交部长王钧鉴:密。窃日人侵略吾国由来已久,今者骤然进兵,侵占我国土,杀戮我同胞。仇深痛切,孰有逾于此者耶? 凡我国人谁无心肝,对此不共戴天之仇何能再忍。兹当全国一心,预备与日人作殊死之战。德中揆以匹夫有责之义,亦何敢后人。爰于号泣旻天之余,敬贡救国刍议,以备当国诸公及父老兄弟、诸姑姊妹之采择焉。

一、外交方面

1. 电训使领及海外党部同胞等,竭力宣传日人侵略之真相,及日本民族之恶德(日人以做贼卖娼立国),唤起世人之同情。

2. 迅遣专使、宣传人员等,求各友邦及世界各民族之援助此项工作。

其目标有二:

第一目标　请求依非战公约以公理援助之,即令日军退出并负相当责任。

第二目标　请求友邦于不得已而宣战时,供给海陆空军之战具及经济之协助。

注意:吾国目前抵抗日人之策,只赖国际而已。此项宣传费虽钜[巨],万不足惜也。

3. 开放满蒙,为世界公共农工商场。造成国际均衡之局,以免日俄之侵吞。东北情势危急,非造成国际均衡之局,不能免日俄之侵吞。余十年以来,力主此策。惜人微言轻,毫无效果,今势急已不可再行蹉跎,任人割去。

4. 劝告日人,黄种非日本能独撑,东亚非日本能独霸。亡中国乃自亡之道,不宜饮鸩止渴也。

二、内政方面

婴幸登用,庶政必然脱轨,此乃酿乱取亡之道。吾国近来渐返贵族制度,重情面,灭真理,自取灭亡也。

1. 即息内争,一致对外。内战不止,友邦冷观,东北真亡矣。再有内战之破坏,无法建设矣。

2. 全国努力预备宣战。列强不能以公理调解时,势须必战。盖不战吾国真亡,战则牵动全世界,非我一国问题。日人不得遂侵吞之愿,吾国犹可图存。故不能调解,势在必战,幸早备之。

3. 融合党派努力图存。国亡党派何所施耶,无论若何,党派今当吾国存亡关头,均须合作。

4. 登用真才,努力建设。免除贵胄婴幸用事,登用真才,则庶政立兴建设可期矣。

5. 重要当局力革恶德。治乱关系全在重要当局。先前南、北要人多纵欲自私。徇情面,蔑真理,竟致婴佞当途,庶政脱轨,酿乱亡国,纯由自取。非力革此种恶德,图治无日,国必亡也。

6. 力谋奋兴,昼夜工作。现灾胞数千万无以为生,宜一方备战,一方建设,昼夜兼工,效仿德人,斯为上策。国内无款,宜大举借债,用于正途。今当存亡关头,不可拘恒轨也。

国难太急,德中以一介书生,责止百里,浑忘忌讳,言所欲言,死罪死罪。然有一德之愚,略补于国,则斧钺鼎镬,甘之如饴。冒昧直陈,延颈自待。谨此。河北省青县县长黄德中。梗。密叩。

资料来源:《东省事变之解决方针及措置(一)》,台湾"国史馆"藏"外交部"全宗,第64—66页。

22. 韩修德致外交部电(1931年9月28日)

来电第10016号

部长钧鉴:斗山之仰,时切依驰。前呈拙作政治步骤意见书一册,谬蒙不弃赐予奖饰。拜感之余,昌胜惭愧。兹值日人强占东省,国民愤慨之际,用将个人所见到之外交方略,渎陈座右。盖救国雪耻必须有一贯精神挽救危亡,绝不能以通电请缨及开会讲演为已止。若不着手于实际工作,贯彻始终以图之,则于国何补,于事何益。与其以满腔热心沿街贱卖,何如艰苦卓绝,实行救国之非常方法也。方法云何,谨简述于下:

（一）以非常方法切实准备外交后盾

1. 通令全国各省、县所驻之海、陆、军,一律编号为国防军。其他各地农、工、商、学自动所组织之义勇军队、抗日团、学生军等等,亦编为国防军。此项军专作调往前线应战之用。

2. 通令全国大、小村庄,乡、镇之男女老幼各自组织抗日誓杀倭奴会。政府尽量发与枪炮炸弹,并与以特殊自治权力。如有违法害群者,该会得以军法处之。此项会专备倭奴冲入内地残杀奸淫时,人民得与彼恶獠死抗,兼助国防军夹攻。总上言之,值此外交危急时,政府当以敏锐手段,分全国人民为两种,一为前线应战国防军人,一为乡村抗日誓杀倭奴会员以作外交之坚实后盾。

（二）以非常方法切实宣传抗日方针

1. 通令全国划一抗日方针。凡十八岁以上之成年男女,最低限度须拼一日人而死。

2. 通令全国各级党员,深入前项组织之国防军及抗日誓杀倭奴会中,切实工作。该党员等,除宣传抗日方针外,必须以身作则。如对日开战后,不能拼一日人者,即以军法从事。

以上两个非常方法办理就绪后,确证国人皆有一贯精神。外而能团结以抵抗,内而能持决死心以奋斗。然后进行外交,对日下最后通牒。同时要求俄、美及国联以正义援助。如俄美及国联主持正义,援助中国,则我方可于短期内驱逐日人出境。如俄美及国联不主张正义,袖手旁观,则六千五百万之日人纵之内地,以四万万人之决死心奋斗,何难悉数歼灭之。呜呼! 国土不全,何以生存,家可破,人可亡,而祖宗所遗之锦绣山河,绝不可亡于吾党操持政权之时。刍荛之言,是否有当,惟祈钧裁。冒昧陈辞,敬乞鉴原。专肃,敬请钧安。韩修德谨肃。九月二十八日。

资料来源:《东省事变之解决方针及措置(一)》,台湾"国史馆"藏"外交部"全宗,第67—72页。

23. 外交部致北平冯庸大学职员联合会电
(1931 年 10 月 6 日)

去文亚字第 1120 号

北平冯庸大学职员联合会及全体学生鉴:密。支电悉。此次日军暴力毁我官厅,拘我官吏并及学校之长。政府早已严重抗议,并请国际联合会主持公道。望诸君联合教育界,要求国际正义之援助。外交部。鱼。

右电稿,特转委会决议。

资料来源:《东省事变之解决方针及措置(一)》,台湾"国史馆"藏"外交部"全宗,第 73 页。

24. 河北省青县县长黄德中致外交部电(一)
(1931 年 10 月 6 日)

王外交部长钧鉴:万密。窃今日对日事件,为我国存亡关头,势须拼死一战。战则必胜,不战必亡。种种理由及策略,德中不揣谫陋,屡陈之矣。兹以存亡所系,谨再将对日救国之重要方策,就愚见所及,再行秘密条陈如左:

一、对日交涉之重要方策

1. 对日交涉之最要目标,不可只求恢复原状为止,须由对方负重大赔偿责任。

2. 旅大等处租借地及南满铁路,日人自主绝对无上权利及宗主权之谬论,为世界通商国未有之例,亦为日人侵略之因,应无条件交还,以抵赔偿之款。

3. 改定一切不等条约,交还一切不正当权利,以免再行借口。

4. 须得不再危害吾国之确实保证。

以上四项,为对日交涉之主要目标,不可稍事通融活动者也。日人方面,本欲实吞东三省,如不遂愿而退兵,乃受国际限制,良非所欲。今者,我方要求日人无得反失,当然不允。夫国际既限制其非理侵略,必同情我合理要求。我既得国际之助,日人认可则和,不认可则战,战则我操必胜之券。国际以公理所在舆论所驱,及己身迫切之利害,必皆助我,其详见于对日必战密陈中,夫何畏而不敢如此要求耶。此次日人公然破坏国际法例、人类道德于举世非战之际,已遭世界之公愤,诚乃天夺其魄,赐我以复兴之机。我若天予不取,卑贱强忍,必遭世人之贱视,则与我同情者化为忿恨,欲行援我者,化为鄙弃。各强国为自保利益计,为有实行瓜分之策耳,吾国由此真亡矣。我国领土之大,人口之多,与世界关系太切。如敢毅然宣战,则国际怕我战败,各种特权被日人独享,必皆热烈援助。故世人希我战胜之心理,毫不灭于国人。如此安能失败耶?嗟嗟世界大势如此,天予之良机亦如此,唯祝天福我族,启发群心,决心与倭奴作殊死之战耳。

二、对世界各民族各友邦之重要方策

1. 迅遣专使及宣传人员,向世界公表日本民族之恶德及侵略吾国之真相,(宜将其民族之刁狡奸诈、造假作伪、公然以作贼卖娼为生活之恶德,与夫公开养匪、贩运毒物、鼓煽我内乱、屡乘我危难,如"二十一条"进兵山东,炸死作霖张大元帅,并此次造假借口,暗袭明掠之种种卑贱事实,编成专册)一概编成专册,译成各国文字广为宣传,使世人知公贼之所在,勿再受其欺蒙,唤起与我热烈之同情。

2. 向友邦订购海、陆、空战具,及建设军需两方面工厂应用之机器,并订聘各项适当人才,以为宣战建设各项之设备。

3. 向美国及他友邦借大宗财款,以东北未垦土地及各项富源作抵押,造成国际均衡之局,以免日俄之侵吞。

4. 向世界宣传东北富源,足以振兴全世界。如国际主张公理打倒公贼,以后开放为世界公共农工商场,以诱掖世人之援助。

夫向国际大购军械机器及聘用人才与大借款之各项计划,与世界亦有大利,定能成功。附陈其理由如次:

(1) 全世【界】失业在乎物品过剩,我与日决心作战,则军械、机械立得大批雇主、广大销场,足救全世界之失业,故国际必乐为之。

(2) 世界经济衰落无法振兴,我与日战,以东北富源公诸世界,不但合于机会均等之原则,且挽救衰落之颓运,世人必赞助之。

(3) 美国经济过剩,物品过剩,至于放弃战债之利益,以图补救。今我向其大宗借款,开发东北及全国之财源,遂其雄霸亚东素愿,并补救其目前之困苦。必能于贱价微利轻条件之范围中,成购物借款之事实。

5. 日本于举世酷爱和平之际,悍然做贼,破坏一切,世界忿恨,皆愿被害国创惩之,故我与日战,必愿助之。综前四项以观,向国际购械借款,均易实现,并非闭门臆测也。

三、国内对日救国工作之重要方策

1. 全国团结一体对外。国内再分党派,自行闭门乃自甘亡国,非日人能亡我也。

2. 内部积极备战。表面佯主公理,专赖国际仲裁,免日人之早备,唤国际之同情。

3. 对日交涉全赖中央独持,不可丝毫放松。

4. 严防日人鬼计,以免诱动地方之自主。倘中地方谈判之诡计,则世人口塞化同情为冷静矣。

5. 计划与日人作耐久战,以屈服之。我方处处足自给,宜于耐久,日人民少地穷,不出三年,即行屈服。

6. 以全民半数供战役,以全民半数力建设。

7. 昼夜兼工,务保持平时生产力。从前游惰失业,政府任之。今切实领导继以机械,半数人力足矣。

8. 融纳党派,力避分崩。

以上三大纲领、二十条目,皆救国抗日之急务。中央如统一意志,努力工作,均可达其目的也。此乃我国家、我民族唯一出路,亦天福华夏,故予我以良机。诚能善自运用,决心备战,战则必胜,非希望之词,乃势理之必然者也。日人如甘屈服,不战而收回既失权利,由此我国军备完整地位增高,无异服全国兴奋药剂转弱为强矣。由是观之,决心备战,无论战与不战,均操胜利之券。若忍辱不战,坐以待亡,非仅亡国,我伟大民族被世人之唾弃贱视,亦随之而亡矣。呜呼,东亚主人翁与东亚亡国奴,只在战不战之间。愿我当国诸公熟思而自择之。德中不避寒贱,放胆直陈,苟益于国,贱躯何爱。心痛意长,言止于此。河北省青县县长黄德中泣血密陈。艳叩。

资料来源:《东省事变之解决方针及措置(一)》,台湾"国史馆"藏"外交部"全宗,第76—80页。

25. 河北省青县县长黄德中致外交部电(二)
(1931 年 10 月 6 日)

王外交部长钧鉴:万密。今者国难临头,纯恃国联不能解决东省之事也。我方口头表示,仍宜主持专赖国联。如此日人必严拒调查及仲裁,我方愈得世人之同情,于胜败关系亦大也。解决办法唯在我国之战不战耳,战则我方必胜,立即转祸为福,巍然为东亚主人翁。不战坐以待亡,不久必被瓜分,则为东亚之亡国奴。详细理由见下。呜呼,非激忿之辞也。存亡之分则在战与不战,谨分陈于后。土耳其屡战屡败,其国巍然独立者,世人以其人心不死,不敢以亡国奴待之。朝鲜未曾作战,亦未曾闻败,而其国竟亡。以其自甘沦亡,世人无法援救也。

一、国联不能解决中日之事,纯恃国联,必无济也,理由如次:

1. 国联为非战主和机关,若主张用武,背其本身存在之真谛,刻日人悍然拒绝调查,明示不受仲裁,国联忠告之能事已尽。

2. 非战公约无不受仲裁,群起以武力制止之规定,我国不敢与日一战,则公理终亦难伸。

3. 国联及公约之运用既穷,则解决东省之事,仍在我敢抗与不敢抗而已。抗则唯有一战,不抗则甘受割削,坐以待亡耳。

综前各项观之,纯恃国联与公约,则不能解决。而解决之道,仍在我国之本身明矣。夫我自身解决之法,只在战不战之二途。战则得国联之同情,必受国际之援助,其胜利必属于我。陈之于下。

二、对日宣战我操必胜之券,其理由有三大方面:

1. 自国际方面观之,胜利属我之理由:

甲、吾国以地大人众,关系各国利害太切,乃日人平素享益独多,早招国际之大嫉。我与日战,列强为保其本国之利益,怕我战败,致为日人所独吞,必加以相当之援助。

乙、日人对于吾国蛮横凶暴,由来以久。此次又公开做贼,愈动国际之公愤。我若敢战,必得声援。

丙、日人于举世非战之际,悍然作贼,破坏国际一切法例。国际愿我对日宣战以惩创之故必助我。

丁、日本民族贱恶,此次又悍然破坏全世界和平。我与日战,我有助而日无助。虽昔曾同盟之英人,亦不敢冒全世界不韪而袒日。

2. 自我国方面观之,胜利属于我之理由:

甲、我国地大物博,处处均能自给。

乙、我国人口众多,半供战役,敌日有余。半事生产,庶业不废。有耐久以争最后胜利之能力。

丙、吾国受日侵辱已久,积忿已深。此次日人吞我东省,人人抱拼死之志。民气可用,必操胜券。

丁、我国虽有党派之争,然系一国之人,对外必能一致。

3. 自日本方面观之,胜利属我之理由:

甲、原料不足,战久必竭。

乙、人民数少,难与我抗。

丙、朝鲜等处寻隙背叛。

丁、国内意见本不一致,而共党及反帝党必蹈隙酿乱。

戊、为失业穷困而做贼,战则失业穷困愈甚。

己、欺弱乘危,幸灾自利,全民骄恣,无同仇愤忾之气。

综观以上所陈,战则胜利属我必矣。惟我军备太缺,宣战急务,在乎此耳。依非战公约三个月内不得战争,此三个月中,唯宜全国努力筹划军备,且筹备之利不利,足以预窥国际对我之心理,由此预觇宣战之胜不胜也。形势必胜,决心一战,情势不胜,再谋其他。积极备战,固有益而无损也。

三、备战方策

1. 向美国及他国订购海、陆、空战具,至下限须与日本现有之量相等。

2. 向各国订购机器,以备自制军用物品及一切建设事业。

3. 以东北未垦土地及各项富源作抵押,向美订借大宗款项,造成国际均衡之局,以免日俄之侵吞。

4. 聘雇各项专门人才,以为作战及建设之导师。

各国物品过剩,世界经济衰落。我与日战,乃增一极大雇主,为世界开辟销场。而开放东北富源,且足挽救全世界之颓运,有裨人类之生存,国际必欢迎赞助之,乃势理所必然者也。即我国内情势,藉作战之兴奋及需要,必须昼夜兼工,猛力工作,则灾胞有可执之业,国内省赈济之款,则又一举两得者也。夫我方以作战为国存之道,复兴之机,日人作战,利将安属耶? 以此证之,宜决心宣战又明矣,更将作战方策附陈之。

四、作战方策

1. 我方胜日之战策,第一在乎以久制胜。盖我足自给,久而不匮,且从前扰以内乱,失于领导,民多失业,生产不丰。今借作战举国兴奋之气,以半数人民兼工力作,继以机械之助,必能保持先前之生产额。是我由作战,反救失业之弊。若夫日人,则愈久愈困,不出三年必屈服矣。

2. 以攻击朝鲜、台湾为第一目标。朝鲜且有韩人之内应,三韩如下,则东省日军全作釜中鱼矣。

由是观之,今日大势非战不能救国。战为我国复兴之机,至明至显。乃日人竟敢于此情势之下,悍然作贼,授我以充分之理由,致惹举世之愤激。盖天福华夏,故夺日人之魄耳。然则战即转祸为福,仍为东亚主人翁。不战坐以待亡,即为东亚亡国奴。而主人翁与亡国奴之分,唯在战不战间。切愿当国诸公及全国同胞,熟思而慎择之耳。青县县长黄德中密陈。勘叩。

中华民国二十年九月

资料来源:《东省事变之解决方针及措置(一)》,台湾"国史馆"藏"外交部"全宗,第81—84页。

26. 鲍振青致外交部电(1931年10月31日)

日本最近态度之强横与吾国应取之方针

日本在国联会提出五项无理要求,幸得我政府严词拒绝。同时国联会亦决议,限日本于十　月十六日以前撤兵。但观日本政府及舆论之趋向,依然执迷不悟。自石川大将抵东北以来,遂有增兵三千之决议。全国舆论非常鼎沸,无不要求政府乘此机会,将满蒙占为己有,以求一劳永逸计。

盖并吞满蒙,为日本全国人民三十年来之宿望,并非一部军阀之野心也。彼借口日俄之役牺牲十万生灵,十五亿国库。将强俄在满洲之势力驱逐,故认在满蒙有特殊权利,其实久已视满蒙非中国所有。最近国际联盟日本分部(石井前驻法大使为支部长)印发之告世界宣言书,以及若槻首相答国际平和协会书,大阪《每日新闻》社长本山参一告美国国民书等,皆引证日本在满蒙有上述关系。满蒙今日能筑乐土者,皆日本经营之功,并诋毁我国政治腐败,军阀横暴,民不聊生。最荒谬者,伪造事实,在世界宣传盛称,东北华人如何欢迎日军驻扎,反对中国军阀重踏东北土地。

总之,日本满蒙方针决不容张副座回奉,实现满蒙独立国。现已积极运动恭亲王、张海鹏、红卍字会、赵欣伯、熙洽、袁金铠、于仲汉等,组织正式国家。夫如此可免受世人干涉,将来所谓中日直接交涉,日本亦不外与此帮人物应酬而已。故南陆相、贵族院等均主张与独立政府交涉,其理由谓:国民政府之势力不能达于满洲,张学良已失资格矣。总之,日本决心甚大,断不肯无条件撤兵,无条件恢复九月十八日前状态,可断言也。近闻广东派主张中日直接交涉,谓日本无新要求,不过要求履行条约而已。噫,日本往日强迫张作霖所订之条约,不可胜计。又加以"二十一条件"。假使吾国承认既往条约,满蒙已非我所有也,吾国政府切不能应允也。夫广东之所以主张直接交涉者,其原因不外履行陈友仁去月来日时之约束而已。关于陈友仁求助于南陆相、金谷参谋总长援助,不惜牺牲东三省为报酬,及消灭张副座势力之阴谋。量我政府及国民,并非盲目盲心,甘作国贼走狗也。故日本政府极期待广东派登台,蒋张下野,使约束能实现也。

今日我政府如不卖国,非决心强硬到底,准备实力,虽不能对日宣战,即国交断绝,以经济封锁日本,亦可制日本死命也。如当局丧心病狂,甘心将东北送给日本,不独国民党卖国之污名遗臭万年,即孙总理在地下亦不安也。须知日本地土有限,人口过剩,谋生无术,侵略中国为日本国策之一。其对我毫无半点诚意,扩张海陆军,实行强占政策,欲步德国后尘。观近日海陆军当局之紧张,兵工厂日夜工作。青年团、学生军积极训练,无非视今后情形,以国运为赌也。最近,除努力于国际宣传诋毁我国外,颇攻击英国及注意俄国。微闻,苏俄与日,早已有谅解,现下所虑者,美、法两国而已。故决定派桦山伯赴美,松冈洋右赴法,欲求万一时,请其中立。日人野心甚大,军行迅速,吾国此际非以武力严防日军来袭不可也。不抵抗主义是招亡国之道,我政府切不可行。政府所聘之日本顾问须一律解除,须知东省之失,亦为日本顾问所虑之故。英美诸国须要联络,动以利饵,为己之助。

盖中日战端一开，为世界大战导火线，彼欧美列强必以实力干涉日本之军事动作。如我国政府仍示弱于人，让步辱国，不独失国人同情，难免招瓜分之祸也。我国行动公明，曲在日本，世人共知。国际联盟既再次命日本撤兵，如日本仍蔑视联盟，固执己见，彼欧美列强端不能放纵后起之日本横行到此田地也。日本既无好意对我，蓄意亡我，吾国求助于国联亦当然之理。今日得政府之运筹帷幄，施、王、吴三代表之奋斗目的已达七八矣。今者，一旦误信泣血之言，应暴日之要求，不独前历尽弃。今后若一再请求国联帮忙，亦无能为也。我政府当局谅深明此理，不以前言为河汉也。

总之，今后坚持到底，准备实力，广揽天下人才，采远交近攻政策为要。破釜沉舟计，实为救我中华之良药。日人此际完全毫无诚意对我，可断言也。鄙人在日多年，深悉日人对我情形，今次事件早已见及。所陈管见，幸勿以为河汉。尤有告者，更动元首，并非得计。优希审慎，党国幸甚。谨呈外交特别委员会。

十月卅一日
鲍振青谨呈

资料来源：《东省事变之解决方针及措置（一）》，台湾"国史馆"藏"外交部"全宗，第86—90页。

27. 关于对日"案件部分"解决之方针（1931年11月4日）

张树森

此次日本侵占东省事件，吾国自始对待方法，即分此事件为"侵占事件"与"案件事件"之二大部分。前者即"侵占事件"如何解决之谓。现在所谓"不撤兵不交涉"，吾国主之，国联及美国亦同持之，吾亦以为然。不过不撤兵不能达目的时，国联与美国能采盟约之十六条之行动与否，抑难言。吾国于此当如何对付，此应研究之问题也。吾意当国际运动有希望时，吾国当备战及进行联合外交，以作国际之后盾。若至国际运动无希望时，吾国即不惮将备战与进行联合外交之事实。七年呃行发动与日宣战，最可注意之战略，则以民队袭击，如一九一七年日本出兵西伯利亚之事实，苏俄以便衣游击队困窘之者然。但为达此目的，外交如何，尤即"案件事件"如何解决之谓。日本坚持非解决案件不可，至少须先承认基本原则之第五项之"条约权利"。吾国主张，分别言之，且以前者为后者之前提，（不撤兵不与交涉）国联与美国亦赞助之。设若到势穷情竭之时,("永久调解"不受,其他外交手段亦至最后之时)是不是采取以前者为后者之前提之方针,而仅采分别进行办法。即一方要求撤兵,一方将案件提交公断。(所谓巧术被破,而即实证相接,亦属不得已之事,但此与前述宣战主张有关,希注意)再就最后之一步言,俗谚:斧打凿,凿入木。最后归于解决案件。然解决案件,吾国所持意见如何,此乃今日所提出之问题也。吾今论此问题,试将分为根据及方针二项建议如左:

一、日本此次对于东省事件,其态度与理由,始终站在赤裸裸的强大之陆海军之基础上。其所持之理由,亦不过藉辞遮饰,做势图赖而已。(完全奉行明治遗策及田中积极政策,以武力为骨干,对世界取瞒哄主义)所曰"生存权""自卫权""特殊利益"及"既得权"者,皆如是而已。然若分析言之,"生存权"为一有范围之权利,非可借用武力侵略者也。以食料及原料无限制之强夺,则如横田喜三郎所言,法国塞耳①之煤矿,亦为日本之所必取。"自卫权",亦有一范围之权利也,非可任意扩大于无垠。如横田喜三郎所言,无论破坏铁道不实,即以数米突轨道之破坏为起点,而岂能扩大至南满全部占领。此者彼国之学者所言,而吾以解决案件为对象,不希为此一方面之讨论。今但论"特殊权益"与"既得权","特殊权益"亦为外交抽象之名辞(华盛顿会议曾有此辞不能用作超越通行以上之解释之论)亦可不论,而专论"既得权"。"既得权"者,权已完全取得,而尚未丧失者也。若权已取得或未丧失,则可云有"既得权"。若权未取得而或已丧失,则固不可云有"既得权"也。吾今本此理由,论述对日"案件部分"解决根据如下:

查国际法上凡一条约成立,则须由(一)意思之合致;(二)代表;(三)签字;(四)批准或议决。四者要素不备,条约不能谓之成立。批准、议决之分别,则由其国法而定。吾国自民元建国,以迄党国政府之前,完全受民元约法支配。中间停断,后间停断,而国人皆认为坏法时代,皆无成立条约之资格者也。按约法规定,条约必须经国会之议决。日本所云各项条约,除继承前清者外,哪一种经过国会议决?而况"二十一条",固明经国会宣布无效,而经政府声明条约未成立者也。

二、兹试依上项所述根据,对于对日"案件部分"解决方针,约分二部。一诠释条约或契约之效力,分三项。二策划善后,分二项,共五项。分列如下:

---

① 编者按:指萨尔。

(一)由一九〇五年,即清光绪三十一年缔结《中日满洲条约》,所承认之旅大租借权,南满铁道敷设权,南满铁道附属地之行政权,中立地带之一部行政制限权,及安奉铁道之敷设权,不久(南满铁道至民国二十三年可以赎回)即达赎回期限。

(二)由一九一五年即民国四年"二十一条约"所强迫缔结之旅大租借权,南满铁道附属地之行政权,中立地带之一部行政限制权,及安奉铁道之敷设权之各种延期利权,与商租权,居住往来权,经营农工业权,矿业权,以及其他各种礼券,已由民国十一年国会宣布无效,因此条约未曾成立。

(三)由各种条约或契约所缔结之"吉辰""吉会""四洮""长洮""吉敦""吉昂"及所谓"新满蒙五铁道"之铁道借款权,合办权,委任经营权,及其他各种利权,俱系由军阀私人缔结而成,未经国会议决或追认,因而条约不能成立。

(四)但关于以上各种借款条约内,所有属于经济的善意借款,中国国家声明愿意担任偿还。

(五)为保持中日两国亲善【关】系,及永久和平起见,声明今后愿以东省相当利益,在中国国家主权完满无瑕疵之国家法律管理下,可以租赁。方法另行商议办理。

抑于此,尚有言者。吾建议之动机有二:(一)吾国北方政府时代,外交素持看势主义,不采前进主义。看势主义之结果,每倾于将自己应有之强固之法律之立场,而不敢站。吾民十一年前,吾无所知,不敢妄断,但亦或恐其不如此也。(二)世竞言革命外交,吾意不适用。革命外交,惟苏俄政府能当之。吾国近年所采外交方式,及今后应采之外交方式,可曰法律外交,或曰国际法理外交。因任事皆循法律程序以进行,至最后,亦期以法律精神贯彻之也。吾之此建议,亦曰法理云云耳。

资料来源:《东省事变之解决方针及措置(一)》,台湾"国史馆"藏"外交部"全宗,第91页。

28. 江苏省国难救济会致南京外交部电
(1931 年 12 月 30 日)

南京外交部公鉴:日本违反国际盟约,应请国联会员及行政院,履行该盟约第十六条第一项之义务,并令国内先自实行,以重盟约而保国权。兹依法律事实论结如下：

（一）法律。查《国联盟约》第十二条载：联合会会员间，发生争议势将决裂者。当将此节提交公断，或交行政院审查。无论如何，非俟公断员裁决，或行政院报告后三个月届满以前，不得从事战争。第十三条载：联合会会员间发生争议认为适于公断，而不能在外交上圆满解决者，将该问题完全提交公断。十六条载：联合会会员，如有不顾本约第十二条、第十三条所定之规约，而从事战争者，则据此事实，应即视为对于所有联合会其他会员有战争行为。其他各会员，担任立即与之断绝各种商业上或财政上之关系，禁止其人民与破坏盟约人民之各种往来，并阻止其他任何一国为联合会会员或非联合会会员之人民与该国人民商业上、财政上或个人之往来。遇此情形，行政院应负向关系各政府建议之责，俾联合会各会员出其陆、海、空之实力组成军队，以维护联合会盟约之实行等语。

（二）事实。日本在本年九月十八日以前，对于吾国并未有如该盟约第十二条所谓发生争议，势将决裂，亦未依该第十二条及第十三条，将争议问题提交公断或交行政院审查。遽而，以武力占领东三省，即系从事战争。嗣经国联行政院于九月三十日、本月十日先后议决，令其撤兵。日本业经承认，乃不独不履行撤兵义务，又复逐渐增兵占地，压迫吾国锦州军队，限期撤退。其为战争行为，已有显著事实。

（三）结论。依上述事实，其程度已超过战争。其行为，又继续不断按照上述法律，应即视为对于所有联合会其他会员有战争行为。在其他会员，应负立即与日本经济绝交，并禁止本国人民及他国人民与日本人民一切经济往来之义务。在国联行政院，应负向各会员建议实行武力压迫、强制执行撤兵、听候公断之义务。其他会员义务既已如此，则吾受害之国，对于经济绝交、武力抵抗之两事，自应率先实行，毫无犹豫之余地。据此结论，应请贵部依据国联盟约第十六条，分别请求各会员及行政院照约履行，并断然明令国内官民军队，对于日本率先断绝经济往来，并以武力抵抗，以重盟约而保国权。不胜迫切，待命之至。江苏省国难救济会叩。俭。

资料来源：《东省事变之解决方针及措置（一）》，台湾"国史馆"藏"外交部"全宗，第92—97页。

29. 北平胡适致南京外交部电(1932 年 2 月 9 日)

来电第 30616 号

发电:1932 年 2 月 9 日 18 时 40 分

收电:1932 年 2 月 9 日 21 时

南京外交部罗部长钧任兄鉴:国联调查团将到,部中要档应较详备,深盼早整理备用。王世杰、周鲠生皆在京,可挽为助。适。

资料来源:《东省事变之解决方针及措置(一)》,台湾"国史馆"藏"外交部"全宗,第 99 页。

30. 外交部致胡适电(1932 年 2 月 11 日)

北平东北外交研究委员会,转胡委员适之先生鉴:尊电奉悉。部中档卷,现正积极整理。外交研究委员今对于东北各问题之材料,亦盼尽量搜集编译。贵部王、周二先生已返汉,可否代为电邀,请其襄助。弟罗文干。

资料来源:《东省事变之解决方针及措置(一)》,台湾"国史馆"藏"外交部"全宗,第 100 页。

31. 外交部致华侨救国义赈会电(1932 年 5 月 5 日)

去电第 29202 号

泗水领事馆,转华侨救国义赈会鉴:四日电悉。爱国热诚良慰。上海停战会议,系依照国联大会决议案商订停战及日军撤退办法,不涉政治。政府对外方针,此后务以全力应付东北问题,亦民意依归。尤望能上下一致,共底于成。特复。外交部。

中日代表均责饬力疾视事,协定内容毫无秘密,即当发表。

资料来源:《东省事变之解决方针及措置(一)》,台湾"国史馆"藏"外交部"全宗,第 101 页。

32. 外交部致热河旅平同乡抗日救国会电
(1932 年 8 月 10 日)

去文亚字第 4534 号

热河旅平同乡抗日救国会鉴:漾代电悉。日军侵扰热河,本部已向日方严重抗议,促其反省。中央对日仍本初衷,于积极交涉之中,准备武力抵抗。但非全国精诚团结,共赴国难,不足以御侮救亡。所望国民一致努力,集中力量,为政府后援,国家前途,庶几有孚。特复。外交部。

资料来源:《东省事变之解决方针及措置(一)》,台湾"国史馆"藏"外交部"全宗,第 102 页。

33. 外交部致北平张副司令急电(1931 年 9 月 19 日)

亚字第 917 号

万急。北平张副司令勋鉴:密。效电谨悉。顷正向重光公使及日本政府同时提出紧急严重抗议,略谓本国政府对于此事深为骇异,要求日军停止一切攻击,并立即退至原驻地点等语。日内瓦国联会我国代表团暨驻英、美、法等各使馆,亦正去电,令其宣传真相。兹踞驻京领称:日政府正电令沈阳日军长官,勿令扩大云云。但日本军人果能服从政府之命令与否,尚未可知。务请续电详情,至为盼祷。王正廷叩。

资料来源:《东省事变之解决方针及措置(一)》,台湾"国史馆"藏"外交部"全宗,第 104 页。

34. 外交部致北平张副司令急电(1931 年 9 月 23 日)

去电第 22013 号

北平张副司令勋鉴:密。养电敬悉。关于沈阳事变,本部已向日使及日政府提出两次紧急抗议,指日军行动蔑视非战公约,破坏东亚和平,并以该日军突然攻击未曾挑衅绝未抵抗之中国军队,占领沈阳、安东等处。中国政府及人民,不得不信日本故意破坏东亚和平。日本政府对于此事,应负完全责任。要求迅令日军,即刻完全退出占领区域,恢复原状,并保留对于此事提出正当要求之权在案。

现日军又继续占领长春、吉林、营口等处,本部拟提第三次照会。以日本政府不惟不查照本部两次去照,撤退沈阳、安东等处日军,反令其继续侵占其他城邑,在其地方焚毁甚烈,杀死人民甚多,并拘禁军政人员,使此事愈形严重。其蔑视国际公法、国际条约之责任,应更为严重。仍要求即刻撤退,日军交还占领各区域,本日既[即]可发出。又本部在本案发生时,即将日本种种横暴真相,电知日内瓦施代表等,以咨[资]应付。迨此事愈趋严重,又急电该代表等谓:日军乘中国洪水为灾之危,无端攻击绝未抵抗之中国军队,将沈阳、安东等处占领,为自国联会成立以后,各友邦国交史上所未有。已向日本政府提出紧急抗议,要求立即撤兵,并保留对于以上提出正当要求之权。

现日军尚无退出占领区域之意态,应正式提出国际联合会行政院,遵照迭电所述,切实声明。请其立即依照联合会条款,取有效之措置,使日军退出占领区域,保持东亚和平。中国政府静待联合会所采用之任何决定等语。旋据施代表等电复,已遵照来电,向行政院提出。又日方宣传,此事因我军破坏南满路而起,实系捏词,亦已电施代表等随时辩证。又接施代表等电称:行政院开会,芳泽声称有中国高级官员提议直接交涉。请即阻止英代表提议即刻恢复原状,并将此次会议录送美国,大势于我有利等语。本国政府并未提议直接交涉,已电令施代表否认,并电驻日蒋公使及驻外各使知照。又,在□报宣布□,淆观听。又,本案已电令驻非战公约各签字国使馆,向驻在国政府切实接洽。业于翌日电达。据驻美荣代办复称:美政府对于此事深为惊骇,静待更为确切之消息,再定方针。本部又将最近日军继续侵占情形,再电该代办接洽。前晚复由南京法领转发北平法使一电,叙明事实理由。请其转达法政府,由白里安君在国联引用盟约及非战条约主张公道及和平,并电驻法使馆,本此意旨向法外部切实接洽。谨此电陈尊处,如有卓见,仍请随时电示。再,蒋公使已到任并闻。王宠惠叩。

二十年九月二十三日

资料来源:《东省事变之解决方针及措置(一)》,台湾"国史馆"藏"外交部"全宗,第105—107页。

35. 北平张学良致外交部电(1931 年 9 月 28 日)

来电第 24258 号

来电:1931 年 9 月 28 日 18 时 20 分

收电:1931 年 9 月 30 日 5 时 50 分

南京蒋主席钧鉴,王部长儒堂兄勋鉴:口密。外部接到日政府宣言后,想必有相当之答复。谨就经过事实略陈管见,用备采择:

(一)我国政府鉴于近数十年来中日间历史上之事实,对日邦交十分重视,对于日侨希极力保护。此次日本派兵在中国东省境内作种种违背国际公法、公约之力作,中国当局尚且隐忍,不加抵抗。对于日本侨民,继续完全保护。即此一端,足以证明我国政府之和平政策。

(二)近数年来,关于中日间各种交涉问题,我国政府为维护主权起见,不得不详加考虑。且近来日本朝野人士,对于中国满蒙疆土,每有公然积极之主张,益使中国人民深抱不安。故我国政府更不能不慎重行事,此当为日本所误解者也。

(三)日本宣言所述日军行为,颇有失实之处。如:

甲、十八日下午十时后,轰然大声作于沈阳城北方,日方诬为华军破坏南满铁路。然极短时间后,日方即调遣军队开炮,大肆攻击。倘非自作声响,预为筹备,何能如是之速。故即以时间证之,显为日方事先预谋。

乙、中国对于日侨向来极力保护,日军所谓中国军有二十二万人者,即属事实。然幅员辽阔,散布数省,并无仇日之意思及举动,自无所谓危险。

丙、日军在沈阳城关商埠各地,到处把守巡视,且营口、安东、昌图、长春、吉林各处仍被占领,并未撤退。

丁、中国沈阳警察被日军惨杀极重,驱逐四散。所有边防司令长官公署、省政府及其他一切机关,均被占据、搜索,并贴有日本军占领字样纸条。省政府主席、教育厅长亦被拘留,更派日人土肥原为市长。种种行为,显系违背公法之军事占领。

戊、四洮路局,业被日方收管,是为占据四洮路之明证。

己、所谓十九日阁议决定不使事件扩大,已训令驻满司令官遵照。但今日日本飞机仍至锦县、沟帮子各处抛掷炸弹,并用机关枪扫射火车,伤毙数人。

英人汤姆生携眷在车,亲见此事。且日本以进兵至通辽、洮南各处,亦均在二十一日以后,庶日本占领吉林,以清除侧面威胁为借口。查此次事变,中国并无抵抗,原无威胁之意,且吉林距长春约八十英里,亦无足以危害日方之可能。

谨电奉陈,伏乞鉴核。张学良叩。勘(廿八)。秘。

资料来源:《东省事变之解决方针及措置(一)》,台湾"国史馆"藏"外交部"全宗,第108—111页。

36. 外交部致北平张副司令急电(1931 年 11 月 12 日)

去电第 24341 号

北平张副司令勋鉴:密。顷准天津王主席、张市长真文电告,与日人订定五项办法。经提出特种外交委员会详细研究,认为所订五条办法,日方态度与前日事起时迥然不同。恐系日本欲以彼所自制之便衣队为牺牲,藉此卸除其阴谋捣乱之责任。我方对于国联之报告,已认定此事为日人所摆布。现在与之合作,难免不中其奸计,使国联视听为之淆乱。务请尊处电令王主席、张市长格外审慎,将情形随时详细电告。一面更应继续尽量搜集日人教唆证据,公布中外。仍由本部转电施代表,详告国联以明真相。外交部。文。

资料来源:《东省事变之解决方针及措置(一)》,台湾"国史馆"藏"外交部"全宗,第112页。

37. 北平情报处致外交部电(1931 年 12 月 9 日)

来电第 28272 号

来电:1931 年 12 月 9 日 7 时 15 分

收电:1931 年 12 月 9 日 19 时 15 分

衔略,顾部长鉴:南京六日下午四时五十分电。施肇基电外部报告,国联起草委员会阳(七日)开两次秘密会,详商决议案全文。参酌中日两方所提修正案,对第一、第五两款及决案引言,仍无正式修正之决定。伊藤向薛西尔表示,力坚日方提案。我关于锦州撤兵事件,至少请录入会议记录,为日方保留之声明。薛西尔亦望我方所要求保留之条件,录入会议记录,则新决议案可不再修改。政府意旨如何,盼示等语。

施电系阳(七日)晚亥时所发。顾接电后,提出下午一时之特外委会讨论结果。对薛西尔之调解办法,认为系国联轻卸责任,绝不同意。因日方要求我方撤退锦州军队,企图以长城为边沟之界,计极险辣,中央对此点绝不让步。又本市特讯,据闻天津市长张学铭氏因应付此次天津便衣队事件,积劳致病,曾向张副司令恳请辞职,以便调养。张氏当以津埠治安重要,未予照准。现津埠秩序已渐复原状,业允张市长之请,已派周龙光代理津市长云。佳(九日)。

资料来源:《东省事变之解决方针及措置(一)》,台湾"国史馆"藏"外交部"全宗,第113—114页。

38. 外交部致海伦马主席电(1931年12月19日)

去电第25216号

海伦马主席勋鉴:顷奉国府交下尊处铣电,以日方声明保留剿匪权,为害匪浅,所虑甚是。查剿匪权,日方初虽规定于决议案内,继则要求主席于宣言中另行声明。经我方坚决拒绝,日方代表遂于接受决议案时,片面声明。关于决议案第二节,行政院认为自十月二十四日会议后,事态更为严重。知悉两方担任采取必要办法,防止情事之再行扩大,并避免任何行动致再令发生战争及丧失生命之事。本席代表日本政府,予以接受。惟须了解此节之用意,并非阻止日本军队所采取为直接保护日本人民生命财产,势所必须之行动。该项行动实系一种例外之办法,基于东省之特殊情形,将来该地常态一经恢复,则此种办法其必要性质,自亦归于消灭。

因上述之看法,本席欣幸声明,日本政府对于本决议案谨予接受等语。经我方施代表正式声明,中国于接受本决议案时,对于行政院防止再启战争及流血之努力告诫中日两方,避免再启战争之任何举动,或促使情事愈形扩大之其他任何行为表示感佩。然有须明白揭示者,行政院告诫一节,不得借口于现在事态所造成之无纪律情形,而予以破坏。盖决议案之目的,原在于解除该项事态也。尤应注意者,东省现有之无纪律情形,实因日军侵入,使生活失其常轨之所致。恢复寻常平安生活之惟一妥善办法,厥为迫促日军之撤退,而使中国当局得负维持治安与秩序之责任。中国不能容忍任何外国军队侵略并占领其领土,更不能容许此类军队攫夺中国当局之警察职权等语。日方片面保留,现经我方声明否认,在法律上自无效力。特电奉复。外交部。

【民国】二十年十二月十九日

资料来源：《东省事变之解决方针及措置(一)》，台湾"国史馆"藏"外交部"全宗，第115—116页。

39. 北平外交研究委员会致外交部电(1932年1月14日)

来电第29569号

来电：1932年1月14日2时40分

收电：1932年1月4日10时05分

南京外交部鉴：密。真(十一)酉信密敬悉。对于调查委员会应提事项，鄙意以为，消极方面，应将日人欺蒙世人谬说，如中国不尊重条约，日本自卫权国防必要及铁血换来之权益等，加以驳正。积极方面，应使调查团彻底明了下列各点：

(一)日本传统之侵略政策如：表现于"二十一条"《田中奏章》《拓务省之会议记录》等。

(二)违犯及超越条约之事项，如：驻兵设警等。

(三)意图独霸东省交通，阻止经济发展，前如新法锦爱各案，近如吉海大通梅西支线诸案。又如铁路借款优先权，吉海、吉长接轨之阻止，森林矿产之包揽等。

(四)九一八之变之责任，应证明其为有计划有组织之预谋。

(五)事变以后，领土行政完整之破坏与主权之侵害，其最著者如：日本人之任沈阳市长、沈海铁路局监督等，藏省长之拘禁，新政权之酝酿，锦州之攻击，炸毁人烟稠密之城市，破坏北宁路之行车，擅提外债担保之关盐税等，夺取公家及私人之产业及所经营实业、银行、公司等。

(六)操纵新政权之诪张为幻，用意在使三省为朝鲜之续，而遂其吞并之野心。

(七)占领区域，摧毁中国合法政权，借以造成剿匪自卫之口实。

(八)排日纯系日本压迫之自然结果，然究不如日本侵略、教育与宣传之普通持久。

(九)中国保侨之努力，如平壤惨杀华侨之案件，在中国尚未发现。

(十)日人在东北接济贼匪，大规模售卖毒品之事实等。

谨贡所见,以供参考,外交研究委员会叩。寒(十四日)。子。

资料来源:《东省事变之解决方针及措置(一)》,台湾"国史馆"藏"外交部"全宗,第117—118页。

40. 外交部致北平张绥靖主任电(1932年2月1日)

去电第27045号

北平张绥靖主任汉卿兄勋鉴:

一月卅一日重要工作摘陈如次:

(一)国联秘书长提议沪事由英、法、德、义①等国驻沪代表组织委员会,根据国联盟约第十五条第一项准备报告国联。

(二)俄日间情形近较变化紧张,电莫代表请其暂留俄,系探听消息。

(三)日军在沪暴行,电令驻日使馆代办向日严重抗议,请其发电制止并保留一切要求之权。

(四)照会驻华英美法公使,抗议上海租界防务会议指定淞沪铁路以东地段由日军接防,任其凭借租界作军事行动根据地。

(五)晤法使、美参赞、英代办说明沪事真相及政府迁洛阳理由。

(六)电日内瓦颜代表,告以日军侵占中东铁路,我护路军已采取正当防卫,并电丁司令超继续抵抗。

再,国联调查团决定取道西伯利亚,提前来华,本部现已组织特种编译委员会搜集此次事变材料,备该团参考。尊处材料希祈饬积极筹集,陆续寄部为盼。弟罗文干叩。东。【民国】二十一年二月一日。

资料来源:《东省事变之解决方针及措置(一)》,台湾"国史馆"藏"外交部"全宗,第119—120页。

41. 外交部致北平张主任电(1932年2月6日)

去电第30246号

北平张主任勋鉴:密。鱼电奉悉。

---

① 编者按:意大利在本册文献集来源档案里面写作"义"。后同。

最近重要工作节陈如下:

(一)日军利用公共租界攻击我军,我方已二次照会英美二使,催促严办此事。据驻日使馆电,英美已再向日方抗议。

(二)英、美等国对我方及日本提议五点。我国除声明所提中立区域宜改为和平区域,中立国军警宜改为第三国军警,并希望商议时第三国须参与,不仅观察外,对于该项提议完全接受。

据驻日使馆电,日方已答复大略。如确保华方停止抗战及骚扰行为,日军中止战斗,日方不为动员及战斗之准备为不可能。设立中止地带无异议,辽事与沪事为别一问题。辽事亦有国联行政院之决议,而其解决不受第三国之援助。又电英美各使,对日方之答复不满意等语。除已与英美法各使、德代办随时晤商,并电颜代表主张沪、辽两案,绝不能分开外。特电奉闻。弟罗文干叩。麻(六日)。【民国】二十一年二月六日。

资料来源:《东省事变之解决方针及措置(一)》,台湾"国史馆"藏"外交部"全宗,第121—122页。

42. 外交部致北平张委员电(1932 年 12 月 15 日)

去电第 33174 号

北平张委员汉卿兄勋鉴:

顷接颜、顾、郭三代表电称:此次国联大会讨论中日问题,各方对日本之违约侵略行为,及其手造主持伪组织各点,均已公认。但日代表松冈作军阀之喉舌,以武力为后盾,只知张大其词,不顾公理。对国联则极端蔑视,对我国则肆意诋毁。历述中国养兵二百余万为全世界冠,连年兵士自相残杀,将领互为仇雠。勇于内战,怯于对外,国家无组织,民族如散沙,统一不可期,强固中枢之建立,更无望。自华府会议迄今,历时十余载,中国不惟毫无进步,且每况愈下。此外侮蔑恫吓之词,不一而足。代表等虽一一痛加驳斥,但一般印象视日方为疯汉,手持利刃,莫敢撄其锋;视我政府为病夫,四肢麻木,爱而莫能助。

更堪骇异者,昨日日代表松冈通告国联谓:山海关之冲突,已于十日午由中日军事当局协商解决,华方道歉并负责取缔义勇军与抗日运动云云。此讯果确,不特上述各种印象益深刻化,而我外部十一日向日使所提之抗议与代表等最近在国联所发之言论,都成笑谈矣,曷胜悲叹。代表等默察现势,深信东案解决,万难完全依赖国联,来最多得一道德上、法律上之裁决。以后做法,全赖我政府与人民下最大决心,作最大努力,不特彻底抵制日货,并由各方抽调劲旅守卫热河,勿使其为东省之续。榆关方面,敌如再犯,亦应坚决抵抗。一面积极援助东北义勇军,勿使其被各个击破语云。求人不如求己,西谚曰:"天助自助者"。吾人必须充分表现自卫自救之精神,始可保世界之同情及国联与友邦之援助,收复失□□□运胥赖于此,用敢披肝垂涕以陈,敬祈鉴察。否则,代表等在外虽舌敝唇焦,含垢忍辱,亦无俾[裨]于党国。惟有束身思败,敬谢不敏矣等语。特达,弟罗文干叩。删。【民国】二十一年十二月十五日。

资料来源:《东省事变之解决方针及措置(一)》,台湾"国史馆"藏"外交部"全宗,第 123—124 页。

43. 北平张学良致外交部电(1931 年 9 月 19 日)

来电第 23518 号

发电:1931 年 9 月 19 日 20 时 40 分

收电:1931 年 9 月 20 日 6 时 5 分

特急。限即刻到。南京蒋主席钧鉴,王部长儒堂兄勋鉴:口密。日兵占据沈阳,业经电陈。此际我方若直接交涉,尚难着手。应先电达国联,请根据盟约,召集行政院临时会议,讨论制止侵略办法,以维国际和平,且可唤起各国注意。日方或有所顾忌,不致再有进展,是否请速酌办理。张学良。效(十九日)酉。

资料来源:《东省事变之解决方针及措置(一)》,台湾"国史馆"藏"外交部"全宗,第 125 页。

44. 外交部致北平张副司令急电(1931 年 9 月 20 日)

去电第 21850 号

万急。北平张副司令勋鉴:效午、酉两电均悉。本部已于昨日电日内瓦施代表等,令其提出国联会并分电驻签订非战公约英、法、美、义、德、比各使馆与驻在国政府,切实接洽探询其态度。主席于十八日下午赴赣,本部业将本案经过及办理情形电陈南昌行营并闻。再,安东占领,业已证实,究竟长春及其他各地情形如何,请速示复。王正廷叩。

资料来源:《东省事变之解决方针及措置(一)》,台湾"国史馆"藏"外交部"全宗,第 126 页。

45. 外交部致北平张副司令急电(1931 年 9 月 21 日)

去电第 2188□号

急。北平张副司令勋鉴:密。号酉电奉悉。荩筹深佩,自当遵办。现在国联大会不久闭会,似应趁此时机,尽量抵制日方宣传。请将日军之一切横暴举动,及我方生命财产损失随时迳电施、王、吴三代表,以期迅速。一面仍祈电部接洽国联会代表国,经费已先后汇美金贰万元,当再续汇一万元并闻。外交部。马午。

资料来源:《东省事变之解决方针及措置(一)》,台湾"国史馆"藏"外交部"全宗,第 127 页。

46. 北平张学良致外交部电(1931 年 9 月 21 日)

来电第 23661 号

发电:1931 年 9 月 21 日 15 时 20 分

收电:1931 年 9 月 21 日 20 时 55 分

限即刻到。南京蒋主席钧鉴,外交部王部长勋鉴:口密。顷接日内瓦王次长家桢二十日电称:日军侵辽事就一般观察,提出国际联合会较有利。钧座以为然,最请电政府主张等语。谨电转呈敬乞鉴核。张学良。箇(廿一日)。申秘。

资料来源:《东省事变之解决方针及措置(一)》,台湾"国史馆"藏"外交部"全宗,第 128 页。

47. 北平张学良致外交部电(1931 年 9 月 21 日)

来电第 23680 号

发电:1931 年 9 月 21 日 18 时 20 分

收电:1931 年 9 月 22 日 7 时 30 分

急。南京蒋主席钧鉴,王部长儒堂兄勋鉴:密。顷接天津张伯苓、张建宏、李达、杨绍曾、邝兆祁、何廉及民众来电称,对日交涉:

第一,迅派干员实地调查;

第二,告诫民众力持镇静;

第三,勿局部交涉;

第四,约外使会同国联代表实地调查。

略贡微意,敬祈商呈中央采纳等语。除电复外,敬电奉闻。张学良印。马酉秘。

资料来源:《东省事变之解决方针及措置(一)》,台湾"国史馆"藏"外交部"全宗,第 129 页。

48. 北平张学良致外交部电(1931 年 9 月 21 日)

来电第 23687 号

发电:1931 年 9 月 21 日 19 时 5 分

收电:1931 年 9 月 22 日 7 时 45 分

南京蒋主席钧鉴,王部长儒堂兄勋鉴:密。顷接青岛市政府号(廿日)午电称:皓电谨悉。青密。此间日侨众多,自闻沈变,即决定以镇静容忍为主旨,并邀同党军两方依此方针共策进行。一面竭力防范民众,避免发生事故,即或彼方寻衅亦必力求退让。昨日午后日领馆派员来府,请求保护日侨,并表示双方加意预防,藉免两国人民发生误会。当即恳切答复,愿双方以诚意进行。现时地方安谧如恒等情。除复以即依此项应付办法,力求稳慎外。谨电奉陈,张学良叩。箇(廿一日)。酉秘。

资料来源:《东省事变之解决方针及措置(一)》,台湾"国史馆"藏"外交部"全宗,第 130 页。

49. 外交部致北平张副司令急电(1931 年 9 月 26 日)

去电第 23040 号

国急。限即刻到。北平张副司令勋鉴:极密。国际联合会行政院对东省事变如组织调查委员会时,拟派委员七人,行政院三人,我方二人,日方二人。

但中日双方所派委员应为中立国人员。顷据日内瓦施代表等电称:如上述调查委员会施行组织时,我方拟委托北平美、法两国使馆二随员充任。尊意如何,请速核电示。王宠惠叩。宥申。

资料来源:《东省事变之解决方针及措置(一)》,台湾"国史馆"藏"外交部"全宗,第131页。

50. 外交部致北平张副司令急电(1931年9月28日)

去电第23140号

北平张副司令勋鉴:密。感酉电敬悉。东省事变发生后,本部即迭电施代表等,向国际联合会行政院要求,按照盟约第十一条办理,犹注重组织中立国调查团一节。一面分电我国驻国联会员国各使馆,请所在国政府电令各该国驻日内瓦代表协助,并经随时择要电陈。旋行政院决定三点后,施代表等即遵照本部电令要求该院即派调查团实地观察监视撤军。而上星期末,行政院对于芳泽答复,忽有表示满意之说。本部以日方现仍继续军事行动,当急电施代表等,请求国联依照盟约第十五条办理。

兹据复称:万一第十一条之请求完全无效,必依照第十五条重为申请等语。再,近日民情颇为愤激,昨晨学生数百名来部示威,部长受伤。本部当仍本原定方针,努力进行,并以奉闻。外交部。艳申。

资料来源:《东省事变之解决方针及措置(一)》,台湾"国史馆"藏"外交部"全宗,第132页。

51. 北平张学良致外交部电(1931年9月28日)

来电第24128号

发电:1931年9月28日12时40分

收电:1931年9月28日20时40分

限即刻到。南京外交部王部长儒堂兄勋鉴:密。极密。亲译。关于调查委员人选,最要在求公私两方对我观感良好者,始能于事有益。美使馆武官丁上尉对我友谊素洽,当无问题。其余一员由法武官,抑或由英武官充任较为适当,尚请卓裁。因据报,此次日军行动已得有法方谅解。虽未证实,可加注意。

愚见如此,敬密闻以供参考,并候复示。弟张学良。堪(二十八)。午秘。

资料来源:《东省事变之解决方针及措置(一)》,台湾"国史馆"藏"外交部"全宗,第 133 页。

52. 外交部致北平张副司令电(1931 年 10 月 6 日)

【去文】亚字第 1124 号

1931 年 10 月 6 日 7 时发

北平张副司令勋鉴:急密。顷特种外交委员会议决如下,据日人经办之联合社消息称,日本关东卫戍军司令官十月四日发表宣言,略谓:向驻北大营之第七旅华军杀戮在满韩民,已达数百。

该宣言并郑重声称:欲与此等无纪律之份子用国际最良善之会商方法进行交涉,殊不可能。又据联合社消息,十月三日牛庄日侨二十名,由日军之保护退往海城。又在鸡冠山大田村、顾家村被屠杀鲜人之确数尚未查明。据报顾家村地方,发现被杀戮之鲜人尸体七具,估计在该处被中国兵士所害之鲜民,当由百数之多名等语。查现在日军尚占领沈阳、吉林及东省其他各地,强树日本之军权,复摧残或攫夺辽吉两省行政机关,并占领两省境内一切交通及通讯机关。使中国政府在该地,不但不能行使政权,即政府人员之生命自由亦完全失却保障。表面上日军尚未占领之区域,日军亦用种种方法加以扰乱。故联合通讯社所称,杀害韩人各节,日方显欲用作迁延撤兵之借口。即果有其事,中国亦须郑重声明,即中国在东省行政权及军权,尚未完全恢复九月十八日以前原状时,中国政府当然不负其责任等语。除电施代表及蒋公使外。特电接洽。外交部。

资料来源:《东省事变之解决方针及措置(一)》,台湾"国史馆"藏"外交部"全宗,第 134、135 页。

53. 外交部致北平张副司令电(1931 年 10 月 7 日)

去文努字第 2138 号

北平张副司令勋鉴:密。本日特种外交委员会致驻日蒋公使一电。先叙施代表致宋部长电及宋部长复电。告以电开各节,即系政府目前所取应付此次事变之政策,并示以机宜,令该使在东京方面遵照办理。谨将施、宋来往英文电及致蒋使电稿,一并录陈察阅,以资接洽。外交部。虞。印。

附抄①:施代表致宋部长英文电一件。

宋部长英文复电一件。

特种外交委员会致蒋使电一件。

资料来源:《东省事变之解决方针及措置(一)》,台湾"国史馆"藏"外交部"全宗,第136页。

54. 外交部致北平张副司令电(1931年10月17日)

去电第23679号

国急。北平张副司令勋鉴:密。近日日方屡传山海关情事严重,或有占领该地之意。此间正与英、美、法、义各国接洽,请其速调现驻平津军队,前往观察局势。特电接洽。外交部。删。

资料来源:《东省事变之解决方针及措置(一)》,台湾"国史馆"藏"外交部"全宗,第137页。

55. 外交部致北平张副司令电(1931年10月18日)

去电第23707号

北平张副司令勋鉴:密。昨日一电及今日两电所述日军暴行情形,本部业经编成英文,电达施代表接洽。又欢迎美国加入国联行政院会议一节,亦已分别电达施代表及驻美容代办矣。外交部。

资料来源:《东省事变之解决方针及措置(一)》,台湾"国史馆"藏"外交部"全宗,第138页。

---

① 编者按:无附抄内容。

56. 外交部致北平张副司令电(1931 年 10 月 17 日)

去电第 23735 号

北平张副司令勋鉴:密。铣亥电悉。已编英文,电施代表矣。特复。外交部。巧。

资料来源:《东省事变之解决方针及措置(一)》,台湾"国史馆"藏"外交部"全宗,第 139 页。

57. 外交部致北平张副司令电(1931 年 10 月 21 日)

去电第 24040 号

北平张副司令勋鉴:密。二十八日电计达。

顷据施代表电称:据新闻界消息,日本将在下次行政院会议中,提出中国破坏条约清单。

请预为准备并电复:

(一)对于日方万一之责难如何答复。

(二)日本破坏条约清单。

(三)东京地震时,济案时期及在前数年暨本年在朝鲜境内被害华人数目,以及其他各案中被害华人数目。我方认为可引用者,中国所要求赔偿若何及彼方应付如何等语。本部现正分别办理,请查照前电,迅饬查明电复。尊处意见并请示之。外交部。

资料来源:《东省事变之解决方针及措置(一)》,台湾"国史馆"藏"外交部"全宗,第 140 页。

58. 外交部致北平张副司令电(1931 年 11 月 4 日)

去电第 24120 号

北平张副司令勋鉴:密。江申、酉两电均悉。已电蒋公使向日政府严重质问,要求制止矣。特复。外交部。

资料来源:《东省事变之解决方针及措置(一)》,台湾"国史馆"藏"外交部"全宗,第 141 页。

59. 外交部致北平张副司令电(1931 年 11 月 7 日)

去电第 24220 号

北平张副司令勋鉴:密。鱼亥电悉。业经本部通电各省市政府,请于本月十二日前,对于尊电所开各节详细查明,迳电本部。以凭转电日内瓦,并一面呈请行政院转饬办理矣。特复。外交部。虞戌。

资料来源:《东省事变之解决方针及措置(一)》,台湾"国史馆"藏"外交部"全宗,第 142 页。

60. 外交部致北平张副司令电(1931 年 11 月)

张副司令勋鉴:顷准天津王主席、张市长真文电告,与日人订定五项办法,经提出特种……

天津王主席、张市长真七时文丑两电,报告与日领面商消弭冲突办法等情,已悉。经提出特种外交委员会详细研究,认为所订五条办法,日方态度与前日事起时迥然不同。恐系日本欲以彼所自制之便衣队为牺牲,藉此卸除其阴谋捣乱之责任。我方对于国联之报告已认定此事为日人所摆布,现在与之合作,难免不中其奸计,使国际视听为之淆乱。务请电令王主席、张市长格外审慎,将情形随时详细电告。一面更应继续尽量搜集日人教唆证据,公布中外。仍电本部,转电施代表,详告国联,以明真相。外交部。文。

资料来源:《东省事变之解决方针及措置(一)》,台湾"国史馆"藏"外交部"全宗,第 145 页。

61. 外交部致北平张副司令电(1931 年 11 月 12 日)

去电第 24336 号

北平张副司令勋鉴:密。歌电及日本公布违约清单计达。日方此项宣传影响颇大,本部现正预备驳复。惟该单所列各条均与东省有关,务请转饬迅行研究,并将结果电示。外交部。文。

资料来源:《东省事变之解决方针及措置(一)》,台湾"国史馆"藏"外交部"

全宗,第 146 页。

62. 北平张学良致外交部电(1931 年 11 月 26 日)

来电第 27488 号

发电:1931 年 11 月 26 日 14 时 05 分

收电:1931 年 11 月 26 日 19 时 35 分

国急。限即刻到。南京外交部顾部长少川兄勋鉴:密。日军进攻锦县之企图日益显著。我方一面急应力图自卫,一面仍应通告国联,并质问有无制止日军办法。缘日军迭次行动,不顾一切国联制止无效,已大失规约之精神。我方若亦如日方之自由行动,国联势必弄成僵局,无法下台,将来亦难完成其责任。弟意和、战两途,无论中央如何决定,均须事先通告国联。既可表示尊重国联之诚意,且可预留将来之地步,而国联之责任亦即始终难以摆脱。愚见以为此层甚关重要,请兄酌核,同子文、钧任、敬舆①商后,速提政府建议,迅办为盼。弟张学良。宥。未秘。

资料来源:《东省事变之解决方针及措置(一)》,台湾"国史馆"藏"外交部"全宗,第 147 页。

63. 外交部致北平张副司令电(1931 年 11 月 26 日)

去电第 24623 号

北平张副司令勋鉴:密。现拟向日使要求,放回辽宁被扣人员。辽阳税捐局长是否王起凡,请火速电示。外交部。廿七日。

资料来源:《东省事变之解决方针及措置(一)》,台湾"国史馆"藏"外交部"全宗,第 148 页。

---

① 编者按:刘哲(1880—1954),字敬舆,吉林永吉(今九吉)人。时任东北政务委员会委员等职。

64. 北平张学良致外交部电(1931 年 11 月 29 日)

来电第 27710 号

发电:1931 年 11 月 29 日 22 时 20 分

收电:1931 年 11 月 30 日 3 时 20 分

南京外交部勋鉴:俭(二十八日)电奉悉。密。关于驳复重光照会事,业电饬省市两府,逐款详速据驳。俟据复,即行电转。特先电闻。张学良。艳(二十九日)。酉秘。

资料来源:《东省事变之解决方针及措置(一)》,台湾"国史馆"藏"外交部"全宗,第 149 页。

65. 顾维钧致张副司令电稿(1931 年 12 月 3 日)

去电第 24891 号

北平张副司令汉卿兄勋鉴:密。

据施代表电称:国联秘书长密告中国军队在锦州东北,尤其 Sinman 附近尚有前哨。现日军既退至沈阳附近,各地深恐因此引起日军之愤激,以致随时可以发生重大冲突等语。如此项前哨从速撤回,或可生良好影响等因。究竟真相若何,请迅行查明办理,并乞电示。再来电 Sinman 似系新民之误。弟顾维钧叩。江亥。

资料来源:《东省事变之解决方针及措置(一)》,台湾"国史馆"藏"外交部"全宗,第 150 页。

66. 外交部致北平张副司令电(1931 年 12 月 4 日)

去电第 24914 号

北平张副司令勋鉴:密。江申电敬悉。日军扣留我方行政官员事,本部业于上月廿八日致节略与重光。要求将臧主席式毅、金厅长毓绂、刘厅长鹤龄、王局长连与施主任履本等,悉数放回矣。特电奉复。外交部。支。

资料来源:《东省事变之解决方针及措置(一)》,台湾"国史馆"藏"外交部"

全宗,第 151 页。

67. 海伦马占山致南京国民政府蒋总司令、北平张副司令、万督办电(1931 年 12 月 16 日)

府第 875 号

发电:1931 年 12 月 16 日

收电:1931 年 12 月 17 日

急。南京国民政府蒋总司令、北平张副司令、万督办钧鉴:密。据闻蒸日,国联行政院通过之决议案及主席宣言。中日双方代表于接知之余,均有声明保留事项。日方声明保留之点为,满洲剿匪及讨伐不逞份子之权。此等保留,虽未必能成事实,第日方狡展多端,不能不预筹对策,以防万一。占山生长白山,待罪黑山,东北事变见闻最详,谨以一得之愚奉供参考。

查东省近二十年来因有满铁附属地之接济枪弹、掩护逃亡,致零星匪徒间有聚散。而情势所需,人民多备自卫枪械从事防匪。自九一八日军侵辽、吉之后,所有民间自卫枪械,均着呈缴日军当局,违则以匪逮捕。人民自身感于无枪之不足自卫,有枪适足以遭祸,遂不约而同相将引避,以待日军撤退,再行归来。此等现象,不一而足。万一应许其所谓剿匪,及讨伐不逞份子权,在日军仇视之下,则无人不可以匪剿之,以不逞份子讨之。竭泽而渔,我东省无遗类矣。步程显在并非故作危言。日军果能遵奉国联议决,实行撤退,则我良善百姓掷戈归来,各安生业,民无匪之可言。容或有匪,我军足可肃清,担负保侨全责。较以前之保侨无恙,尤当竭力尽心,期得友邦之信任,何须日军越俎代庖?为此种情形,谅在洞鉴。非理要求,宁死勿应。否则数月奋争,直犹拱手让与也。心所谓危,急不择言,敬乞垂察,并请速转施代表查酌办理为祷。马占山叩。铣。

资料来源:《东省事变之解决方针及措置(一)》,台湾"国史馆"藏"外交部"全宗,第 152—155 页。

68. 外交部致北平张主任电(1931 年 12 月 25 日)

去电第 26300 号

北平张主任勋鉴:密。据天津北宁路局来电以据日军司令部函请备兵车三列,由塘沽运至天津,须二十六日早备妥等语。本部看法,似应拒绝。业电该局禀承尊处办理。除电王主席外,请斟酌地方情形,转饬遵办。再,该路关系英方利益,尊处似可就近密商英使,请其设法阻止。统祈酌办电复。外交部。

资料来源:《东省事变之解决方针及措置(一)》,台湾"国史馆"藏"外交部"全宗,第 156—157 页。

69. 外交部致北平张长官、天津王主席即急电
(1931 年 12 月 25 日)

去电第 26311、12 号

火急。北平张长官、天津王主席勋鉴:前电计达。关于日军要求北宁路局备车运兵事。顷特种外交委员会决议,应严词拒绝。除电该路局查照外,特电奉达。外交部。有亥。

资料来源:《东省事变之解决方针及措置(一)》,台湾"国史馆"藏"外交部"全宗,第 158 页。

70. 北平张学良致外交部电(1931 年 12 月 27 日)

来电第 28860 号

发电:1931 年 12 月 27 日 0 时 25 分

收电:1931 年 12 月 27 日 7 时 25 分

特急。南京外交部勋鉴:有(二十五)酉、有(二十五)亥两电均奉悉。密。关系日军要求北宁路局备车运兵事,前据分电前来,当经详筹应付办法。兹承电嘱,具见绸缪未雨、杜防隐患之苦心。惟此间详查条约,迭经研究,迄未觅得拒绝外军输入津埠之根据,而实力制止又必酿起事端,影响全局。现正嘱由该

路局相机应付,设法延宕。但空言能否收效,殊不可知。特电奉复。张学良。宥(二十六日)。秘。

资料来源:《东省事变之解决方针及措置(一)》,台湾"国史馆"藏"外交部"全宗,第159页。

71. 外交部致北平张主任电(1931年12月28日)

去电第26358号

北平张主任勋鉴:寝电奉悉。已据电巴黎代表团。对于日本致国联通知,设法予以指驳矣。特复。外交部。

资料来源:《东省事变之解决方针及措置(一)》,台湾"国史馆"藏"外交部"全宗,第160页。

72. 刘哲致外交部电(1931年12月29日)

第96号

敬启者:兹接北平张主任来电壹件,敬祈大部分神油印分送特种外交委员会委员为盼。外交部台鉴。刘哲敬启。

钞附来电。①

王维宙兄宇、罗钧任兄、刘敬与[舆]兄均[钧]鉴:锦事紧张万分,田庄台方面已接触。得政府有戌电,令尽力所及积极抵抗,毋稍懈忽等因。职责所在,何敢诿卸。但对日和战,均为全国问题。今日方倾全国之力,我方仅一隅之师。彼则军实充裕,器械精良,陆空连合,大举进犯。我则饷糈不充,械弹两缺。防空、御寒毫无准备。双方相形,实力悬殊。战端一开,非一时之所能了。关于补充、增援诸端,倘政府不筹有确切办法,则恐空言固守,实有未能。东北军尽数牺牲,固非所惜。惟事关全国,无补艰危。而善后诸端,益难收拾。再,日本在天津现已集结大军,锦州若一接触,华北大局必将同时牵动,此节尤须妥加预筹。如何应付,弟非有所畏惧,但事实如此,不能不向中央陈明。所有

---

① 编者按:第165—166页是张学良该来电英文译文,从略。

上述诸端,究竟中央有何办法,尤须请其确切指示,即请兄等本此,力为进行,并将进行情形电示。弟良。艳卯。秘。

资料来源:《东省事变之解决方针及措置(一)》,台湾"国史馆"藏"外交部"全宗,第161—164页。

73. 北平张学良致南京外交部电(1931年12月31日)

来电第29002号

发电:1931年12月31日8时40分

收电:1931年12月31日12时46分

南京外交部勋鉴:口密。感戌电诵悉。当即转令北宁路局查覆。兹据覆称,业将运送日兵经过情形及条约上之疑义,经电贵部在案。查日军利用《辛丑条约》已将大部军队在塘沽登岸,索车运津。按照该路历年成例,对于各国军队,从来拒绝运输。此次日军为数太多,我为维持治安,杜防隐患计,自应依据约章严词拒绝。但约章文意稍涉含混,迫饬该局据以交涉,日军始终不理,非索车不可。且到站后,蓄意寻衅,凶横异常。我如不予运输,强行制止,势必顿行绝裂,酿起事变。彼时不惟该路交通立即中断,即华北大局亦必胥受影响。事机危迫,间不容发,当经熟权缓急,遂嘱由该局局长相机处理也。特此奉覆。张学良。世。秘。

资料来源:《东省事变之解决方针及措置(一)》,台湾"国史馆"藏"外交部"全宗,第167页。

74. 国民政府致张学良电(1931年12月25日)

张主任学良鉴:密。中央执行委员全体会议本日决议,对于日本攻锦州,应尽力之所及,积极抵抗。据此,应即电令该主任仰即积极筹划自卫,以固疆圉,并将办理情形按日呈报,毋稍懈忽。此令。国民政府。有戌。

资料来源:《东省事变之解决方针及措置(一)》,台湾"国史馆"藏"外交部"全宗,第168页。

75. 国民政府致北平张主任电(1931 年 12 月 30 日)

机急。限即到。北平张主任勋鉴:密。艳电悉。勘日御敌情形,殊堪嘉许。陈述困难各节,均所深悉。惟日军攻锦紧急,无论如何必积极抵抗。盖官吏及军队均有守土应尽之责,否则外启友邦之轻视,内招人民之责备,外交因此愈陷绝境,将何辞以自解。日军攻锦时,在天津或有异动,亦须预先防止。总之,望该主任深体政府之意,激励将士为国牺牲,是为至要。国民政府。卅亥印。

资料来源:《东省事变之解决方针及措置(一)》,台湾"国史馆"藏"外交部"全宗,第 169—170 页。

76. 北平张学良致外交部电
(1932 年 1 月 3 日)

来电第 29160 号

发电:1932 年 1 月 3 日 21 时 35 分

收电:1932 年 1 月 4 日 7 时 56 分

急。南京外交部陈部长友仁兄勋鉴:密。沈阳事变后,弟为收集交涉材料,研究交涉方针与准备接收手续起见,延聘熟悉东北地方情形及对中日关系有研究者,成一外交研究委员会。工作所得,曾先后寄呈大部审核,藉备参考在案。最近又命该会将组织大纲、工作计划及工作概况等项,送部备查。弟意,中日问题复杂万端,交涉准备,中央与地方应保持密切连[联]络。甚盼贵部遴派二三老练对日外交专家与熟悉国际情形专门人员,来平参加共同工作。如兄认为必要时,本会亦可派人至部接洽,庶中央不至昧于地方情形,地方亦不至昧于中央方略。精诚团结,上下一致。尊意如何,盼速赐复。张学良。江(三日)酉。

资料来源:《东省事变之解决方针及措置(一)》,台湾"国史馆"藏"外交部"全宗,第 171 页。

77. 北平张学良致南京特种外交委员会电
(1932 年 1 月 2 日)

来电第 29087 号

发电:1932 年 1 月 2 日 4 时 55 分

收电:1932 年 1 月 2 日 10 时 20 分

限即刻到。南京特种外交委员会勋鉴:世电奉悉。密。锦州为关外重镇,自应竭力保守,以固疆圉。惟该处平原旷野,无险可恃。敌以陆、空联合来攻,势必四面受围。近为变更战略,筹及万全计,因将各部队驻防地点,按照目前实在情况,酌为调动。辽宁省政府在锦未动,照常行使职权。司令长官行署,因张长官作相就职后,须另改组。现已结束所有前方军事,统责成参谋长荣臻指挥。改设司令部,仍驻锦州。

其余部队位置如下:

(一) 在锦州城内及附近者,有骑兵第三旅全旅警备队约八千警察及公安队约三千。

(二) 在女儿河附近者,有廿旅全旅。

(三) 在绥中附近者,有十九旅全旅。

(四) 在万家屯、山海关附近者,有第九旅全旅。至第十二旅已调驻滦州、昌黎一带,用以戒备后方。

此本日前方之大概情况也。总之,锦州危急已达极点,我为发扬民族爱国精神,自必血战死守。若论地势及敌我实力之种种关系,终难坚持到底,在战略上亦非决战之地。事实如此,无庸讳言。幸前方士气倍振,虽败不馁,现正在激战中。倘于最近期内,中央筹有解决办法,则此一线生机或可保存。否则旷日持久,粮尽弹竭,纵全部牺牲,恐亦无补万一。但事关军事,应请严守秘密为祷。特复。张学良。东秘叩。

资料来源:《东省事变之解决方针及措置(一)》,台湾"国史馆"藏"外交部"全宗,第 172—173 页。

78. 外交部致北平张主任电(1932 年 1 月 10 日)

去电第 26637 号

北平张主任汉卿兄勋鉴:密。江西电悉。尊处组织外交研究委员会,集中人才,积极工作,深佩尽筹。互相派员接洽一节,尤为赞同。现本部办理东案人员事务正忙,不克分身赴平,请派相当人员来部,以资连[联]络。顷接日内瓦代表团来电,请将调查委员会研究问题,充量电示,所有参考资料并请照译英法两文,本部正在编译东案资料,备交国联调查团参考。尊处搜集所得,亦请迅饬编译,陆续寄部。再,我拟派朱兆莘为调查团委员会随助委员,并阅。陈友仁。

资料来源:《东省事变之解决方针及措置(一)》,台湾"国史馆"藏"外交部"全宗,第 176 页。

79. 外交部致北平张主任电(1932 年 1 月 11 日)

去电第 26660 号

北平张主任勋鉴:密。选据日内瓦代表团电称:我方拟交调查委员会研究问题,请充量电示。该委员会将于十九日左右开会,开会期内,我方似应有所接洽,拟提调查方针,乞速电示等语。本部现正拟覆尊处,对于调查方针有何意见,请速详示为荷。外交部。

资料来源:《东省事变之解决方针及措置(一)》,台湾"国史馆"藏"外交部"全宗,第 177 页。

80. 北平张学良致南京外交部电
(1932 年 1 月 11 日)

来电第 29498 号

发电:1932 年 1 月 11 日 22 时 30 分

收电:1932 年 1 月 12 日 7 时 35 分

限即刻到。南京外交部陈部长友仁兄勋鉴:蒸电奉悉。密。此间组织外交研究委员会事,辱荷赞同,至为感佩。赴部人员,现正物色。一俟确定,即令趋前听候驱策。关于东案资料,已饬该会遵照竭力搜集,随时送部。至国联调查团随助委员人选一节,弟已托由王委员维宙、刘委员敬宇〔舆〕随同钧任兄,赴京面达鄙见,约文(十二日)晨可达,请暂缓发表。特复。弟张学良。真戌。秘。

资料来源:《东省事变之解决方针及措置(一)》,台湾"国史馆"藏"外交部"全宗,第178页。

81. 外交部致北平张主任电(1932年1月15日)

去电第26714号

北平张主任转宾州吉林省政府鉴:顷据日内瓦代表团电称日机炸宾已备文转达国联,并请制止,特电奉阅等语。特转达。外交部。删。

资料来源:《东省事变之解决方针及措置(一)》,台湾"国史馆"藏"外交部"全宗,第179页。

82. 外交部致北平张主任电(1932年1月19日)

去电第26753号

北平张主任勋鉴:密。此次国际联合会行政院开会,我方提出报告及答辩日方应需材料,除由本部搜集电达外,当有日军发表宣言、布告之原文或抄件及所谓东北新政权宣言,并尊处所发之保侨、撤兵等命令,请一并设法搜集,电示或航空寄部为荷。外交部。

资料来源:《东省事变之解决方针及措置(一)》,台湾"国史馆"藏"外交部"全宗,第180页。

83. 外交部致王维宙、刘敬舆先生函(1932年1月26日)

去文中字第449号

维宙、敬舆先生大鉴:关于此次国联行政院开会,我方应采取之方针,曾由本部于二十三日,训令颜代表遵照办理。兹特抄录该项训令,送请察阅,并密转张主任为荷。顺颂台祺。陈友仁拜启。

附抄件一份。①

资料来源:《东省事变之解决方针及措置(一)》,台湾"国史馆"藏"外交部"全宗,第 181 页。

84. 北平张学良致南京外交部电(1932 年 2 月 3 日)

来电第 30334 号

发电:1932 年 2 月 3 日 3 时 30 分

收电:1932 年 2 月 4 日 7 时 00 分

南京外交部勋鉴:密。世(卅一日)电见示,苏联暨哈埠等处消息,业已诵悉。此间对外,尚与中央采取一致行动。日军进图东路,该路护路军司令丁超,业经督率所部,为正当防卫之抵抗,现正在激战中。特复。张学良。江(三日)。子。秘。

资料来源:《东省事变之解决方针及措置(一)》,台湾"国史馆"藏"外交部"全宗,第 182 页。

85. 外交部致北平东北外交研究委员会电
(1932 年 2 月 9 日)

去电第 27317 号

急。北平东北外交研究委员会鉴:密。颜代表电称:引用盟约第十五条,按照程序,应提出声明书。

其要目:

(一)为关于东北问题历史事实。

(二)九月十八日以后等件。

(三)法律问题及结论。

此间关于第一项历史事实材料缺少,请速将纲要电示等语。希迅将该项材料赶于十一日前,用急电送达颜代表,以赴事机,并电复为荷。外交部。

---

① 编者按:无附件内容。

资料来源:《东省事变之解决方针及措置(一)》,台湾"国史馆"藏"外交部"全宗,第183页。

86. 北平东北外交研究委员会致南京外交部电
(1932年2月19日)

来电第31058号

发电:1932年2月19日21时10分

收电:1932年2月20日14时30分

南京外交部勋鉴:密。中央对日外交方针,除运用国联、九国公约、非战公约外,为促成国际严重形势,移转国际情形,并恶化日本国际地位起见,应以确定对美外交方略为要图。(1)应设法引起美国民之嫉妒心、恐怖心与敌忾心。(2)应设法宣传日本绝对的国防计划、日本海中心主义之内容。(3)应设法使美国民彻底明了日本满蒙建国之真相及满蒙建国后,对远东、世界和平之威胁。(4)应设法使美国彻底明了日本图据东北领土资源,为对美作战准备计划。(5)应设法使美国信赖,我方积极抗日之决心与绝对联美之诚意,并以协同抗日计划,密探美政府意向。

现在日本军事计划已入严重时期,陆军则豫后备已准备动员,空军则拟以绥中为新根据地。据此推算,则我国北部、中部军略、经济、交通各要点,均在日本空军活动剪径范围中。其外交,除松冈洋右赴沪外,并将命林权助赴英,石井菊次郎赴法,金子坚太郎赴美。金子于日俄战役赴美接洽,成绩斐然,以往例我能勿寒心,似宜急派大员,分赴英、美联络宣传。明知财政奇穷,无米难炊,但德国于欧战前,军事侦探岁耗千万圆。日本(一)为新法铁路;(二)对俄出兵;(三)为移殖退伍兵,增补助满铁等,先后耗去数千万元。欲济非常之变,必行非常之策。似不得以财政困难,坐视外交陷于绝境也。如何之处,即候裁夺。东北外交研究委员会。效(十九日)。

资料来源:《东省事变之解决方针及措置(一)》,台湾"国史馆"藏"外交部"全宗,第184—185页。

87. 外交部致东北外交研究委员会电(1932年2月20日)

去电第 27612 号

东北外交研究委员会鉴:效电悉。卓见甚佩。本部早拟请政府派大员,分赴欧美各国联络宣传,并充实驻使,折冲樽俎。又拟选派在野名流,分往各国,发挥国民外交之特性。乃碍于财力,迄未实现。当再切□财政部,设法进行,冀达目的。贵会对时局如有高见,尚希随时见示。外交部印。

资料来源:《东省事变之解决方针及措置(一)》,台湾"国史馆"藏"外交部"全宗,第 186 页。

88. 北平张学良致南京外交部电(1932年2月29日)

来电第 31426 号

发电:1932 年 2 月 29 日 3 时 00 分

收电:1932 年 2 月 29 日 9 时 55 分

国急。限即刻到。南京外交部勋鉴:密。关于驻津各领事,函请注意天津治安一案。前据王主席电报前来,业于有(廿五)日电达大部,计荷察及。兹经此间同人详细研讨,拟就答复文如下:

敬复者,顷接二月二十一日来函,用意在保持天津各国租界安宁与幸福,不使天津及其附近发生不幸事件。此本系本主席素愿与职务。今接贵函殷殷期望,本主席因此更具有同情感想与感谢之意。兹特函达如下:

(一)天津治安,本主席向极注意。于可能范围内,尽力避免可滋疑虑之事实。证以历来天津二十里以内,仅有军队通过,并未屯驻军,总领事当深信其意也。

(二)本主席注意天津治安,既如上述。倘遇有不及防止事,临时的骚动或事变,本主席于必要时,自当向贵总领事,披诚据实,说明一切。

(三)关于地方上之治安秩序,以及各国在天津侨民之生命财产。本主席既负有保护责任,自应沿用设置已久、具有用资保护之装束之保安员警执行职务。

以上所述,均基于保护地方治安与侨民之用意,当荷贵总领事之谅解。兹再向贵总领事表示敬意等语。可否如此答复,敬乞详核,克日见示,以便转饬遵照。

再,第二条用意在预防万一发生事变,留有调遣军队之地步。合并叙明。张学良艳(廿九日)。子。秘。

资料来源:《东省事变之解决方针及措置(一)》,台湾"国史馆"藏"外交部"全宗,第 187—188 页。

89. 外交部致北平张主任电(1932 年 3 月 1 日)

去电第 27872 号

北平张主任勋鉴:密。有、艳两电均悉。驻津各领事,函请注意天津治安一案,请转知王主席,可照所拟答复。外交部。东。

资料来源:《东省事变之解决方针及措置(一)》,台湾"国史馆"藏"外交部"全宗,第 189 页。

90. 北平张学良致蒋总司令、罗部长电(1932 年 3 月 2 日)

来电第 31559 号

发电:1932 年 3 月 2 日 22 时 30 分

收电:1932 年 3 月 3 日 8 时 12 分

急。蒋总司令钧鉴,罗部长钧任兄鉴:密。得少川电悉,勘(廿八)日在英舰与日代表商议停战、退兵各办法,我方已承认,日方故延不答。艳(廿九)、东(一日)各日,日兵进攻猛烈,毫无缓和之意。是其决意主战,不顾一切,显而易见。此次经过,应宣布世界,俾明真象[相]。本日闻我军稍有退却,日方行动必将益肆,要求应付之法想早筹定。此间同人意,国联即将开会,调查团又将莅沪,如我曲徇日方之意,即与妥协,各事均将无法了结。现料新军未必能继进,不妨一面宣布真象[相],一面稍持强劲态度,以待国际之转圜。是否仍希卓裁。张学良叩。冬(二日)。戌。

资料来源:《东省事变之解决方针及措置(一)》,台湾"国史馆"藏"外交部"全宗,第 190 页。

91. 外交部致北平张主任电(1932年3月3日)

去电第 27934 号

北平张主任汉卿兄勋鉴:密。冬电奉悉。沪事会商经过业已宣布,我军后退系因战略。而日方一面在日内瓦制造和平空气,一面在上海提出万难接受之停战条件,其无诚意可知。现我仍竭力抵抗,同时在外交上设法进行。特此奉复。罗文干叩。江。

资料来源:《东省事变之解决方针及措置(一)》,台湾"国史馆"藏"外交部"全宗,第 191 页。

92. 北平张学良等致南京、洛阳各院部、各委员会等处电(1932年8月1日)

来电第 35682 号

发电:1932 年 8 月 1 日 2 时 25 分

收电:1932 年 8 月 1 日 16 时 20 分

南京、洛阳各院部、各委员会、各省、各绥靖公署、各省市政府党部、各机关、各法团、各报馆均[钧]鉴:本会于七月艳(廿九)、世(卅一)两日,召集大会。经本会出席委员议决,发表宣言,其文曰:本会此次召集大会,全体委员对于华北政治、军事共加研讨。咸以本会职责,首重监督指导所属各省市之行政。乃自九一八以来,因亟亟共赴国难,致内政兴革未免迟滞。本大会认为,长期御侮应以改善内政为根本之图,所有本会及各省市当局,即应亲身巡视,或派员调查地方应兴应革事宜,克期实行,以纾民困而谋建设。对于所属地方官吏,务须随时考核,严加甄别。至军事负责人员,在此国难期中,整理军政责无旁贷。所有恢复失地、巩固国防诸端,自为全国军人之专责,而华北军人负责尤重。更应遵照中央命令,同心戮[勠]力,共谋捍卫,精诚团结,生死相倚,以身许国,义无反顾。

此次本大会全体委员倾诚会商之结果,决定按照上列两项方针,切实施行。同时,恳盼社会人士尽力协助,同心合作,藉纾国难,谨此宣言等语。特电奉达。敬希查照。北平政务委员会,大会出席委员张学良、李煜瀛、张继、韩复榘、徐永昌、周作民、吴鼎昌、王树轮、于学忠、张伯苓、张作相、蒋伯诚、商震、宋哲元、傅作义、庞炳勋、万福麟、门致中、汤玉麟、熊希龄、方本仁、刘哉、鲁荡平、孙魁元。东(一日)。

资料来源:《东省事变之解决方针及措置(一)》,台湾"国史馆"藏"外交部"全宗,第192—193页。

93. 北平政委会委员张学良等人通电择要
(1932年8月1日)

来电第35682号

发电:1932年8月1日2时25分

收电:1932年8月1日16时20分

本会此次会议全体议决,对内务求政治改善,所有本会及各省市当局,对于地方应兴应革事宜,早日实施。对外凡军事负责人员,于收复失地、巩固国防诸端,应精诚团结,以身许国由。

资料来源:《东省事变之解决方针及措置(一)》,台湾"国史馆"藏"外交部"全宗,第194页。

94. 罗文干致北平张委员电(1932年12月10日)

去电第33024号

北平张委员汉卿兄勋鉴:密。据日方消息,土匪及义军联合约五千人,昨日进攻山海关东,之前所驻守绥中及山海关之日军驰援击退,恐乃热河边境发生骚扰之开端等语。查日方乘苏军退入俄境,北满一时可告无虞,或者藉剿匪为名,再窥我热河,造成严重局势。当兹国联开会之际,如果有上项情形,我方自宜竭力抵抗,以为日内瓦代表声援。仍希酌核办理,并见复为荷。弟罗文干。灰。

资料来源:《东省事变之解决方针及措置(一)》,台湾"国史馆"藏"外交部"全宗,第195页。

95. 北平张委员致南京外交部罗部长电
(1933 年 1 月 19 日)

来电第 42797 号

发电:1933 年 1 月 19 日 19 时 00 分

收电:1933 年 1 月 20 日 0 时 17 分

南京外交部罗部长钧任兄勋鉴:巧(十八)电奉悉。密。承示美方要讯,至佩荩筹。此次一切悉照既定计划进行。果有时机,必无纵逸,并已切饬部属一体注意,益求振奋,即希释注为盼。弟张学良。效(十九)申。厅机。

资料来源:《东省事变之解决方针及措置(一)》,台湾"国史馆"藏"外交部"全宗,第 196 页。

96. 北平张学良致南京外交部罗部长电
(1932 年 12 月 13 日)

来电第 41095 号

发电:1932 年 12 月 13 日 3 时 1 分

收电:1932 年 12 月 13 日 10 时 15 分

南京外交部罗部长钧任兄勋鉴:密。灰(十日)电惠示各节,具见荩筹深远,至为佩仰。上年沈变发生,当以日方真意何在尚未明了,遂不惜隐忍应付,期免事态扩大,牵动全局。不图日方野心日炽,卒至演成难以收拾之局面。虽经提请国联公约,以为公平之制裁,乃竟迭次议决,毫无实效。迨至今日,日方侵略之野心已毕露无遗,各国共守之公约,亦几等废弃。诚所谓弱国无外交,世界无公理也。处今之势,为今之计,舍自救外,实无其他良策。日方倘再进扰,惟有督率三军,竭力周旋,成败利钝,在所不计论。辱荷□存,敢布腹心。幸乞亮察为祷。弟张学良。元(十三)子。厅机。

资料来源:《东省事变之解决方针及措置(一)》,台湾"国史馆"藏"外交部"全宗,第 197 页。

97. 外交部致北平张委员电(1933年2月7日)

去电第 34527 号

北平张委员汉卿兄勋鉴:密。歌丑电悉。筹设空防,诚为目前急切要图。前电已分转蒋、宋及何部长核办。如中央限于财力,一时不能实现,弟当代电海外侨胞设法捐募。无论如何,吾人有一分力,即应尽一分心。日人破釜沉舟,以求一逞,我方万不可示人以弱。为此存亡危急,一发千钧之际,请兄转告前方将士万勿气馁,是为至要。特复。弟文干。

资料来源:《东省事变之解决方针及措置(一)》,台湾"国史馆"藏"外交部"全宗,第 198 页。

三、东省事变之解决方针及措置(二)①

1. 外交部致日内瓦施部长电(1931 年 10 月 1 日)

去文亚字第 1071 号

日内瓦中国代表团施部长钧鉴:密。中政会决议,目前所有对日事件,一切方针及办法,均由特种外交委员会逐日开会商议。本日决议如下:东省事件在日本未完全撤兵以前,我国似不能与日本为任何交涉,即在日本完全撤兵后,我国对于日本之侵略与压迫,亦惟有信任国际联合会作切实之保障。拟请向各会员国表示此意,请其始终主持公道,以维世界和平,谨闻。李叩。

资料来源:《东省事变之解决方针及措置(二)》,台湾"国史馆"藏"外交部"全宗,第 4 页。

2. 外交部致驻日本、美公使馆、日内瓦施代表电
(1931 年 10 月 9 日)

来电第 23514—23516 号

东京、华盛顿、日内瓦中国代表处:

密。奉八日行政院通令文曰:案奉国民政府阳电开,比来国家多难,水灾迭告,人民流离失所,艰苦备尝,外患突起,民气益昂。政府负处理外交之责,自当尊重民意,悉力图存。惟值此国际联合会议决撤兵案,尚在限期之中。凡

---

① 编者按:"东省事变之解决方针及措置(二)"卷藏台湾"国史馆"之"外交部"全宗,入藏登录号为 020000001416A。每条电文的资料来源标示原档案中的页码,不再标注入藏登录号,且每条电文标题由文献集编委会根据电文内容制作而成,特此说明。

我国人尤宜处以镇定,严守秩序,勿使外人有所藉口。所有外侨生命财产,着各地方长官负责保护,并严防反动分子乘机煽惑、行动越轨,以维秩序而杜后患。至于救灾工作更应努力进行,勿稍疏忽等因。查保护外人生命财产,迭经令饬有案。当此外交紧急、民气激昂之时,各地方人民爱国运动,自宜善为指导,勿令越轨,免贻外人之口实。反动分子乘机煽乱,尤应严为防止,以维治安。救灾工作亦宜正常,注重奉令等因。合亟电令切实遵办,勿稍疏虞等语。特达。外交部。

【民国】二十年十月九日

资料来源:《东省事变之解决方针及措置(二)》,台湾"国史馆"藏"外交部"全宗,第5—6页。

3. 四全大会对日问题决议案草案(1931年)

日本以武力侵占我国东三省领土以来,国际联合会两次决议,令日本在中立国代表观察之下,限期撤兵。关于决议案所付与之义务,中国政府已完全履行。日本不唯置国际公意于不顾,且益肆其阴谋与暴力,一面教唆各种反叛运动之进行,一面以武力节节北进、扩张其侵占之区域,致中国在黑龙江省之少数军队,不得不为正当之防卫。现在形势日趋严重,在国联重行集会期间,日本已以武力攻陷黑龙江省城齐齐哈尔,侵占地带愈加扩大,而国际间保障公道之权威,渐有为日本强权屈服之危险,全世界国家所赖以保持平和生存之一切国际公约,行将陷于破坏之厄运。本大会为保障国家之生存与国际正义、世界和平,兹更郑重为下列之决议:

一、中国黑龙江省政府主席马占山对于日本军队进攻之正当防卫,不独为保障中国国家之领土,尤为保障国际正义与世界和平之存在,亦即为国联盟约、非战公约、九国条约及一切国际公约之存在而牺牲。本大会郑重唤起国联各会员国及非战公约、九国条约各签约国,对于其自身所负神圣义务之真实的注意。

二、国民政府对于日本侵占东三省行为发动以来,一切对内对外所取之政策及临机处置,本大会认为确能尽忠于国家与民族。兹更郑重决议,今后关于捍卫国权、保护疆土,本大会授与国民政府以采取一切必要的正当防卫手段之全权,望益励其忠诚,为保障国家生存与世界和平而奋斗。本大会愿领导全党

同志,团结全国国民以整齐严肃之精神,与政府同为积极之努力,并不惜任何
牺牲,在精神与物质上为政府之后盾。

本大会更以至诚告我全国国民,我国之奋斗,并非孤立,世界各国之拥护
正义与和平者,无不同情于我国。即日本国内主张公道之国民,亦无不以其军
阀所持者为害人自害之政策。我全国国民坚持其团结一致,以保障国家生存
与国际正义与世界和平之决心,信任政府,努力奋斗,则最后胜利,终在我
国也。

资料来源:《东省事变之解决方针及措置(二)》,台湾"国史馆"藏"外交部"
全宗,第7—8页。

4. 无标题(1931 年)

东三省为中国领土完整之一部,日本军队在东省继续之进展,断然置国联
盟约、非战公约及九国条约于不顾,致造成一种严重之局势。中国乃国联忠实
之会员国,职责所在,以为不能不请求行政院采取立即及果断之行动,不但保
持依照盟约中国公认之权利,而且维护国际公约之神圣。日本显然破坏盟
约规定各会员国不得诉诸战争之一切条文。纵令日本对于中国有任何之请
求或借口,该国自应尊重其在盟约及非战公约上庄严之义务,以和平方法求
一解决。乃日本不此之图自治,即使用武力以为其对华侵略国家政策之
工具。

现在问题甚为明了,即日本是否破坏盟约第十条,盖在该条之下,日本与
其他各会员国同样正式担任、尊重并保持所有联合会员国之领土完整及现有
之政治上之独立、以防御外来之侵犯也。日本是否破坏盟约第十二条,盖在该
条之下,日本曾同意对于各种争议势将决裂者,应予提交公断或以法律解决,
或交行政院调查。无论为何,非俟公断员裁决或法律判决,或行政院报告后三
个月届满以前,不得诉诸战争也。日本是否破坏盟约第十三条,盖在该条之
下,日本曾同意对于各项争议,认为适于公断或法律解决者,应将各该争议提
交公断或法律解决,并对于遵行裁判或判决之联合会任何会员,不得以战争从
事也。日本是否破坏盟约第十五条,盖在该条之下,日本承认将未经提付公断
或法律解决之争执,提交行政院,且对于遵守行政院报告内建议之一造不得从
事战争。夫盟约既禁止一会员国即在获得一有利裁判或判决或行政院报告

后,亦不得立即诉诸战争,则日方纵有充分□情,亦迄未采取一种步骤,亦未用极微努力,将其案情提付和平解决,是日本应避免与中国兵戎相见之义务,当更重大矣。日本之破坏盟约甚为明显,毫无疑义。究当为何办法,国联究应如何办法为答复各该严重问题,盟约本身已有明文。查第十六条规定:

"联合会会员如有不顾本约第十二条、第十三条或第十五条所定之规约而从事战争者,则据此事实应即视为对于所有联合会其他会员有战争行为。其他各会员担任立即与之断绝各种商业上或财政上之关系,禁止其人民与破坏盟约国人民之各种往来,并阻止其他任何一国为联合会会员或非联合会会员之人民与该国之人民财政上、商业上或个人之往来。"

上述三条文中,无论蔑视何一条文,事实上即构成对于所有国联其他会员国之作战行为,故应立即执行所列举之制裁。惟日本同时破坏第十二条、第十三条及第十五条三条,是以中国深信行政院必立即进行采取办法,将第十六条付诸实行。否则世界对于国联存在基本之目的将不无疑问,而对于将来和平之前途,将抱失望也。

中国政府与国民自此次问题发生以来,即忠实的信任国际联合会,认为在此全世界共同所遭遇之危险时期中,拥护国际公约之权威与信任国际共同之团体,为吾人惟一之义务。故虽任何困难与牺牲,吾人皆刻意忍受。过去六十余日,中国政府与国民之一切行动,无不为忠实的信守国联盟约与严格的履行行政院决议之表现。日本蓄意破坏全部盟约之事实,已经明白昭著,危险情形刻刻增加其严重。国联及其各会员国此时惟一之义务,惟在于毅然执行第十六条所规定之制裁方法,已属毫无疑义。然行政院尚十分委曲求全,希望于实施制裁办法之外,发现一解决之途径。中国政府对于国联行政院之苦心,十分谅察。否则中国所取之途径,惟盟约第十六条而已。

资料来源:《东省事变之解决方针及措置(二)》,台湾"国史馆"藏"外交部"全宗,第9—11页。

5. 外交部致施代表电(1931年)

甲第 22 号

第一一六及一一七号来电已悉。锦州事件经特种外交委员会详细考虑后,所得下列结论。希注意:

（一）日方向国联要求在锦州设立中立区域提案,吾国不能接受。

（二）我国认锦州问题业经十一月廿六日行政院开会予以解决,将其付托于中立国视察人员,设法阻止双方军队可能之冲突。

（三）我国应重行申明,中国对三国公使并无何项提案,因各该政府对于保障问题并不赞同。

（四）如日本宣称不进攻锦州之意果系出于至诚,并将自锦州附近撤回之军队,令其不出铁路区域以外,则无发生冲突之可能。至中国方面,绝无令驻在锦州之军队向日军方面推进之意思。

（五）行政院自始即受理日军撤退问题。现设对日让步,要求将中国军队自中国领土撤退,则中国全国,均将深为骇异。

（六）日方提案流弊甚多,不过为日本掌管东省全部之张本。例如 B 项条件下,所称维持中国政府一节,日本可指为仅系县政府而非省政府或竟指为阿附日本之行政机关。而在 C 项条件之下,日本可要求将某种军队予以除外。又第四款之保留,使全部计划在中国方面失其价值。

（七）依照致尊处第三一六号电内所开,关于锦州问题,中央政治会议之决议,如无国联及中立国团体予以切实之保障,中国决不能同意划定缓冲地带。如遇日方攻击锦州时,行政院应以有效之方法,予以制止。否则中国将不能不采取自卫办法。

（八）日本造成所谓锦州问题,其用意显欲对于撤兵之主要问题节外生枝,故请执事以机敏之手段,勿使该问题牵涉行政院决议案。

（九）此间舆论对于中立区之议,甚为激昂。民众及政府均反对将中国军队自锦州撤至长城以内,盖目下锦州之在东北,已成为最后之堡垒矣。

（十）希速访白里安或特拉蒙,将我方主张详为解释。

资料来源:《东省事变之解决方针及措置(二)》,台湾"国史馆"藏"外交部"全宗,第 12—13 页。

6. 训令颜公使译文(1931 年)

左列政策大纲,尚未经中央政治会议通过。但为答复一月十一日来电所询各节,以作如下个人参考起见,特将大纲电达。俾作此次国联行政院会议时,我对日政策之张本:

（一）本月二十五日开幕之国联行政院会议,对如下应重复申述。中国政府对国联行政院上年九月三十日、十月二十四日及十二月十日迭次决议,均已遵守。中国政府对于十二月十日派遣调查团来华之决议尤为重视。

（二）郑重申诉自十二月十日行政院决议成立后,日本:

（甲）以兵力侵据辽宁省政府最后所在地之锦州,因为此种军事行动,以至美国政府照会中、日两国声称:"最近锦州方面之军事行动,业将一九三一年九月十八日以前,在南满最后存留之中华民国政府行政权威破坏无遗。"

（乙）日本不独未曾遵照行政院决议,将军队撤退至沿南满铁路附属地内,并且以兵力逼迫中国政府军队,退至山海关内,将东三省全境用武力占据。

（丙）日本军队近更进攻热河省境,是日本对于中国领土之侵略行动已超越满洲区域以外。

（丁）日本将对热河之作战及军事行为,更扩展至华北、华中(例如日军在上海之恐吓)及中国南部,希图:(一)强迫中国承认日本并吞满洲及(二)威迫中国中央与地方政府取缔对日爱国运动。

（三）辩驳照上面第二段所述之日本军事行动观之,日本对国联行政院迭次决议及对国际联盟条约之明文与精神,敢于作如此剧烈及有计划的破坏,则除遣派调查团来华外,国联行政院应将过去阻止日本对华敌视行为之努力更进一步,设法强迫日本,使其在国际间合乎文明国家之行为,而不为破坏公约之罪人。

因为上述理由,中国提请国联行政院执行盟约第十六条之规定。

（四）韦罗贝建议,谓提请执行盟约第十六条,即是战争状况之成立。此项建议,当非韦君郑重考虑之结果。因为战争状况必待国联行政院将执行盟约第十六条之决议通过后,方能成立。在如此情势下成立之战争状况,其对峙国家一方面为日本,一方面为国际联盟会各会员国。如日本而被国联请为公法保护以外之国家,则中国虽与国联会员国家立于同一战线,亦无所用其恐惧。

（五）余深知国联行政院必不采用盟约第十六条,但余之计划在提请执行盟约第十六条及其他步骤,以造成一种局势及机会,使我国能根据华府九国条约或利用非战公约,能召集国际会议以解决满洲问题。

（六）余赞成对日断绝邦交,并非将中日邦交完全破裂,以趋于战争,乃主张仅仅停止中日两国外交来往,以造成国际间之局势或发展,使有召集国际会议之必要,并且自十二月十日国联行政院决议通过后,日本在满洲对我已造成实际上的战争状况。在此情形下,我主张断绝邦交,乃为维持国家人格及国家荣誉之最低步骤。从合理方面观察,此步骤不能视□现在情形愈趋严重,且从又一方面言,为促起我国了解日本之公然蔑视国联行政院迭次决议、国际联盟条约及国联行政院十月二十四日决议中特别申述之非战公约的行为起见,我之绝交不独认为可行,并且视为必要。

(七)对于任何国家之建议,望加判断采择。吾人应以自己国家根本利益为重要,于其他国家之方便问题不当顾虑。

(八)我反对中国退出国际联盟。

(九)我方政策对于满洲问题与军缩会议之关系,将另电密告。

资料来源:《东省事变之解决方针及措置(二)》,台湾"国史馆"藏"外交部"全宗,第 14 页。

7. 外交部致日内瓦国联会代表电(1931 年 10 月 8 日)

去文亚字第 1145 号

日内瓦中国代表处:

密。今日国民政府颁发明令,文曰:日军侵占我国辽、吉各地事件发生后,政府为尊重国际联合会盟约及非战公约,提出国际联合会。经根据国际联合会决议知,东北边防司令长官张学良迅派员,责人员接受日兵撤退后之各地,切实保护外侨生命财产之安全。嗣据该司令长官电呈,已派定张作相、王树常两员负责办理。兹据各种报告,东北各地方颇有利用时机,依恃外力组织非法机关者,叛国害民,非仅国法所不容,尤为国民所共弃。应着该司令长官严密防止,并负完全责任,□同通张作相、王树常及各地方官吏,迅速妥为办理,并将办理情形随时具报。此令。特电接洽。外交部。

资料来源:《东省事变之解决方针及措置(二)》,台湾"国史馆"藏"外交部"全宗,第 17—18 页。

8. 外交部致日内瓦施代表电(1931 年 10 月 11 日)

去电第 23558 号

日内瓦中国代表处:密。准海牙王院长真电称:第十五条有利有害。如第七项情形,则日本亦得保留行动。鄙见,似可与第十一条一并援用,最好可由代表团酌量办理等语。特电达。外交部。十一日。

资料来源:《东省事变之解决方针及措置(二)》,台湾"国史馆"藏"外交部"全宗,第 24 页。

9. 外交部致日内瓦中国代表处电(1931 年 10 月 13 日)

去电第 23604 号

日内瓦中国代表处:

今日行政院会议,如日方提出(一)停止反日运动。我方应(甲)否认有仇视日人举动,不购日货一节,根据吾方复略之论。(乙)答辩此节,依照九月三十日决议,非撤兵条件。

(二)须先恢复东省安全。吾方应(甲)证明日军占领前之安全,又反证现被日军占领地方并无安全而有绝大恐怖。(乙)如虑接收时,中日军队有冲突之虞,我方提议由行政院派遣国际委员团,偕同中国政府所派大员、军警前往接收。

(三)中日两方须先议定确立基础之大纲,我方应答辩,此节依照行政院决议亦非撤兵条件。关于第三点,容续电。外交部。十三日上午。徐谟。

资料来源:《东省事变之解决方针及措置(二)》,台湾"国史馆"藏"外交部"全宗,第 26 页。

10. 外交部拟致施代表电(1931 年 10 月 18 日)

下列各点供执事进行依据,如执事认为适当时可提出于行政院:

(一)占领区域之退出,应在国联行政院指派之中立委员国监视下,实行之。

(二)撤退完成时,中国准备在行政院赞翼之下,与日本开始交涉。

(三)中国愿望交涉在日内瓦,或经行政院,视为适当之欧洲或美洲其他各处举行之。

(四)交涉应严格根据国际公法及国际协约之原则,特别注意下列各点:(甲)尊重国家之主权与独立,及其领土与行政之完整,如国际团体中之一份子。(乙)门户开放及机会均等之原则。(丙)为维持远东独立、世界其他各处之和平。一国家在其与他国家关系上,应完全抛弃以武力为其国家政策之工具。

(五)日本对于侵入并占领中国领土以及一切其他不法行为,应负完全责任,并对于中国及其人民作充分之补偿。

(六)关于日本所提无论任何提案,中国保留提出对案之权。又凡认为无关连①性质之事项,或违背第四节所定原则之事项,中国保留拒绝讨论之权。

资料来源:《东省事变之解决方针及措置(二)》,台湾"国史馆"藏"外交部"全宗,第 29—30 页。

11. 外交部致日内瓦施代表电(1931 年 11 月 11 日)

去电第 24309 号

日内瓦中国代表处:黑【龙江】省事,昨日向日本政府抗议。先叙日军进迫事实,次称此种举动显欲利用叛徒,占领黑龙江省城,造成与辽、吉同样局面。末段要求立即制止此项违法行为。至因此次日军在黑龙江省行动,对于中国政府人民所加损害,日本政府自应为对于其他各地所加损害,同样负完全赔偿责任等语。外交部。

资料来源:《东省事变之解决方针及措置(二)》,台湾"国史馆"藏"外交部"全宗,第 57 页。

12. 外交部致驻法使馆电(1931 年 11 月 21 日)

去电第 24531 号

巴黎中国代表处:

尊电均经——提特委会讨论。现在情形严重至极,下列两事请注意:

(一)尊电所拟四点,此时万不可提,因与时局严重程度不合也。

(二)日方所提调查团办法,并不能承认,因日军侵占土地之事实,极为显著。且正在准备北进满洲里、南进热河。

---

① 编者按:"关连"今作"关联"。后同。

此时我之主张要点,要求国联保证日军迅速停止进攻,并履行撤退之决议。四全大会进行顺利,昨日通过坚决信任政府、拥护蒋主席之案时,全场一致精神极为充满。并闻外交部。

资料来源:《东省事变之解决方针及措置(二)》,台湾"国史馆"藏"外交部"全宗,第70页。

13. 外交部致驻法使馆电(1931年11月22日)

提议办法:

一、国联及时制止日军侵略行为;

二、日军应于国联议决日起,两星期内完全撤退;

三、同时中国声明对于日本撤兵后,保障东三省日侨生命财产之安全;

四、国联与美国共同派遣中立国代表团监视撤兵与接收办法,并调查东三省情形报告于第七项所规定之国际会议;

五、中日两国双方重申尊重国际条约之原则,尤以国联盟约、非战公约、九国条约为要;

六、中日两国在中立国代表团视察之下,即日开始商订接收详细办法,及撤兵后保障东三省日侨安全之办法;

七、中日间关于东三省一切问题,本保障东亚和平,实行以国际合作方法,促进东三省经济上之发展之宗旨。由国联与美国共同召集有关系各国之国际会议,根据国联盟约、非战公约及九国条约之各原则讨论决定之。

资料来源:《东省事变之解决方针及措置(二)》,台湾"国史馆"藏"外交部"全宗,第86—87页。

14. 外交部致驻法使馆电(1931年11月25日)

去电第24583号

致施代表电:顷转外会交发一电,文曰:本日外交特委会商议结果,三十一号电B可在大会朗读,文字得由执事增减。C案各款授权执事,只要主张决议案内,必须明白规定二十五号电中一二三条件在内,其外可由执事斟酌任提若干款。

因C案在此地已发表者仅一二三条,其余尚未发表也。又会中研究结果,认为将来委员团人选,非常紧要。必须派出重要者有名誉且能解决公道委员,方为有利。此虽属将来之事,但宜豫[预]为注意。又会中同人,对于尊电常提及之某某两顾问之努力,甚为感谢。其每次所发表之意见,亦常与政府同人相合,希传意奖慰之。外交部。廿五日。

资料来源:《东省事变之解决方针及措置(二)》,台湾"国史馆"藏"外交部"全宗,第 102 页。

15. 外交部致驻法使馆电(1931 年 11 月 25 日)

去文亚字第 1659 号

巴黎中国代表处:兹译转施代表、戴院长交发一电如下:四会全决议,已经电告近日情势益趋严重。东京蒋使报告,日军占领齐齐哈尔后,尚图北占满洲里,南占热河。此间看法,日军现正极力向西南进展,其目的不独在锦州,而尤在侵占热河。其外交方面似让步,实为缓兵计,毫无诚意可言。四全大会决议,第一点唤起各国注意条约义务者,尤在希望美国从非战公约、九国条约立场上为有力之主张。至第二点乃全体一致热烈表示信任政府,且授政府以全权,以证明日本攻击中国政府不能得国民信任之说,全属恶意捏造。

总之,现在促起国联之奋起,采取有效制裁之手段,为挽救时局之要图。请本此旨,尽力用各种方法为有效之运动。但第一步骤仍要求美国在可能范围内,与国联合作。促国联下对日本为有效制裁之决心,进行情况请随时报告。外交部。

资料来源:《东省事变之解决方针及措置(二)》,台湾"国史馆"藏"外交部"全宗,第 103 页。

16. 外交部致巴黎施代表电(1931 年 11 月 27 日)

去文亚字第 1684 号

巴黎中国代表处:一九二号电悉。已由中央执行委员会,电驻法使馆转总支部及侨胞援助尊处矣。特复。外交部。

资料来源:《东省事变之解决方针及措置(二)》,台湾"国史馆"藏"外交部"全宗,第 120 页。

17. 外交部致巴黎国际联合会施代表电
（1931 年 12 月 2 日）

去文亚字 1731 号

巴黎中国代表处:密。顷奉中央执行委员会政经会议函开:据特种外交委员会戴委员长报告,该会处理时局根本方针,当经决议:(一) 东三省事件应积极进行于国联,切实保证之下解决。(二) 锦州问题如无中立国团体切实保证,不画缓冲地带,如日本进攻,应积极抵抗。特电奉达。外交部。

资料来源:《东省事变之解决方针及措置(二)》,台湾"国史馆"藏"外交部"全宗,第 128 页。

18. 外交部致巴黎国联代表团电（1931 年 12 月 21 日）

去电第 25233 号

巴黎中国代表处:密。昨日特种外交委员会开会表示:国联所派调查委员人选,应予注意,以免有偏袒日本之人员,预列其间。其在华调查时间,应设法令其缩短。因沈案发生以来,东省人民深受痛苦,故亟盼早日公平解决等语。特电达。外交部。

资料来源:《东省事变之解决方针及措置(二)》,台湾"国史馆"藏"外交部"全宗,第 162 页。

19. 外交部致巴黎代表团电（1931 年 12 月 28 日）

去电第 26360 号

巴黎中国代表处:第一六五号电悉。关于日本致国联通知所称,土匪劫掠事。经电准张主任后称:长春公主岭等处,自被日军占据后,我国政令即已不行。日人遂勾结匪类扰乱地方,以为延不撤兵之藉口。通辽大仓农场一带,沈变后,彼以保护为名派军屯驻,事实上亦非我方力所能及。该处果有匪患,日方自应负其全责。且以上各处在事发前,虽偶有匪患,绝无如此猖獗。两相比较,其中具有背景益可概见等语。抗日运动本为日本侵略东省所激成,且无越轨举动,日本更无置喙余地,所谓倾向共党乞援苏俄绝无等语,函东省及天津之日军名为换防,实则增兵,希对于该项通知设法予以指驳。外交部。二十八日。

资料来源:《东省事变之解决方针及措置(二)》,台湾"国史馆"藏"外交部"全宗,第163页。

20. 外交部与颜代表往来电文节要(1932年1月9日)

(一)关于提引国联盟约条文问题

一月九日,电令日内瓦代表团采取必要步骤,并于二十五日开会时,除已提各条外,准备提盟约第十五、十六两条。十一日,该代表团电称:是否除准备宣言以外,关于提引盟约条文一节,须与秘书长及行政院会员接洽。就以往所得经验,彼等必予劝阻。但提出新条,将引起世界舆论之注意。关于第十五条,国联在东省调查委员会报告以前,将无何种动作。若我方将此条提出,仅委员会作良好之报告时,国联方面方予我以利益。但最好探明美国态度,庶不致伤其感情。关于第十六条,尤须审查美之态度。在现在情况下非得美国承认合作,此条约将不能执行。自沃尔特斯(Walters,秘书处派到日本专员)回顾表示,日方若予压迫将不退缩后,国联拒绝采取更强行动。十四日,本部复电日内瓦代表团,二十五日开会时,准备提出第十五、十六两条,毋庸顾及各国态度。十六日,颜公使来电,以韦罗贝意见,引用第十六条,是不啻谓战争状态已经存在,令日本将行其现在所不能行之若干事项。至裁制办法,日本指中国为发难者,亦可主张将适用于中国。且列强亦不愿牺牲,立时不能有若何益处。

二十三日,颜代表来电,以(一)直接引用盟约第十六条,恐不啻承认战争状态之存在,致使日方能施行封锁,及在国际公法下,现所不能适用之其他同样战争行为。(二)第十三条、第十五条会有冗长之程序,以致一再借口拖延,难有迅速之结果。(三)第十二条现在实际发生效力,因已由行政院进行调查也。(四)拟建议开始引用第十条,可避免上述(一)之危险,且显然予行政院以无限制之责任。依盟约第十条之措施,需日方投票,在法理上似有疑义。请电复。

二十四日,颜代表电称:尊处曾否研究第十五条第九节。按照该节,由行政院将事件提交大会讨论,可因公开辩论当得公共注意。行政院似不顾或系无力再积极引用第十五条,包含连带第十六条作第二步之意。满洲问题,将在礼拜二提出。

二十五日,颜代表又来电:请火速再赐训示。行政院各会员非正式提议组织小组委员会,包括法国、美国、其他小国、日本及中国,研究此次争端,设法觅取解决办法,尊见如何。

二十六日,颜代表电称:开会已两日,切实训条未到,至为焦急,盼速电复。颜代表又电称:今晚晤行政院法、英、德、意代表暨拉德蒙。行政院主席法代表称:各代表对于本代表之宣言,经予以郑重之考虑,并以业派调查委员会因应。整个问题将依据该会报告,以解决之。薛西尔所述与之相同,并称调查委员会不能□莅华。该两代表对上海形势似甚焦虑,较对东省尤为关切,并更重要。余谓调查委员会出发时期,稽延太久,恐致误会,故以较早为优。至上海事件,中国官吏正尽力从事解决,但若非俟东省事变得有解决后,则此类事件势必发生。渠等询中国何所要求。余称,决议案必须充分执行,然后中国人民庶得镇静,而中日关系能以改善。渠等询以如何,余答渠等必知之尤稔。余称,本会如无所成就,则预备引用第十五、十六两条。渠等询类似美国照会之宣言,是否可以接受。余称日方必须停止敌对行为,开始撤兵,以示诚信。谈话完毕,余意余于训令之外,并未受命建议。若渠等有所建议,余可转达大部。若系合理,当请接受,请将意见电示。

二十七日,致颜代表电,以彼之提议,似系有意延宕本案,或故意避免实在争论,或诚意想实在办法。请探明并探问重要各国意见,以便核办。不过本部意见以为,除非国联立采方法制止日本暴行或压迫,认此种提议为不妥。各等因。

(二)日内瓦代表团经费及调查委员会经费问题

本月二十三日,本部接颜代表电称,施前代表处已无余款,行政院会议在即,请汇款接济等语。当即备文呈请行政院转饬财政部,即日先行筹拨十万元过部,以便转汇。

本月十三日,本部接日内瓦代表处电称,顷接国联秘书厅函,调查委员会经费约需瑞币一百万,现因国联经费困难,须由中日于最短期内分期摊还,其内委员川装三十五万,二个月内即须先还等语。当即备文呈请行政院转饬财政部立即筹拨,现闻该团原定二月初来华,因情势严重,将提前出发云。

资料来源:《东省事变之解决方针及措置(二)》,台湾"国史馆"藏"外交部"全宗,第178—181页。

21. 照译颜代表自日内瓦来电(1932 年 2 月 11 日)

南京外交部鉴:第二百廿六号,二月十日。日方以丧失体面,故目下战事,非俟战胜将不停止。上海事变初系转移目标,可无疑义。惟因我方抵御,故结果不同。王宠惠催请援引第十六条,其理由为,国联受逼过甚时,中国或得以援助。但部意不以为然,于致国联声明书中,必须提及东省条约事项,以反驳日方所持之争点。声明书初稿,已于昨日递交,内容如次:

自九月十八日以来,国联行政院议事程序中,所有正式记录,显露下列不可辩驳之事实:

(一)九月十八日晚,日本并未警告而以武力猛攻中国之领土。

(二)该项袭击竟不顾行政院,依照第十一条执行其调解权能之敏捷努力,始终一致坚决进展,变为至可恐怖之侵略及占领。其侵略并占领东省,且由东省而延及中国其他部分。

(三)日本未曾遵照行政院决议案规定,停止其敌对行为及撤退军队。九月三十日及十二月九日之决议案,曾经日方同意者,在条文上或精神上迄未予履行。

(四)国联会员国会同美国致力斡旋,同归失败,并未使日方武力侵略停止。该项侵略进行不已,不仅限于东省,抑且及于上海及其他各处。中国首都之南京曾遭炮击,且以再将轰击相威胁,中国政府不得已自南京迁往洛阳。

(五)日本违反国联盟约、非战公约及九国公约之事实已如此显明,不容申辩。

(六)中国尊重并极力主张上述事变之主要事实,显需国联依据盟约,充分行使职权。立即制止日本敌对侵略之行为,使日军迅即退出中国领土。将中日间一切纷争,以和平方法解决之。

资料来源:《东省事变之解决方针及措置(二)》,台湾"国史馆"藏"外交部"全宗,第 182—183 页。

22. 照译颜代表第二六二号来电(1932 年 3 月 2 日)

南京外交部钧鉴:三月二日,大会于今日开会。上午开会期间,全系彭古报告及选举职员。下午开会,庆发言谓:日本给予克雷之停战条约,我方不能接受,并恳切请求大会根据在康脱旗舰同意之原则,努力确定停战,并以下列各条为结论。

（一）要求大会予以查勘,尽力促进与盟约吻合之解决方法。

（二）停止敌对行为,撤退侵略军队,和平解决全部争议。所有办法足以损及中国主权或违反国际公法,及其对于第三者现行条约之义务者,均不能视为解决。

（三）中国要求大会认日本已破坏盟约。

（四）大会宣布中国对于现在之事件不负责任。

松平重提关于自卫之辩,明谓华人排外,中国之无秩序,中国之反日,十九路军之侵略等,并宣称:

（一）日本停止军事行动。

（二）接受关于上海事件之圆桌会议。

（三）在上海并无政治的及领土的之野心。

（四）接受行政院二月二九五之提议,满洲问题不在大会讨论。

鄙意,大会不能将满洲问题除外,大会将于明日下午继续开会。

资料来源:《东省事变之解决方针及措置(二)》,台湾"国史馆"藏"外交部"全宗,第 184—185 页。

23. 照译颜代表自日内瓦来电(1932 年 4 月 22 日)

南京外交部

第三百廿一号

据西姆斯①称,今晚或明早,东京方面当有答复。倘有让步,则十九人委员会或将于星期一开会起草新方案,解决此事。如绝对拒绝,则此事愈趋困难,但总仍须在下星期终结。庆谓:关于最后决定撤兵期限之机关问题,中国可予让步。但对于中立性质之原则,不能放弃。渠谓:已使日方明了此点。庆建议组织国联三人委员会,出任此项职务。可由比、美、瑞士各一人组织,因当地外交官对于此项职务或将感觉困难。庆私意,该委员会将来于东案当有益处,尊意何如。午餐时,晤麦唐纳及泰狄欧,经向麦氏说明全部争议。渠表示

---

①　编者按:指 Paul Hymans,亦译为西姆士、希孟、希孟姆等。后同。

了解,但称中国因近数年来过激之外交政策,颇为人所言啧啧。泰狄欧则劝就地解决。庆对前者答以虽系宣传无损实际。麦氏谓:虚声较事实为多,且无论如何,与现在之争议并无直接关系,现在争议系盟约之尊严问题等语。倘国联任命委员会后,则在我方所应研究之问题,即为我方是否于此事,强使日方接受此议。抑或此时不以强之,俟将来国联建议被日方拒绝时,例如在七月间,再为进行。彼时召集委员会或大会开会有困难,再行如此做。现在,所有主要人物均在此间。彼等能作此项决定,可否敦促各小国,强使彼等一致行动,迫列强采取同一步骤。

资料来源:《东省事变之解决方针及措置(二)》,台湾"国史馆"藏"外交部"全宗,第186—187页。

24. 日内瓦颜惠庆致外交部电(1932年2月3日)

发电:1932年2月3日

收电:1932年2月4日

南京外交部:报载,日人拟派大宗军队赴宁。万一宁方失利,则在沪我军势成孤立,全局将受影响。宁方外人利益较少,难望积极助我,务恳政府早定办法,制敌在先。惠。

资料来源:《东省事变之解决方针及措置(二)》,台湾"国史馆"藏"外交部"全宗,第195页。

25. 照译代表团自日内瓦来电(1932年2月8日)

第二二四号。二月八日

南京外交部钧鉴:此间传播之上海调查团截至一月三十一日之报告,大体证实我方之所言。我方已要求行政院于最速期间开会。国联部电第四四九号,令询美国果否会同各国,令日本于二月十一日以前退兵一事。此间亦曾得到同样消息,但不能置信,并刚见西门,彼似乎不知此后如何办理,但彼现仍与美国磋商中也。日本代表语彼谓反日系由政府所煽动,我已说明所有各项情形,并注重英国在亚洲之领袖与其地位,及日本凶暴无涯之野心等项。立将往见艾里克。颜。

又八日来电称:此间传播之上海调查团截至一月卅一日之报告,大体证实我方之言。现已要求行政院从速开会,发接大部第四四九号来电,嘱询美国果否会同各国,令日本于二月十一日以前退兵一事。此间小得同样消息,但不能置信。因顷晤英外长西门,彼似不知此后如何办理,但现正与美国磋商中。日本代表告彼以抵制日货系由政府鼓动,惠庆已说明一切,并对美国在亚洲之领袖地位,并日本凶暴及无际限之野心各节,切实阐明。即将往晤秘书长特拉蒙各等语。

资料来源:《东省事变之解决方针及措置(二)》,台湾"国史馆"藏"外交部"全宗,第 199—200 页。

26. 照译自日内瓦来电(1932 年 2 月 12 日)

南京外交部钧鉴:第二百二十八号。关于依照第十五条,将争议移送大会一节。友人意见分歧,已决定保留权利,并至最后行使。致秘书长特拉蒙之通牒,其措辞系依据彼之意见。

第一段引用第十五条第九款。

第二段"鉴于时间限制,中国政府不得不以请求书,将该争议提交大会。但苟行政院自愿迳将该项争议提交大会,或运用其所属之一般权力召集大会,以致考虑争议,则中国政府方面有意撤回其请求"。

资料来源:《东省事变之解决方针及措置(二)》,台湾"国史馆"藏"外交部"全宗,第 204 页。

27. 日内瓦颜惠庆致外交部电(1932 年 2 月 19 日)

来电第 31063 号

发电:1932 年 2 月 19 日

收电:1932 年 2 月 20 日

南京外交部鉴:近来日方在外宣传我国民众排外,军队并加挑激,实足煽惑舆情,于我不利。拟请转知主管机关,告示民众并报界,对外态度应持审慎,以免外人借口。再,如我方因军事行动误伤外人,应即由官方致慰。是否祈酌夺。

惠。十九日。

资料来源:《东省事变之解决方针及措置(二)》,台湾"国史馆"藏"外交部"全宗,第 209 页。

28. 外交部致日内瓦颜代表电(1932 年 2 月 20 日)

去电第 27599 号

驻日内瓦代表办事处:十九日电悉。我国民众因日本在东三省及上海等地之暴行,表示正当愤激。不惟无排外言动,且对各友邦益加亲善。中国军队为保持领土主权,仅实行法律所许之正当防卫权,军民同志共御日侮,报界论调亦只言日军暴行,当再嘱对外审慎。日方捏词宣传,淆惑国际观听,请速辨正。至公共租界,能任日军以该租界为根据地,攻击我军,迭经本部照请英、美、法各使制止,并声明我为自卫而抵抗所生之结果,不负责任。但日前租界内,有英水兵二人,受流弹,因伤致死。究竟流弹出自何方,特难证明,业经本部向英方表示同情,但一面仍请阻止日军利用租界,特电奉复。外交部。

资料来源:《东省事变之解决方针及措置(二)》,台湾"国史馆"藏"外交部"全宗,第 211 页。

29. 照译颜代表二月二十一日来电(1932 年 2 月 21 日)

黄朝琴译

鉴于日本提出最后通牒,并拒绝服从行政院之警告。而上海(领事团)报告书亦谓战争状态现正存在,且日本采取攻势。岂非时机已熟,可以提议引用第十六条乎。如此动作,相信虽无效果,谅能鼓动世界舆论。

照抄四份

一、电洛林主席。

二、抄呈汪院长、蒋委员、蒋公使。

资料来源:《东省事变之解决方针及措置(二)》,台湾"国史馆"藏"外交部"全宗,第 213 页。

30. 照译颜代表自日内瓦来电(1932 年 2 月 22 日)

南京外交部鉴:二百三十九号,二月二十二日,关于对日断绝外交关系一事,尊处态度若何,舆论主张若何。鄙意对日绝交,应在请求援引第十六条制裁之先。照查本处第二百三十八皓电,使国联采取行动之惟一方法,即在召开大会。盖大会中,小国能自由发言,而大国必须服从公众意见也。西门氏语惠云:大会恐使美国踌躇与国联合作,此言极为不确,尊处必须力请蓝浦森氏要求唐宁街(即英国外交部址)采取强硬行动,保护其在华利益。

资料来源:《东省事变之解决方针及措置(二)》,台湾"国史馆"藏"外交部"全宗,第 215 页。

31. 照译本国代表团自日内瓦来电(1932 年 2 月 22 日)

南京外交部鉴:第二百四十号。行政院之态度暨各大国之希望,为我国军队在日军攻击之下,应行撤退。日军不再进攻,则趋向和解。而在安定情势之下,与我方开始会商。现在军事局势应行进展,即或进行不利,而世界之注意力当不致减少,以迫使国联采取行动,此节关系重大。尊处能予英国以交换利益,如于细棉□□征收特殊税率,以得其援助否。

资料来源:《东省事变之解决方针及措置(二)》,台湾"国史馆"藏"外交部"全宗,第 217—218 页。

32. 照译颜代表自日内瓦来电(1932 年 2 月 23 日)

二四一号钧电,四七八号奉悉。前电系刘黄王君之意见,非鄙见也。钧意极是,但在大会,吾侪可主张日本已违背第十条、第十二条。现在已有战争状态,且日本为起衅者。根据此种事实,中国要求适用第十六条。鄙意我方似可向日军散放传单,指摘其侵略行为。宣传日本内部不安之情况,并劝其停战。

注:四百七十八号,本部发电系说明理由,请颜代表斟酌提出十六条。

资料来源:《东省事变之解决方针及措置(二)》,台湾"国史馆"藏"外交部"全宗,第 220 页。

33. 照译颜代表自日内瓦来电(1932 年 2 月 23 日)

二四二号报载:汪院长声明,日军如停止攻击,中国当准备交涉。确否,祈示复。因此间应付策略,应遵大部政策进行,故必须详悉一切也。

资料来源:《东省事变之解决方针及措置(二)》,台湾"国史馆"藏"外交部"全宗,第 222 页。

34. 照译颜代表自日内瓦来电(1932 年 2 月 24 日)

南京外交部钧鉴:国联行政院及大会,金以英国地位为枢纽,其他会员均唯英之马首是瞻。英国现仍中立,盖惧日本在沪及他处之军舰,袭击香港及新加坡也。顷晤西门氏,据称,英国惟意在和平及商务,故应听双方之词。战事诚不幸,但中国及日本均不欲损害租界,则可欣慰。至英侨退出一节,并非事实云云。所称各节,均模棱两可之词。多数代表之意,我方如再有效抵抗十日,则我在国联行政院及大会之地位当有利。

资料来源:《东省事变之解决方针及措置(二)》,台湾"国史馆"藏"外交部"全宗,第 224 页。

35. 外交部致颜代表、严代办电(1932 年 2 月 24 日)

去电第 27729 号

汪院长哿日通电,全文甚长,其要点如下:

(一)历述上月俭(二十八)日以来,日本在淞沪之侵略行为。

(二)历述我国始终接受国联及英、美、法之调停,而日本则始终拒绝。

(三)日本致上海市长及蔡军长之通牒,政府已训令市长、军长坚决拒绝。如日本军队进攻,我军必竭力抵抗。

(四)如日本军队停止进攻,并进一步为诚意之表示,政府自当加以考量。

(五)淞沪战事虽止一隅,而影响及于全国,应举国一致以最大之决心,为长期之抵抗。

在全文未寄到以前,请将以上各要点宣示,以免误会。外交部。敬(廿四)。

资料来源:《东省事变之解决方针及措置(二)》,台湾"国史馆"藏"外交部"全宗,第 230 页。

36. 照译颜代表自日内瓦来电(1932 年 2 月 26 日)

南京外交部鉴:第二百四十九号。二月廿六日。日方有效之理由,为我方政府与人民漫无组织。拟请主要军事领袖,联合通电,誓使全国联合一致,并切戒将来内战,当可为压服一切之答复。

资料来源:《东省事变之解决方针及措置(二)》,台湾"国史馆"藏"外交部"全宗,第 233 页。

37. 照译颜代表二五二号来电(1932 年 2 月 28 日)

外交部钧鉴:西门氏提案仅欲召集会议,无成功之保证。对撤兵又无提及,恐终归虎头蛇尾,致行政院可卸责任。大会无召集之必要,是欲再将沪案与沈案分开,于我不利。拟请将提案内容通知美国,并声明此案仍不能接受之理由。究竟我方立场若何,乞示。

资料来源:《东省事变之解决方针及措置(二)》,台湾"国史馆"藏"外交部"全宗,第 235 页。

38. 外交部致中国代表团电(1932 年 2 月 28 日)

英外长西门氏提议,大都为租界利益打算。第二点阻止日本取得租界。第三点意义含糊,可解释阻止中国将来要求收回租界,甚至足为划定不驻兵区域之初步,但甚盼此项提议可获结果。第一、第二点可以接受,第三点修改如下:由中国宣言,并无用强力占领租界之意。此语系驳斥日本所称日军若退,其结果必为中国军队占领租界等语。第三点中"中国即行开议停战"一语,应即删除。因此语与"以……办法巩固之……"等语相重叠,且在第二点中并无此语故也。我方了解日本将停派援军,又了解日本前次提出之最后通牒,将不作为讨论之基础。外交部。二十八。

资料来源:《东省事变之解决方针及措置(二)》,台湾"国史馆"藏"外交部"全宗,第 238 页。

39. 照译颜代表二五八号来电(1932 年 3 月 2 日)

敝处所报告关于彭古氏之提议,系正式文件。第四段系依美国之请插入者,用意在不认因上海争议之解决而阻碍东案。美国主张,东案不应因上海之停战而被疏忽。大会并不展期。就我方利益言,停战比提议于我较为重要。据庆忖度,日本将在大会声明停战,借以造出有利之空气。

资料来源:《东省事变之解决方针及措置(二)》,台湾"国史馆"藏"外交部"全宗,第 240 页。

40. 照译颜代表自日内瓦来电(1932 年 3 月 3 日)

关于彭古提议,顷得悉。子文、少川、复初三兄由沪直接电复尊处,鄙见与之完全相同。惟请兄促其先行停止对敌行动,日方对克莱之答复内,关于立即停战之所谓基本条件,实等于命令我之条件。在军驻守其阵地期内,开国际会议尤为我方所反对。若日方所提议会议之范围,只限于双方撤兵之办法,而不提及其他问题,则会议之意义自然不同。少川与复初兄与克莱、蓝普森当有讨论。二百五十九号来电悉。车前马后之喻,极为恰当。

资料来源:《东省事变之解决方针及措置(二)》,台湾"国史馆"藏"外交部"全宗,第 243 页。

41. 照译日内瓦代表团来电(1932 年 3 月 2 日)

晤及彭古氏,据称昨夜日方告彼,上海日军司令已根据军事新形势,向中国提议停战,并请对于该提议予以答复。庆告以关于日方提议事,并无所知。惟日方利用其军事上胜利,以获取停战之有利条件,则为可异。我方视停战较提议为尤重要,盖提议属于政治的,而非军事的也。彭古氏劝取缓和态度,称日方须恢复其威望,且并未接受第一次停战之条件。无论如何,日方于接受彼之提案,并提出停战之建议后,在国联大会中之地位较为有利。庆意我方之决定，须根据于军事之情形，如能继续抵抗，则以待国联大会之动作，提出对案。

彭古氏之提案与停战两事，次序颠倒，应以停战为先。

资料来源：《东省事变之解决方针及措置（二）》，台湾"国史馆"藏"外交部"全宗，第 245 页。

42. 照译颜代表自日内瓦来电（1932 年 3 月 2 日）

南京外交部：第二百六十号。现时要求上海会议扩大范围，似非贤策，且与我方现所请开大会程序相反。最后方策遵照训令办理，见庆致彭古函内，保留以会议事项，限制讨论范围。乞转告少川。

注：……一段来电词意不明。

资料来源：《东省事变之解决方针及措置（二）》，台湾"国史馆"藏"外交部"全宗，第 247 页。

43. 照译代表团自日内瓦来电（1932 年 3 月 4 日）

南京外交部鉴：第二百六十三号。尊电第五百零一号奉悉，并未特别援引何项条文，但陈述日方现拒绝提交公断及法律解决，又不待行政院调查之结果，系违反盟约第十二条。尊处欲大会特为我方作何事，请即电示。本代表团现于国内时局及军事情形，莫由知悉。时局凡有发展，务请迅予通知，并以较为确定之训令，开示我方之政策。三月四日。

资料来源：《东省事变之解决方针及措置（二）》，台湾"国史馆"藏"外交部"全宗，第 253 页。

44. 颜代表二六四号来电译意（1932 年 3 月 4 日）

英国欲我以上海会议，作为停战之代价。我方如能令停战包括日军之撤退，并以议事日程，限制会议范围，似可付此代价。惟各国意欲分离沪、满问题，我方自应坚持所有上海会议之决议，应俟东案适当解决后，再予施行。如此，沪、满问题可以牵连。如上述提议可以采用，请即草拟议事日程。由南京宣言，向英、美、法、义及国联大会发表。

资料来源:《东省事变之解决方针及措置(二)》,台湾"国史馆"藏"外交部"全宗,第 255 页。

45. 外交部致日内瓦中国代表处电(1932 年 3 月 6 日)

洲字第 666 号

顷蒋总指挥致前方各将士电称:现在国联大会,业经决议,请中日两方实行停战,自应依照办理。倘日军不向我攻击,我军亦不向彼攻击。如日军违背国联决议,施行攻击,我军仍须抵抗。仰各将士一体遵照等语。特闻。外交部。三月六日。

资料来源:《东省事变之解决方针及措置(二)》,台湾"国史馆"藏"外交部"全宗,第 258 页。

46. 照译日内瓦代表团来电(1932 年 3 月 9 日)

关于议事日程一节,拟请暂缓,以俟国联大会议决案通过后,再行动作。该议决案,或将包括议事日程中某某数项,第四项应包括上海。至第五项以下,上海会议能否处理,殊为疑问。目前之问题系于国联大会通过原则后,应采何方法执行,并邀美国加入。至商洽在日内瓦或中国或华盛顿开扩大会议,以处理第五项以下,并包括李顿氏之报告一节,困难之点系在手续。庆昨演说归纳在场辩论各点,接受开始调解。惟对于大会通过西门氏所建议类似史汀生氏通牒之宣言后,并无进一步之动作,且未提及满洲撤兵之点,则表示反对。相信国联大会定将述及满洲之撤兵,或且宣布盟约已被违犯,如庆所请求者。已转郭次长。

资料来源:《东省事变之解决方针及措置(二)》,台湾"国史馆"藏"外交部"全宗,第 263 页。

47. 照译颜代表自日内瓦来电(1932 年 3 月 12 日)

南京外交部:第二百八十二号,三月十二日。因大会决议案处理整个争执,上海会议最好限于会议日程草案中之首四项,以完成休战。会议工作纯粹属于军事方面,他项事件,英、日或将提出排货及租界之情势等等。我方必须以其为系整个争执中之一部份,或以其为不相关之问题,加以拒绝。美国代表团意见:倘中政府于适当时间,再行宣布不参与及不赞助排货之意,当得世界舆论之同情。扩大会议层须候至国联委员会将协助设法解决争执之协定草案,预备完妥后再谈。

资料来源:《东省事变之解决方针及措置(二)》,台湾"国史馆"藏"外交部"全宗,第 271 页。

48. 照译颜代表自日内瓦来电(1932 年 3 月 13 日)

南京外交部鉴:第二百八十三号。已通知西姆士(大会主席),中国接受大会决议案。而对该决议案将我方所坚持之一切原则归纳在内,表示感谢,并提及三点,即:

(一)在军事压迫下不得解决一节,意即先撤兵而后交涉;

(二)全体会员国有将纠纷提交和平解决之义务,是卸除中国对事态之责任;

(三)会员国对违反盟约公约所造成之局面等情,不予承认一节,当然包括傀儡政府在内。

请将关于最后解决东省问题最低限度要求之意见,予以电示。十三日。

资料来源:《东省事变之解决方针及措置(二)》,台湾"国史馆"藏"外交部"全宗,第 275 页。

49. 照译颜代表自日内瓦来电(1932 年 3 月 17 日)

南京外交部:第二百八十七号。日方宣传在闸北彼等所作之好事,并华方在浏河、嘉定、南翔之敌对行为。最近关于时局,尊处或上海来电颇少,会议消息亦无报告,或误时间,竟迟至昨日。而此间日方先此已声称,当事各方达有秘密谅解。凡此种种,使此间工作极感困难。尤其是传日方提议,而列强附和者,将请今日特别委员会在休会以前,作下列各事:

(一)对上海休战条件表示意见;

(二)秘书处预备说贴提纲,缕述在国际公法内之方法,杜塞日方谓满洲

无保障之借口,俾促撤兵实现;

(三)秘书处预备解决争执之协定草案,俾作四月间委员会讨论之根据;

(四)训令李顿委员会,在四月十日以前,制成第一次满洲报告;

(五)休会期间,应仍将消息供给委员会,于必要时可召集会议。设经当事各方请求,主席有权召集会议。

资料来源:《东省事变之解决方针及措置(二)》,台湾"国史馆"藏"外交部"全宗,第 278—279 页。

50. 照译颜代表自日内瓦来电(1932 年 3 月 28 日)

南京外交部鉴:第二百九十七号。李顿调查团既系国联之机关,若逾越权限,建议承认东省之任何局势,是不啻废弃盟约之一部份,而提出涉及主权、变迁领土之劝告,请予注意。该调查团应研究之问题,显为日方破坏中国行政、攫夺中国公私财产、"二十一条"要求、西原借款以及日方执行并滥用合法及非法之权利与特权。倘上海会议失败,拟往比京访晤西姆士(大会主席)。

另抄一件,归国联调查团。二十八日。

资料来源:《东省事变之解决方针及措置(二)》,台湾"国史馆"藏"外交部"全宗,第 282 页。

51. 照译颜代表自日内瓦来电(1932 年 3 月 25 日)

南京外交部鉴:第二百九十六号。据欧洲报载,南京广东间数生冲突,我方不愿签订停战协定等语。拟请发表否认文件。庆已函达拉特蒙,告以昨日会议因日方谈论议事日程以外事项,故无结果。二十五日。

资料来源:《东省事变之解决方针及措置(二)》,台湾"国史馆"藏"外交部"全宗,第 283 页。

52. 照译颜代表自日内瓦来电(1932 年 3 月 21 日)

南京外交部鉴:第二百九十四号。

请于一切谈判中,牢记下列原则:

一、彭古氏之提议,经三月四日之决议案修改。而三月四日之决议案,又经三月十一日之决议案暨三月十七日会议,予以解释;

二、国联今日之态度,至少不减去年九月间态度之强硬;

三、我方必须保持策略上地位之优越;

四、对于上海所有之决定,亦将适用于东省,是以必须审慎将事;

五、大会准备与列强之私利抗衡。

关于上海会议事,应于日军完全撤退后,并仅于议事日程提议后,始行召开会议。停战条件既经商妥时,尊处可向列强索取议事日程,申述该议事日程,将送达特别委员会。如该议事日程既经同意,而查其内中载有非地方问题,且认为予以拒绝殊属不智时,则提议扩大范围。诚如史汀逊[生]所称:会议或可于他处举行。盖史氏心中或有召开扩大会议,以应付整个纠纷之意也。总之,我方现有之选择,似为不开会议或召开与我方有利之大会。关于停战条件事、停战日期以及特别警备办法之限期,似属最为重要。拟设法使国联观察员或秘书,参与一切交涉。良以现时方法,太为大国所限制也。

资料来源:《东省事变之解决方针及措置(二)》,台湾"国史馆"藏"外交部"全宗,第286页。

53. 外交部致驻日内瓦代表团电(1932年4月2日)

去电第28585号

驻日内瓦代表团:顷接部、次长电称,昨日,英、美公使非正式提出,日方用自动声明或军事长官布告解决期限问题。重光已允考虑,并转商其军事当局。弟尚未松口,但此项办法可望通过。故此时我方可不必提及圆桌会议及其他问题等语。特电接洽。文干。二日。

资料来源:《东省事变之解决方针及措置(二)》,台湾"国史馆"藏"外交部"全宗,第288页。

54. 外交部致驻日内瓦代表团电(1932年4月4日)

去电第28679号

驻日内瓦代表团:电悉。李顿谈话,原系私人交换意见,并未正式决定。

二日上海会议,据部、次长报告,关于撤兵限期,重光声称,是否能□条文或附件规定,尚待东京训令等语,其口气似已松动。圆桌会议,我方暂可不必提及,且视东京态度如何再定。最近国联空气若何。希电复。文干。四日。

资料来源:《东省事变之解决方针及措置(二)》,台湾"国史馆"藏"外交部"全宗,第 290 页。

55. 照译颜代表自日内瓦来电(1932 年 4 月 3 日)

南京外交部:

第三百零二号

顷晤代理秘书长,据云未接李顿消息并询我方对上海会议之态度,渠信我方不热心。庆答称,我方准备履行诺言,但会议必须在日军撤兵之后,至关于会议日程,最好限制于地方问题,设提出不属地方性质之争执事项,则中国或将欲扩大会议,包括整个争端。多数小国赞助我方,反对傀儡政府等等,因恐类似方法传入欧洲也。

资料来源:《东省事变之解决方针及措置(二)》,台湾"国史馆"藏"外交部"全宗,第 292 页。

56. 照译颜代表自日内瓦来电(1932 年 4 月 7 日)

南京外交部:

第三百零三号

因鉴于上海讨论有立即破裂之虞,以及此间诡谲之谣传,谓我方设法脱离圆桌会议,顷正通知西姆斯以:

(一)坚持日军应于限定时期内,无条件撤退;

(二)然后开始圆桌会议。会议日程应限于在日本侵略行为所造成之非常状态中,租界之和平安全诸直接问题,不得强求事外问题之解决,如租界治外权地位之类。设有是项问题提出,则其他事件,如以租界为军事行动根据地问题,整个赔偿问题,以及其他均须讨论。抵货问题亦因不属地方问题,不应成立。

总之,我方须使圆桌会议范围极狭,不然,则须扩大而包括整个中日纠纷。

关于会议日程,钧意如何。乞电示。

资料来源:《东省事变之解决方针及措置(二)》,台湾"国史馆"藏"外交部"全宗,第294页。

57. 照译颜代表三一四号来电(1932年4月17日)

南京外交部钧鉴:关于特别保安队宣言中"为求缓和一般情势,并迅速恢复灾区之安定及事态起见"一段之字句,可否提议删去。因此段足供日人以另一辩论,谓中国自认该区域在战前之情态为非常态,以致影响我方在赔偿问题之地位。关于此点,亮畴兄意见亦同。再,庆恐上海僵局之解决尚需时日。

资料来源:《东省事变之解决方针及措置(二)》,台湾"国史馆"藏"外交部"全宗,第307页。

58. 照译外交部致颜代表电(1932年4月12日)

三一六及三一七号电悉。议决案可以接受。倘日方提出足使议决案无效之保留,务望力请十九委员劝阻为盼。外交部。哿。

资料来源:《东省事变之解决方针及措置(二)》,台湾"国史馆"藏"外交部"全宗,第311页。

59. 照译颜代表自日内瓦来电(1932年4月16日)

南京外交部鉴:尊电第五百五十六号奉悉。"对于忽视促其注意"一句,语气过弱,远不如"宣告撤兵时期已至"等语。新方案殊不足以代替第十一节。且大部对附件四号手续之解释,或被日方反驳,果□则庆应如何答辩。十九委员定明日举行秘密会议,届时,西门氏对全局当予以解释,可无疑义。公开会议大约于星期三举行。诸小国之态度若何,殊难预言。盖以我方骤变方针,至难保持团结。军缩会议之总委员于三星期以内或不开会,但专门委员会,则继续工作,故重要人物当于本星期末离开此处。庆。四月二十五日。

资料来源:《东省事变之解决方针及措置(二)》,台湾"国史馆"藏"外交部"全宗,第316页。

60. 汪精卫致颜惠庆电(1932 年 4 月 28 日)

发电第 29020 号

颜代表骏人先生勋鉴:淞沪停战问题,经我兄折冲坛坫,动中机宜,遂得国联及各小国之正义扶助,国家利赖。此次英公使蓝博辛之修正案,经军政当局数度协议,认为虽略示让步,但与国联决议精神大体无悖,我国领土主权尚无危害。故决定再加修正,表示接纳。盖近来赣、浙驻兵,调援京沪,"共匪"乘隙已陷漳州。而苏、浙一带蚕耕失时,损害甚大。权衡缓急,主张即行解决。尚祈我兄继续斡旋,务□于成,是所企祷。汪兆铭。俭。

资料来源:《东省事变之解决方针及措置(二)》,台湾"国史馆"藏"外交部"全宗,第 320 页。

四、东省事变之解决方针及措置(三)^①

1. 照译郭代表自日内瓦来电(1933 年 12 月 10 日)

南京外交部：

第五百二十四号

因接到被请发言之通知为时迫促，并因演说辞旨须随辩论进行之情形时加修改，致未能摘要先为电达。兹特将关于松冈以日本此次侵占东省，比诸一九二七年英国出兵上海一节，路透电社所传不实之处，再可补充如下：

余声明一九二七年时，适受命充上海交涉员，幸政府训令，对于英军在上海上陆，提出严重抗议。惟有不能不予说明者，即英、日两国之行为，并不真正相同。英国之行为，因当时大规模之军事行动正在进行，公共租界颇有牵涉之可能，故外貌上尚似属正当。至于日本，则无此种饰词可托。且英国并出兵上海，然既未施行总攻击乎，亦未以空军、海军轰炸人烟稠密、毫无防御工程之城镇。对于无辜平民并未施加屠杀，致令玉石俱焚。对于学校及文化机关，并未任意毁坏。在公共租界以外，并未占据中国领土。现日本竟不惮冒此种之不韪，致为世界所唾弃。

余分析，星期三日西门之演说，该项演说即此英人对之，亦甚形激昂，指为亲日，并答复加拿大代表格爱之所言。同时，训令驻英京代办往谒今日可抵伦敦之加拿大首相。对于格爱之演说提出抗议，质问是否真正代表加拿大之态度。余竭力声称，凡一切会商，必须以尊重三月十一日之决议案，为第一主要

---

① 编者按："东省事变之解决方针及措置(三)"卷藏台湾"国史馆"之"外交部"全宗，入藏登录号为 020000001417A。每条电文的资料来源标示原档案中的页码，不再标注入藏登录号，且每条电文标题由文献集编委会根据电文内容制作而成，特此说明。

条件,该决议案具有约束之能力。至李顿报告书第九章,虽挟有巨大之力量,但并未电国联各会员正式承认。中国准备以李顿报告书各该项原则,作为讨论之基础。惟须将九月三十日及十二月十日之决议案,切实实行,并须采取李顿报告书全部之原则。而一切均依照第三项原则,以解释之。

余演说之结论,谓日本重回至以前对于亚洲之方针,即使东方大陆与欧洲完全隔绝,而以武力征服之。与中国国际合作之政策,适相反背。是以"真正"代表亚洲文化者,乃系中国而非日本也。余援引孙中山博士最后一次赴日时,对于日本人民领袖之呼吁:即请我二民族之往来,宜以王道为圭臬,排斥霸道。中国尚望日本人民此种之扶助,扑灭军国主义与中国合力通作,维护远东和平,予国联以忠实之辅助。路透社所载其他各节,尚属真确。尊处是否须再详电。(密码)西门现正努力求解决之方法,我方坚持应依照所举各节,将基本问题先为解决,特维斯(Davis)对此亦表赞同。泰祺。九日。

资料来源:《东省事变之解决方针及措置(三)》,台湾"国史馆"藏"外交部"全宗,第6—7页。

2. 中国驻日内瓦代表团致外交部电(1933年1月13日)

来电第424578号

南京外交部:急。十二日。五百九十六号。

译转中央通信社,汪精卫在日来弗①发宣言。中国对于暴日侵略,确定交涉与抵抗并行之方针。所谓交涉与所谓抵抗,虽似相反,实则相成。盖中国为国联会员国之一,有遵守国联规约确保世界和平之义务。虽遭日侵略,此志不渝,并深信同为会员国之各国,及签字于华盛顿条约、凯洛【格】非战公约之各国,亦必以遵守国际公约,确保世界和平为重。对于日本之侵略,必能确定有效之办法而实施之,以期达此项目的。所以中国始终信任国联,听候解决,此为交涉之本旨也。惟在此期内日本如侵略不已,中国为领土主权、人民生命财产计,断难坐受其侵凌,不能不奋起而为正当防卫,此为抵抗之本旨也。交涉与抵抗实为相须而行,缺一不可。中国自遭暴日侵略以来,一面诉诸国联,一

---

① 编者按:指日内瓦。后同。

面申命封疆将吏尽其守土之责，不挑衅，亦不屈服，其理由根据实在于此。

自九一八以来，国联对于东北事件所有决议，日置若罔闻。中国政府及人民，一面极愤日之横蛮无理，一面对国联之优柔不断，不能不十分系念。自"一·二八"事件后，全国愤怒更达于极点。十九路军奋勇抵抗于淞沪，全国风起云涌以从之。然其遵守国联规约，确保世界和平之志，依然不改。故于一面极力抵抗之际，仍一面欢迎国联调查团之来临，以期得公道与和平之解决。

国联调查团报告书发表后，对于日本之无理侵略，满洲伪组织之傀儡行动，阐发无遗。真相既明，公论随定。中国政府及人民虽对于报告书所拟办法不无意见异同，致憾于办理虽明，而制裁之力仍薄弱。然亦无不愿接受其大体意见，而开诚商量。而日本对之则默然不顾，倒行逆施，日以加甚。明知十九委员会将于一月十六日开会，而竟于一月二日，聚海、陆、空军之力毁山海关，重挑战衅。此举不但使中国政府及人民深知日本绝无觉悟之时，非竭其全力与之为殊死战，绝无以自拔于危亡。同时，并使中国政府及人民，对于国联之能否履行盟约，确保世界和平，认为已至于最后之界线。倘国联至于此时，尚不能确定有效之办法而实施之，则中国政府及人民，向来所持交涉与抵抗并行之方针，将自觉其不能继续。质言之，则所谓交涉，将至于全然绝望也。抑此不独关系于中国之危急存亡而已，即国联自身存亡之价值，亦有系于是。国联基于维持世界和平之目的而发生存在。今若对于中、日两会员国之争端，不能为公正之判断与有效之处置，则原来之目的既已违反，且此后若有效尤者，未知何以制之。是和平之理想已成泡影，而后此战祸正无穷也。

中国向为爱好和平之民族，日本宣传中国人民抵制日货之举，此系日本之侵略中国使然。日本不求其所以然，而但欲中国政府强制人民为此消极的爱国之举动，甚且指此可悲的爱国之举动为扰害和平，尤甚者且扩大宣传谓中国国民党之民族主义，为危害世界和平。殊不知中国国民党之民族主义，其意义、内容，具见于总理孙先生民族主义讲义中，乃基于博爱、平等之理想。□中国民族，须努力担负文明国民应尽义务，以期享受文明国民应得之权利，以中国之自由平等为基点。（待续）

资料来源：《东省事变之解决方针及措置（三）》，台湾"国史馆"藏"外交部"全宗，第8—12页。

3. 照译颜、顾二代表自日内瓦来电（1933 年 1 月 16 日）

南京外交部：

一月十六日，第六百零二号。

顷晤西姆斯，渠阅读我方之函并云：

渠服膺两项原则：

（一）维持盟约；

（二）不受理论之影响，至任远东发生大战。

庆等指明该函之用意：

（一）请其注意我方修正案之重要；

（二）传闻原案有所修改，我方对此极为挂怀。该项修改既不公正，倘属实有其事，则将使调解为中国所不能接受。

庆等并询以：实在情形究竟若何？渠云：我方修正案大都关于字句，并非主要。庆等因指明我方修正案之意旨，渠表示知悉。至关于修改，渠云：日方所提之修正案，绝难接受。但最近接谈，前途似较有望。现已另提议案，促日本接受。该案大意，虽不特别指谪[摘]日本、"满洲国"。但以笼统之措词，提及作为调解基础之原则，内有一项系关于满洲之自治，应不违反中国主权领土完整。庆等坚持谓：如欲调解成功，必须各方首先了解者，为"满洲国"之必须取消。调解不能接受，代表团亦将退席。再者，如欲将国联与日本所事先私相同意之立场，强我方以接受，亦为我方所必不容。渠称：倘有任何新提案，自当与中国以充分时间加以考虑，但现时不便泄漏耳等语。就今日会谈大致情形而言，证明前次报告所见无误。本日，委员会开会，仅报告进行情形。要人抵此者，只西门一人。颜、顾。

资料来源：《东省事变之解决方针及措置（三）》，台湾"国史馆"藏"外交部"全宗，第 13 页。

4. 外交部致日内瓦中国代表处电（1933 年 1 月 20 日）

去电第 34145 号

日内瓦中国代表处：

应歌兰①十五日来晤,谓奉令请注意华北英侨,嗣询榆事,我方究有进行否,对国联政策及抗日武备若何。部长答以:英侨事,已于本月十日节略中答复。榆事与东案不可分开,绝不能以地方问题,先行局部解决。我对国联是希望公平主张,其余则求之在我。国联解决如不能满意,当另有办法。至于抵抗,只问肯否牺牲,其余在所不计。十七日,来探国联近情及我国有无退出之意,经告以国联怕日本退出,何以不怕中国退出。在会可得同情一节,闻之已久,最好有事实证明。吾人希望公平一年有余,一旦失望将取如何态度,自身亦不能知。连日,英报舆论对华感情甚劣,深恐发生反感。前请疏通对西门之攻击,此后恐无法疏通矣。特闻。外交部。

资料来源:《东省事变之解决方针及措置(三)》,台湾"国史馆"藏"外交部"全宗,第14页。

5. 照译颜顾郭三代表自日内瓦来电(1933年2月17日)

第九十八号,二月十七日。

南京外交部:

报告书之效力及其所牵涉之事项,尊处详细研究之后,请将应取政策示知,以便遵循。余等以为,报告书于我方不利之点有三:

(一)撤兵一节,完全系乎日本承认开始会商,并同意从事组织上述之撤兵。至关于撤兵方法步骤,及其他各细目亦同。会商范围之性质,较一九三一年十月二十四日决议案尤为广阔。可旁及在满洲不驻兵,及组织宪兵诸问题。

(二)日本如或拒绝接受建议,应如何应付,报告书内并无规定。此种弊病,其一部分虽经末节予以补救,然殊为不正。

(三)如我方承认满洲自治之宣言,其发表在日本接受报告书之前,是不啻等于加我国以惩罚。应明白载明,此种宣言发表,须在日本明白表示接受报告书全文之后。

(四)十九国委员会声说满洲特殊之情形,似陷于进退维谷之地位。既欲维持盟约神圣之性质,而又畏惧实行第十六条制裁之办法。因日本在满之利益,既经条约明白确定。而他方面,盟约所载为原则普及之性质,势又应予承认也。

---

① 编者按:指 E. M. B. Ingram。

至有利于我方之点为:

(一)确认中国在满洲之主权。

(二)各会员国允诺,在事实上及法律上,对于"满洲国"均不予以承认,并遏制采取单独行动,各该国间应继续采取一致动作。

(三)明白非难日本军队在铁道区域以外之军事行为,及维持并承认"满洲国"二事。

如此,他方亦同样接受报告书,为接受报告书之条件,则在日本未接受报告书以前,我方之接受报告书对于我方并不具有约束之能力。在大会中,应将此点确切之解释,设法切定之。

我方向国联声请,其主要之目的为报告书。现报告书予我以行动之自由,虽然我苟不决意以自身之力量,卫我国土,则报告书之价值将消于无形,足使我过去十七个月之政策,等于毫无意义之举动也。

惠庆、维钧、泰祺。金。印。

资料来源:《东省事变之解决方针及措置(三)》,台湾"国史馆"藏"外交部"全宗,第15—16页。

6. 外交部致日内瓦代表团、华盛顿施代表电
(1933年2月24日)

立法院秘密通过,建议立即与日本断绝外交关系之决议案。该院委员认为国联之所以不愿采取经济制裁,实因中国自身与日方,仍有外交上的往来。各委员对于此项建议,以为有以下列之□点:

(一)予国防上以便利;

(二)领事治外法裁判权问题得以解决;

(三)不利于我方之条约可以取销[消];

(四)排货之能完全施行;

(五)盟约国及九国公约签字国,将引用经济制裁。

此项建议,已经提出国防委员会讨论。关于该委员会之组织,容另电奉达。该委员会又将此项问题提交本部审查,签注意见。故于郑重考虑之际,特电询卓见,以及各法律专家之意见。立法院建议之第(二)及第(三)两点,就国际法言之,自然不能允可。而最应加考虑之点,即我方断绝外交后,是否各国

有实行经济制裁之可能。驻外各代表之所言,于政府方面具有相当之力量。希于数日内,即行电复为荷。

资料来源:《东省事变之解决方针及措置(三)》,台湾"国史馆"藏"外交部"全宗,第 17 页。

7. 照译顾郭二代表自日内瓦来电(1933 年 3 月 3 日)

南京外交部:

关于断绝外交关系一事,兹提议应采取下列步骤:

第一部

(甲) 撤回东京驻使及馆员,宣言鉴于日方继续其侵略之行为,加以现复侵入热河,维持外交关系,殊无何种有益之目的,徒使世界发生误解。似应与友好各国商订办法,请其代行照管中国在日之利益。

(乙) 日本驻华公使及馆员,给予护照;

(丙) 照会日本,请其召回依据《辛丑条约》在华驻兵。如日本不予召回,则嗣后所生结果,日本应负其责并保留采取必要步骤,以防卫该项之结果。

(丁) 通告国联及非战公约与华盛顿条约各签字国;

(戊) 将(丙)项所开各节,通知《辛丑条约》签字国。请其劝告日本,遵从中国请求。

第二部

(甲) 自通过最后报告书及接受建议三个月期满后,即五月二十五日,召回中国驻日领事。

(乙) 日本驻华领事,同样给予护照;

(丙) 要求收回日本租界,以便予以保护;

(丁) 完全断绝外交关系及经济关系,包括商务、航业、保险事业、银行事业等等。

第三部,在　·二两部之间

(甲) 计划撤退或保护本国在日侨民;

(乙) 准备将内地日侨撤退使其集中通商各口,以便保护;

(丙) 准备收回日本租界;

(丁) 对于商家方面,应有相当之准备,以便完全断绝外交及经济关系;

（戊）与俄、美两国互相接洽，以求直接物质上之扶助；

（己）催促国联使其采取道德上、外交上、经济上同时进行之裁制；

第四部，解释

断绝外交关系之"关系"二字，普通系包括领事。但关于本案，此举应暂从缓。其理由如下：

（一）美国新总统对于考量应采政策，须有相当时间；

（二）国联同意采取共同裁制办法，程序不能迅速；

（三）竭力避免日本在中国本部，藉口保侨采取报复办法。

颜代表已于昨日离此。上述各节，系与颜代表讨论后，所得之结果，并已得其同意，希提请政府酌夺。一有决议，盼火速电复。维钧、泰祺叩。

资料来源：《东省事变之解决方针及措置（三）》，台湾"国史馆"藏"外交部"全宗，第18—19页。

8. 日内瓦颜顾郭致外交部电（1932 年 12 月 15 日）

来电第 41205 号

南京外交部：五十二。密。

呈三中全会国民政府钧鉴：并密转各省党政军领袖钧鉴：此次国联大会讨论中日问题。各方对日本之违约侵略行为，及其手造主持伪组织各点，均已公认。但日代表松冈作军阀之喉舌，以武力为后盾，只知张大其词，不顾公理。对国联则极端蔑视，对我国则肆意诋毁。历述中国养兵二百余万，为全世界冠。连年兵士自相残杀，将领互为仇雠。勇于内战，怯于对外。国家无组织，民族如散沙。统一不可期，强固中枢之建立更无望。自华府会议迄今，历时十余载。中国不惟毫无进步，且每况愈下。此外侮蔑恫吓之词，不一而足。代表等虽一一痛加驳斥，但一般印象，视日本如疯汉手持利刃，莫敢撄其锋。视我政府如病夫，四肢麻木，爱而莫能助。更堪骇异者，昨日，日代表松冈通告国联，谓山海关之冲突，已于十日午，由中日军事当局，协商解决。华方道歉，并负责取缔义勇军与抗日运动云云。此讯果确，不特上述各种印象益深刻化，而我外部十一日向日使所提之抗议，与代表等最近在国联所发之言论，都成笑谈矣，曷胜悲欢。代表等默察现势，深信东案解决，万难完全依赖国联。将来最多得一道德上、法律上之裁决。以后做法，全赖我政府与人民下最大决心，作最大努力。

不特澈底①抵制日货,并由各方抽调劲旅守卫热河,万勿使其为东省之续。榆关方面,敌如再犯,亦应坚决抵抗。一面积极援助东北义勇军,勿使其被各个击破。语云:"求人不如求己。"西谚曰:"天助自助者。"吾人必须充分表现自卫自救之精神,始可抱世界之同情,得国联与友邦之援助。收复失地,挽回国运,胥赖于此。用敢披肝垂涕以陈,敬祈检察。否则,代表等在外虽舌敝唇焦、含垢忍辱,亦无裨于党国。惟有束身司败,敬谢不敏矣。颜惠庆、顾维钧、郭泰祺。十四日。

空白处系电码不明无法校译,已请电局校对矣。电报科谨注。

资料来源:《东省事变之解决方针及措置(三)》,台湾"国史馆"藏"外交部"全宗,第20—22页。

9. 照译颜代表自日内瓦来电(1932年12月4日)

南京外交部:

十二月四日,第四百九十九号。

倘在大会期间或大会后,有提议和解,或提议依照报告书所述之途径,会同中立国共同谈判时,则我方于加入此项谈判之前,究应坚持何项基本原则为条件。又或此种先决条件,为事势所不许,仅能由双方于加入谈判之时,附带某种保留。而对于此种保留,彼此应具了解。在谈判结束之前,必须得一满意解决,则对于谈判,我方能否同意加入,或竟予拒绝之处。统乞示遵。

资料来源:《东省事变之解决方针及措置(三)》,台湾"国史馆"藏"外交部"全宗,第23页。

10. 照译外交部致日内瓦中国代表团电(1932年12月8日)

十二月八日发(原文系英文)

十二月八日,第八百二十号。

我方对于第一决议案草案,可予接受,并须坚持一至六六②节。至第七节所载之调解办法,如势难避免,则我方希望,将该节与第二草案乙、丙两节合而

---

① 澈底:"澈底"今作"彻底"。后同。

② 编者按:原文如此,应该是"一至六节"。

为一,并提及第十五条第四节,如属可能,尚望加入——定①之期限。再,路透电称,西门演说,似有缺漏之处,请将全文电示。

资料来源:《东省事变之解决方针及措置(三)》,台湾"国史馆"藏"外交部"全宗,第 28 页。

11. 照译颜、顾、郭三代表自日内瓦来电
(1932 年 12 月 11 日)

南京外交部:

第五百二十七号。

十二月十日,易纨士既然接受"满洲国"顾问之职,庆等以为海关应即停止其养老金。至对于该外人李伯鋆一节,拟请着法学专家,检查其所主编远东时报之发行权,以便撤销[消]该报之邮递便利,并请通令各驻外使领馆,对其回华护照不予签证。请将国内报界舆论对英外相西门氏演说之反响节要,于星期一前电示为祷。惠庆、维钧、泰祺叩。

资料来源:《东省事变之解决方针及措置(三)》,台湾"国史馆"藏"外交部"全宗,第 34 页。

12. 外交部致日内瓦代表团电(1932 年 12 月 13 日)

去电第 33130 号

密。日内瓦中国代表团:张委员学良十三日电复本部称,上年沈变发生,当以日方真意未明,遂不惜隐忍应付,期免扩大。不□日方野心日炽,虽经提请国联制裁,乃迭次裁决毫无实效。诚所谓弱国无外交,世界无公理。为今之计,舍自救外无他良策。日方倘再进扰,惟有督率三军,竭力周旋。成败利钝,在所不计等语。特电达。外交部。十三日。

资料来源:《东省事变之解决方针及措置(三)》,台湾"国史馆"藏"外交部"全宗,第 36 页。

---

① 编者按:原文如此,应该是"一定"。

13. 日内瓦顾代表致外交部电(1932 年 12 月 14 日)

来电第 41149 号

发电:1932 年 12 月 14 日 1 时 25 分

收电:1932 年 12 月 14 日 10 时 15 分

南京外交部:五百三十九,并转张主任勋鉴:十二日,松冈以行政院代表名义函国联。山海关事,停止射击后,地方平静。避往日营之日人,九日晨各自归家。十日午,何柱国与日当局议定条件:

(一) 承认射击日本铁甲车,系中国第九独立旅所为,业经华方道歉;

(二) 中国军事当局,严防此项事件再见;

(三) 中国军事当局,严格取缔仇日行动;

(四) 中国军事当局,负责取缔义军"乱贼"。

条件虽已议定,南京外交部于十一日,违反该条件业已确定之事实,仍向驻华日使提出抗议云云。查大部十二日电及张主任十一日电,仅云谈判已有解决途径。日代表函述各节确否,真相如何。乞速电复为祷。钧。

资料来源:《东省事变之解决方针及措置(三)》,台湾"国史馆"藏"外交部"全宗,第 37 页。

14. 照译颜代表自日内瓦来电(1932 年 12 月 14 日)

来电第 41185 号

南京外交部:五百四十号。十二月十四日,日方在大会中散布其所谓何柱国将军与日当局十日中午签定之协定:

(一) 中国方面对于向铁甲车射击事道歉;

(二) 中国方面采取严格办法不使再有此项事件发生;

(三) 禁止一切反日运动;

(四) 中国军事当局负责监视义勇军行动。

日方又宣言,虽经前定此项协定,中国方面违背其在该宣言内所已定之事实,于十一日向驻华日使提出抗议。庆。

资料来源:《东省事变之解决方针及措置(三)》,台湾"国史馆"藏"外交部"

全宗,第 39 页。

15. 日内瓦颜、顾、郭三代表致外交部电
(1932 年 12 月 15 日)

来电第 41237 号

发电:1932 年 12 月 15 日 14 时 23 分

收电:1932 年 12 月 16 日 0 时 40 分

南京外交部:五百四十五号。国联懦弱无能,日益表露。吾人至相当时机,如议决案与我方希望相距太远,须有坚强之表示或由代表团退席辞职,或由政府表示变更政策之意。以国联既不能公平解决东案,中国只得另谋出路,同时采取积极自卫自救办法。再,国联及英法各方,对中俄复交均极重视,甚至疑虑我国改变政策之趋向。吾人不妨根据上述各点,一面由三中全会作一种表示。同时,由报界主张与美俄合作,另谋解决途径,表示不信赖国联之意。设法由外通信社,将此种论调,转电欧美。惠、钧、祺。十五日。

资料来源:《东省事变之解决方针及措置(三)》,台湾"国史馆"藏"外交部"全宗,第 41 页。

16. 日内瓦吴秀峰致外交部电(1932 年 12 月 15 日)

来电第 41238 号

发电:1932 年 12 月 15 日 18 时 25 分

收电:1932 年 12 月 16 日 8 时 42 分

南京外交部:五百四十六号。请转广州陈总司令伯南钧鉴:国联大会列强以中分裂,迁就日本。小国虽倡公道,难济于事。尊处如能宣言巩固中央,积极备战,并电我国代表转国联,否认宣言分裂,外交上收效极大。一言利国,想必乐为也。吴秀峰。

已由电报科转。

资料来源:《东省事变之解决方针及措置(三)》,台湾"国史馆"藏"外交部"全宗,第 42 页。

17. 照译颜、顾、郭三代表自口内瓦来电
(1932 年 12 月 16 日)

来电第 41252 号

南京外交部:第五百五十一号。十二月十五日。经初步研究之后,拟将第一决议案修改如下:

第一句第四节"会商以求解决"字样之后,拟改为"就调查团报告书前八章所载事实之所昭示,根据本年三月十一日决议案所订之原则,以及该报告书第九章所提之原则。且顾及该报告书第十章所提之建议"拟先要求将"注意及第十章"一节,予以删去。第二句末节"此项限期委员会"等字样之后,拟改为"于递送其报告或十九国特别委员会报告之际。同时对限期一节,将有所提议,以备呈交大会。此项限期,如须拟具报告,应依照盟约第十五条第四节之规定,自递送报告日期起,不得超过一个月"。友好者声言,决议案有修改之余地,但劝不可绝对予以拒绝,特拉蒙所言亦同。庆等以为,在最后决定之前,如有向尊处征询意见之事,拟请表示不满。惠庆、维钧、泰祺叩。

资料来源:《东省事变之解决方针及措置(三)》,台湾"国史馆"藏"外交部"全宗,第 44 页。

18. 照译日内瓦代表团来电(1932 年 12 月 16 日)

来电第 41290 号

南京外交部:第五百五十三号。国联大会决议草案,第一句第八节"会商之进步"等字样,改为"其工作"等字样。该字样或含有最后报告之意义。

资料来源:《东省事变之解决方针及措置(三)》,台湾"国史馆"藏"外交部"全宗,第 46 页。

19. 照译颜、顾两代表自日内瓦来电(1932 年 12 月 17 日)

来电第 41325 号

南京外交部:第五百五十五号。十二月十七日。庆等今日曾晤十九委员

会代理主席狄维尔氏。经将本日等电开示四点向彼解释,并提起我方前此所通知之基本条件,即:

(一)"满洲国"不得继续存在为必不可少之条件;

(二)三月十一日之决议案;

(三)注意调查团报告书前八章;

(四)大会最后报告之时限;

(五)依据行政院一九三二年九月及十二月之决议案应付东省之现状。

并提议:

(一)将解释于[与]决议草案合并(大概系指附决议草案之理由说明书);

(二)说明上列第三点之理由;

(三)根据盟约规定之理由,说明时限之重要;

(四)坚持维持十九委员会指明日方未曾表示愿意接受调解或提示任何基本条件,在此种情形之下,调解乃系形式而已。

狄维尔称:日方提出反对之点甚多,其最重要者为不承认"满洲国"之事。日方对新调解机关表示可以接受。惟反对邀请美俄两国,其理由谓该两国非国联会员国,仅有权利而无义务。起草委员会昨日集议,寻求对日让步之方法。有将关于此点之方式,改为以大会一方面声言出之之意向。我方坚持第一点为原则问题,并请将日方反对之理由抄示一份。彼称:彼将与特拉门①接洽。关于十九委员会一节,彼称决议草案未云解散,故必仍旧存在。起草委员会今日将召开会议,十九委员会将于星期一开会。班纳斯已离日内瓦,由瑞典代表翁登氏继任。庆等以为日方最反对不承认"满洲国"之事,且不欲预定基本条件,显欲拖延。惠庆、维钧叩。

资料来源:《东省事变之解决方针及措置(三)》,台湾"国史馆"藏"外交部"全宗,第51—52页。

20. 照译颜代表自日内瓦来电(1932 年 12 月 18 日)

来电第 41339 号

南京外交部:急。第五百五十七号。当遵训示,设法修正。但恐日方亦将

---

① 编者按:指特拉蒙。又译为德拉蒙德等。

同样提出修正。而结果因我方之软弱，反于我不利耳。设竟如此，则彼时我方是否即将以决议案及声明书原案，作为最低限度，而予以接受？至于以不承认"满洲国"为先决条件一层，尊意是否尚须坚持。统希示复。

资料来源：《东省事变之解决方针及措置（三）》，台湾"国史馆"藏"外交部"全宗，第 54 页。

21. 照译颜代表自日内瓦来电（1932 年 12 月 18 日）

来电第 41340 号

南京外交部：十二月十八日，第五百五十八号。在策略上，我方如在大会公开会议时提议修正，似较之在起草委员会秘密会议席上提出为善。本日，该委员会又在考虑日方提出之修正。

资料来源：《东省事变之解决方针及措置（三）》，台湾"国史馆"藏"外交部"全宗，第 56 页。

22. 外交部拟致日内瓦代表团电（1932 年 12 月 19 日）

去电第 33251 号

五五七及五五八两电均悉。任何决议较原草案犹不如者，吾方绝难接受。我方修正案仍须坚持，但如十九委员会或大会，对于中日两方修正案概予拒绝，则我方可以接受原案与理由书。但仍须就第十章及十九委员会之地位，声明保留。同时，对于最后报告之限期，须再申述吾方立场。但如日方修改案，十九委员会或大会拟予以有利之考量时，则我方应坚持伪国之否认与解散，为任何商议之先决条件，及最后报告应确附限期。顷又接五五九来电，调解步骤现已证明无效。十九委员会应请其宣布延会之理由一层甚是。此时，应使大国了解，实行盟约第十五条第四节之必要。

资料来源：《东省事变之解决方针及措置（三）》，台湾"国史馆"藏"外交部"全宗，第 58 页。

23. 日内瓦支部致外交部电(1932年12月20日)

来电第 41411 号

呈备参阅。南京外交部:五六四请转三全会。国联特会列强藉口我国分裂,袒护日本。小国虽倡公道,于事无济。唯一出路在精诚团结,中央集权,共赴国难。积极援助义军,抵制日货,守卫边围。如事仍袭不抵抗主义,无异投降卖国,置外交于绝境。应请中央严申纪律,以振人心而挽国运。日内瓦支部。

资料来源:《东省事变之解决方针及措置(三)》,台湾"国史馆"藏"外交部"全宗,第 59 页。

24. 照译我国代表团自日内瓦来电(1932年12月22日)

来电第 41511 号

第五百六十八号。十二月二十二日。南京外交部:据最近消息,特拉蒙亦深信调解之不可能。故正月开会时,国联将不能不出于缮发最后报告书之一途。为免使中国不致陷入一种之地位,对于不利之报告书,将来拒绝接受起见,现在似即应疏通德、意、瑞典、瑞士各国,使为我用。

兹提议,由尊处电令我国驻瑞典使馆开始进行。至德国方面,似应电促孔专使兼程前往柏林,或再赴罗马一行。特拉蒙已返英国,将于一月四号重返此间。郭公使亦已首途赴英。余或有捷京之行,走谒班纳斯(Beneš)。

资料来源:《东省事变之解决方针及措置(三)》,台湾"国史馆"藏"外交部"全宗,第 61 页。

25. 照译中国代表团自日内瓦来电(1932年12月27日)

来电第 41659 号

第五百七十二号。十二月二十七日。南京外交部:本日致备忘录于秘书长特拉蒙,提议作下列之修改,并说明该项修改,并不损及我方所已声明为求公允解决之基础:

（一）决议案第一句第四节，照十二月十六日，第五百五十一号电修改。惟于该报告书第九章……诸字样之下，加入"且须特别顾及，不能以维持并承认满洲现存制度为一种解决之办法"。

（二）末第二句，照第五百五十一号第三项同样修改。再，理由声明书末节，将"仅予恢复……"诸字样，改为"一方面完全尊重中国主权及领土行政之完整，惟一方面仅于恢复事实之原状"……代表团叩。

资料来源：《东省事变之解决方针及措置(三)》，台湾"国史馆"藏"外交部"全宗，第 63 页。

26. 外交部致日内瓦颜代表电（1933 年 1 月 6 日）

去电 33736 号

日内瓦中国代表团：五百七十八号电悉。日方致国联函，意在为进攻热河、平津预占地步。希查照近日去电，予以驳斥。榆关事，本部已电张汉卿，请其继续尽力抵抗。如日方□谓，此次并非预定计划，则应命日军退出榆关为最低限度之表示。外交部。

资料来源：《东省事变之解决方针及措置(三)》，台湾"国史馆"藏"外交部"全宗，第 73 页。

27. 日内瓦代表处致外交部电（1933 年 1 月 7 日）

来电第 42154 号。南京外交部：国民政府西南政务委员会常务委员来电如下：

日陷榆关，国人认一切和平调解绝望，应向国联声明：

一、如远东和平破裂，当由日负责；

二、一线蔓望在国联能履行盟约第十六条规定；

三、如国联不履行此规定，今后一切严重事变当为国联负责等语。

应如何办理，乞示遵。代处。

资料来源：《东省事变之解决方针及措置(三)》，台湾"国史馆"藏"外交部"全宗，第 74 页。

28. 外交部致日内瓦代表团电(1933 年 1 月 9 日)

日内瓦中国代表团顾代表勋鉴:接张委员学良齐电称,事至今日,除誓死抵抗,别无求存之道。弟早下决心,义无反顾迭饬前方将士,切实遵照。统希释注并嘱转达等语。外交部。

资料来源:《东省事变之解决方针及措置(三)》,台湾"国史馆"藏"外交部"全宗,第 77 页。

29. 照译颜、顾、郭三代表自日内瓦来电
(1933 年 1 月 10 日)

来电第 42350 号

南京外交部:一月十日。第五百九十一号。据报,日本意欲提出辛丑条约问题,要求中国军队退出平榆铁路沿线两侧二英里以外。拟请采取下列三项外交动作,为预防此举先发制人之计:

(一)再向日本提一抗议:以即辛丑条约亦绝未尝许可日本,使用平榆沿线各地点,为攻击中国之军事根据地。日本此种举动,对于该约之文字精神,均有严重之违反。促其将日本军队及使馆卫队,立即自北平、天津、山海关及沿线其他各地点撤退。

(二)以同样照会,分致该约现有之签字各国:

(甲)指明日本以辛丑条约为词,陆续增兵,并集中大批军队于平、津两地,并不断举行夜操。最近攻击占领山海关之役,以辛丑条约名义,驻在该地之日本军队竟亦参加。似此悍然违犯辛丑条约之举动,对于华北之和平与安全实有严重之危险;

(乙)通知各国,照中国之意见,应停止日本在该约 I、G、A、J 各条款下之权利,并请各国设法使该项日本卫队军队撤退;

(丙)声明:倘日军不撤,中国鉴于过去十五月中,日本在满洲及他处之侵略行为,以及最近山海关事件,在在证明日本破坏中国领土、政治独立之阴谋。对于因日本军队在华北之不轨行动,该路沿线发生冲突所致之结果,不能负责。

（三）将上述照会正式送致国联。

颜、顾、郭

资料来源:《东省事变之解决方针及措置(三)》,台湾"国史馆"藏"外交部"全宗,第81页。

30. 日内瓦颜、顾、郭致外交部电（1933年1月11日）

来电第42358号

发电:1933年1月11日2时15分

收电:1933年1月11日13时55分

南京外交部:五百九十三。请转国民政府钧鉴:密。东案发生已逾一载,人则得步进步,我则节节退让。人为刀俎,我为鱼肉。抵抗之声愈高,疆土之蹙愈甚。去年十二月初,山海关之役,惠等一度奉令向国联严重陈词,而地方军官已于前一日签订协定。兹者山海关告陷,已将十日前者之侵我门户者,今且入我堂奥,国民惶恐,全球震惊。加之,我国应付办法,迄无所闻。各方纷来询问,苦无以答。乃今日联合通信社,忽有何柱国与三浦参谋在山海关直接交涉之讯,消息传来,愈增惶惑。顷得部电否认,稍释忧虑。窃念山海关为华北屏蔽,天险一失,平津震动,并非局部之地方问题。收回失土,端待奋斗。即赖运用国联助我,亦必先示我自助之决心。

况彼日人处心积虑,实行其并吞中国之传统政策。即再屈服,宁能苟安。去年山海关协定,口血未干,敌兵又进,可谓殷鉴矣。抑惠等更有进者,国家养兵二百万,失地已了,收回有待。友邦观察佥谓:强暴固属可憎,而我不考究努力,听人之宰割亦未免可耻。一年以来,我国迭请国际联合会主持公道,顾天助自助者。我国人苟不积极奋斗,则事实已成,恐国际联合会与友邦亦爱莫能助。应请拒绝局部忍辱了事之外,更与地方长官,熟筹全局,积极收回榆关,徐图恢复东省,以减列邦之鄙视,而增国际联合会之助力。不胜盼祷之至。惠、钧、祺。十一日。

资料来源:《东省事变之解决方针及措置(三)》,台湾"国史馆"藏"外交部"全宗,第82—83页。

31. 日内瓦郭泰祺致外交部电(1933 年 1 月 10 日)

来电第 42351 号

发电:1933 年 1 月 10 日 21 时 45 分

收电:1933 年 1 月 11 日 10 时 20 分

南京外交部:九十二。弟今晨自南德谒汪先生。此时,渠病大愈,惟因榆关事,甚忧愤切,□全国决心抵抗,并示谋局部解决,今日欲求苟安,决不可得。渠决提前归期,但医言肝内虫尸甚多,须洗除肝部创处,须疗治最少尚须三星期,始可保病不复发,已于今日首途赴"CALSBAD"。特闻。泰祺。十日。

资料来源:《东省事变之解决方针及措置(三)》,台湾"国史馆"藏"外交部"全宗,第 84 页。

32. 日内瓦戈公振致外交部电(1933 年 1 月 12 日)

来电第 42443 号

发电:1933 年 1 月 12 日 17 时 17 分

收电:1933 年 1 月 13 日 7 时 00 分

—续前—①

以世界大同为究竟,此正有裨益于世界和平者,何危害之有。惟吾人不能不郑重声明者,中国固爱和平,然所爱者为正义之和平,公道之和平。若欲以暴力迫害中国,使陷于屈服之深渊,则中国民族不能不为正义之和平与公道之和平,而不断得奋斗也。日本方面之宣传,谓中国无组织、无现代国家所具备之能力。吾人对此等污蔑,多不能承认。即有一二近似者,吾人并不讳言,且我人现在正努力以改善之矣。惟吾人尚不能无言者,数十年来中国进步迟滞,其最重要之原因为何,非日本阻碍之力乎。中国艰难获得之进步,每为日本以暴力摧毁之,务使之夭折而后已。

去岁,"一·二八"之役。淞沪一带中国所组织之文化机关如大学、如图书

---

① 编者按:接续"四、东省事变之解决方针及措置(三)"第 2 条"中国驻日内瓦代表团致外交部电",参见本册第 144—145 页。

馆,经济机关如纱厂、如各新兴工业,莫不为日本之飞机炸弹毁坏殆尽。此等建设物,既非军事设备,而非日本飞机之投掷炸弹,显然目的有所专注,而非无意波及者。日本不欲中国自进于现代国家之完善区域,先之以暴力摧毁,继之以毒口中伤,其确证如此。抑尚有进者,中国有四千余年之历史,为东洋文化之□干,其一切风俗,与西洋文化不能尽同。中国固努力以期模仿西洋文化之长,然于其固有之文化亦不能一概抛掷。故所谓现代国家之标准,将来或须再行估定。若历举一二为西洋现代国家所有,而中国尚阙如者,即以之指证为中国无现代国家资格,非笃论也。姑不具论,以中国有如此悠久之历史,盖以土地之广,人民之众,一旦断绝于世界和平之维持,悉其全心力以与日本为长期之奋斗,处处抵抗。中国之牺牲固大,而其精神上、物质上所及于世界者,其影响之大,亦不待言。况杀机一开,又岂仅限于中日两国乎。此不能不望主持世界和平之机关,及主持世界之舆论代表者注意及之也。振。(续汪院长宣言)

资料来源:《东省事变之解决方针及措置(三)》,台湾"国史馆"藏"外交部"全宗,第85—88页。

33. 照译外交部致日内瓦中国代表团电(1933年1月15日)

第四十八号。尊处来电,截至一月十四日第六百号止,均已照收无误。在上星期内,我方沿北平至山海关铁道,集中巨额军队。蒋委员长亦派遣重兵,开赴河南。业已准备一切,作强有力之抵抗。余个人意见以为,我现在日内瓦,仍应持强硬态度,表明调解既系不能,国联唯一办法,惟有援用第十五条第四节,对于"满洲国"声明不予承认。至于我方,则当竭力所能,从事抵抗。唯国联显在制成一措辞软弱之方案,敦促日本予以接受,置我国利害而不顾。如告成功,则设法将该方案强我承认。余不信日本肯接受李顿报告书第九条,不加保留。顷阅报载消息,凡各项措词①,苟载有不承认"满洲国",及邀请非国联会员国加入委员会议字样等,日本将均不接受。特拉蒙似过于乐观,关于我方应采途径,现日内瓦一般舆论若何?上述方案如经日本接受之后,强我承认,我苟采取倔强态度,尊意以为在国联方面有何反响?请将日内瓦空气电示,俾得作最后决定。外交部。

---

① 编者按:"措词"同"措辞"。后同。

资料来源:《东省事变之解决方针及措置(三)》,台湾"国史馆"藏"外交部"全宗,第 90 页。

34. 外交部致日内瓦代表团电(1933 年 1 月 18 日)

一月十八日发。

今晨,蒋委员长讯:余现在如亲往北平一行如何。余谓:此行既有决心抵抗之意,又可表示政府领袖合作精神,对内言最属得计。惟日人正欲寻衅,难保不认为吾方准备挑战,致起大规模之冲突。此层似亦不可不虑等语。现应决定者,究竟蒋委员长应即日北上,抑俟日方起衅后再行。如即日北上,日内瓦空气将如何,对于我方在国联之地位有无裨益。希电复。

资料来源:《东省事变之解决方针及措置(三)》,台湾"国史馆"藏"外交部"全宗,第 94 页。

35. 照译颜代表自日内瓦来电(1933 年 1 月 14 日)

南京外交部:一月十四日。第六百号。今日,有友人晤特拉蒙。据称,日本已渐可理喻,似能接受第九章为调解之基础,并同意邀请美国参加。预计下星期三,可得东京之答复。特拉蒙对于英美协助调解,进获一解决一层,颇乐观。盖最近数日来,因某种情形,日本口气变换,并放弃军事动作也。其实,此或系因中国之抵抗而然。渠以为,倘无美国之参加与压力,难得英国有所举动。该友人因告渠以:中国政府代表团均极坚决,必欲国联宣布不承认"满洲国"。对于国联之延宕,极为不满。倘国联虽在道德上、法律上亦不予以援助,则或将舍弃国联矣。此使渠极感惊讶。倘日本同意于上述建议,则决议草案及理由声明书,或将改较和缓,以为让步。对此,尊处意见何如?就庆个人意见以为,日本因有英国海军调停谈判之说,目前意欲延宕。将来虽第九章亦必拒绝,或予接受而附带保留。盖日本:第一,不欲放弃"满洲国";第二,不欲接受一拢[笼]统之假定声明也。在现在情形之下,似又将延缓数日矣。然对我不为无益,因各要人均迟迟其来也。

资料来源:《东省事变之解决方针及措置(三)》,台湾"国史馆"藏"外交部"全宗,第 95 页。

36. 照译颜、顾、郭三代表自日内瓦来电(1933 年 1 月 16 日)

来电第 42603 号

南京外交部:一月十五日。第六百零一号。一月十五日尊电第四十八号敬悉。庆等极端赞成采取倔强态度以迫国联,使其不得不重视我方意见。同时,亦可鼓励各小国之声援。调解一层不独无望,且甚危险。因现日本正在设法延宕时间,俾得在国联提出最后报告之先,乘时进占热河。盖不然则最后报告一经中国接受,倘再欲进犯热河,恐将引起制裁耳。设最后报告在进占热河之后提出,则日本尽可置之不理,径自巩固其"满洲国"之地位矣。是以庆等意见以为,除非接受我方修正案或至少仍照原案提议解决办法者,仍以阻止调解使成僵局为宜。

本日致函西姆斯,力持我方之修正为最低限度,并对于十九委员会此次未将方案副本通知我方,且关该方案较前软弱等事,表示不满。庆等以为,我方代表团可于适当时间,拒绝参加会议或退席,以表示抗议国联不公之态度。但我方必须指明,上述态度对于中国政府于国联合作之政策并不相背。盖国联如不能助中国解决满洲问题,则该项政策将成为毫无意义矣。颜、顾、郭。

资料来源:《东省事变之解决方针及措置(三)》,台湾"国史馆"藏"外交部"全宗,第 98 页。

37. 外交部致日内瓦代表团电(1933 年 1 月 19 日)

去电第 34105 号

日内瓦中国代表团:接张学良电,以据何柱国篠电,今日,英舰长及开滦经理似受日方暗示,特来撮合。英舰长直言及政府命设法使两方军事长官见面,该经理则要求我哨兵勿到铁路线。当答以日方须先交还榆城,交涉非有中央命令不能进行等语。经本部复以英舰长之接洽实系英政府主动,其目的既为维持英人利益,又欲藉此令中日接近,俾得调解,国联遂可卸责,致整个东北问题解决无期。务请勿堕其计云云。特电接洽。外交部。

资料来源:《东省事变之解决方针及措置(三)》,台湾"国史馆"藏"外交部"全宗,第 101 页。

38. 照译颜、顾、郭三代表自日内瓦来电(1933 年 1 月 18 日)

来电第 42742 号

第六百十二号。一月十八日。一月十八日第五十四号尊电敬悉。我方既有准备,且在南京、北平及日内瓦三处,已一再声称当作长期及坚决之抵抗,则蒋委员长之前往北平,实为及时必要及合理之举。假令蒋委员长之北上,实系抵抗政策之一部,并非虚张声势,则其对于世界之影响必为有利。此种举动,断不能视同挑衅也。日本现决意扰乱华北,不仅限于侵占热河,则蒋委员长之北上,适足以安定人心控制时局,表露我方抵抗之决心。其性质愈严重,而使国联不能不负责缮拟强有力之最后报告书,以阻止日本之侵略。不但不至招日方之怒,且能发生一种相反之影响。若再拖延,就外交及军事方面论,均非得策。至虑蒋委员长之行,恐促起大规模之冲突一节。似仍表示政府抵抗政策,尚在犹豫。法国态度似较英为佳,我方应竭力避免将二国相提并论。惠庆、维钧、泰祺叩。

资料来源:《东省事变之解决方针及措置(三)》,台湾"国史馆"藏"外交部"全宗,第 103 页。

39. 照译颜、顾、郭三代表自日内瓦来电
(1933 年 1 月 21 日)

来电第 42374 号

南京外交部:第六百十七号。一月二十日。本晚发表声明,对于报载消息,谓委员会倾向接受将原决议案草案予以重大修改一节,表示失望,并公布我方前向国联提出之修正案。再将下列主要四点详为说明:

(一)对于所谓"满洲国"者,应不予承认,并不能任其继续存在。此为进行调解不可缺少之条件,并应于决议案中切实叙明之。

(二)邀请美、俄二国参加,实为上策,且属必要,并说明其理由。

(三)提议中之调解委员会,不宜用以代替十九国委员会,应作为小组委员。在该小组委员会中,大国与小国代表之数目,应保持一种之比例,俾能充分代表特别大会之精神。

(四)提议中之小组委员会,其权限不应限于仅事调解。惟共同会商乃能求调解之成功,并须预将基础明显切定,邀请俄美二国通力合作。

惠庆、维钧、泰祺叩。

资料来源:《东省事变之解决方针及措置(三)》,台湾"国史馆"藏"外交部"全宗,第 105 页。

40. 外交部致日内瓦中国代表团、驻美施公使电
(1933 年 1 月 22 日)

去电第 34221 号

驻日内瓦中国代表处,驻华盛顿中国代表处:

接张学良养电,以据何柱国报告,二十日,日本落合队长,托开滦英经理转请会见。何答:非中央命令,不能亲自会见等语。经部复,以据事我方既迭经表示不可与东案分离先行局部解决,不应与日方会谈云云。特电接洽。外交部。

资料来源:《东省事变之解决方针及措置(三)》,台湾"国史馆"藏"外交部"全宗,第 107 页。

41. 日内瓦代表团致外交部电(1933 年 1 月 22 日)

来电第 42976 号

发电:1933 年 1 月 22 日 18 时 45 分

收电:1933 年 1 月 23 日 18 时 30 分

南京中央通信社,国联对东北问题急转直下,使日人为之惊骇。缘十六月来,日本一面以延宕手段与国联周旋,一面在满洲积极军事布置。祖日如西门,彼出身律师,可为任何有钱势者辩护。然因日本无意接受调解,在联约第十一节第三段规定之下,亦觉爱莫能助。最近,日本对于调解所提出之修正案,包含诸项,故意使国联不能放松。松冈此来大吹大擂,俨然举世皆为童騃。愚弄秘书长之不足,且欲愚弄十九委员会。故对于最后国联除拒绝美、俄参加,是否放松议处其他条件之询问。初则诿为东京训令未到,以己之提案为尝试,继而尝试失败。又谓该提案已于政府同意,朝三暮四,信义尽失。

国联至此始知,委曲求全仍无效果,且觉为日所愚弄。故毅然放弃调解希望,而遵照盟约第十五条第四段之规定起草报告。但报告内容如何,大国必仍袒护日本。联盟有此勇气宣布日本破坏盟约否,尚属疑问。即使联盟为本身利害,竟能判决是非,然报告终属一纸空文,实际毫无裨益。我国虽能藉此获得法律、道德上之援助,仍在决心自救,以举国一致之精神,积极军事抵抗与经济自卫。假使因此再加日本以一种压迫,各国当不致膜[漠]视无睹。当此紧急关头,国人惟有强硬对日,庶几促国联不再走入歧途。

资料来源:《东省事变之解决方针及措置(三)》,台湾"国史馆"藏"外交部"全宗,第110页。

42. 照译颜代表自日内瓦来电(1933年1月26日)

来电第43122号

第六百三十五号。一月二十六日。南京外交部:友人提议,应由各小国提出下列之建议。

(一)不承认"满洲国";

(二)拒绝经济合作;

(三)征求输出军火各国之意见,包括美国在内,禁止将军火输往日本;

(四)征求凯洛格条约签字国关于时局之意见;

(五)由各国驻使备具同样照会,将最后报告书提交东京政府。

尊处是否尚有他项建议。惠庆叩。

资料来源:《东省事变之解决方针及措置(三)》,台湾"国史馆"藏"外交部"全宗,第117页。

43. 日内瓦戈公振致外交部电(1933年1月26日)

来电第43127号

发电:1933年1月26日17时13分

收电:1933年1月27日5时30分

南京外交部:三十六号。二十六日。译转中央社。汪精卫在病榻,语往之本社记者以"一·二八"纪念日感想,谓抵抗与交涉并行,固为对日之根本方针。然必有抵抗，然后有交涉。"一·二八"之役，先之以第十九路军、第五军及诸援军之奋斗，继之以外交当局之折冲。虽其结果未云满意，然较之九一八之东北失地收复无期，则有间矣。或者谓淞沪为各国所并重，故斡旋易。东北为日本势力所独优，故斡旋难。殊不知日本之侵略乃整个的，非局部的。故淞沪问题与东北问题不能分开。当淞沪战事猛烈之际，东北不能乘时出兵，以期收复失地。及淞沪战事终了，又不能集其全力于东北，以期收复失地。此乃最可痛惜者。

往事已矣，今日言若抵抗，则有必不可忽者二端：

其一，抵抗须为长期的，非□段的。若以为沈阳失矣，锦州终能保。锦州失矣，山海关终能保。山海关失矣，平津终能保，则是无异被人割肉一脔，即呼号一次，手足悸动一次。及其稍息，便以为终能保残喘。曾不知彼持刀者，方正谋第二脔之宰割也。

其二，抵抗须为系统的，非零碎的。首须军事改革，打破以一军队驻一地盘之恶习。次则□政局、经济及各种社会组织，亦须施以改革。务使有集中及一致之效能。否则，四体麻木不仁，何能运用乎。呜呼！"一·二八"阵亡之先烈精神不死，其将有继之而起者必振。

资料来源：《东省事变之解决方针及措置（三）》，台湾"国史馆"藏"外交部"全宗，第118—120页。

44. 外交部致日内瓦代表团电（1933年1月30日）

去电第3435□号

日内瓦中国代表团：关于宣传电第八十二号事。本月十七日，接陈主席济棠致部长电，称此时确非坚持拼命政策，无以救亡。弟已饬前方部队加紧工作，限期肃清各地"匪共"，以便抽调兵力，应付国难。而折冲坛坫，取得国际同情，非公莫属。仍盼随时惠示消息等语。外交部。

资料来源：《东省事变之解决方针及措置（三）》，台湾"国史馆"藏"外交部"全宗，第123页。

45. 外交部致日内瓦中国代表团电(1933 年 1 月 31 日)

去电第 34395 号

日内瓦中国代表团:密。三十七号四十六号两电均悉。顷接张委员复称:接何柱国报称山海关日军时有来去,确数不能详悉。该处未还中国以前,彼即不驻一兵然占领事实不能否认,日方通知国联,明系欺骗。又称秦皇岛日守备队长称,驻津日领派员二名,来秦调查侨民损失,请我方派员会同办理。经派员告以榆案未解决前,非奉中央政府命令,碍难照办等语。外交部。

资料来源:《东省事变之解决方针及措置(三)》,台湾"国史馆"藏"外交部"全宗,第 124 页。

46. 照译颜代表自日内瓦来电(1933 年 2 月 16 日)

来电第 43451 号

南京外交部:二月三日。第五十六号。昨晚,赴特拉蒙之宴。晤谈之下,证实庆二月二日第五十三号电内,所称各节无误。渠并云:调解因无美国之参加,致无效果。庆极力称是。现在,国联态度似有除非日本再行让步,将任其退出之意。但日本之让步,群信无望。此间及东京云:日人因自觉陷于孤立地位,极感不安。窃以为,照目下情形,前途既较有望,似可不必压迫太甚,以免操之过切之弊。日方现散布消息谓:英国由兰浦森向尊处提议,在上海开圆桌会议解决满洲问题。倘事不确,即请加以更正辟谣。西门离日内瓦,英国态度似有进步,李顿对我颇有助力。渠对友人承认,报告书第十章现已生效。郭公使准明日来。颜。

资料来源:《东省事变之解决方针及措置(三)》,台湾"国史馆"藏"外交部"全宗,第 126 页。

47. 照译颜、顾两代表自日内瓦来电(1933 年 2 月 7 日)

来电第 43585 号

南京外交部:二月七日。第六十五号。顷将尊处译件电知施使如下:

关于十九委员会取消邀请非会员之议，准许日本对理由声明书提出保留，以便重开调解之门一节，我方反对。认为邀请美、俄系属必要，准日本提出保留，则极危险。盖如此，则调解最重要之基础，即"满洲国"之不得继续存在一层，将受破坏也。虽日本接受委员会之最近提案，我方亦必拒绝。美国是否与我同意，抑或赞成任日本对于基本原则提出保留，而进行调解。下列报告中建议各项步骤，美国赞成否？

（一）禁售军火；

（二）禁止财政关系；

（三）对于"满洲国"不承认、不合作之各国间之协定；

（四）各国同将驻东京大使召回仅留代办于该处。

我方意见认为，上述各步骤可取。惟亦须提出某种具体建议，备日方遵行者，如撤兵及解散"满洲国"之类。日方如不遵行，则最后报告提出三个月期满后，中国即可要求自由行动之权。希望美国协助我方要求，于报告中列入应由日本遵行之具体建议。颜、顾。

资料来源：《东省事变之解决方针及措置（三）》，台湾"国史馆"藏"外交部"全宗，第 132 页。

48. 照译颜代表自日内瓦来电（1933 年 2 月 7 日）

来电第 43589 号

南京外交部：二月七日。第七十号。已警告各小国，接受日方保留之危险，实际上使以理由声明书为基础，及由理由声明书所得结论之决议案，完全失效。友人提议，在我方接受决议以前，向日方明白诘问，是否同意于不继续维持"满洲国"，及放弃进攻热河二事。广州商人被害一节，此间未得此项消息，未发生何种影响。颜。

资料来源：《东省事变之解决方针及措置（三）》，台湾"国史馆"藏"外交部"全宗，第 134 页。

49. 照译颜、顾两代表自日内瓦来电(1933年2月8日)

来电第 43619 号

第七十三号。二月八日。南京外交部:日方对于委员会最后所拟关于调解提案或可接受,此事于我殊为不利。现正力请委员会,对于各项基本原则,不能承认有何保留。而关于伪国不应继续有者一事,尤为重要。其理由为此种举动,不啻暗中破坏盟约,而使调解绝无成功之希望也。西班牙及哪喊①二国,对于我方看法均表同意。余等并已函达班纳斯。同时再行发表通告,郑重声明委员会所提各节,中国不能承认,并无成功希望。该项步骤如不克奏效,日方对于委员会之提案竟予接受,则我应表示拒绝。尊处对此是否赞同。惠庆、维钧叩。

资料来源:《东省事变之解决方针及措置(三)》,台湾"国史馆"藏"外交部"全宗,第 136 页。

50. 照译中国代表团自日内瓦来电(1933年2月15日)

来电第 43969 号

南京外交部:二月十五日。第九十号。此间一般一致之意见,即外交官员亦包括在内。厥为十九委员会之通过报告书,及建议书一事。该报告及建议,将为国联大会所接受,应无疑义,是可为中国精神方面之伟大外交胜利。日本现已完全陷于孤立之境,然而列强当未准备适用盟约第十六条。□是在建议书中,特避免含有当然立即适用等字样。但于三个月后,势必适用该条。此时,中国应以全力抵御侵占,统一全国,并倚赖自身。盖抗争愈烈,则列强愈难避免适用第十六条也。友好中有主张在报告一经通过之后,一遇机缘,即行与日本断绝外交关系者。良以日方以此种外交关系之维系,为其反驳战争状态存在之最充分之理由。拟请在适用盟约第十六条之前,与美国协商,以策将来而得外交上之奥援。此间计议之下以为,此际我方亟宜公布关于统一建设、财政、全国抵抗外国军队侵入,以及与国联合作之建设计划。代表团叩。

---

① 编者按:指挪威。

资料来源:《东省事变之解决方针及措置(三)》,台湾"国史馆"藏"外交部"全宗,第 139 页。

51. 照译颜、顾、郭三代表自日内瓦来电
(1933 年 2 月 17 日)

去电第 44077 号

南京外交部:第九十九号。二月十七日。二月十七日第一百四十三号电奉悉。根据盟约第十五条第四节之规定,当事双方无须投票,亦不必立即表示我方对于报告书之态度。该报告书且须详加研究。我方立予接受,将产生有利之印象。且鉴于盟约第十五条第六节,以及热河之情势,在策略上亦属颇有利益,当无疑义。应请尊处参阅盟约第十二条,及代表等本月十七日第九十八号电中所陈之意见。代表等意欲在星期二国联大会中发表演词,声明我方不负调解失效之责任。嗣后当大会讨论报告书之际,再行根据一月十七日第九十八号电中,所列各点陈述意见,并拟将尊处所开五点之意旨,总括引入。但欲指明者,此项报告书,并未载有立即解散"满洲国"之规定。而于撤兵一节,复模棱其词,当在大会中提请解释。伏案盟约第十五条,并无制裁之规定。使当事双方遵照办理,或迫其接受。庆、钧、祺同叩。

资料来源:《东省事变之解决方针及措置(三)》,台湾"国史馆"藏"外交部"全宗,第 145 页。

52. 照译颜代表自日内瓦来电(1933 年 2 月 20 日)

来电第 44194 号

南京外交部:二月二十日,第一百零三号。友人现正设法使起草委员会中委员在大会发言解释我方不明了之各点,以免我方对于报告中之各该点发表宣言。庆窃以为,在技术上通过报告时,投票赞成较不投票为佳。希赐最后训令。

因尊电二月十七日第一百四十三号及二月十九日第一百四十四号,意旨各异。按大会既定于星期五讨论报告,想尊处应可有充分之时间研究决定也。颜。

注:第一百四十三号——对于报告书之投票与接受各节,着代表团考虑。

第一百四十四号——对于在大会不投票一层,完全同意。

资料来源:《东省事变之解决方针及措置(三)》,台湾"国史馆"藏"外交部"全宗,第150页。

53. 照译代表团日内瓦来电(1933年2月20日)

来电第44217号

南京外交部:二月二十日,第一百零四号。鉴于热河局面之严重,及报告之难再有进步,延宕坐待,毫无益处。庆以为,在现在情形之下,政治上之考虑,重于法律上之推敲。对于报告书之投票,立予接受一节,尊处可否核准。我方此举,亦所以使日本在今世益陷于孤立之地位也。代表团。

资料来源:《东省事变之解决方针及措置(三)》,台湾"国史馆"藏"外交部"全宗,第152页。

54. 外交部致日内瓦中国代表团电令
(1933年2月21日)

日内瓦中国代表团鉴:本月二十日一百零二号电悉。就法理言之,我方固无投票之必要。但鉴于日方必投否决之票,我方若拒不投票,则国联难免有殚精竭虑,而所获结果,既触怒日本,又不能交欢中国之感。以是诸友好者之劝告,深为合理而贤明,特电请投票。罗文干。

资料来源:《东省事变之解决方针及措置(三)》,台湾"国史馆"藏"外交部"全宗,第154页。

55. 外交部致日内瓦中国代表团电令
(1933年2月21日)

日内瓦中国代表团:第一百五十一号。依据第三建议第二句文字之规定,执事之投票,可以日方接受建议案为条件。特电查照。外交部。

资料来源:《东省事变之解决方针及措置(三)》,台湾"国史馆"藏"外交部"全宗,第156页。

56. 外交部致日内瓦中国代表团电令
(1933 年 2 月 21 日)

日内瓦中国代表团鉴:第一百五十二号。二月二十日。一百零三号电悉。在报告书草拟完竣之前,本部对我方投票问题,经详加考虑,并征询执事之意见。本部虽深知我方所处法律上之地位,然对于国联所具之心理,则不无隔阂。经于本月十七日第一百四十三号电中,授权执事当机决定。查本月十九日第四十三号来电称:我方无须立即表示态度等语。本部对执事意见颇表赞同,已详本月十九日第一百四十四号部电。深信执事对于本部所持意见,已完全明白。本部接据本月二十日第一百零二号来电,曾立即电请执事投票。良以我方拒不投票,恐引起不良之影响。兹政府既以决定接受报告书,应请执事投赞成之票,本部长负其全责。至关于接受建议案一节,执事可参照第三建议第二句文字,审慎因应。外交部。

资料来源:《东省事变之解决方针及措置(三)》,台湾"国史馆"藏"外交部"全宗,第 158 页。

57. 照译颜、顾、郭三代表自日内瓦来电(1933 年 2 月 21 日)

第一一一号。二月二十一日。南京外交部:余等拟于通过报告书之后,于星期五日提出热河问题。请大会采取一种适当之办法,以处理热河之局势,并由维钧征求班纳斯及玛特利亚嘎①所抱意见。渠等均表赞同。但究应作何种提议,现尚未定。此间一般舆论,均赞同大会应采用一种之形式,继续应付时局。余等并将此事转告爱顿(Eden)。渠亦以热河目下之局势,断不应漠不关心,渠对此殊为忧虑云云。十九国委员会将于下午开会讨论。热边军事情形究系如何? 日本已否开始进攻? 惠庆、维钧、泰祺叩。

资料来源:《东省事变之解决方针及措置(三)》,台湾"国史馆"藏"外交部"全宗,第 162 页。

---

① 编者按:马达里亚加(Salvador de Madariaga),亦译为马达利亚加、马达里阿格、马达利助、玛特利亚格、玛特利亚嘎、马特利阿嘎等。后同。

58. 照译颜代表自日内瓦来电(1933年2月24日)

来电第 44400 号

南京外交部:二月二十四日。第一百十四号。余将于本日发言,批评报告书结论及建议部分,最后声明投票。同时宣告中国对于各项建议,予以接受。报告通过后,余拟致函声说,中国政府接受建议,惟以当事他方亦予接收为唯一之条件。此种性质之建议,其完全实现,端系于日本之接受,甚为明显。

故在日本未接受以前,中国依照第十五条第六节,因处于遵守报告书者之地位,所应有之权利,不受损害。友好诸人建议我方批评,不宜过于赞美。余曾晤主席及十九国委员会重要各会员。尊电所称疑义各点,均已明了。顾代表将提及热河问题,宣读日方节略及我方覆文。

嗣后,本事件似将提付本日组织之新监视委员会,十九国委员会成为一种咨询机关,一方面大会仍继续开会。友好诸人郑重声说,报告书通过后,中国应努力抵抗,撤回驻使。时局如再有发展,国联必重出干涉。否,大会倦于一再之申请,势必发生不利之反响也。报告书通过后,日本当退出大会。故将来大会行动,自可较为自由。此间群知时局之严重,故日后或可望其采取较激烈之办法也。惠庆叩。

资料来源:《东省事变之解决方针及措置(三)》,台湾"国史馆"藏"外交部"全宗,第 165 页。

59. 照译外交部致日内瓦代表团去电
(1933年2月25日)

日内瓦代表团:二月二十五日。第一百七十二号。

我方对日外交政策,可有三种办法:

(一)完全断绝外交关系;

(二)召回蒋公使,留秘书代办;

(三)仍维持原状。

第一种办法,自属合理而正当,惟究有何种实际利益。第二种为折中办法,但其重量不足与日本所作之罪恶相称。至于维持原状一层,究竟对于列国适用制裁有无窒碍,可否探询李顿意见。即希电复。外交部。

资料来源:《东省事变之解决方针及措置(三)》,台湾"国史馆"藏"外交部"全宗,第 170 页。

60. 照译顾代表自日内瓦来电(1933 年 2 月 24 日)

来电第 44430 号

南京外交部:第一百十九号。本日下午,钧在大会发言。关于热河,注重其对于中国本部军事上之重要,及日本进犯热河之为预定有意之计划。嗣对于日方之主张及理由,加以痛驳,指出国联及世界和平之危局。最后提及制裁问题,请大会授权委员会,商同国联会员及非会员国,一致采取有效之行动。

此间一般意见金以为,报告既经通过,顾问委员会亦经成立,希望中国能尽中国之本分,竭力抵抗。钧于发言时,首先驳复松冈上午对于中国、调查团及十九委员会之恶意攻击。但主席以关于报告之讨论业已完毕,加以制止。钧当表示不服,云:热河为中日整个问题之一部分,关于松冈对中国有意污蔑之词,主席不准发言申辩,殊欠公允。因保留提出书面答复之权,现正起草抗议,请其将钧之答复书,分发大会会员。钧。

资料来源:《东省事变之解决方针及措置(三)》,台湾"国史馆"藏"外交部"全宗,第 172 页。

61. 日内瓦代表办事处致外交部电(1933 年 2 月 26 日)

来电第 44523 号

南京外交部:一百二十三号。二十六日。东案报告书通过,国联方面告一段落。此后外交如何运用,全视我国抵抗程度而定。友邦爱我者,均希望我决心尽力抵抗,庶国联得从容布置。日人宣传谓我军无抵抗诚意,热河占领其易。窃谓,日人自前年肇衅以来,惯用各个击破之计。在我急宜通盘筹划,背城借一。热河关系甚巨,万一不能久守,则国联方在接洽之中,疆土续入敌人之手,增世界之轻视,失与国之同情。即欲求助,已难赶及。抑报告书通过后,至少首须由我第十五条第六项及第十二条之局面,然后可援用第十六条之制裁。依照该二条之规定,必须有从事战争情形。年余以来,日人占领我土地,屠杀我人民。我在国际联合会宣布日人罪恶,而国内方与信使往来,杯盘酬酢,世界各国认为奇事。彼日人进攻热河,欲避免战争名义,藉伪国维持治安为名。然伪国既为报告书所否决,自无他项法律上之根据。现是非既明,我已胜诉,应早日宣布绝交,以正世界视听,使他国不易藉口谓中国并未认为避免盟约第十六条,无从适用也。以上两端,务祈提出讨论,早定大计,不胜企幸。至关绝交步骤,容另电陈。代表办事处。

资料来源:《东省事变之解决方针及措置(三)》,台湾"国史馆"藏"外交部"全宗,第173页。

62. 照译代表团日内瓦来电(1933年2月26日)

来电第44524号

南京外交部:二月二十六日。第一百二十四号。二月二十五日,尊电第一百七十二号,关于与日本断绝外交关系问题祗悉。庆等详加研究后,虽明知日方报复颇有可能,但仍以为:

(一)倘我方欲引用制裁,完全断绝外交关系为必不可免。盖盟约制裁一节,必须以日方从事战争为理由,方可引用。倘我方本身不认为日本从事战争,断不能使他国作如是看法。一国对我开战,而仍与继续外交关系,未免矛盾,殊失自重。

(二)至于仅撤回蒋公使,仍留代办于东京一层,在法律上毫无意义。徒表现我方之退缩,而实无决心。

(三)国联一再拒绝我方要求根据第十六条引用制裁,始终以此为词。庆等以为,维持原状除非政府欲与日本立即直接交涉,实不见有丝毫利益。目下罪责日本为侵略方之报告书已经通过,加以进攻热河问题,情形已与一年前不同。对于断绝外交关系问题,应作另一种之看法。李顿在英国,少川与渠在圣赛尔特别墅之谈话,可见李顿亦赞成外交上之制裁。中国与日本断绝外交关系后,列强亦相率撤回使馆长官,并请参阅二月三日关于少川与薛西尔谈话之第五十六号电。代表团叩。

资料来源:《东省事变之解决方针及措置(三)》,台湾"国史馆"藏"外交部"全宗,第177页。

63. 照译颜代表自日内瓦来电(1933 年 2 月 28 日)

　　第一百二十五号。二月二十八日。南京外交部:查最后报告书载明,国联各会员国意在遏制采取一切足以妨害并延缓实行建议之行动。我国对于建议,既予接受,拟请转告英国驻华公使,以西门在国会之演说谓军火出口之禁令,对于中日两国一律适用一节,实不无自相矛盾之处,且并非公允等语。惠庆叩。

　　资料来源:《东省事变之解决方针及措置(三)》,台湾"国史馆"藏"外交部"全宗,第 179 页。

64. 外交部致日内瓦代表团电(1933 年 2 月 27 日)

　　第一七七号。关于绝交问题,政府当局现正在参照执事等意见,详加考虑。一经议决,当即奉告。现在请先照前说,将详细计划交□国防委员会,以中央执监委员会委员、中央政治会议外交委员会主席(吴朝枢)、五院院长、各部长、军事参议院院长,及其他重要军政当局组织而成。该委员会决定关于外交及国防之政策。

　　资料来源:《东省事变之解决方针及措置(三)》,台湾"国史馆"藏"外交部"全宗,第 181 页。

65. 照译外交部致日内瓦代表团去电(1933 年 3 月 1 日)

　　日内瓦代表团:三月一日。第一百八十五号。政府在原则上,大约将决定与日本断绝外交关系,并筹初步办法,以便进行。第一步,拟先召回蒋公使,暂留秘书代办。已训令蒋使准备一切整装待发,蒋委员意以蒋使暂离东京为然。上述各节均系预为执事密告者,想星期五国防会议开会,对此问题,当有决定。

　　资料来源:《东省事变之解决方针及措置(三)》,台湾"国史馆"藏"外交部"全宗,第 184 页。

66. 照译外交部致日内瓦代表团去电(1933 年 3 月 3 日)

日内瓦代表团:三月三日。第一百九十一号。本日国防会议开会,对于绝交所含之复杂问题,详加讨论,觉在在有详慎研究及预备之必要。决定第一步,先召回蒋使。多人对于立即绝交表示犹豫,均赞成先召蒋使回国,蒋委员长亦然。

本日电令蒋使立即起程返国,馆务交江参事代理。召回蒋使之理由,稍缓再行宣布。执事等之计划,将于星期日会议提出。希将执事重要之意见,电知施使。蒋委员长不日离南昌北上,何部长已在往北平途中。

资料来源:《东省事变之解决方针及措置(三)》,台湾"国史馆"藏"外交部"全宗,第 186 页。

67. 照译外交部致日内瓦代表团去电(1933 年 3 月 5 日)

日内瓦代表团:三月五日。第一百九十八号。官电证实,汤玉麟不战而逃,承德失守。国防会议今晨开会,多数委员对于张氏误国,均觉愤恚异常。决商蒋委员长,如何惩处张氏,易将指挥。干在会宣称:热河失守,万不料如此之速,殊失列国同情,万难再获外交上之进取。执事等绝交计划,经提出会议详加解释,因军事情形紧急,未及多加讨论。干表示,我方采取绝交步骤,以与日本退出国联同时为宜,藉得国联之援助。对此问题,尚须再加讨论,现暂决定,在此数日内,日本尚未退出国联之前,我方以有所商询为词,先召蒋公使回国,蒋定本日起程。现在局势危急万分,务希努力与政府合作,遵照政府政策行事。执事等凡有条陈,当无不详加考虑。

资料来源:《东省事变之解决方针及措置(三)》,台湾"国史馆"藏"外交部"全宗,第 192 页。

68. 照译日内瓦颜、顾两代表来电(1933 年 3 月 5 日)

来电第 44881 号

三月四日。第一四零号。报告书通过后,我方第二步目的,为请求实行盟约第十六条。而请求制裁之初步,即我方之绝交举动为不可少。因禁运问题之复杂,舆论赞成先用外交制裁。鉴于日方之节节进犯,目前实为我方绝交之最好时机。若至热河失陷后,日方或于彼时停止军事行动,舆论将不注意制裁一节,则中国再难出于绝交,亦难于逼促,使较现在外交政策,更有进一步之办法。

资料来源:《东省事变之解决方针及措置(三)》,台湾"国史馆"藏"外交部"全宗,第 194 页。

69. 日内瓦钧、祺致外交部电(1933 年 3 月 5 日)

来电第 44921 号

发电:1933 年 3 月 5 日 19 时 45 分

收电:1933 年 3 月 6 日 8 时 6 分

南京外交部:五日一四二、四日九四号电敬悉。建平、凌源得利之讯,方交发表,而承德失守之警耗,同时已见于报端,并谓已经国民政府中国官方证实。今晨各方纷来询问,谓事前张大其词决心抵抗,不料毫无布置,一至于此。热河大于瑞士四倍,凌源、承德亦相距二百里。乃承德华兵不战而退,敌军所至如入无人之境,较之法国攻摩洛哥土人尚为容易。可见松冈丑诋中国之言皆大胜,证实其鄙视我国之心溢于言表。代表团前遵训令宣言抵抗到底者,今竟无词以对。窃谓日人蓄意并吞中国,热河不已将及华北,不已将及华南。际此国家存亡之秋,宜有坚毅果决之计,恐非局部应付所能渡此难关。未知中央究竟持何政策,前方军事情形如何,尚祈开诚密示。庶可内外呼应,不致对外论调太离事实也。钧、祺。

资料来源:《东省事变之解决方针及措置(三)》,台湾"国史馆"藏"外交部"全宗,第 195 页。

70. 日内瓦顾维钧致外交部电(1933 年 3 月 6 日)

来电第 44925 号

急。南京外交部:一四四五日、一九六号五日电敬悉。我军或反戈,或溃逃,始终不战而退悲痛愤懑。似此情形,中央对外万不能照实情公布,贻笑全球并增国耻。至对外如何解释,并祈速示。维钧。

附注:原电错误经电局更正后重抄。电报科注。

资料来源:《东省事变之解决方针及措置(三)》,台湾"国史馆"藏"外交部"全宗,第 196 页。

71. 日内瓦顾维钧致外交部电(1933 年 3 月 6 日)

来电第 44925 号

急。南京外交部:第一百四十四号五日、一百九十六号五日电敬悉。我军或反戈,或溃逃,始终不战而退,悲痛愤懑。似此情形,中央对外万不能照实情公布,贻笑全球益增国耻。未奉政府命令,对外如何解释,并祈速示。维钧。

资料来源:《东省事变之解决方针及措置(三)》,台湾"国史馆"藏"外交部"全宗,第 197 页。

72. 日内瓦颜、顾、郭三代表致外交部电
(1933 年 3 月 6 日)

来电第 44986 号

南京外交部:一百四十六号。六日。钧任兄鉴:一日电敬悉。日侵热河,丑诋我国,谓我私人军队不知御外为何物。热河仅派杂军虚应故事,不久即将溃退。弟等依中央宣言力加驳辩,并谓报告书既已通过,是非大白,我将尽力抵抗自助,以助国联。乃事实之□,有令代表难以发言之苦。故有前电,另简贤能之请,国威日坠无娇可撒,痛切陈词原为负责。顷闻赤峰、凌源阵地又已失守,深盼不确。窃谓政府果决心抵抗,似宜以全力迅赴事机。否则议论未定,热河已为三省之续,正中日人之计。再绝交一事,值热河军事结束,更难进行。此后外交之运用,亦愈难着手矣。惠、钧、祺。冬二日。

此电一日,经三代表商订,交拟稿送莫思[斯]科画押后,拍发代表办事处。

资料来源:《东省事变之解决方针及措置(三)》,台湾"国史馆"藏"外交部"全宗,第 198—199 页。

73. 日内瓦顾维钧致外交部电(1933 年 3 月 7 日)

来电第 45305 号

南京外交部:一百四十七号。七日。四日国联秘书厅开会,金问驻日蒋使回国实情。华籍职员答谓系绝交之第一步,何时实行绝交正在讨论中。今晨又开会,日籍职员声称得外务省电,蒋回国系绝交第一步之说绝对不确。因蒋使起程前,会晤内田外相,谓此次返国目的,在与政府商议直接交涉办法,俟稍有头绪即回原任云云。皆甚诧异,恳就近商讯蒋使,设法声辩并电复。钧。

资料来源:《东省事变之解决方针及措置(三)》,台湾"国史馆"藏"外交部"全宗,第 200 页。

74. 蒋委员长致日内瓦颜、顾、郭三代表电
(1933 年 3 月 13 日)

北平罗部长转电

南京外交部徐次长:密。转日内瓦代表团骏人、少川、后初三兄同鉴:尊处对绝交各电均悉。项钧任兄来谈,弟以为日既夺东省热河,又攻沪榆,国交本无可书,故绝交乃迟早问题。现东北军后退,中央军反攻华北亦准备应战。故以军事言,战场线益小,抵抗益易。

如即绝交,宜顾虑者数端:

(一)沿江海被封锁,则我兵力分守攻皆难;

(二)军火多自外来,现在弹药当可强持一月。如来源断绝,我既乏抵抗力,各国尚未加制裁,则抵抗何能持久;

(三)财政全仗关统各税,长江为经济中心,苟日本报复,财政益加困难;

(四)"共匪"尚炽,亦宜少分兵力应付。

兄等处境困难,及不绝交十六条难适用,弟固深悉。惟军事实情,不得不详告。弟意,如日本已对我先行封锁或各国有共同制裁办法,彼时乃绝交最好时机。且此时外交方面既得胜利,已告段落。此后,当重在军事实际之抵抗,并拒绝妥协,遵守公约及各议决。虽仅召回蒋使而未绝交,各友邦或能相谅。如何。覆钧任兄转。弟蒋中正叩。元(十三)。干。元(十三)。

资料来源:《东省事变之解决方针及措置(三)》,台湾"国史馆"藏"外交部"全宗,第 204 页。

75. 照译颜、顾、郭三代表自日内瓦来电
(1933 年 3 月 13 日)

南京外交部:三月十三日。第一百五十二号。三月十日,尊电第二百零六号备悉。惟不识究拟以何理由解释召回公使之举。庆等窃以为,倘非断绝外交关系,正式解释殊非所宜,且非必要。盖如解释谓与中日冲突无关,则失其用意,如释为对日之抗议,则此举力量不足。在国际法律地位上,尤无若何之出入。

且我国在多数其他国家,因公使未到任,或未派公使,颇不乏代办之馆。此种解释,弊多益少。鉴于我方对日之不能采取一斩钉削铁之态度,今后代表团在日内瓦,究应遵循何项政策,究应促列强及咨询委员会采取何种态度之处,拟请训示祗遵。不然,庆等处境固极困难,而政府既无一定之政策,留代表团于日内瓦又有何益。庆等万不获已,惟有再申,前一百二十七号电内辞职之请矣。现在,除非实际打开出路,造成一伦理之局面,欲列强出手恐属万难。英、法舆论对于有效制裁呼声渐高,我方必须以引用第十六条为目的,政府究否欲以武力收回热河。颜、顾、郭。

资料来源:《东省事变之解决方针及措置(三)》,台湾"国史馆"藏"外交部"全宗,第 206 页。

76. 照译外交部致日内瓦代表团电(1933 年 3 月 15 日)

第二一八号。三月十五日。所有华北之军队,统由何应钦统率。蒋委员长在石家庄设总司令部,指挥军事,可于保定及他处与各军司令随时晤商。至与共党停战一节,绝对不确。

资料来源:《东省事变之解决方针及措置(三)》,台湾"国史馆"藏"外交部"全宗,第 211 页。

五、东省事变之解决方针及措置(四)①

1. 外交部致日内瓦中国代表电(1933 年 3 月 19 日)

去电第 35646 号

日内瓦中国代表团骏人、少川、复初三兄勋鉴:弟北行一周,今晨返京。迭晤介公,谈军事外交甚详。接兄等一百五十二号电后,复由平转保,将尊电意旨反复向介公说明。彼谓:自国联大会通过报告书后,外交上原已暂告段落,讵知热河不守,汤军溃退。兄等处境之难,用心之苦,彼深为了解。对日绝交,促用十六条制裁一节,原则上彼未尝不赞同。惟实行时间不得不审慎考虑。目下军事集中于长城要隘,中央军节节布防,东北军之不堪作战者,逐渐调遣后方,抵抗实力虽稍增,但形势异常险恶。万一因绝交而引起日方报复,如封锁港口,甚至扰乱华北或扬子流域,则我方饷、械两缺,应付益觉为难。倘日方先行封锁或进攻平津,则我方一面拼死抵抗,一面实行断交,或可藉此博得国际较大之同情。否则,如与各国共同进行外交或经济制裁,则收效既宏,于我危险亦少。彼时均无所用其顾虑。就现在局势而论,外交与军事不得不相辅而行。故力请兄等参照元电,稍加忍耐,体谅国内状况,仍设法在国际间周旋。内外勠力,共支危局。

介公所云,语至诚恳。弟此次视察华北情形,深知汉卿行后,介公布置煞费苦心。所幸喜峰口外,宋部屡建奇功。古北口内,中央军队布防亦极周密。惟日方进攻不已,军事前途尚多困难。值兹危局,对于绝交问题,在军事负责

① 编者按:"东省事变之解决方针及措置(四)"卷藏台湾"国史馆"之"外交部"全宗,入藏登录号为 020000001418A。每条电文的资料来源标示原档案中的页码,不再标注入藏登录号,且每条电文标题由文献集编委会根据电文内容制作而成,特此说明。

者,自不能不格外审慎。俟二三月后,军事上前后方布置较为妥帖,彼时不妨再与敌一拼。此时,尚祈兄等原谅军事当局之苦衷,勿再言辞。至宣布召回蒋使理由,系属绝交初步,原无意义,暂作罢论。以后国际局势,仍请随时电告,是为至盼。文干。十八日。

资料来源:《东省事变之解决方针及措置(四)》,台湾"国史馆"藏"外交部"全宗,第4—5页。

2. 顾代表自日内瓦来电(1933 年 4 月 26 日)

南京外交部:第一九八号。二十五日。二十二日电悉。国内军事情况如此,因欲造成暂时停战局面,亦属万不得已之消防。惟自九一八后,将东案提交国联,以至通过报告书。中国与国联及美国,立于联合在线。此案已成为非我一国事端,盟约及非战公约之试金石。各小国颇为注意,尤以对我素表同情者为甚。报告书末段甚且谓各国约定对东案不取任何单独行动。部电停战协定必须不妨国联盟约及迭次议决案之效力,亦正此意,未知用何方式,定何议案。英、美、法三国政府对于我请调停如何答覆,有何提议?宋部长赴美,对于东案持何方式使命?今晨抵瑞,国联与报界方面纷来询问,统乞详示,以便对外布置。且恐万一停战谈判未能如我期望,日仍猛攻不已。对于国联,似亦不能不预留地步也。维钧。

资料来源:《东省事变之解决方针及措置(四)》,台湾"国史馆"藏"外交部"全宗,第 6 页。

3. 照译顾公使自巴黎来电(1933 年 5 月 18 日)

第四十二号。五月十八日。南京外交部:尊处来电第三百十五号敬悉。鄙意复罗斯福宣言时,应提及我国时局之严重。查一九三二年七月我国在军缩会议中,曾作有一赅括之保留,称满洲冲突因日本侵略态度而发生,在该项冲突未解决以前,中国对于军缩条约歉难签字。本年三四月间,余评论美国所拟草约,曾重申上述意见。职是之故,兹提议答复罗斯福宣言中,应包括下列各点:

(一)对于求政治及经济和平之目的,甚表赞同吾人亦希望该项目的得能早日实现。

（二）中国亦深信各国如能一致努力，此事甚有价值。关于经济会议，中国自应竭力求其成功。关于军缩会议，中国当继续合作。

（三）中国素爱和平，深信对于一切国际之纠纷，应以和平方法求其解决。中国始终承认，缩减军备为维持世界和平之有效办法，为求达此目的起见，取消一切攻击之利器，实属必要。

（四）中国现在可怖之现状，实由外来之侵略及外军之侵入所酿成。此种外来之侵略及外军之侵入，因其具有优胜之军械及武备，乃遂得见于实现。故中国不能不保留自由，俾得利用其所有之财原[源]上及一切正当之工具，以求自卫及抵抗。各国不过畏惧外来之侵略，而在今日之中国，则此种侵略竟成为可怖之事实。一俟中国国家之安全，不再受外来侵略之危险，而正式国际条约所承认中国享受之权利，不致横遭蹂躏之时，中国极愿赞成普遍之军缩，并极愿缔结限制或减缩军备之协定。上述各节，前在军缩会议中，已一再说明。

（五）陈述意见称：为使外间信赖新订之条约，及企图维持和平起见，对于现行有效之条约，必须先予拥护。凡蔑视现行有效之条约，肆行侵略之行为者，应予设法阻止。况此种侵略之行为，全球业有定论并曾予宣布，则设法阻止，更不容缓。今晨返巴黎，原拟往迎宋部长于Cherbourg，惟顷闻宋部长自纽约起程之日，业已改期。维钧叩。

资料来源：《东省事变之解决方针及措置（四）》，台湾"国史馆"藏"外交部"全宗，第7—8页。

4. 本年国联大会常会中国代表演词要点
（1933年9月18日）

（一）自本年二月二十四日，国联特别大会通过关于中日问题决议案后，中国虽欲依据该决议案，图谋此项问题之适当解决，而日本仍继续其武力动作，致热河一省，又如东三省为日军占据。嗣后进逼长城以南，危及中国故都——北平与北方重要商埠——天津。中国政府竭其兵力与财力，与之抵抗相持五十余日，终以牺牲过巨，人民苦痛过深，遂有五月三十一日塘沽停战协定之签订。嗣后日本军队渐次撤退，长城以南，渐复旧状。而东北四省，仍在日本武力占领之中。但日本在该四省以武力造成之局面，中国政府不独始终不予承认,且视为一种连续的不合法状态。各国政府所取态度,亦无异致。故目下中日问题,自法律上观察,较之一九三一年,其性质并无区别。所异者,其范围较前更为扩大。此种状态不能因时间之延长,而变更其法律上之性质至为明显。

(二)自中国将中日问题提交国联以来,迭经国联行政院及特别大会通过各决议案,其目的要在根据公道与和平之原则,设法解决远东之局面。不幸各该决议案迄未实行,致中国仍在忍受痛苦之中。惟中国对于国联之信仰,未尝因是而根本动摇。中国政府仍视国联为维持并促进世界和平之最高机关。虽其运用之职权,不能达到一般人民企望之程度。但其组织之目的,并无瑕疵。中国既为此项组织之一份子,必将尽其可能之力,设法使之健全。俾世界各国在最高最优主义之下,享受其利益。

(三)中国虽处于今日万分困难之地位,仍欲集合全国力量,发展其建设事业。故在技术人才方面,甚愿得到国联之协助。中国鉴于国联以适当之人才协助他国之建设事业,颇着成效。又鉴于中国在过去数年中,所借用国联之技术人才,颇能在其专门事业之范围以内,为合于实际之贡献。故于本年七月间,提请国联行政院,派遣一技术联络员至中国,藉以增进技术上之效能。此项提议,已经行政院采纳并见诸实行,中国政府深为感荷。此项合作办法,专为协助中国解决各种技术上之专门问题,与政治完全无涉。将来中国建设事业之进步,获益于此者,良非浅鲜也。(九月十八日国防委员会通过,照发)。

资料来源:《东省事变之解决方针及措置(四)》,台湾"国史馆"藏"外交部"全宗,第9—10页。

5. 日内瓦顾维钧、郭泰祺致外交部电
(1933年10月2日)

来电第56102号

发电:1933年10月2日20时15分

收电:1933年10月3日7时25分

南京外交部:二六二号二日。电通消息:蒋使自沪启程回任前宣言,中日既属同文同种,应共存共荣,不应以两国间政治关系上目前一时之变更,而生反感。中日两国人民,应切实合作云。此间,各代表颇为诧异,询我真相。又

报载东京电:日外部以钧大会演说重提东案,训令有吉向大部抗议,并谓我政府若默认钧演辞所取之态度,日方将采取必要手段以谋应付。度中国政府为远东和平及中日亲善计,将与[予]否认云。查钧演辞要点,系遵照政府训令拟就。既未请制裁,又未提其他具体要求。专对国联过去一年经过及世界和平前途,表示我国意见。对于东案,他国代表尚鸣不平,我系直接受害国,岂容缄默。此间会场内外均以演辞不亢不卑,纷来致贺。闻日本抗议,均系侮辱我国人格,直以朝鲜、台湾视我。我在国际上失却独立发言之权,似宜注意云。抗议一节有无其事,如何答覆,乞电复。钧、祺。

资料来源:《东省事变之解决方针及措置(四)》,台湾"国史馆"藏"外交部"全宗,第11—12页。

6. 日内瓦颜、顾、郭三代表致外交部电
(1933 年 3 月 18 日)

来电第 45621 号

发电:1933 年 3 月 18 日 20 时 25 分

收电:1933 年 3 月 19 日 9 时 34 分

南京外交部转呈蒋委员长钧鉴:元电敬悉。中央军反攻华北亦准备应战,深为佩慰。昨得喜峰口捷报已交报宣传矣。绝交问题历次电陈,系因外交方面,如须要求各国共同制裁,在我必当先有表示。否则各国本在观望,更多藉口报告书将成一纸空文,于我仍无实益。今承详示军事实情,国防脆弱至此,自不能不加以严密之考量与准备。窃以日本处心积虑吞并中国,加以日来欧洲局势严重,美国银行风潮更增,日本之重心侵入华北,不过时间问题。彼时厥有隐忍周旋,恐为时势所不许。可否请钧座一面对于海防、空防以全力赶紧筹备,一面对于绝交问题拟一折衷办法。容另电呈。颜惠庆、顾维钧、郭泰祺叩。十八日。

资料来源:《东省事变之解决方针及措置(四)》,台湾"国史馆"藏"外交部"全宗,第13页。

7. 外交部致日内瓦中国代表团电(1933 年 3 月 21 日)

去电第 35696 号

日内瓦中国代表团:二十一日。236 号。顷接蒋委员长哿电开:皓转颜、顾、郭三代表电已悉。布防已全力急备,所称绝交问题之折衷办法。候三代表拟定电告,当再加详密之考虑。希为转复等因。特闻。外交部。

资料来源:《东省事变之解决方针及措置(四)》,台湾"国史馆"藏"外交部"全宗,第 16 页。

8. 日内瓦颜、顾、郭致外交部电(1933 年 3 月 23 日)

来电第 45865 号

发电:1933 年 3 月 23 日 20 时 30 分

收电:1933 年 3 月 24 日 8 时 30 分

南京外交部:一百七十六号二十三日。钧任兄勋鉴:二百二十八号电敬悉。承示军事当局之困难,弟等深为了解,对介公苦衷尤所佩仰。所云俟日方封锁或攻平津再行断交,窃谓封锁无异对我宣战。日人始终欲避战争之名,恐牵涉各国船务商业,引起国际共同制裁。故迄未实行,非待我先绝交也。至俟日进攻平津,再行绝交,似表示我对东省热河有轻重之分,而于日人所称关外肥沃领土之谬说,反有证实之嫌。窃意,最好俟军事布置稍为妥帖,即行绝交。现正草拟向国联咨询委员会提出,要求适用第十六条制裁之通盘计划。彼时,将我方对于绝交后困难之点酌为声明,该项计划草就后,再电陈惠示。钧、祺。

资料来源:《东省事变之解决方针及措置(四)》,台湾"国史馆"藏"外交部"全宗,第 17 页。

9. 照译顾代表自日内瓦来电(1933 年 3 月 27 日)

来电第 46031 号

南京外交部:三月二十七日。第一百八十一号。顷在总委员会,遵照训示对于英国提案,发表意见称:中国愿以英国提案为讨论之基础,但注重申说。

中国现在之痛苦情形,以及特殊环境,使中国对于等级不能放弃其原来之提议,并请对于侵略一层有较多之保障。特别对于飞机数目,及撤去飞机轰炸等等,表示反对。尊处意见,路透社所发表之消息,颇简要。顾。

资料来源:《东省事变之解决方针及措置(四)》,台湾"国史馆"藏"外交部"全宗,第 19 页。

10. 照译外交部致日内瓦中国代表团电
(1933 年 3 月 27 日)

去电第 35815 号

今日开国防会议,列席人员甚多。蒋总司令主席报告军事情形,谓日方关于缓冲区域及进行和解之宣传,吾人不应置信。蒋总司令深知我苟不与日本先行断绝外交关系,而欲使各国执行经济制裁,殊属困难。然我苟与日本断绝外交关系,各国是否能步我后尘,或采取经济制裁,实令人不无疑问。我国政策不应完全依赖他人。政府之职责固在于恢复失地。然目下应急之图实系保护未失之领土。若现在即冒昧进攻热河或三省,则一旦平津有事,我之精力甚易疲竭。国联将无法假我以扶助。故吾人应延长抵抗时间,改良财政状况,补充军费。汪院长亦持同样论调,对于总司令之意见表示赞同。外交部。印。

资料来源:《东省事变之解决方针及措置(四)》,台湾"国史馆"藏"外交部"全宗,第 21 页。

11. 日内瓦郭泰祺致外交部电(1933 年 3 月 29 日)

来电第 46094 号

发电:1933 年 3 月 28 日 23 时 6 分

收电:1933 年 3 月 29 日 11 时 30 分

南京外交部:八十五号。二十八日。祺因少兄邀促,昨来日来弗会商对二十二委员会提案。但美代表台维斯下午到英,闻衔有重要使命。祺不日仍拟返英晤洽。祺。

资料来源:《东省事变之解决方针及措置(四)》,台湾"国史馆"藏"外交部"全宗,第 22 页。

12. 日内瓦郭泰祺致汪精卫电(1933 年 4 月 2 日)

汪院长:密。祺现与少川商议致二十二委【员】会提案,谋逐渐实施第十六条以对日禁运军械、撤回驻使为初步,但此案须俟本月下旬,各重要代表及台维斯返日内瓦后,始可进行。台维斯约弟于微晨在巴黎晤谈,已约少川同往。不知政府有何训示否? 请电复。泰祺。东。

资料来源:《东省事变之解决方针及措置(四)》,台湾"国史馆"藏"外交部"全宗,第 23 页。

13. 外交部致日内瓦郭泰祺电(1933 年 4 月 3 日)

去电第 35951 号

日内瓦中国代表团:三日。262 号。本日汪院长交下,复祺兄致汪院长东电。嘱本部复后,查对日禁运军械与撤回驻使二事,各国如能办到,自属于我有利。在十六条下之共同行动,我国自应尽量参加并努力促进。惟各国态度仍必视美国之决心为转移。故兄等与台维斯之谈话,甚为重要。一面可以探明美国之真正态度,一面可促其觉悟,对于日本之横行不宜再取放任政策。至我国军事计划及单独绝交政策,详见三月十八日。二百二十九号电。希参阅可也。干。

资料来源:《东省事变之解决方针及措置(四)》,台湾"国史馆"藏"外交部"全宗,第 24 页。

14. 照译顾、郭两代表自日内瓦来电(1933 年 4 月 5 日)

来电第 46444 号

南京外交部:四月五日。第一百八十七号。已预备节略,提议适用盟约第十、第十六条所规定之方法与步骤,以下列各点为根据:

(一)日本违反盟约,尤其第十、第十六诸条。

(二)日本之行为,为其有敌意之铁证。

(三)盟约所称从事战争一语,照专家之说,系指从事武装行动而言。战争状态之存在,并不必为适用盟约第十六条之条件。否则,第十二、第十五条内所载同样语句,不啻承认用比战争范围较小之武力为合法矣。岂非矛盾。

(四)中国已召回驻东京之公使,惟避免邦交之完全断绝。盖恐与[予]日本以侵犯中国沿海口岸以及平津之口实也。但盟约、非战公约,及九国公约签字各国如能担保采取一致之行动,则中国准备随时宣布绝交。

(五)提议之步骤。

甲部:施行于日本者。

(一)经济上之步骤。

(a)宣布:禁止军械、战用材料、军火以及其他可用为制造军火或作军事用途之物品,运往日本。

(b)对于某种日本主要制造品及产品,禁止其进口。

(c)禁止乘坐日本船舶,或以之运载货物。

(d)禁止为运往日本之货物保险。

(e)不予日本船舶以船坞修理之便利。

(二)财政上之步骤。

(a)拒绝借款与日本。

(b)禁止股票市场买卖日本股票押品。

(c)对于将来私人在日本,或日本所占领之中国领土之投资,拒绝予以保护。

(三)外交上之步骤。

(a)各国同时召回驻东京之使馆长官。

(b)最后同时断绝外交关系。

(c)收回给予日本领事之领事证书。

(d)召回驻日领事。

(四)法律上之步骤。

(a)停止日本所签字之国际公约所赋予日本之权利。

乙部:协助中国者。

(一)借款与中国,俾其巩固国防。

(二)以军火及其他为防务上所必要之材料,赊与中国。

(三)派遣军事、财政、经济专家至中国,协助中国筹划更有效之抵抗。

全文另以航空邮件寄上。拟请政府对于上述提案详加考虑,并探询美方意见后,再行向此间委员会提出。已电骏人,请其直接电尊处发表其对该提案之意见。□之处□另寄矣,并闻。顾、郭。

资料来源:《东省事变之解决方针及措置(四)》,台湾"国史馆"藏"外交部"全宗,第29—30页。

15. 照译顾、郭两代表自日内瓦来电(1933 年 4 月 5 日)

来电第 46440 号

第一八八号。四月五日。南京外交部:余等四月五日所发之第一百八十七号电内所称各节,系根据下列各项观念:

(一)以目下欧洲之情状,英国对于实行第十六条既表示迟疑,而苏联又拒绝合作。故我方提案必须取稳健、温和之态度。

(二)以目下我国军事之情状论,似不利于要求充分执行制裁之办法。

(三)美国舆论专心注意国内各项问题,因此罗斯福顿抱迟疑不决、小心谨慎之态度。

(四)各友好之看法,第十六条主要之点既属经济性质,只能逐渐执行。

(五)中国正须提出具体计划,催促各方予以考虑,庶能保存时间对于中日争执之注意。盖外间对于中国争执之注意,已渐形减轻也。维钧、泰祺叩。

资料来源:《东省事变之解决方针及措置(四)》,台湾"国史馆"藏"外交部"全宗,第32页。

16. 日内瓦顾维钧等致外交部电(1933 年 4 月 20 日)

来电第 47140 号

发电:1933 年 4 月 20 日 17 时 10 分

收电:1933 年 4 月 21 日 2 时 10 分

南京外交部:第一九四号。二十日。二百七十一号电悉。遵至英国提案第一章安全问题,本日提出修正案四点,以期抑制国际侵略,增加领土完整之保障。内容另电接洽。钧、祺、诒。

资料来源:《东省事变之解决方针及措置(四)》,台湾"国史馆"藏"外交部"全宗,第34页。

17. 外交部致日内瓦、华盛顿、莫斯科中国代表处电
(1933 年 4 月 22 日)

去电第 36297、36298、36299 号

日内瓦、华盛顿、莫斯科中国代表处:目下长城要隘均已相继失陷,滦河以东亦无重军驻守,平津局势甚危,军事当局深以敌军进逼为虑。诚以万一平津不守,华北大局势将糜烂。因是颇欲造成暂时停战局面,以资整理。国防会议决定,如敌军企图平津,仍必全力抵抗。虽化为焦土亦所不惜。一面利用英、美、法三国使日本停止进攻,惟据英蓝使非正式表示,此次须由两当事国发动,以免发生如上海停战协定时英日默契之谣传。法使昨日在京面称,现在似应由英、美、法三国出面调停,使双方停战,并谓已电询其政府,经答以无论如何必须不妨碍国联盟约及迭次决议案之效力。且中日两方绝不能直接交涉。现刘次长已偕沈司长再度去平,拟与三使接洽,令其警告日方阻止进攻。但任何停战协定,吾方恐难签订。此事于必要时,尚须经国防会议之详细讨论。特先电洽。外交部。

资料来源:《东省事变之解决方针及措置(四)》,台湾"国史馆"藏"外交部"全宗,第 35 页。

18. 外交部致日内瓦代表团,伦敦、巴黎公使馆电
(1933 年 5 月 1 日)

去电第 36456、36457、36458 号。

日内瓦代表团,伦敦、巴黎公使馆:关于英报造谣事,今日国防会议决:

(一)外交方针并无变更。

(二)依照国联盟约,华府条约及非战公约,各国本有干涉日本向中国进攻之义务。

(三)华北人民如蒋梦麟等,根据上项理由,向英、美、法等陈述意见,政府认为无庸干涉。

(四)应反诘英国舆论,何故对于日本侵略中国置若罔闻,而惟知造谣生事等语。再刘次长抵平前,蒋梦麟曾访英使,谈话中似有请英使调停休战之

意。但纯系私人意见,绝非代表政府。刘次长、沈司长到平后,仅促英、美、法等警告日方,令其停止进攻,而再三说明不能签订任何停战协定。现各使已明了政府态度,国外报纸不应再有误会。

资料来源:《东省事变之解决方针及措置(四)》,台湾"国史馆"藏"外交部"全宗,第 38 页。

19. 外交部致纽约、日内瓦、伦敦公使电
(日期不详)

纽约公使、日内瓦顾公使、伦敦公使鉴:闻膺白、敬之等恐华北局面不堪收拾,依据汪院长等在可能范围内设法保全平津之意,曾于二十三日清晨与日本中山参事及永津武官议有停战条件。但今日又闻日方有推翻前议之说。究竟其想若何? 此刻尚难详告。今日国防会议议决如下:前方将领与日方谈判停战应以不用文字规定为原则,如万不得已时,亦只能作为军事协定,不涉政治,并须经中央核准。文干。二十五日。

资料来源:《东省事变之解决方针及措置(四)》,台湾"国史馆"藏"外交部"全宗,第 39 页。

20. 照译顾代表自巴黎来电(1933 年 5 月 19 日)

来电第 48778 号

南京外交部:五月十八日。第四十五号。日内瓦友人曾劝代表团,请求咨询会议准中国代表出席,发表关于不承认报告之意见。钧鉴于现在华北局面之严重,国联之消极以及各国对于引用第十六条之退缩,认为此时正式请求参加委员会,反将为国联遮盖,而引起中国人民无益之奢望。当经加以婉拒,谓:倘经委员会之邀请中国,或将派遣代表出席等语。现时除已向委员会主席朗格(LANGE)解释我方对于实行不承认之意见,正在促其他委员国设法照我方之愿望修正报告。尊处以此态度为然否? 抑或认为应向委员会正式请求。听取意见之处,统祈见示。

资料来源:《东省事变之解决方针及措置(四)》,台湾"国史馆"藏"外交部"全宗,第 44 页。

21. 外交部拟致顾公使稿(1933年5月20日)

五月二十日。五十号电悉。无条件接受美国总统之提议,系经政府决定并经宋部长之建议。此间以为吾方仅表示对于四项步骤之进行,愿意与各国合作,似不阻碍我国对于军缩公约,坚持修正案。将来公约签字时,我国可声明须同时签订不侵犯条约,保证外国军队不侵越国境。因我国视所提四项步骤为免除危害各国安全之整个计划。我虽接受全部,但对于一部不能满意。已电嘱施公使,将我国地位向美国政府说明。

资料来源:《东省事变之解决方针及措置(四)》,台湾"国史馆"藏"外交部"全宗,第46页。

22. 日内瓦顾代表致外交部电(1933年5月26日)

来电第49316号

发电:1933年5月26日16时2分

收电:1933年5月27日3时0分

南京外交部:二百二十五号。二十六日,三百三十一号电及郭使转到汪院长漾(二十三)电敬悉。国联报告与二十三国委员会于我虽无实益,而我所得法律上地位与国际间同情,在东案前途关系颇巨。比以抵御力穷,设法局部休战自属不得已。但如间接、直接有承认日本因侵略所得之结果,则我既先违约,影响所及,此后国际地位,诚如汪院长所言,不堪复问。假使此项协定果只限休战,似宜将原文通知国联,以示我方并无违背大会报告避开国联单独进行妥协之举,而免误会。同时并可声明,三个月来我方竭力抵抗,军民所受牺牲程度及各国丝毫不能实际援助各点,证明我方不得已情形。俾一朝国际环境转优,我国要求国联与美国积极助我谋解决时,彼不能藉口推诿卸责。政府意旨如何,乞电示。钧。

资料来源:《东省事变之解决方针及措置(四)》,台湾"国史馆"藏"外交部"全宗,第48—49页。

23. 日内瓦顾代表致外交部电(1933 年 5 月 24 日)

来电第 49133 号

发电:1933 年 5 月 24 日 1 时 15 分

收电:1933 年 5 月 24 日 10 时 58 分

南京外交部并转呈汪院长钧鉴:国难严重,平津危在旦夕。我虽设法退让,敌仍步步紧逼,日人且有将推进至保定之说。国联报告书明日已届盟约所言三个月期满。拥护国联者,纷来询问中国有无表示,此后对日持何态度。查日人得寸进尺,意在并吞华北,渐及华南。万一平津沦陷,是否仍依汪院长所电最近国防会议议决办法。不得不防患未然,敬希密示。再,宋部长在华府谈话,对于东案有无结果,美方态度若何并乞电示。维钧。二百十八号。二十三日。

资料来源:《东省事变之解决方针及措置(四)》,台湾"国史馆"藏"外交部"全宗,第 50 页。

24. 照译代表团自日内瓦来电(1933 年 6 月 4 日)

来电第 49857 号

南京外交部:六月四日。第二百三十八号。六月三日,尊电第三百四十七号。嘱勿请求讨论。惟该电到达时,协定宣言已经送去。本系作为通知消息,是以此时仍以不加解释为宜,免至发生误会。

资料来源:《东省事变之解决方针及措置(四)》,台湾"国史馆"藏"外交部"全宗,第 52 页。

25. 外交部致顾代表电(1933 年 6 月 8 日)

北平顾少川兄勋鉴:密。七日。六号电悉。汪院长赴沪尚未回京,弟意为避免榆关冲突,设立中立委员会,事属可行。惟须切实声明,此举为应付目下紧急局面,与东省全部问题之解决绝不妨碍。最好用视察委员会(committee of observers)名义,邀辛丑和约各关系国组织。但暂不正式提及该约,如能由调查团发起,自属最佳。弟意如此,仍候汪院长核夺。弟罗文干。外一零八。佳。

资料来源:《东省事变之解决方针及措置(四)》,台湾"国史馆"藏"外交部"全宗,第 57 页。

26. 照译顾公使自巴黎来电(1933 年 7 月 11 日)

来电第 51906 号

七月十日。第六十号。南京外交部:为遵照国联秘书长,口头提出之请求。余拟缮送节略,以供特别委员会之参考。因特别委员会不久即将派定联络人员也。宋部长对于节略草案,已经同意。贵处对之是否尚有修改之处。

节略措词如左:

关于国联派遣专门人员一事,中国政府甚愿将该专门人员任务之性质,何时指派及限权如何,三者予说明。节略内援引一九三一年中国请求国联技术合作最初之提议,并重行说明,专门人员之事务完全属于技术性质,不涉政治。其地位乃一种联络人员,以求中国全国经济委员会与国联主管机关,技术上之合作。任命时间定为一年,旅费及薪金由中国政府支给。职务:

(一)报告国联技术各组织之消息,并于报告时采取一种方式,使其得用于中国建设之事业。

(二)将关于技术合作问题一切之请求,转达国联秘书长,俾得提出有关系之各技术组织。

(三)供给中国政府所希望之扶助,如选择专门人员,派在中国建设事业上,服专门之事务。

(四)辅助全国经济委员会,将国联各技术组织所派专门人员之活动范围,就地设法予以调节。该技术人员于每次将所事工作报告国联时,应同时另缮一份送交全国经济委员会。维钧叩。

资料来源:《东省事变之解决方针及措置(四)》,台湾"国史馆"藏"外交部"全宗,第 63 页。

27. 巴黎(由柏林转)顾维钧致外交部电
(1933 年 9 月 19 日)

来电第 55335 号

发电:1933 年 9 月 19 日 21 时 31 分

收电:1933 年 9 月 20 日 7 时 55 分

南京外交部:第八十六号。九月十九日。二百四十九号电悉。当遵与郭使先行出席。惟自维谫陋,陨越堪虞。仍祈电催颜使早莅,俾便商榷,协同进行。大会例由秘书长报告国联一年经过,由各国代表演说评论。关于东案,此次大会应否提及,如何措辞,请电示钧。

资料来源:《东省事变之解决方针及措置(四)》,台湾"国史馆"藏"外交部"全宗,第 66 页。

28. 汪精卫对于国联大会之意见(1933 年 9 月 22 日)

在国联大会开会期间,一切稿件由国际司朱司长鹤翔、亚洲司沈司长觐鼎,会同拟办。经徐次长、唐次长审核后,呈部长核定。

国联大会出席代表应根据国防会议所决定之要点,即(一)说明中国之立场,即不承认日本在东三省、热河之一切不法行动,不承认伪满洲国之存在;(二)不积极要求国联对于日本加以制裁,此为审度国际环境及中国现在所处地位所不得不然。一切言论、文件均不能与此决定有所抵触。

汪兆铭　九月二十二日

资料来源:《东省事变之解决方针及措置(四)》,台湾"国史馆"藏"外交部"全宗,第 67 页。

29. 照抄汪院长致日内瓦顾、郭二代表电
(1933 年 9 月 22 日)

少川、复初两兄勋鉴:关于出席国联大会演说要点,前经国防会议决定电达,想已入览。其主旨(一)为说明中国之立场,即不承认日本在东三省、热河

之一切不法行动,不承认伪满洲国之存在;(二)不积极要求国联对于日本加以制裁,此为审度国际环境及中国现在所处地位所不得不然。经党、军、政各负责同志先后充分交换意见,并由国防会议正式决定。万恳两兄顾念时艰,勉抑悲愤以协事机,是所至祷。弟铭。养(二二)。

资料来源:《东省事变之解决方针及措置(四)》,台湾"国史馆"藏"外交部"全宗,第 68 页。

30. 日内瓦顾维钧、郭泰祺致外交部电
(1933 年 9 月 23 日)

来电第 55599 号

发电:1933 年 9 月 23 日 12 时 50 分

收电:1933 年 9 月 23 日 22 时 45 分

南京外交部:二百五十三号。二十三日。汪院长尊鉴:二十二日电敬悉。我公处境之难,谋国之忠,为弟等所共谅与佩戴。关于大宗言词,自当仰体尊意,遵照国防会议所决定各点为发言准则,祈释厪念。惟冀内政有修明之望,国力得以逐渐充实,则外交有出路也。谨复。钧、祺叩。

资料来源:《东省事变之解决方针及措置(四)》,台湾"国史馆"藏"外交部"全宗,第 69 页。

31. 顾、郭代表自日来弗来电(1933 年 9 月 30 日)

南京外交部:第二五八号。九月廿九日。今晨大会,钧将遵照训电意旨,拟稿演述。首述国联技术合作不涉政治,有裨益中国,表示谢意,并声明愿继续合作政策。次述特别大会闭会以来东案状况,声明我国仍认大会报告书为解决东案之惟一基础。法律上,中国与各国所处地位并无变更。次对国联不能执行报告书表示遗憾,但言我国信仰未尝根本动摇。次言远东大局因此不靖,来日可虑。次言欧洲局势,亦不安宁。末言世界军缩、经济复兴及最近将来之和战问题,全视各国能否一致拥护国联尽力为准。世界和平全赖各国协力维持云云。再,丹罗、和金、日钱三使经函聘襄助,均已抵瑞。钧、祺。

资料来源:《东省事变之解决方针及措置(四)》,台湾"国史馆"藏"外交部"

全宗,第71页。

32. 外交部致莫斯科莫代表电(1931年9月25日)

去电第 23024 号

莫斯科莫代表勋鉴:密。二十五日电悉。国府对内宣言,系告全国国民应各悉听中央指导,蠲弃私见,整齐步伐,誓死救国。政府已有最后决心,为自卫之准备,绝不辜国民企望。对外宣言,即复国际联合会行政院主席文,表示深信该院所示决议,不过图最后解决之初步,并将迅速采用办法,予受害方面以完全之满意。对于该院决议撤退日军一节,尤热烈请求采用最速之行动。良以时局严重,与时并进,行政院决议之切实执行,绝不容缓。粤方确有联合一致对外之表示,但现除张继、蔡元培、陈铭枢三中委已赴粤接洽外,尚未有其他事实上之接近。特电复,外交部。二十五日。

资料来源:《东省事变之解决方针及措置(四)》,台湾"国史馆"藏"外交部"全宗,第81—82页。

33. 外交部致驻莫斯科颜大使电(1934年3月9日)

莫斯科颜大使鉴:我方愿望苏联:(一)防止日军攫取或购取或以其他非强暴手段,取得苏联在北满之利益。(二)以有效方法,制止日本干预苏方在北满之权利,尤以中东路为最。(三)不予伪国以事实上或法律上之承认,并因此不承认伪国或日本之领事,及其派充中东路之职员。(四)倘华北发生大规模之战争,予我方以物质上之援助。(五)当我国与日本断绝国交之际,召回苏联驻东京之大使。(六)于适宜时期赞助并采行对日之经济制裁,我方之政策厥为民国十三年协定,在中苏关系中必须认为有效,我方愿诱劝美国承认苏联。因此深望中、苏、美三国对中日纠纷全力合作。

关于上述各节,应请执事试探苏方意见,以适宜方法查询办理。我方愿与苏方在此议订互不侵犯条约及商约。外交部。九日。

资料来源:《东省事变之解决方针及措置(四)》,台湾"国史馆"藏"外交部"全宗,第83页。

34. 抄何应钦寒密电(1933 年 4 月 18 日)

急。南京。南昌委员长蒋、军事委员会并密转汪院长、罗部长:元成电计达。安密。报载东京十一日电荒木谈话,预料不久占北平云云。证以此间所得各种谍报,日人图扰平津,殆属其预定计划。在此严重局面之下,中央对于全国政治、军事、外交、财政等,似宜速有非常改革,以作持久抵抗之准备。今日《大公报》社评主张:

(1) 组织农民,谓宜在中原数省,速准备训练二百万农丁,与以初级的军事技术,授以保国为民之大义,期以二月训练完成。愿从军者向各军补充,不愿者则办地方自卫。同时,严励[厉]澄清官纪、军纪,保护农民利益,提倡兵农合作。

(2) 向陕、甘、晋、蜀、湘、粤、桂、赣、鲁等省调集军队五十万人,逐渐集中黄河以北,为前线军队之援应。

(3) 自中央政府起以至各省市政府,改为简单组织,以应非常,而节政费。

其所论述可供参考,似宜分交中央,详拟实行御侮救亡,庶乎有济。应钦寒秘印。送呈罗部长。

国民政府军事委员会第一厅第一处抄

资料来源:《东省事变之解决方针及措置(四)》,台湾"国史馆"藏"外交部"全宗,第 84 页。

35. 莫斯科莫德惠致外交部电(1931 年 9 月 26 日)

来电第 24077 号

发电:1931 年 9 月 26 日 20 时 05 分

收电:1931 年 9 月 27 日 16 时 40 分

南京外交部王部长勋鉴:日军占据南满,肆意横行,乃以保护条约上既得权力,蒙蔽各国,诬我毁坏南满路线,眩惑世间观听。连日此间外交团多以此相询,虽经剀切说明,仍有未能完了了解者。推原其故,实因日人久以保持满蒙特殊权利之说,力事宣传。世人被其所惑致,致昧真相。现似亟应将日人所谓既得权之范围,按照中日间有效条约加以详明解说,绘图说明南满铁道用地之界限,并将日人历年违约侵权之事实,暨因日方无理要求而发生之各重要悬案,一一详为公布,广事宣传,藉以表暴日人之野心,而正世人之视听。至此次日军占领各地,屠杀毁掠,虐害地方官吏种种行为,似可商由驻华使团转饬东省驻领,密为调查,随时宣布。特电奉陈,维希裁酌。弟莫德惠。廿六日。

资料来源:《东省事变之解决方针及措置(四)》,台湾"国史馆"藏"外交部"全宗,第89—90页。

36. 王曾思等致顾部长电(日期不详)

徐司长亲译,密呈顾部长赐鉴:日寇益深,公于此时出膺艰钜,佩慰感贺。现在国际联合会束手保我领土旁观,既无外援之可期,须作断然之应付。最好立即宣战,彻底牺牲。否则,从速妥协,再图恢复。迁延愈久,恐牺牲愈大,收拾更难,对于国人益难求谅。谨以公民资格,涕泣陈词,伏乞垂察。王曾思、刘泽荣、钱泰、王明辰、屠慰曾叩。二十八日。

资料来源:《东省事变之解决方针及措置(四)》,台湾"国史馆"藏"外交部"全宗,第92页。

37. 赤塔耿匡致外交部电(1932年4月24日)

来电第33057号

南京外交部部次长钧鉴:密。苏联通讯社宣布,苏联政府因我驻黑河总领事代马占山拍发密码,认为滥用外交特权,已向"满洲政府"要求,撤回该领,另派新领等语。查我驻俄远东各领,系中央政府所派。今苏联竟向满洲伪政府要求撤换,是已事实上承认伪国。倘伪国履行苏联要求,撤换我驻黑河总领事,更进而撤换其他各领,我方应如何对待之处,务恳密示应付方针,以图遵循。耿匡叩。二十四日。

资料来源:《东省事变之解决方针及措置(四)》,台湾"国史馆"藏"外交部"全宗,第93页。

38. 黑河权世恩致外交部电(1932年6月8日)

来电34152号

南京外交部部长、次长钧鉴:二十九日电敬悉。迫令离境一事,现当未闻。

但现苏联最近态度,及日方鼓惑诱逼情形,我方如不急筹办法,迟早必不获免。昨电已略陈利害,并献愚见矣。倘异日收到苏方限期离境通知,事关国家体面,当有何说。惟是否世恩仅一人离开,抑或全馆撤出,此中关系重要。亟恳预赐训示南针,庶免届时维谷。万乞钧部紧急决定,从速电示,至为切盼。再本馆半月经费,据大陆两电,京沪两行并未收到款项,显与代电所称不符。负欠约期屡愆,实属汗颜,亦恳查明电复。权世恩叩。东(一日)。

资料来源:《东省事变之解决方针及措置(四)》,台湾"国史馆"藏"外交部"全宗,第94页。

39. 铁道部咨外交部电(1932年6月6日)

参字第133号

为密咨事。据本部东北铁路研究委员会陈委员延炯自北平密电称:(一)伪国委派中东路理事长、理事督办等,政府似应声明否认。(二)代表处拟提出中东路说帖,大部对该路有何主张。统乞电复等情。

查中东路系中俄合办,据照一九二四年五月所定中俄协定,中东铁路之前途只能由中俄两国取决,不许第三者干涉。又暂行管理中东铁路协定规定,该路理事由中俄两国政府选派,并由中国政府派定华理事一人,为理事长及督办等语。

又同年九月,所订奉俄协定,亦有同样之规定。如苏俄政府果有容认伪国委派中东路理事长、理事督办等情。事实属违反上项协定,我国自应声明否认。拟请贵部根据上项各协定,分闻苏俄及日本,预为声明否认,或提出抗议。至对日方之声明或抗议,应用何种方式提出之处,并请贵部酌量办理,以重主权而杜后患。至本部对该路之主张,以为我国对于中东路,除根据协定应有之权益,绝对不能放弃外。其根本解决办法,不外赎回及至期收回两途。两者之中,自以及早赎回为主。惟在赎回办法未经双方议妥以前,仍应按照协定,切实履行并商致善管办法。业经本部电饬该委员,将此项主张知照代表处,并与接洽在案。相应咨请贵部查照,并希见复,是荷。此咨。外交部长罗。

铁道部部长顾孟余

资料来源:《东省事变之解决方针及措置(四)》,台湾"国史馆"藏"外交部"全宗,第95—96页。

40. 铁道部咨外交部电(1932 年 6 月 8 日)

为密咨复事。准本年六月三日,贵部参字第一三三号密咨。以伪国委派中东路理事长、理事督办等,政府似应声明否认等因。查自日本以武力占领东北各地后,屡次唆使叛徒及利用不良分子摧残我国行政主权,树立非法组织。迭经本部声明否认,并向日本提出严重抗议。本年月间,伪组织有委派中东铁路理事长、理事督办等消息,又经本部电达莫代表,令其告知俄国外部,声明中国政府决不承认,并于一月廿九日,将办理此事情形函复贵部各在案。兹准前因,除用中国政府名义在行发表声明正式否认外,相应咨复贵部,即烦查照。此咨。铁道部。

资料来源:《东省事变之解决方针及措置(四)》,台湾"国史馆"藏"外交部"全宗,第 97 页。

41. 照译莫斯科颜公使来电(1932 年 3 月 10 日)

南京外交部:若我方期望国联采取制裁行动,我应与日方绝交。各大国之劝告,多基于其自私之心理。必如讨论报告书时,藉各小国之压力,始有结果。我所认为危险者,不过恐日方寻求报复。但情势果然紧急时,各大国必出而制止日方。惟绝交之时期,极关重要,应审慎国内国外之情形,再予决定。既绝交分为数步骤。最后各步骤,或者决不致采取。其利害不差我方所虑及之甚也。颜。

资料来源:《东省事变之解决方针及措置(四)》,台湾"国史馆"藏"外交部"全宗,第 101 页。

42. 汪精卫致颜惠庆电(日期不详)

二六五号电悉。中日关系,并未改善。现将中国仅因鉴于环境,力避冲突而已。日俄如果开战,日胜,东北因无归还之望。俄胜,亦不过在东北建设苏维埃,其为患,损甚于江西。且日俄开战之始,日必首先迫我决定态度,倘我有助俄意,必先以武力占我华北。俄尚未敝,我已先受其殃。故在英美态度未明以前,我方不宜有确切表示。盼限即应付为要。兆铭。铣。

资料来源:《东省事变之解决方针及措置(四)》,台湾"国史馆"藏"外交部"全宗,第102页。

43. 北平何、黄部长致外交部电(1933年3月5日)

来电第44908号

发电:1933年3月5日21时35分

收电:1933年3月5日23时58分

急。限即刻到。南京罗部长钧任兄勋鉴:密。弟等歌(五日)未抵平,前方情况之坏,绝非始料所及。现正谋补救,但料亦不能如意。外交上,此时万不可决绝为妥,详情竑明晨回京面述。弟应钦、绍竑叩。歌(五日)酉。

资料来源:《东省事变之解决方针及措置(四)》,台湾"国史馆"藏"外交部"全宗,第103页。

44. 罗文干致何应钦电(日期不详)

去电第35691号

北平何部长敬之兄勋鉴:密。皓令电敬悉。日津田司令语恐非完全恐吓。外交先败,继以喜峰、古北各役。此时老羞成怒,势所必然。我为对外对内计,热战万不能中止。津沽即有事,亦惟有决心准备应战,不可退缩。至封锁大沽口,应俟日方开炮后方可实行,免衅先自我开,援彼口实等语。

除另电刘次长,请其就近向驻平各使,说明日方威胁情形。请其设法制止,并电代表团外,特先奉闻。弟文干叩。哿。

资料来源:《东省事变之解决方针及措置(四)》,台湾"国史馆"藏"外交部"全宗,第104—105页。

45. 外交部致北平何部长电(1933年3月21日)

去电30701号

北平何部长敬之兄勋鉴:密。哿电计达。兹又接皓令电,转送沈司令巧电,以敌舰威胁津沽,牵制热局。我仍应持以镇静,严予戒备,不必以沽口之严重牵动热战之发展,伟略极佩。至沽口之严重局势,应视敌舰为何动作,随时竭力抵抗,以便政略上之运用,与此间意见相同。惟军机紧急,如衅自彼开,敬请随时查照哿电,应付事变为荷。弟文干叩。

资料来源:《东省事变之解决方针及措置(四)》,台湾"国史馆"藏"外交部"全宗,第106页。

46. 何应钦致朱培德、唐生智并转罗文干电
(1933年3月19日)

急。南京军委会朱主任、唐主任亲译,并转罗部长勋鉴:捍密。又据青岛海军沈司令巧申电称:巧午电计达。典签查此次敌方军舰五只,麕[麋]集大沽口外。其意似在故示威吓,借以牵制我攻热之进展。实则敌方五舰中,只平户巡洋舰武力较优,但以吃水过深,未能驶入白河。余驱逐舰四只在海外,或对海军作战固有相当威力,若在白河以内,其武力即难充分发展。而四舰员兵,合计只四百余人,且难有所作为。鸿烈顷又与该国驻青岛海军武官谈话,告以若日方决计出师平津,则彼此以兵戎相见,固无不可。若并无决战之意,则前项兵舰力量,尚不应进口尝试,以免发生误会,徒使事件扩大。渠闻言唯唯,察其语气,日方亦似无进扰平津之决心。我方似仍应持以镇静,严予戒备,不必以沽口之严重,牵动热战之发展。至关于沽口攻防事宜,如我方认定在平津难免决战,似应于:

一、外交上求得谅解后速行封锁河口,以求先制之利。

二、否则,只得视敌舰如何动作,随时竭力抵拒。战略上虽稍耽延,政略上则可酌量运用。

现前方部队均枕戈待命,事关大计。仍乞迅电核示,以便转遵为祷等情。除已电饬仍持镇静,并完成战备外,特闻。何应钦皓令。印。

资料来源:《东省事变之解决方针及措置(四)》,台湾"国史馆"藏"外交部"全宗,第107—108页。

六、东省事变之解决方针及措置(五)[①]

1. 罗文干致日内瓦中国代表团电(1932年10月14日)

驻日内瓦中国代表团:中日协定签字后,蓝使表示,所谓圆桌会议已不成问题。吾方为欲打销[消]此议,故于签字前,已由沪市府与英方开始关于越界筑路悬案非正式之谈判。顷据路透电称:芳泽昨向英、美、法、义四使提议圆桌会议办法,有将上海改为自由城之说。究竟今日国联对此问题态度如何。望先与重要各方,速为接洽,如必须开此会议,我方势必提出种种问题,令会议成为僵局。为各方利益计,务求打消圆桌会议之说。干。十四日。

资料来源:《东省事变之解决方针及措置(五)》,台湾"国史馆"藏"外交部"全宗,第5页。

2. 日内瓦颜代表、顾代表、郭代表致外交部电
(1932年10月14日)

来电第38408号

南京外交部:四百二十八号。李顿报告,选探各方空气,并经惠等详加研究。原报告九、十两章,过于迁就事实,与前八章不相呼应,自未能尽满人意。但东案发生业逾一载,三省人民水深火热,拖延愈久,收拾愈难,如国内一时别无办法,似可接受报告书为讨论之根据。惟有数点,于接受时似应对外声明。

---

① 编者按:"东省事变之解决方针及措置(五)"卷藏台湾"国史馆"之"外交部"全宗,入藏登录号为020000001606A。每条电文的资料来源标示原档案中的页码,不再标注入藏登录号,且每条电文标题由文献集编委会根据电文内容制作而成,特此说明。

计关于原则者六点：

（一）依照第九章注第三条，日本由违约侵略所得之结果，当然不能加以承认，更不能使被侵略者因而受其损害。

（二）赔偿责任问题应保留。

（三）国联行政院及大会以前关于日本撤兵议决案继续有效，并不因报告书而变更，故日本撤兵之义务及不能在武力压迫下谈判之原则继续存在。所有日本撤兵之期限，应提前详确规定。至日本撤兵后，关于防卫边围，自属中国责任。原则第八条，一切军队均应退出，殊与以前议决案不符。

（四）关于原则第四条，日本权利利益之承认，应以有条约根据者为限。

（五）原则第十条之国际合作，应以不违背原则第三条为限。

（六）有组织之抵货，系对于侵略者一种自卫权利，不能规定于商约中。如须规定，只能规定于互不侵犯条约中。

又关于细目者三点：

（一）内地杂居及商租，如须实行，尤其推广至北满，应以完全取消领事裁判权为条件。

（二）东三省虽可赋予宽大之自治，但应由自动办理。至中央法律命令与报告书中所称，宣言或条约不相抵触者，自应一律施行。

（三）铁路问题，应以国际投资，谋东省铁路之整理及发达。而电政、交通等，则应归中央管理。其他中央应行保留者，容再详加研究。

再，我国对于东省保安队，现在似应立即着手组织，以期早日接收。按照报告书，保安队一经组织，日本军警、护路兵等即应退出。以上各点为初步研究所及，电陈参考。中国方针决定后，并乞早日电示。再，日本对于报告书真实态度，请设法探告。至此间将来应付日本办法，容续电。惠、钧、祺。

资料来源：《东省事变之解决方针及措置（五）》，台湾"国史馆"藏"外交部"全宗，第6—8页。

3. 罗文干致日内瓦中国代表团电（1932年10月17日）

去电第388号

驻日内瓦中国代表团：十五日，往汉晤蒋委员长。蒋面授意见书，摘述如下：

对于报告书,宜采取温和态度,不可表示过度之反抗。但同时不能不注意,下列几项事实:

第一,报告书至少尚须经过十九委员会与国联大会审议。在未达最终决定前,中国政府尚须为最大之努力,以期改正。

第二,非列强对日有执行经济或武力制裁之决意,或日本国内有不利于军阀之重大变化,日本决不接受报告。但以上两种假定情事,现时均无实现希望。因此中国纵表示愿意让步,仍无补于纠纷之解决,徒为将来交涉或行动上增加拘束,且或引起国内重大攻击。

第三,国民党求民族解放之对外政策,如不顾及,则本党信用将受重大打击。

第四,前八章陈述事实,虽属公允。九、十两章建议,几完全注重日本希望,与其在东三省之实力,而将九一八事变责任,弃置不顾。吾国不能不要求国联,为必要之修正。

基于以上考虑,政府应取下示态度与政策:

(甲)态度。前八章可以接受,第九、十两章要求修正。再,此项修正中,永久和平之树立与九一八以来事变之责任,均应顾及。关于树立永久和平之建议,如中日两方撤除东三省军队、互订不侵犯条约计划、和解及公断计划。虽使中国受重大牺牲,如能出以适当方式,使能确保和平,中国仍愿以诚意考虑接受。报告书既认日方非自卫,则解决方案断不能容认日本武力造成之任何新情势,或强迫中国接受九一八以来,中日两国条约上所无之义务,因以削减中国主权,或行政完整。调查团建议如关于顾问会议之召集,外国顾问之强制任用,中日铁路之合并,永远禁止排货等项,中国不能不要求废弃或根本修改。

(乙)政策。中国认为,解决东三省方案,在原则上必须恢复九一八以前状态。惟为永久和平及中日关系改善计,可同意下列三项计划:

(一)撤除军备及互不侵犯条约计划。中国虽有重大牺牲,中国仍愿诚意考虑。惟军备撤除计划之实行,必须更附一种保障公约,其性质须与一九二五年英、义诸国,保障德、法国境之罗卡诺公约相似。

(二)和解及公断计划。设置中日和解委员会及公断法庭,东三省旧状恢复之后,一切纠纷分别交由和解及公断机关解决。

(三)改善东三省行政。中国可向国联声明,当励行东三省行政之改善。

此项改善计划,当包含逐渐设立人民代表机关,实行中央地方均权制度,及利用外国专家之辅助等项。惟外国专家之任免,必须照中国文官任免法令,而不受任何条约之拘束,方不妨行政完整之原则。文干。(十七日)。

资料来源:《东省事变之解决方针及措置(五)》,台湾"国史馆"藏"外交部"全宗,第9—11页。

4. 罗文干致日内瓦中国代表团电(1932年10月20日)

去电第389号

驻日内瓦中国代表团:715号、七〇八号电内所云详细意见,连日经外交委员会讨论后,决议如下:

(甲)第九章十项条件:

第一条"适合中日双方之利益"。不必表示异议,但可声明,尤其应注意为中国国家生存,及主权应保持之利益。

第二条"考虑苏俄利益"。不必表示异议。

第三条"遵守现行之多方面条约"。应积极赞成。

第四条"承认日本在满洲之利益"。我方承认日本在东三省正当之利益。

第五条"树立中日间之新条约关系"。须在不损害中国主权,及领土行政完整原则之下。

第六条"切实规定解决将来纠纷之办法"。在和解等项下说明。

第七条"满洲自治"。中国可向国联声明,当积极励行东三省行政之改善。此项计划当包含,逐渐设立人民代表机关,实行中央地方均权制度,并予地方政府以宽大之自治范围。

第八条"内部之秩序与免于外来侵略之安全(即撤除军备)"。此项计划之实行,在中国虽不免有重大之牺牲。但使确能保障永久和平,中国仍愿以诚意考虑之。惟为辅助此项计划贯达目的起见,如仅由中日两国订立互不侵犯条约,而无其他多数友邦参加保障,亦终无补于事。故此项计划之实行,必须附以切实有效之保障公约。

第九条"鼓励中日间之经济协调"。不必表示异议,但办法及程度,须视东省问题有无完满解决而定。

第十条"以国际合作促进中国之建设"。须不违背第三条件。

(乙)中日直接讨论。中国可与日本讨论,但自始至终须有国联行政院或其他有关系方面之协助。

(丙)顾问会议。此项办法,同人反对者最多。可声明中国政府自行推进东省自治制度时,当尽量容纳或参酌地方人民,以适当方法表示之真正意思。

(丁)保留于中央政府之权限。中国自动设定东省自治制度时,拟将外交、国税、电政、交通、国籍法、司法制度及重要官吏任免权等,保留于中央政府。此系内部计划,非必要时不必对外声明。

(戊)宪警。中国政府准备派遣最有训练之宪警,维持东省治安。

(己)外国顾问。中国为改善东省政治起见,可聘用外国专家为辅助,但此项专家之任免,必须依照中国法令而不受任何条约之拘束。

(庚)中日经济条约之目的。

第一目的:参阅十项原则第五条。

第二目的:我方希望任何解决办法或新条约,只限于东三省。

第三目的:东省内地杂居及商租如须实行,以完全取消领事裁判权及撤退日本军队及警察为条件。关于撤销领事裁判权后,法院组织之办法,由中国政府另行规定或包括自动酌用外国谘议。

第四目的:铁路问题。应根据门户开放政策,欢迎国际投资,谋东省铁路之整理及发达。

(辛)中日和解、公断、不侵犯及互助条约。如东省问题果有办法并能见诸实行,此项建议当然有利无害。至和解、公断,均应由第三国人参加。

(壬)在中日商约中,中国担任遏止抵货运动。此项建议应视东省问题有无完满解决而定。

(癸)其他我方应主张之重要原则:

(一)日本因违约侵略所得之结果,当然不能加以承认,更不能使被侵略者受其损害。

(二)国联行政院及大会关于日本撤兵决议案继续有效,并不因报告书而变更,故日本撤兵之义务及不能在武力压迫下谈判之原则继续存在。所有日本撤兵之期限,应提前详确规定。

(三)赔偿损失问题应保留。

文干　十九日

资料来源:《东省事变之解决方针及措置(五)》,台湾"国史馆"藏"外交部"

全宗,第12—15页。

5. 外交部致日内瓦中国代表团电(1932年10月25日)

去电第284号

驻日内瓦中国代表团:718。接丁超、李杜由北平电,以报告书九、十两章,与以前各章大相抵触,历举不合各点如下:

(一)满洲既属中国领土,必有政治统辖、军备保障之权,乃设顾问会议包括日人,管理东北,即不认满蒙为中国所独有,而为中日所共有。

(二)日军既背公约,应限其撤兵,我军在自己之领土,何得与日军同时撤退。

(三)日人在东北特权,就已往条约上履行者而言,并无设官分职与中国同施政治、军备之权。

(四)附逆之徒,使东北民众遭此浩劫。若赦免不究,无以儆刁邪。

(五)事变后之人民生命财产,损失极钜。应由日方如数赔偿,以儆其无故起衅之咎。否则,我东北民众与暴日抵抗到底。请向国际联合会提出修正等语。外交部。二十五日。

资料来源:《东省事变之解决方针及措置(五)》,台湾"国史馆"藏"外交部"全宗,第16—17页。

6. 外交部致日内瓦代表处电(1932年10月28日)

去电第31978号

关于日方积极进行:

一、极力分化北方,谣传韩将独立;

二、在国际造成纷乱空气,宣传两种工作。

原电稿存美国卷。

资料来源:《东省事变之解决方针及措置(五)》,台湾"国史馆"藏"外交部"全宗,第17页。

7. 日内瓦惠、钧、祺致外交部电(1932 年 10 月 29 日)

来电第 39075 号

南京外交部：四百三十三，并转宋院长勋鉴：密。寒(十四)电奉悉。政府诸公继续努力，弟等自当共同奋勉。国际联合会开会期近。日方正向各国要求协助。我方于外交、抵货、宣传、抵抗各端，自须妥筹对策，以资应付。哿。

二十日，在巴黎与石曾、亮筹二先生晤商。金以各国对我虽多具好意，而内部袒日份子从中作梗，尤以英、美、法、比金融界及在华投资受损，或持有无确实担保债票者为甚。彼等立论，以日本能维持秩序，尊重债务易于经济合作，故主助之，冀收旧债投新资。闻伪组织现已进行整理东北外债，以期博得彼辈同情。我方须有具体办法以资应付，非空言所能收效。且改造中国案，日或要求先议，最好由政府或经济委员会自动决定方案，分期进行，以阻代庖。惟此举头绪纷繁，恐非短期内所能决定。弟等以为，可从整理外债着手，决定方案，与各国债权者进行商议。清旧债以复信用，投新资以助我建设，以示我国对于国际合作一层已定有具体计划。恐仍使各国金融界认为，助华掺杂有利，兹事对等或有困难。然在对外策略，可借此问题，以转移一般袒日空气，而作釜底抽薪之计。事机迫切，务乞早日裁夺示复为祷。惠、钧、祺。(二十八日)。

资料来源：《东省事变之解决方针及措置(五)》，台湾"国史馆"藏"外交部"全宗，第 18—19 页。

8. 日内瓦顾代表颜代表郭代表致外交部电
(1932 年 11 月 5 日)

来电第 39395 号

南京外交部：四百四十二号。二十一日电悉。外会茞筹至佩。现尚有须请示者：

(一)顾问会议。来电称反对者最多，惟未叙述理由。应请从速电示，以资研究。查调查团看法，此种提议已含保全中国主权之意证。以结果当由中国单方宣言不必订约，似可明了。

（二）关于东省自治制度。调查团主张原则，须先由我同意其大体办法，亦须在顾问会议以前先行商定。来电所称，中国政府自行推进时，酌量办理一节。应否坚持，抑可通融，在行政院共同商议或由我向行政院负责宣言。至所云自治本体办法，并请详示。

（三）原则第八条，包含撤退东省华军在内，以后我国亦不得派驻军队。此层细读来电，似可赞同。

（四）日本撤兵期限，自应提前明确规定。惟我国须有多数保安队，先期组织成立，以替代七八万日军。仝待我国组织保安队再撤，未免有默许日兵暂留之嫌。若我坚持先行撤退，而日本藉口保障日侨。是否可由国联暂维东省治安，以待我国保安队之完成。

（五）设置顾问。来电似限于欧美人，抑日人亦包含在内。

（六）遏止抵货运动。关于我国消极自卫者甚巨，最好不规定办法。如须规定，仍如十二日电所陈，只能于互不侵犯条约中设法加入。否则，日本动辄指我国违约，倒果为因，流弊匪浅。

（七）第四条，我方承认日本在东三省正当之利益。"正当"二字，如何解释？其范围之广狭，亦请密示。

（八）保留中央之权限，应否加与自治不相抵触之各项法令。

（九）此次国联讨论东案，势必注重其条款办法。其关于东省自治、撤兵、边防及其他报告书第十章所开各端，或关于程序，或关于实际。统祈熟权利害，决最低限度之办法。连同上开各项，一并密示，以资准绳，俾免临事应付困难，至深感荷。惠、钧、祺。四日。

资料来源：《东省事变之解决方针及措置（五）》，台湾"国史馆"藏"外交部"全宗，第20—22页。

9. 照译颜代表自日内瓦来电（1932年11月9日）

南京外交部：十一月九日。第四百五十一号。现在考虑中之程序如下，请参阅庆十一月三日第四百四十号，及十一月四日第四百四十三号两电。

第一节　行政院于二十一日开会，但其责任限于将各项文件，包括中日双方之书面意见等等，一并移交大会。

第二节　日本不承认大会之权力，是以其意见将在行政院会议发表。届时,李顿调查团列席,当可请其对于日方意见加以批评。如此,则大会可得日方之充分说明。盖向日本直接要求解释,或不能获得也。今者任日本在行政院会议席上将其主张加以充分之辩护,理由甚是。盖将来日本如拒绝对特别委员会或大会发言者,则特别委员会或大会尽可径自进行。而不至受人责难,谓其未悉日方意见而操切从事矣。

第三节　中国亦欲在行政院发表意见与否,未定。盖中国或藉此以免舆论完全为日本观点所占据或宁愿在大会普通委员会发言,以便在十九人委员开会之前,获得大会之赞助,两者尚未可知。

第四节　其他政府亦可在行政院表示意见。为此,亦可请李顿调查团据点答复。枝节无关之问题,自应撤开。盖在今日,具解决纠纷之权力者,惟有大会。总之,行政院会议席上之辩论,不过使本案有充分之阐明而已。会员可以谓彼等之不愿讨论解决办法,系因事属大会权限。倘有决议案通过内容,亦正应规定实行将李顿报告书及会议纪录移至大会而已。

第五节　三月十一日之决议案,请行政院将文件转致十九人委员,俾便开始工作,不必事先有大会之召集。然而在大会中之辩论,亦不为无用。盖承认"满洲国"及日"满"条约,均系李顿报告书事后发现之事实。而李顿报告书之拟具,系完全以盟约第十一条为根据者。大会开会亦可指示十九人委员会以工作之方针。

第六节　委员会将明白划分李顿报告为两部:(一)所查之事件;(二)调查团关于解决办法之意见。按调查团既承认,建议之价值将受承认"满洲国"之影响,则大可乘势将此部分暂搁一旁,而专注于起首八章。就首八章,有下列结论三点:(一)行政院之决议未见执行;(二)日本用武力代替和平方法,其行为不能以自卫为理由;(三)"满洲国"并非自动之产物。

第七节　此项结论,将于圣诞节前载入决议案之第一部等附加宣言,不承认现状,特别对于"满洲国",国联拒绝与之发生关系,或以任何方式与之合作,尤其关于借款条约等事。决议案之第二部建议,最善方法求争议之永久解决。含有两项问题:一为满洲之将来;一为国际间扶助中国,以避免新生冲突。关于满洲之将来一层,调查团曾提议直接交涉。此意必须取消,因日本既不愿放弃"满洲国",是谈判须在军事压力之下进行,与三月十一日决议案相违反。

再,此种情形之下,第十条之提议,不过一种表示而已。至于第九、第十两章,必须就承认"满洲国"及日本之拒绝、撤销承认与条约之情形,加以审查。

可能之程序不外下列数种:

(甲) 交由十九委员会审查之;

(乙) 交由委员会,会同俄、美两国审查之;

(丙) 由委员会提议,与九国公约签字国暨俄国商议办理之;

(丁) 提议与非战公约签字国商议办理之。

上述程序之中,似以程序(乙)为简易可取。至关于第二点,即协助中国一节,决议案可□明,报告书既指于中国之改建事业,系因东省及上海事变遭受困难。国联大会用是宣言,大会将坚毅努力协助中国之改建,此项方式当予深受侵略痛创之中国以精神上之援助。

第八节 国联大会最后之报告,将由十九委员会根据上述商议办法所得之结论,拟具之。该报告且将包括解决争议之办法,以及中国改建问题。上述各节尚属未完或竟为最高限度之成就。请电示尊处之反响。

资料来源:《东省事变之解决方针及措置(五)》,台湾"国史馆"藏"外交部"全宗,第 23—26 页。

10. 照译顾代表自日内瓦来电(1932 年 11 月 21 日)

南京外交部:十一月二十一日。第四百七十号。行政院上午十一时公开会议。松冈以一小时之久,宣读其演词。语意狂放,蔑视一切。大旨根据昨晚此间所分发之日本意见书,攻击中国,攻击调查团,并攻击国联。该意见书想在远东亦有发表,尊处如欲知该意见书大意,当即摘要电达。意见书与演词,两者均词意决绝,不留任何解决办法之余地。

下午四时,行政院继续公开会议,听中国方面之陈述。维钧发言,首先将松冈演词中提出数点加以痛驳,并保留答复其他诸点之权。嗣作演说,反攻日方,约一小时半。下次会议,定星期三下午三时半举行。演词已在此间分送,要义如下:对于调查团之工作,表示感谢。略述参预[与]代表,陪同调查团前往满洲时,不得自由行动之事实。现在中国显然不安定之情形,乃为改进过程中所不可避免之事。然而中国对于统一之努力,则历遭日本之阻碍。论日本之大陆政策,实为世界和平之真正威胁。中国并未排外。国民党之主义详为解释。至于经济抵制,为一种合法防卫,政府当然同情,自须援助,并无责任之可言。嗣根据尊处训令,申说报告书中,有利之事实。关于最后两章,虽保留发表意见之权,但对于决议案,必须符合国联盟约、非战公约、九国条约。而以各该约,为解决办法之基础原则一节,予以赞美,并就报告书中所得之事实,推演三项补充之原则:

（一）侵略不应予以酬报;

（二）中国所受损失,应予赔偿;

（三）日本撤退军队之义务,仍为先决条件。谈判不应在已成事实或军事占领压迫之下进行。

最后,请国联迅速采取有效之步骤。

资料来源:《东省事变之解决方针及措置（五）》,台湾"国史馆"藏"外交部"全宗,第27—28页。

11. 照译顾代表自日内瓦来电(1932年11月21日)

南京外交部:维钧在行政院会议之演词中,关于经济抵制所持之理论要义如下:

（一）经济抵制,乃系对付日本侵略一种正当防卫之行动。侵略为抵制之因,抵制为侵略之果。

（二）此次经济抵制,系因韩人之暴动,及日人之侵犯满洲而起。

（三）公共机关之参加,自属情理中之事。

（四）经济抵制,既为民情愤激之表示,政府自不能不予以容许。但有时自须训令地方当局,务使此项运动不越合法范围。对于日本侨民,尤须加意保护。

（五）官方之指导民众,有时正所以制止情势扩大,免至使每一新生局面遂被认为已成事实。此种指导既属必要,自无责任可言。

（六）经济抵制,为和平而较合于人道之举。因其不至发生流血之惨。

（七）日本利益,因经济抵制所受损害,本意中之事。然而,较之中国因日军侵犯所受之损害,相去不啻天壤。

（八）在经济抵制中,被扣留、被没收者,为中国人之财产,是为中国方面牺牲自己之行动。

（九）即使中国政府公然使经济抵制成为合法举动,藉以统一进行之方法,亦未为不合情理,只以不为已甚之故,始终未肯出此。

（十）就政府之意见而言,经济抵制,实有加紧实行之必要。

（十一）至关于经济抵制，是否合于睦谊，于条约义务，有无抵触之问题。除非先将友邦睦谊，在邻军犯境之后，尚否存在条约义务，在日本违犯之后，对于中国有无约束效力诸问题加以解决。此时尚谈不到。

资料来源：《东省事变之解决方针及措置(五)》，台湾"国史馆"藏"外交部"全宗，第 29 页。

12. 外交部致日内瓦中国代表团电(1932 年 12 月 1 日)

第七百九十五号。日内瓦中国代表团：前根据李顿报告书，电达尊处之训令。原期如以报告书为基础，尚有解决之可能时，则该项训令可为代表团应付之方针。但现在，鉴于日方态度顽强，坚持以"满洲国"独立为一切解决办法之先决条件，则早日解决，有利之希望，殊属渺茫。兹列举其理由如下：

（一）现在欲谋解决绝不可能；

（二）延缓时日，或可以收美国援助之效；

（三）延缓时日，日本经济瓦解之机会愈多；

（四）延缓时日，可以增加改善我方地位之机会。

故时间之延长，于我并非无利。我应坚持最初之态度，即恢复主权及日本撤兵等项是也。日本经济若归瓦解，则我方最高之希望为恢复以前原状，归还一切没收财产，赔偿政府及人民损失。我方所能承认之最低限度为：

（一）自动的、并非契约的，推行自治制度。

（二）由国际保证，不驻军队。日本军队亦在其内。惟须避免永久中立字样。

（三）自动的聘请各国专门家充任顾问。

（四）国际经济合作。

（五）以三月间汪院长在南京与调查团谈话时，所提之十项基本原则为基础，磋商新约。

（六）取消"满洲国"。

（七）承认赔偿之原则。

关于我方所能承认之最低限度，非届尊处根据相当理由，认为予以披露，方有解决之希望时，勿必宣泄，是为至要。子文。文干。

资料来源：《东省事变之解决方针及措置(五)》，台湾"国史馆"藏"外交部"全宗，第 30—31 页。

13. 照译颜代表自日内瓦来电(1932 年 5 月 21 日)

来电第 33772 号

三四三号。五月二十一日。此间,拉丁美洲各国代表,多未接到其本国政府关于中日纠纷之训令。拟请大部训令临近上述各国使馆,往晤各国政府,以期在九月国联大会为我声援。昨日,秘密会议决定,准特拉蒙辞职,并同时内定继任者,俟九月任命。行政院会议本日闭会。

资料来源:《东省事变之解决方针及措置(五)》,台湾"国史馆"藏"外交部"全宗,第 33 页。

14. 照译颜代表自日内瓦来电(1932 年 5 月 25 日)

南京外交部:第三百四十五号。尊电五九〇号敬悉。遵备说帖,但恐效力甚微。因既有李顿调查团,似难另派新调查团。且事实上,新者工作亦未必较李顿调查团更有进步。倘此项建议由李顿向特别委员会提出则较佳。我方对于北满军队有无指挥能力,是否准备再由关内派遣军队出关讨逆,予彼等以助力。因欲求结束现在局面,或与日方认真作战,或在李顿最后报告之前,暂缓军事动作,似必决定一途。请即拟定特别委员会可采用之整个具体步骤。世界对于满洲问题之注意渐减。迟早总须采取急进之军事或外交动作,以重新唤起其注意。

资料来源:《东省事变之解决方针及措置(五)》,台湾"国史馆"藏"外交部"全宗,第 36 页。

15. 罗马颜惠庆致外交部电(1932 年 6 月 7 日)

来电第 34147 号

南京外交部:三五十。九月大会,恐须讨论李顿报告,关系至为重大。我方代表团组织完备为第一要著。奉五百九十四号电,顾、郭二公,业已内定参加,至为欣慰。务恳早日发表,无任企盼。再,专门委员如钱泰、许淑希、曹云祥、周诒春、颜德庆诸君,亦应偕同来欧,俾资臂助,并于八月初抵瑞为宜。以上各节,并请转呈汪院长。惠。

资料来源:《东省事变之解决方针及措置(五)》,台湾"国史馆"藏"外交部"全宗,第40页。

16. 照译颜代表自日内瓦来电(1932年6月17日)

南京外交部:第三百五十五号。上海会议说帖,计共五页。系根据大部第四百九十七号电训,已于四月十二日分别送出。三月三十一日,曾致说帖于西姆士,作为关于该事项之私人通知,并切言议事日程,必须限于在非常情形之下,所有关于公共租界及其居民之和平与安全之急切问题。而将与此等问题无关,及久悬未决之事项,如租界之地位等事,留待彼等提出。我方则拟提出造成中日整个问题之要素,包括以租界为军事根据地,毁坏中国各地之财产。至抵货一事非地方事件,故不列入。两次说帖之目的,均为缩小会议范围,并使其限于局部。此种见解既已实现,则该会议已失其存在之理由。现在情形若何?

资料来源:《东省事变之解决方针及措置(五)》,台湾"国史馆"藏"外交部"全宗,第42页。

17. 照译自日内瓦来电(1932年6月15日)

来电34358号

南京外交部:第三百五十三号。准西姆士称:第十五条第四节,所规定限期六个月报告,于八月十五日届满。但李顿之报告于九月半以前,不能到达此间,是以必须展期。特拉蒙提议,展期六个月,如当事双方同意,则西姆士当交换函件,并将该函件提出于大会,请予认可。当告以即电请示。只虑六个月为期过长,且该事项含有变更公约之规定,吾人似应审慎将事等语。渠等表示同意。展期一节势在必行。仍祈指示大部意旨。大会或于下星期开会,解决此事。

资料来源:《东省事变之解决方针及措置(五)》,台湾"国史馆"藏"外交部"全宗,第44页。

18. 照译颜代表自日内瓦来电(1932 年 6 月 16 日)

来电第 34375 号

南京外交部:第三百五十四号。今日,特拉蒙重述西姆士昨称各节。但展期一节,现未指明期限。其意□作展至李顿报告送到后之最近期间。嗣谈一般情形,渠称未悉李顿报告如何建议,中日双方对其报告,或皆不能接受。惟无论如何,渠以为大会报告,虽用以结束国联之工作,但虑东省问题不能于大会报告后即行解决也。渠谓李顿所信能得当事双方接受之解决,过于乐观。恐须在两三年后,方有真正之解决等语。关于特拉蒙继任人选,庆信渠亟欲爱文诺升任,而以白特勒尔为劳工局长。李顿调查团经费何时可汇。王秘书现在洛桑,观察军缩会议。

资料来源:《东省事变之解决方针及措置(五)》,台湾"国史馆"藏"外交部"全宗,第 46 页。

19. 北平罗文干致徐谟电(1932 年 6 月 20 日)

来电第 34466 号

南京外交部徐次长叔谟兄鉴:密。皓十九号、二十两电均悉。明晨与汪院长等详细讨论后,即行电复。弟约明日乘车回京。过济时,拟顺便接洽。干。号(二十)。

资料来源:《东省事变之解决方针及措置(五)》,台湾"国史馆"藏"外交部"全宗,第 53 页。

20. 北平罗文干致徐谟电(1932 年 6 月 20 日)

来电第 34455 号

南京外交部徐次长叔谟兄勋鉴:密。电悉。尊意,我方目下不必赞同时期,但大会必须授权十九国委员于九月十五日报告到日内瓦时,决定延期,甚妥。可即照电颜代表去电,须告以现在北满一带,马、李、丁及各路义军,正拼死力分路抗日。我方交通不便,粮械不敷,后援垂绝,势难久持。故盼会期不至展缓太久。将来审查报告之时,我方军队若仍能维持得住,委员会对我空气必较有利。以上请即电告日内瓦。弟文干。哿(二十日)。

资料来源:《东省事变之解决方针及措置(五)》,台湾"国史馆"藏"外交部"全宗,第 54 页。

21. 照译颜代表自日内瓦来电(1932 年 6 月 20 日)

来电第 34470 号

南京外交部:第三百五十九号。若不加以压力,则□大强国(包括美国在内)对于中日纠纷不肯尽力,甚属明显。列强因经济财政之理由,亟欲缔结军缩条约。故拒签该约,或可为唯一之压力。倘我方不签字,则日本、苏俄等国,亦将迟疑不决,致使该约延搁。无论如何,时机已至。必须决定政策,请赐电示。李维诺夫回时,大部欲庆往晤否。互不侵犯条约抄本已到否。

资料来源:《东省事变之解决方针及措置(五)》,台湾"国史馆"藏"外交部"全宗,第 59 页。

22. 照译颜代表自日内瓦来电(1932 年 6 月 21 日)

来电 34500 号

南京外交部:第三百六十号。

与诸友磋商后,业将备忘录交与秘书处。遵照六〇三号来电,对延期一事,表示同意。以在此延长期内,采取防止扩大事态之办法等项为条件。本日拟晤李维诺夫,作概括谈话。

资料来源:《东省事变之解决方针及措置(五)》,台湾"国史馆"藏"外交部"全宗,第 61 页。

23. 外交部致日内瓦代表团电(1932 年 6 月 24 日)

去电第 29884 号

驻日内瓦中国代表团:610 号。三五九电悉。如我方不签军缩条约,确可使日、俄等国不签,自可相机照办。外交部。二十四日。

资料来源：《东省事变之解决方针及措置（五）》，台湾"国史馆"藏"外交部"全宗，第 62 页。

24. 日内瓦颜公使致外交部电（1932 年 7 月 25 日）

来电第 35491 号

南京外交部：三百八十二。解决东省问题，英、法关系至为重要。请催顾公使早日沴任。惠。二十五日。

资料来源：《东省事变之解决方针及措置（五）》，台湾"国史馆"藏"外交部"全宗，第 67 页。

25. 照译颜代表自日内瓦来电（1932 年 9 月 17 日）

来电 37245 号

南京外交部：第四百号。尊电第六百六十一号至第六百六十八号奉悉。经与伦敦施公使、郭公使暨巴黎王宠惠博士会商，会以尊处最后决定为贤明，表示赞同。盖以依据九国公约请求召集会议，尚非计之得也。奉第六百六十号等电当经电达。严鹤龄、施公使已欣然接受赴美之议，现在途中。关于尊电第六百五十九号末节，请参阅庆电第三百八十八号。郭公使，将访晤俄国大使。庆然后可与继续谈商。关于尊电第六百六十六号，庆当将致国联通知书之内容，于日后电闻。因顾公使迟到之故，罗公使将代为出席国联大会常会。请促宋部长电汇美金贰万元，以为大会公费之用。

资料来源：《东省事变之解决方针及措置（五）》，台湾"国史馆"藏"外交部"全宗，第 75 页。

26. 照译颜代表自日内瓦来电（1932 年 9 月 21 日）

来电 37449 号

南京外交部：第四百零七号。庆与国联秘书处某重要人员谈话。词意间明示，如行政院拒予展期六星期，或使纠纷提出于大会之前，恐日本觅机退出国联。渠以为，与其使日本得在大会拒绝发言，毋宁使之得尽其词于行政院之为智。故以为我方对于较近情理之时限要求不妨让步。然后,坚持大会之能力,殊足应付东省问题之为愈如是。若日本退出,则错全在日本。庆以为策之上者,应请求大会决定日本要求缓议李顿报告书之事,而不请求行政院决定之。因行政院已不再过问此项纠纷,非俟该问题提出于大会时,拟不述及时限一事。请将尊处之反响见示。明日,将晤西姆土暨李维诺夫。

资料来源:《东省事变之解决方针及措置(五)》,台湾"国史馆"藏"外交部"全宗,第78—79页。

27. 日内瓦惠、钧、祺致外交部电(1932 年 10 月 10 日)

来电 38300 号

南京外交部行政院汪院长、宋代院长、罗部长并转蒋委员长勋鉴:极密。国联特别大会不久开会,国际形势急迫万分。我国根本政策,自应先期决定,以资应付。查十余年来,欧美列强常感我国政局不定,中央无强固政府,内部纷乱,政令不行。九一八以还,日本即利用欧美此种观念,在国际间极力宣传,谓我国政治紊乱,组织不完,条约义务不能履行,以期引起各国反感。此次调查团东来,日方所提说帖,关于此点尤复反复申述。而该团亦以我国中枢分散洛、宁、沪、汉,形势分歧,内部亦多未充实,引为遗憾。虽经迭予解释,殊恐未能尽祛其惑。

惠等日来,在此历访。各国代表,亦多以我国无强固政府,形势涣散为虑。调查团报告书认为,此种情形足以危害东亚和平,并于第九章提出以国际合作协助中国改造之建议。将来国联开会,恐日本仍将利用此点,以中国现在状况之下,纵能有所议定,难望切实履行。或将以协助中国改良政治为先决问题,提出讨论,以期延阻东案之解决。议席之上,自当相机应付,据理辩争,但恐徒恃空言不宜收效。惠等再三商议,窃以为在开会期前,我国即应乘时布置,积极进行两事:

一、团结内部,罗织全国人才。充实中央组织,强固政府。达成政治重心齐集首都,一致对外,以振国际观听。

二、关于协助中国改造之建议。楚才晋用,中外原不乏先例,而于改革期间尤所常见。我国年来,已有延聘各国专家,协助调查、设计之举,亦宜先期妥定切实方案,由我自动进行,以避外人干涉内政之嫌。

以上两端,关系綦重。千钧一发,稍纵即逝。务请早决大计,以固邦本。俾于开会时,微有转圜所依据,以问讯外人之口。惠等审察国际情势,心所谓危不觉言之激迫。敬祈鉴察。如蒙采纳,国家前途实深利赖。惠、钧、祺。十日。

资料来源:《东省事变之解决方针及措置(五)》,台湾"国史馆"藏"外交部"全宗,第 84 页。

28. 外交部致日内瓦中国代表团电(1932 年 10 月 16 日)

驻日内瓦中国代表团:十二日外交委员会决议如下。

(一)李顿报告书经政府当局审慎考虑后,认为在不妨害中国主权领土与行政完整之下,有不少部分可按照其原则,进行东北问题之磋商。

(二)吾方代表在辩论报告书时,所取立场大致应如下开各点:

(甲)中国政府对于国联及其所派调查团,图谋和平之诚意与设法解决中日问题之努力,表示充分谅解与感谢。

(乙)调查团报告书已确认,东省事变之开始并非日军之合法的自卫行动。又所谓"满洲国",并非任何独立运动之结果,而完全为日本文武官吏所造成。调查团对于国联盟约、非战公约及九国公约,竭力维持其尊严与不可破坏性。是中国主权与领土及行政之完整,及任何国家不得以武力夺取中国之权利与利益之原则,亦经调查团重行证明。

(丙)故调查团所为之建议中,理论上与事实上均与上述原则并不违背而能贯彻者。中国政府,颇愿作为中日问题讨论之基础。但为便于实行,及为免除将来纠纷起见,中国政府认为,建议办法中之若干项,有改善或修正之必要。(详细意见另电)

(丁)中国政府对于国联之信仰,始终不变。深信经此次调查团努力之后,国联必能确定办法,为中日问题谋一公平适当之解决。

(三)在吾方战略,最好令日方先行攻击报告书,吾方于反驳时说明自己立场。

上开各节,希暂守密。以后政府意见,随时续电。外交部。十六日。

资料来源:《东省事变之解决方针及措置(五)》,台湾"国史馆"藏"外交部"全宗,第 86—87 页。

29. 外交部致日内瓦中国代表处电(1932 年 10 月 21 日)

驻日内瓦中国代表团电:汪院长二十二日赴欧就医。昨日发表告别书,首述出国疗治必要,共赴国难之志始终未变。对李顿报告感想:

第一,中国政府始终不忘保持和平,故将对日案件,提交国际联合会。

第二,调查团之派遣,在调查事实真相及决定责任。

第三,报告书于事实之叙述,及东北事件因果之观察,明白公允,值得赞赏。惟建议解决方法,似觉与事实不相符合。

第四,由报告书立场言,调查团似以全副责任加诸日本,惟不致令日本负事变全责。倘国联完全接受此种提议,则适足表现国联虽有公平观察,而其制裁力不足以□之。

第五,我国应郑重考虑者,在接受国联对我之同情心,高于其制裁力之薄弱,则求所以矫正,而增益之,以期得最后胜利。

第六,团结即是力量,甘为内战戎首者,适足自灭等语。

外交部 二十一日

资料来源:《东省事变之解决方针及措置(五)》,台湾"国史馆"藏"外交部"全宗,第 89—90 页。

30. 巴黎颜代表致外交部电(1932 年 10 月 22 日)

来电 38831 号

南京外交部:七一三号电敬悉。西南政会对报告书所持各点,与惠等所见相同。自当竭力设法修正,尤须集中全国意见,一致对外。西南方面,对东案解决办法有何具体主张,尚乞征询电示是幸。惠庆、维钧、泰祺。二十二日。

资料来源:《东省事变之解决方针及措置(五)》,台湾"国史馆"藏"外交部"全宗,第 91 页。

31. 照译颜代表自日内瓦来电(1932年10月29日)

来电 39121 号

南京外交部:十月二十九日。第四百三十四号。李维诺夫可望于下星期抵此。尊处对于李顿报告书前八章,未加评论,默无表示,既含有同意之嫌。故拟请尊处,将内中不完全、不正确之点,以及不合法之结论等等,予以指出,用备记录。关于顾问会议一事,据顾博士称:李顿之意,以保证日方得参加自治,诱其退出东省。盖以我方单独任之,不足为充分之保证也。庆以为,最好将排货一事,提请国际法学机关,发抒适当可适用之裁决办法,即对内亦使我方较易应付。上开二事,请予考量并示复。

续十月二十六日庆去电。据秘书厅重要人员之推测,拟提出下列程序。在行政院中,日方将申述其案情,其他代表则简略发言。华方应对前八章表示意见,并答复日方之声言。但力避讨论第九、第十两章,暗示大会有讨论解决办法之权。行政院然后依据三月十一日决议案,将报告书不具意见,连同会议记录送交十九委员会。该委员会或中国,当请召开大会。故我方及大会代表,对报告书可发表声明,示委员会以南针。深信大会在耶节前,将通过不承认"满洲国"之决议案。但对于概括之解决办法,恰当交涉必须进行之际,始不作建议。乃交涉之进行,又视国际间普遍之活动、政治、经济之情形,与夫中日双方之抨击以为断。国联各机关,会商最后解决办法,进行若断若续,或延至数月之久。庆。

资料来源:《东省事变之解决方针及措置(五)》,台湾"国史馆"藏"外交部"全宗,第96—97页。

32. 照译颜代表自日内瓦来电(1932年10月30日)

去电 39140 号

南京外交部:十月三十日。第四百三十五号。关于程序,庆以为,行政院会议我方若对第九、第十两章不加评语,似非智策。尤恐日本及他国,对此将加讨论。我方不作表示,对于本身地位极端不利。若欲避免因此举而暗寓行政院有权解决问题之意,则吾人尽可不着痕迹,就客观立论,对该两章表示意见。换言之,即系不以当事方之地位,而以行政院会员之地位,批评提交行政院之报告书耳。若以适当之词[辞]令出之,此亦并非难事。庆深信,我方凡遇时机,总须立即利用,以求依照我方意见,修正该报告书。至于直接抑或间接办法行之,则悉视情形之必要矣。蒋委员长在其电内,亦同此意。

资料来源:《东省事变之解决方针及措置(五)》,台湾"国史馆"藏"外交部"全宗,第99—100页。

33. 外交部拟致日内瓦代表团电(1932年11月1日)

驻日内瓦中国代表团:724号。外委员①议决:

(甲)报告书前八章,可酌量情形,声述吾方意思。大致如下:

(一)报告书前八章,所叙事实及其所下断语,大体上尚能维持客观的公正态度。其第四章否认日本对于九一八事变自卫的主张,而指出其预定的侵占计划。又第六章叙述伪国成立之程序,及一切组织状况。而断定并非由于真正及自然之独立运动所产生,乃完全由日人依预定计划一手造成各节,尤能明白判定日本对于东省事件之国际责任。

(二)调查团既有上述之论断,而其在第九、第十章内所为之建议颇有不能贯彻之处。如日本军队之不先令其撤退,赔偿问题之不提与顾问会议等项,均与调查团认定之事实显有抵触。

(三)调查团于观察中国之政治情形及其他问题,间有尚欠透彻之处。如中国民族主义之勃兴,国民解放运动之意义,调查团尚未能尽量明悉其内容。而误认许多国际纠纷为中国排外运动之结果。又调查团对于日本运用其武力政策之历史,似并未如对于中国之政治情形予以同样之注意。如日本蓄意侵占东省,远在俄国革命及中国发见共产党之前。而调查团认为,日本最近行动系起于对俄、对华之忧虑,似欠明确。又对于中国人民抵制日货运动,未能确认在日人武力侵略之下,为中国人民自然之反响,亦属憾事。

(四)中国对于调查团于日本国内政治紊乱,致危及远东世界和平情形,未能加以观察。如日本军阀,为防止军费缩减,且欲加以扩充起见,故意酿成东省事变,扩大其势力。以致浜口、井上被刺,币原被□种种事实,均未指出,

---

① 编者按:原文如此,应指外交委员会。

殊为遗憾。

(乙)关于顾问会议,我方态度已详七一五电。此举损害我主权及行政权之完整,国内一致反对。调查团虽有苦心,然我方仍应明白拒绝,否则国内势将引起重大纠纷。

(丙)抵货问题,既因日本军事侵略所引起,只须东省问题先有总解决办法,此事即可迎刃而解。不可交国际法律机关,因交必失败。外交部。

资料来源:《东省事变之解决方针及措置(五)》,台湾"国史馆"藏"外交部"全宗,第 101 页。

34. 照译日内瓦颜公使来电(1932 年 10 月 31 日)

来电 39178 号

南京外交部:十月三十一日。第四百三十七号电。我国向美国政府约定之主张,凡与一月七日之美国照会中,所声明之原则相违反,而不能接受调解一节,似须得美国官场对于李顿报告书之正式意见。

资料来源:《东省事变之解决方针及措置(五)》,台湾"国史馆"藏"外交部"全宗,第 103 页。

35. 照译颜代表自日内瓦来电(1932 年 11 月 3 日)

去电 39350 号

南京外交部:第四百四十一号。十一月三日。倘缓议解决办法,则我方应有何提议,以改善东省之局势。抵货问题,已交由法学专家研究。良以空言否认,非解决办法也。报告书附件,现已载在报端。尊处有何意见,拟请逐日由真□无线电台广播消息。所有庆对于报告书之意见,即将电陈。苏俄外交主任秘书,已返日内瓦,庆当再与接洽。庆。

资料来源:《东省事变之解决方针及措置(五)》,台湾"国史馆"藏"外交部"全宗,第 105 页。

36. 照译顾代表自巴黎来电(1932 年 11 月 6 日)

来电 39480 号

南京外交部:第二十七号。十一月六日。与(法国)内务部长,暨巴黎外交团重要人员会晤之余,藉悉将来国联行政院会议,将专事谛听中日双方之意见,及其他代表之交换意见。该会议将无所决定,但将报告书连同各代表意见呈交国联大会。国联大会在十九委员会举行讨论之后,将提议由中日两国根据若干概括的原则进行交涉。此际,国联大会将不作报告,但暂行闭会二、三月,以待中日交涉之结果。现在普遍之趋势,厥为藉口于先试和解,而将争议暂行搁置。应请尊处将最低限度之具体方针见示,俾于行政院讨论时,有所遵循。至要,至要。拟于十一月八日,赴伦敦应皇家学会国际事务部之请,演讲中国之事件。顾维钧。

资料来源:《东省事变之解决方针及措置(五)》,台湾"国史馆"藏"外交部"全宗,第 108 页。

37. 外交部拟致日内瓦颜代表等电稿
(1932 年 11 月 8 日)

去电第 736 号

驻日内瓦中国代表团:四百四十二号电悉。本日外交委员会议决如下:

(一)(二) 两项并复如下:

顾问会议,最要目的在,建议东三省特殊行政制度之详细办法。此项特殊制度虽仍由中国政府单方宣言,不必订约,但宣言范围,须限于顾问会议建议之办法。宣言内容,又须通知国际联合会会员国,及九国条约签字国。而顾问会议之组织,包含日本政府代表,及日本政府规定之办法所选出之当地人民代表。如溥仪、郑孝胥、张景惠、谢介石诸逆,均可参预其事,是东三省行政制度之决定,至少日方可操纵其半。且宣言之修正条件,亦须经顾问会议之建议,订入宣言之内,其结果将永久受日方之束缚。此种提议,何得谓保存中国主权。我政府与民众反对最烈者,原因在此。

我方主张,东三省自治制度,应由中国政府自动推进。如须向国际联合会行政院宣言,亦无不可,但须保持真正自动性质。当地人民之意思,政府未尝不可容纳或考量。但限于依正当途径,自由表现之意思,如举行选举代表等事,不独须依照中国法令办理,且须在日军退出东三省,及伪组织取消之后。否则,在其威胁之下,选举必不能自由。至自治人体办法,其行政组织之重要部分,自行政长官,至各省主席与委员,及各厅厅长等,不独须由中央政府任免,且须由中央政府确定其制度。至自治范围,除保留于中央政府者外,当地政府可自由行使其权限。如中央与地方发生权限上争执事项,可交最高法院解释。但此均系内部计划,非必要时不必对外声明。

(三)前电用意,在撤退日本武装队伍,中国军队亦可撤退。但须经多数国用有效方法,保障东三省和平及不被任何国家侵犯。在保障条约切实有效期间,中国可暂不驻武装军队。初意拟提议军备之撤除,须附有期间。但恐期间届满后,又将成一问题,不如不提期间。将来我方果有充分势力时,不虑不能在东北恢复军备。在实力未充之前,东北和平既有他国保障,事实上于我尚无大碍。

(四)日军撤退后,我方自应实时派遣足数宪警,维持治安。现在计划,拟选派全国训练最优之保安队,并着手编练补充。若不敷分配,而国际联合会认为必要时,可在确定短期间内,暂由国际联合会维持治安。

(五)中国政府自动聘用外国顾问,不限国籍,日籍专家亦可酌量选用。

(六)抵货问题,另电说明。抵货运动,前电并未提出任何办法。仅云非俟东省问题确有总解决时,不能定有办法。意谓此项问题,现尚谈不到。正所以重视我惟一之消极自卫方法遏止一事,订入互不侵犯条约,固较优于订入商约中。但现在即行声明,亦属太早。惟颜代表四四四号来电所询,辩论抵货运动时,我方究须主张系民众行为,政府不负责任,抑系政府所采之报复行为。故俟得悉来电所称专家意见后,再为决定。

(七)日本之合法利益,我方原可承认。但所谓合法,势必牵涉民国四年条约换文内所给予之利益问题。故特用正当二字,英文可用 properly acquired。否则,legitimate 一字亦可勉强应用,同时声明,即 properly acquired 之意。

(八)所询一节,自应加入。此外,币制一项,亦应加入于中央保留权限之内。

上开各节,宋院长由汉口回京后,或略有更改。外交部。八日。

资料来源:《东省事变之解决方针及措置(五)》,台湾"国史馆"藏"外交部"全宗,第 109—110 页。

38. 外交部拟致日内瓦中国代表团电
(1932年11月8日)

去电 32302 号

驻日内瓦中国代表团:七百三十七号。四四八号电悉。

(一)关税、盐税、印花税、烟酒税,及其他属于国税性质之税收,应由中央政府办理,并完全划归国库。其他地方税,得由地方依法征收并支用。

(二)所有叛逆,如确愿悔过投顺者,在某种条件之下,如向政府宣誓愿负忠诚义务等项,政府可考量特赦,但最好现在不提。

(三)第三十页,系指张学良声明易帜,服从国民政府,非指张作霖。作霖脱离北方政府事,见二十七、二十八页。

(四)所询一节,正在查询。(一)、(二)两项,经外交委员会决议。

外交部　八日

资料来源:《东省事变之解决方针及措置(五)》,台湾"国史馆"藏"外交部"全宗,第 111 页。

39. 外交部致巴黎顾代表电(1932年11月6日)

去电 32268 号

驻巴黎中国代表处:二十六号电悉。胡展堂对李顿报告内国际合作一层,认为误解孙中山之原意,略谓总理实业计划,系国际共同发展实业,而非所谓政治适当办法之最终要件。且其时为欧战之后,盖欲利用欧战时之机器与人工,以发达中国实业。尤要者必须权操在我,故在无强固中央政府之先,殊无国际合作、越俎代谋之可能与必要。

外交部　七日

资料来源:《东省事变之解决方针及措置(五)》,台湾"国史馆"藏"外交部"全宗,第 112 页。

40. 照译颜代表自日内瓦来电（1932 年 11 月 6 日）

南京外交部：第四百四十号。关于下列各点请示意见：

（一）政府愿否与自治政府分摊海关税收等等；

（二）我方对于特赦之态度；

（三）张作霖曾否作如报告书第三十页所载之宣言；

（四）锡林旗盟曾否背叛，见报告书第九十三页。

莫斯科之行，现无必要。

资料来源：《东省事变之解决方针及措置（五）》，台湾"国史馆"藏"外交部"全宗，第 115 页。

41. 照译颜代表自日内瓦来电（1932 年 11 月 15 日）

来电第 39819 号

南京外交部：十一月十五日。第四百五十七号。十一月十一日，尊电第七百四十一号敬悉。关于国联秘书处所提议之假定程序，窃以为应加审慎考虑者，其故有三：

（一）是项程序，是以延滞解决之时日，而使日本增巩其在满洲之地位，正中日人之下怀。

（二）国联责任，将因此而减轻。将来国联如竟欲摆脱责任者，颇可藉此而卸肩于非会员国之俄、美。而况俄国或将提出非常之要求，而使局面更为复杂，中国将不复能坚持国联决定，则我方向国联申诉之政策，行见毫无结果，而我方对国联之法律地位，复将大受打击。

（三）举世关注满洲问题之心理，将因程序所致之耽延而逐渐冷淡。将来再欲集中注意，必更困难。

是以庆等拟请，仍坚持国联根据盟约第十五条作成报告。明示态度，并下一判断，定一解决办法。关于解决办法之要义，国联尽可事先与俄、美商榷，求其统一。设国联提议妥洽，为第一步办法。如其原则上可予容纳者，则我方自应接受，以示大信。如由国联召集包括俄、美两国之会议或委员会者，不妨在大会报告之后行之，藉以助其实行。庆等以为，上述行动途径于我方为宜。即单就策略上而言,亦较可取。即希核夺示复,并设法唤起华盛顿注意,转知此间美国代表。

资料来源:《东省事变之解决方针及措置(五)》,台湾"国史馆"藏"外交部"全宗,第 127—130 页。

42. 照译颜代表自日内瓦来电(1932 年 11 月 20 日)

来电第 39973 号

南京外交部:十一月二十日。第四百六十七号。十一月二十日,尊电第七百六十二号,所见甚是。日方意见书产生不利而痛苦之印象,似无妥洽之意。明日,行政院开首次会议。

资料来源:《东省事变之解决方针及措置(五)》,台湾"国史馆"藏"外交部"全宗,第 135 页。

43. 照译外交部致日内瓦代表团电(1932 年 11 月 22 日)

日内瓦代表团:十一月二十二日。第七六六号。少川演词极佳,弟完全同意。舆论若何,容再电告。此间,只有日本正式发表之意见书摘要,全文尚未阅及。为国内宣传起见,已发表非正式之声明。就较为重要之点,驳斥日方谬论。关于细节,仍留待兄等详加驳复。如贾罗拉因(Carolina)、那伐尼诺(Navanino)及墨西哥一类之事例,自属牵强,其说不难攻破。闻大会将有公开会议,甚好。我方必须全力要求,举行此公开会议,闻行政院将报告书移交大会之决议案,是否须全体一致票决。倘日方反对,则盟约第五条第二节能否适用? 关于十一月二十一日,来电第四百六十八号之意见,及同日来电第四百六十九号末句之答复,俟明日午后五时,外委会开会后,再行电达。

资料来源:《东省事变之解决方针及措置(五)》,台湾"国史馆"藏"外交部"全宗,第 138 页。

44. 外交部致日内瓦中国代表团电(1932 年 11 月 23 日)

驻日内瓦中国代表团:关于将来东三省铁路计划,铁道部提出方案经外交委员会通过如下。在确保中国主权独立及领土与行政完整之下,欢迎各国共同在东三省投资,而以铁路事业为国际经济合作之基础。

国际投资之范围及大纲如下:

(甲)范围。包括南满、安奉、中东三路及日本在东三省已取得建筑权之各铁路,暨中国在东三省自资或借日债建筑之各铁路及未成之各新线。但北宁路除外。

(乙)大纲:

(1)应在国联之下,设一东三省铁路公司,由各国共同投资。其各国投资之比额,由国联规定之;

(2)该公司为纯粹之商业股份组合,不得涉及一切政治事项;

(3)该公司成立后,凡归该公司经营之各铁路,其原有之条约契约或合同协定一律解除;

(4)凡归该公司经营之各铁路,由国联组织一清理及评价委员会。清理各该铁路已[以]往之国际事件及债务问题,并评定其一切财产之价值,其财产由该公司购买之。

外交部 二十四日

资料来源:《东省事变之解决方针及措置(五)》,台湾"国史馆"藏"外交部"全宗,第143页。

45. 照译代表团日内瓦来电(1932年11月23日)

来电第40112号

南京外交部:十一月二十三日。第四百七十四号。延宕之趋势甚强,是以此次大会,我方必须全力要求立即解决。现可采取之策略有二:

(一)攻击程序,指为有意延宕;

(二)坚持定期。

两者中,前者较逊。因会议协商等等,表面上无可反对之处。若加非难,人将谓我不近情理,又将开罪于苏俄。而且,该程序极尽深文周密之能事,牵涉之问题甚多,不易打破,亦难以使大众明了其内幕隐伏之动机。若坚持定期一层,既系根据盟约,且为我方自然之愿望,易得大众之谅解。即使定期不能绝对,仍具伸缩性者。将来再欲延期,总必为大会所不乐。而况延期之认可,总须会议通过,是再予我方以一宣传之机会也。同人等意见均同。

资料来源:《东省事变之解决方针及措置(五)》,台湾"国史馆"藏"外交部"全宗,第 144 页。

46. 照译顾代表自日内瓦来电(1932 年 11 月 23 日)

来电第 40122 号

南京外交部:第四百七十八号。维钧今日在行政院发言之要点如次:

(一)关于大陆政策一节。维钧引述调查团报告书之词句,提及田中之积极政策。

(二)关于田中奏折一事。其中所载之政策,与所发生之事实如此符合,使人不能不信其正确不诬。如系捏造,仅日人能捏造之。

(三)责日方言行之不一致。引日方引发所谓平行线议定书,以及否认提出"二十一条"要求两事,以资佐证。

(四)关于抵制日货一事。维钧称:如以抵制日货,较侵占土地为尤可畏,诚如所言,中国宁愿日本抵制华货,不以武力割据东省。

(五)排外运动之论据,系属不确。即假定为真确不诬,可俟日本侵占东省事件解决后,再行提出讨论。而况日本之侵占东省,为真正之威胁。

(六)如日本侵略之意向,为日本愿助中国,而促其统一之明证。无怪我方特为此,不予欢迎也。

维钧并保留各点,明日再行申论。关于程序一节。如日方反对将报告书转送大会,则行政院其他各代表准备力争,并力迫以大多数投票通过决议案。此事可望于星期五实行。维钧。

资料来源:《东省事变之解决方针及措置(五)》,台湾"国史馆"藏"外交部"全宗,第 148 页。

47. 照译顾代表自日内瓦来电(1932 年 11 月 24 日)

来电第 40166 号

第四百八十号。南京外交部:行政院于下午三时四十五分开会。余发言对于田中奏折、喀西尼(Cassini)条约,及满洲人民所受苦痛各节,均有声辩,并宣读尊处关于日军大施屠杀一事之来电,及苏炳文电文,藉以反驳日方谓满洲人民安居乐业,国运隆盛之宣传。除对于其他各点保留,再予批评外,余谓,内中仅属枝节问题之争点甚多。于是特论五重要争点,即自卫、傀儡政府及日兵不撤退各问题。余谓日方使形势益趋严重,不守和平解决之办法。其态度不啻向国联及全世界挑战。吾人若欲继续为世界求和平,则不能置此事而不问。旋松冈发言,重述田中奏折问题,并于政府及党部参与排货一事,提出证明。且论及其他无关重要之各节,余保留再以书面批评。

松冈坚决反对邀调查团发表意见,谓:

(一)调查团系属过去,不更存在。

(二)若调查团再以团体或各个委员之资格,起而发言,则渠应保留有质问之权。

班纳斯(捷克)及玛特利亚格(西班牙),均赞同主席伐勒拉(爱尔兰)之提议。特拉蒙秘书长并援引先例为证。松冈坚决抗辩,直至西门出而反对,渠始称,此系原则问题,当再用书面声述意见云云。继请调查团对于昨日所询一节(即调查团应否修正报告书)开会讨论。行政院将于星期五日三时三十分,再行集会,听调查团之陈述,并决议移送报告书于大会。惟恐日方又将加以阻挠。钧。

资料来源:《东省事变之解决方针及措置(五)》,台湾"国史馆"藏"外交部"全宗,第151页。

48. 照译顾代表自日内瓦来电(1932年11月25日)

来电第40208号

第四百八十二号。南京外交部:行政院于三时三十分开会,主席宣读日方书面意见,即谓调查团工作于报告书作成之后,已经终了。如有以事实问题见询于调查团者,则渠亦有提出询问之处。主席遂询问调查团,对于报告书是否有所增加。李顿爵士答复,无所增加。在主席伐勒拉提出之询问中,及李顿爵士答复中,关于双方所发表之意见,均未提及。因调查团本身对于再行发表意见一节,不能一致同意也。法委员格洛特纳(Claudel)[①]在调查团会议时,援助日方看法。捷克代表班纳斯声称,对于中日争执问题,将于大会中发言。嗣主

---

① 编者按:指调查团法国代表克劳德将军。

席宣读声明书,谓日本对于报告书之建议,既不能承认,而中国亦只能承认第三原则,对于其他各点保留再予批评,则行政院无从中调解之可能。唯一办法,惟有将报告书转达具有解决权力之特别大会。

松冈声称:调查团对于解决办法,无建议之权。日本已经承认"满洲国",除为和平外无解决之办法。而除根据事实外,无和平之可言。如此巨大问题,非经双方许诺,实无解决之可能。换言之,即在大会亦惟可出诸调解,故无提出大会之需要。送达大会乃系原则问题,应先向东京请训云云。余答复赞同主席送达大会之提议,并解释中国对于第三原则表示认可,因该原则系基本原则。一面保留对于其他各点,再予批评。理由有二:

(一)日方之声明,即对于第三原则亦不能承认,因此在行政院已无调解之可望;

(二)解决之权属诸大会,中国对于盟约及其他各条约,无时不忠实信守。而日本对之则无一肯予承认。故苟与盟约及其他条约相符合之解决办法,中国均可接受。反是,苟以事实为根据,与法律公理相违背者,中国殊难承认也。

主席询问松冈复文何时可到。松冈拒绝说明期限,主席遂定于星期一上午十一时,再行开会。再,本日非正式会议无关重要。钧。

资料来源:《东省事变之解决方针及措置(五)》,台湾"国史馆"藏"外交部"全宗,第 154—155 页。

49. 外交部致代表团电(日期不详)

第七八五号

日内瓦中国代表团:第四八三号电悉。关于解决中日问题之原则,所有此间主张,包括自治问题在内,迭经电达在案,目下并无追加之意思。俟遇新发展时,再为酌定。特复。

资料来源:《东省事变之解决方针及措置(五)》,台湾"国史馆"藏"外交部"全宗,第 157 页。

50. 照译颜代表自日内瓦来电(1932 年 11 月 28 日)

来电第 40391 号

第四百八十五号。十一月二十八日。南京外交部:(尊处如不反对,拟将六月二十八日我方所提解决东案办法大纲转交各友好国,供参考。)十九国委员会将于星期四日开会,大会至下星期二日召集。日方利用直接交涉之流言,谓蒋委员长对此颇表赞同等等。各国代表团中,有颇为欢迎者,因可藉口不再积极动作,惟诸友好颇形沮丧。此种流言其性质之重要,似应直接加以否认。庆。

资料来源:《东省事变之解决方针及措置(五)》,台湾"国史馆"藏"外交部"全宗,第 159 页。

51. 照译中国代表团自日内瓦来电(1932 年 11 月 28 日)

来电第 40390 号

第四百八十六号。十一月二十八日。南京外交部:兹提议加紧抵货运动之方法如下:即凡货币价值跌落之国家,如其跌落之程度达百分之三十以上者,中国对于来自各该国之货物,加征额外税款。闻美国亦拟采取同样办法,其所持理由,谓货物真正之价值,较签证单所载者为高,因此入境国家之税款,受有一部分之损失。

资料来源:《东省事变之解决方针及措置(五)》,台湾"国史馆"藏"外交部"全宗,第 161 页。

52. 照译代表团日内瓦来电(1932 年 12 月 2 日)

来电第 40614 号

万急。南京外交部:十二月二日。第四百九十三号。拟在大会要求:

(一)大会在确定日期以前,迅速将争议之事实,及认为公正妥善之建议,制成报告,并公布之。

(二)大会在提出此项报告以前,宣布日本违犯国联盟约、非战公约及九国条约。

（三）大会在提出此项报告以前,令日本履行下列各节:

（甲）解散"满洲国";

（乙）先将军队撤入铁路区域内,以后续行撤退;

（丙）将满洲及其行政交还中国政府。

请参阅庆三月三日,在大会之声明。上述各项要求,是否过于强硬,即乞训示祇遵。

资料来源:《东省事变之解决方针及措置(五)》,台湾"国史馆"藏"外交部"全宗,第167页。

七、国联调查团报告①

1. 长春代表处致外交部电（1932年5月3日）

来电第 33297 号

发电：1932 年 5 月 3 日 12 时 50 分

收电：1932 年 5 月 4 日 7 时 20 分

南京外交部：国联调查团第一报，东（一日）日业经电达。双方约定支（四日）日星期三下午七钟发表。请尊处届时将中英文一统发表。代表处。江（三日）。行（二十）。

资料来源：《国联调查团报告》，台湾"国史馆"藏"外交部"全宗，第 24 页。

2. 国联调查委员会初步报告②（1932年5月1日）

（五月一日二时十五分）

国联调查委员会初步报告：

第一篇

本调查委员会，自经依照行政院十二月十日决议案第五节，指派成立。已于四月廿一日抵沈阳，现正从事于就地调查。自抵远东以来，本委员会已将蔓

---

① 编者按："国联调查团报告"卷藏台湾"国史馆"之"外交部"全宗，入藏登录号为 020000001377A。每条电文的资料来源标示原档案中的页码，不再标注入藏登录号，且每条电文标题由文献集编委会根据电文内容制作而成，特此说明。

② 编者按：指李顿调查团预备报告书，亦称第一回报告书。

衍于中日两国之一般情形,就其与本身工作有关者,加以调查。本委员会曾赴东京、大阪、上海、南京、汉口、天津及北平等处,与两国政府人员晤商,并借鉴两国中多数有关系各界代表,在北平会晤。九月十九日以前,东北各省主管当局之代表自抵沈阳后,会晤日本代理总领事,关东军司令官本庄将军及其他人员。查行政院主席宣言,关于十二月十日决议案,令委员会于到达当地后,将现有情势就其与中日两国政府是否履行九月三十日决议案,所包含十二月十日决议案所重述之数项保证有关者,尽速具一初步报告,提交行政院。该数项保证为:

(一)日本政府,当以日本人民生财产之安全得有切实之保证为比例,继续将其军队从速撤退至铁路区域以内。

(二)中国政府,对于该区域以外日侨生命财产之安全,在日军继续撤退,中国地方官吏及警察再行恢复时,当负责任。

(三)双方政府"当采取一切必要步骤,以防止事变范围之扩大或情势之愈加严重"。

关于此三点,本委员会尚未能提出充分报告。关于"防止事变范围之扩大或情势之愈加严重",双方所负保证之考虑,必须留待以后报告。但行政院对于关系上述(一)(二)两节中日两国所负保证之现有情势,等候早日报告。是以兹将下列报告第二篇,送请查照。

第二篇　东省之实际情形

关于东北三省军事情形之消息,已由日本军事当局供给,计分五章叙述。前三章叙述日本军队以及其他与日本军合作之军队。后两章述及反对日军之军队。关于第四章消息,亦系得自华人方面。

兹应注意者:于所采之分类中,发现一种新特点:该特点为去年九月本案进展中,行政院所未经计及,而为本次调查之目标者。即当地之行政组织,业经变更治安维护委员会,由日方协助□,成立于公历一九三一年末数月中。继而该委员会嗣由一九三二年三月九日所成立之政权,号称"满洲国政府"者,替代之。为说明日本军事当局用"满洲国"军队等字样,此项解释系属必要也。

第一章　日本正式军队

据称九月十八日,南满铁路区域内日军之数,一万零五百九十人。十二月上半月,南满铁路区域内四千人,南满铁路区域外八千九百人,计共一万二千九百人。四月下半月,南满铁路区域内六千六百人。南满铁路区域外齐齐哈尔、洮南、辽阳铁路、沈阳山海关铁路、中东铁路、哈尔滨以东以及吉林敦化铁路北段,各地计有一万五千八百人,总共二万二千四百人。

第二章 "满洲国"军队

（1）经日本军事当局所指为"满洲国"军队者。其中一部分关系九月十九日以前驻满之中国正式军队嗣经改编者。另一部分乃新募之兵士。此项军队乃由日军事当局协助创设,多数退位之日军官,或现仍在日军服务之日军官已被聘为军事顾问。其数目日见增加,且有订定全年合同者。日本参谋本部某军官,被任为长春"满洲国"政府国防部之顾问。

（2）此项军队大半在沈阳、长春、洮南、齐齐哈尔、敦化及沿中东铁路区域驻防或作战。此项军队以前在铁路东段,与不承认"满洲国"政府政权之军队作战。据云,截至三月底止,总数为八万五千人。现因关系,此项军队报告不甚翔实,当未确知其实数。

（3）地方警察。此项警察之数约十一万九千人,其中六万人系地方警备队。据称,此项警察队大部分系九月十八日以前已有者继续存在,经日官员协助改编。

（4）反对日军及反"满洲国"军之军队。本调查委员会在北平时,由张学良将军告知:九月十九事变之时,其军队在关外者,包括非战斗员计,驻辽宁者六万人,驻吉林者八万人,驻黑龙江者五万人,共计十九万人。（原电一万九千人）其中驻辽宁之军队,嗣有五万人左右撤入关内,故剩留关外者有十四万人。据日本军事当局所述,现在关外军队之数为十一万人,其中八万人已加入"满洲国"军队,三万人则在吉林之东北抗御日军及"满洲国"军队,约有二万人或已加入所谓义勇军。据彼等所述情形如下:

（A）旧中国军队之一部不承认"满州政府"之政权。

（一）在哈尔滨东北之一军,当有三万人。据中国正式宣称:系由李杜将军指挥之吉林自卫军,及丁超将军指挥之中东铁路护路军组织之。

（B）义勇军:

（一）在辽宁省之西部,所谓东北反日义勇军。大部分在锦州之南,约有在一万五千人至二万人之间。

（二）所谓东北国民义勇军，系吴庆所指挥，大部分在沈阳四周活动。此项部队曾与日本军队冲突数次，现在兵力未详。

（三）热河义勇军。此项军队纪律较佳，由汤玉麟指挥，约有三千人。包含有张学良将军之第一师、第二师之骑兵残部在内。据报在热河、辽宁边境活动。

（四）势力较小之义勇军数队。一部分在山海关一带，一部分在敦化及天宝山间作战。彼等在该处与敌对"满洲国"政府之正式军队连成一气，本节第一段之第四段所述之非正式军据称约有四万人。

（5）土匪

土匪原非为政治目的而组织，因纷乱情形，其数已见增加。据日方报告，彼等散处全满各地，在中东铁路之南部尤多。日方估计其总数为四万人。此外在吉林城之北部及东部另有土匪一万二千人。据云与上文（四）（甲）（一）所述驻在哈尔滨东北之中国军队合作。此等各方势力，常有武力冲突，为土匪劫掠及日军及"满洲国"军队剿匪之企图，并各方军队谋维持"新政权"与反对"新政权"之战事。其结果则为生命之丧失，财产之破坏，并咸致不安焉。

第三章

本调查委员会在此时期，对于上列之事实及数目，特不欲加以批评。日方当局主张目下不能撤兵，以免在铁路区域以外日侨之生命财产发生危险。彼等似以为，撤兵必须视其所称为"满洲国"军队改组之进行如何，以为定准。中国政府在满洲任何部分，现不施行政权，并以近日事件之发展。故履行其责任之实际问题尚未发生。本委员会在最后之报告中，对于足以恢复和平与安全之可能及公正办法，与造成全满好感之合理办法，当予以考量。本委员会当于下星期前往长春，然后至满洲其他各地继续调查。

资料来源：《国联调查团报告》，台湾"国史馆"藏"外交部"全宗，第25页—33页。

3. 外交部致北平档案保管处转国联调查团中国代表处钱主任电（1932年5月4日）

洲字第1122号

北平档案保管处，转国联调查团中国代表处钱主任勋鉴：四月三十日，国联通过议决案及国联调查团初步报告原文各寄上一份,藉备供参考。外交部。鱼印。

中华民国二十一年五月四日

资料来源:《国联调查团报告》,台湾"国史馆"藏"外交部"全宗,第34页。

4. 罗文干致顾代表电(1932年5月23日)

洲字第 1198 号

沈阳大和饭店哈斯,转顾代表勋鉴:密。闻国联调查团拟往威海卫制作报告书。如果属实,拟于何时前往,约停留若干日,请预示概况。当由政府令饬该地管理专员,预为准备。至一切用费,是否由调查团自行支出,抑仍由政府供备,并请探明电复为荷。弟干。漾。

资料来源:《国联调查团报告》,台湾"国史馆"藏"外交部"全宗,第35页。

5. 外交部致北平档案保管处转国联调查团中国
代表处王秘书长电(1932年5月23日)

洲字第 1200 号

北平档案保管处转代表处王秘书长鉴:密。闻国联调查团拟往威海卫制作报告书。如果实属,应由政府令饬该地管理专员,预为准备。约于何时前往,拟停留若干日。又一切用费,是否由调查团自备,抑仍由政府供应,并希查明电复。外交部。漾。

资料来源:《国联调查团报告》,台湾"国史馆"藏"外交部"全宗,第36页。

6. 罗文干致顾维钧电(1932年5月25日)

洲字第 1208 号

顾少川兄勋鉴:卅六号电悉。已照尊意,电请颜代表促国联进行。惟默察日内瓦方面之态度,恐须俟调查团最后报告达到后,再行决定办法。且现在大会及行政院,均已停会,未必能如我方之请求办理。弟意不如仍请调查团先将最近北满情形电告国联,并于报告书中侧重建议日方应即停止军事行动之建议。但恐调查团在离东省前,不愿为此耳。文干叩。有。宁七十三。

资料来源:《国联调查团报告》,台湾"国史馆"藏"外交部"全宗,第37页。

7. 外交部致北平张绥靖主任电（1932 年 5 月 26 日）

洲字第 1216 号

北平张主任勋鉴：梗转顾代表电悉。当经本部电颜代表拟具节略送国际联合会。顷接复称，遵备说帖，但恐效力甚微，因既有李顿调查团似难另派新调查团，且事实上新者工作亦未必较李顿调查团更有进步。倘此项建议由李顿向特别委员会提出则较佳，我方对于北满军队有无指挥能力，是否准备再由关内派遣军队出关讨逆，予彼等以助力。因欲求结束现在局面或与日方认真作战或在李顿最后报告之前暂缓军事动作，似必决定一途，请即拟定特别委员会可采用之整个具体步骤，世界对于满洲问题之注意渐减，迟早总须采取急进之军事或外交动作，以重新唤起其注意等语。除呈行政院并函外交委员会军事委员会决定办法外，特电奉闻。弟罗文干叩。宥戌。

资料来源：《国联调查团报告》，台湾"国史馆"藏"外交部"全宗，第 39—39 页。

8. 徐谟致顾维钧电（1932 年 5 月）

《东京日日新闻》称：李顿过吉林时，见有鲜人被华官虐待受伤，赠金慰问，传为美谈等语。问顾代表确否。谟。

资料来源：《国联调查团报告》，台湾"国史馆"藏"外交部"全宗，第 40 页。

9. 照译《东京日日新闻》报道
（1932 年 6 月 4 日）

日本极注意国联调查团最终报告

金祖惠译　陈明校

照译六月五日《东京日日新闻》本社专电。（沈阳六月四日发）

国联调查团本日离满。其调查之结果，是否能使中、日、"满"及五十余之国际联盟会员国满足，未得而知。惟综合各方意见，则有左列之效果：

一、国联调查团前在北平未赴满洲之先，因对于顾维钧氏入境问题，"满洲国"政府态度强硬,受一打击,颇觉意外困难。嗣因马占山问题,反感更甚。惟同时,彼等亦觉其初过于轻视"满洲国"之错误,不得不另易眼光也。

二、经军部详细说明之后,对于满洲土匪之跳梁,反满军之活动,以及日军之布置情形与维持治安之苦心,并反"满"军乃系张学良氏所指使,各节均已明了。故李顿爵士与谢介石公文往来,并与执政等诸要人会晤之事。纵非正式不认"满洲国"为独立国家,然其结果,亦不得不认独立政权之俨然存在也。

三、调查团到满,接近日满关系者,闻其言论得知,在北平时,张学良氏所宣传满洲事变之远因及其近因各种经过情形,乃系无稽之谈,似于韩人问题尤为感动。李顿爵士过吉林时,见有韩人被华官虐待受伤,赠金慰问,传为美谈。又有某国随员且谓:"满洲日军之行动,只就解放不幸之朝鲜人,使其免受军阀之虐待一点,言之亦可谓为一种十字军"云云。足见张学良氏表面上虽如何掩饰,而旧军阀之暴政事实具在。三千万民众所属望之事,已在彼等目中矣。

四、各方之日、满人士,在各自之立场,披沥意见,俾周知满洲之实在情形。郑孝胥、臧式毅所论之王道政治,纵属不易了解。而使其了然于西洋物质文明与东洋精神文明,两相对峙,则甚有效果也。

国际调查委员中,有自然的亲华者,有深知日本者,更有对于"满洲国"与日本之关系、"满洲国"建国意志之强固、日本在满洲势力之强大,并日本国内舆论纵遇如何困难,亦不肯放弃满洲各点,详细了解者。然无论此等之意见如何,吾人殊难确信,国联调查委员之最终报告必有利于日本。反之,自其他种种理由观察,尚恐其结果不利于日本。此后,当注意国联调查委员,在北平勿再为张学良氏等所播弄,静察事势之推移。如与日本主张相反时,国民全体惟有以确固决心及整齐行动,共赴国难也。

资料来源:《国联调查团报告》,台湾"国史馆"藏"外交部"全宗,第41—43页。

10. 北平顾代表致外交部罗文干电(1932年6月7日)

来电第34118号

发电:1932年6月7日4时5分

收电:1932年6月7日7时

南京外交部罗部长:国联调查团避暑地点,尚未确定。将来报告工作,当在北平。各委员则随时任意前往各处休息,不在同一地点。北戴河只拟租赁数屋,西山方面亦拟寻觅别墅。英委员偕义、德委员及日本代表吉田,定星期三晚,车赴青岛视察。住一天,仍即返平。此行无非敷衍日方。李顿爵士欲弟同往,弟以吉田既往①

此电末段错码太多,译不成文,除电请重发外。电报科谨注。

资料来源:《国联调查团报告》,台湾"国史馆"藏"外交部"全宗,第44页。

11. 北平萧继荣致南京外交部转顾代表电
(1932年6月13日)

来电第34031号

发电:1932年6月13日22时40分

收电:1932年6月14日6时55分

南京外交部转顾代表鉴:调查团决议,不在一处作报告,将在东京着手,北平完毕,并声明,北平为可以取得需要文件之唯一地点。继荣。

资料来源:《国联调查团报告》,台湾"国史馆"藏"外交部"全宗,第45页。

12. 北平王广圻致南京外交部转顾代表电
(1932年6月14日)

来电第34320号

发电:1932年6月14日14时15分

收电:1932年6月14日16时40分

南京外交部转顾代表勋鉴:密。调查团编制报告地点问题,昨经开会决定后,李顿正式来函,大致称,该团最后报告之编制,将在东京开始,北平完成。因该两地可得所需之有关系文件。在起草期内,各委员认为何处适宜,即往何处办事。俟每部分起草竣事,即随时开会讨论云云。谨闻。端讷[纳]等明晨飞机赴京,原函抄稿带上。圻。盐(十四)。

资料来源:《国联调查团报告》,台湾"国史馆"藏"外交部"全宗,第46页。

---

① 编者按:原文如此,电报未全部呈现。

13. 北平顾维钧致外交部罗文干电(1932 年 8 月 5 日)

来电第 35815 号

发电:1932 年 8 月 5 日 20 时 30 分

收电:1932 年 8 月 6 日 6 时 20 分

南京外交部罗部长勋鉴,并转汪院长勋鉴:密。昨晤李顿,谓东事变化甚速,调查团拟尽八月杪完成报告书,九月初携回面递行政院清查,编造报告。为避免双方剧烈辩论起见,该团拟不邀中日代表列席讨论。俟完成后,寄递国际联合会。

弟询将来如何讨论,贵处九月常会,恐只能声明报告书已交到,须俟特别大会方能正式讨论。但大会人数过多,势难精密研究。仍须由其执行委员讨论后,建议于大会。报载南京拟派君往国联,深望能行,俾参与讨论。届时调查团亦有委员到会,以备资[咨]询。但美国未加入国联,诸多未便。将来,如何能使美国切实声明参与解决办法,颇多注意,望亦加以研究。弟询,报告书如何发表?渠云,须由国联决定日期,在欧洲同时发表。弟以译汉付印手续需时,请其注意。渠云,临行时酌留一份,密存使馆。俾俟国联电示,即着手译印云。其余所谈关系重要,拟俟子楷次长,北来面洽转陈,以资机密,并闻。弟顾维钧叩。歌(五日)。

资料来源:《国联调查团报告》,台湾"国史馆"藏"外交部"全宗,第 48 页。

14. 东京蒋公使致外交部电(1932 年 8 月 29 日)

发电:1932 年 8 月 29 日 6 时 50 分

收电:1932 年 8 月 29 日 21 时 05 分

南京外交部:闻调查团报告书已竣,结论如何。少川兄如有探悉,报告盼密示。宾。二十九日。

资料来源:《国联调查团报告》,台湾"国史馆"藏"外交部"全宗,第 49 页。

15. 上海某致南京外交部电(1932年9月5日)

来电第 36773 号

发电:1932 年 9 月 5 日 18 时 00 分

收电:1932 年 9 月 5 日 18 时 33 分

外交部情报司:平电。调查团报告书全部,因求速达日内瓦,确由德、法两委携去。因防旅途万一起见,故讳言。又,该报告书应寄中、日政府之二副本,现由哈斯保管。俟正本达国联后,即分送南京、东京。张拟候福特机,由沪返后,即飞汉谒蒋,并不晋京。申时。

资料来源:《国联调查团报告》,台湾"国史馆"藏"外交部"全宗,第 50 页。

16. 交通部致外交部咨文(1932年11月19日)

密字第 171 号

为密咨事。查国际联盟会调查团报告书第十章,对于国联行政院之建议,内有保留于中央政府之权限一节如下:

兹提议保留于中央政府之权限,应如下列:

(一)除特别规定外,有管理一般的条约及外交关系之权。但中央政府,不得缔结与宣言条款相违反之国际协定。

(二)有管理海关、邮政、盐税之权,并或可有管理印花税及烟、酒税行政之权。关于此类税款之纯收入,中央政府与东三省政府间如何公平分配,当由顾问会议规定之。

又,同章对于地方政府之权限,建议如下:

"一切其他权限,均属于东三省自治政府。"按照上述建议,东三省之电政管理权,既未列入保留于中央政府之权限以内,自必属于东三省地方政府。惟查东三省电政,在九一八事变以前,向归中央政府管辖。即日本政府,在条约上对于东三省电政主权,亦明白承认属于我国中央政府。有一九〇八年中日两国政府签订之《中日电约》《中日满洲陆线办法合同》及《烟台关东水线办法合同》可资证明。

又,查现在东三省各处与我国关内来往电报,凡经烟台、大连水线传递者,其报费仍由日本递信省按月将账单寄交本部结算,足见日本仍依据《中日电约》,承认我中央政府有东三省之电政主权。此次国联调查团建议,对于电政一端,未列入保留于中央政府权限之内。无论我国政府对于调查团之建议是否同意接受,均应加以纠正。拟请贵部电知我国出席国联大会代表团,特加注意,并于讨论调查团之前项建议时,据理力争,以保主权。相应检同《中日电约》、《中日满洲陆线办法合同》及《烟台关东水线办法合同》华、英文抄件各一份,咨请查照见复为荷。此咨。外交部。

　　附:《中日电约》《中日满洲陆线办法合同》及《烟台关东水线办法合同》华英文抄件各一份。

交通部　朱家骅

中华民国廿一年十一月十九日

附件

《中日电约》华文抄件

　　本约签押之员,系奉中日两政府委派,将关东省至烟台水线,暨日本在满洲陆线事宜,彼此通融和平议商。兹将议允各款条列于:

　　第一款

　　中日两国当于关东省某处,安设水线一条,通至烟台。该水线,自离烟台七英里半之北,归日本安设管理。七英里以南,归中国政府安设管理。该水线于离烟台七英里半之北,彼此相接。关东一头,全归日本办理。烟台一头,全归中国办理。惟该水线每日当直接至烟台日本邮局若干时,以应日本特别之需。其时刻当足数所用,由彼此议定。烟台日本邮局,可由该水线收发烟台本境与日本电局来往之日本官电,及烟台本境之日本商电。惟此项商电,须用日文书写。此项电报,日本当付给中国本线费若干,其数目当由彼此议定。其烟台中国电局至日本邮局连接之线,当由中国建造管理。其余中国各处来往电报,日本允竭力阻止,不使在烟台接转,并承允,若非先经中国允许,于租借地外及铁路境外中国各处不安设水线、建造陆线并电话线及各种无线电报。惟以后他国若有举办,当援利益均沾之条办理。至由关东、烟台水线传递之报,其本线费及过线费价,当特定[订]合同遵行。

　　第二款

　　日本在满洲铁路境外之电线,应由中国付给日本日洋五万元,当立即全行交与中国。其满洲铁路境外日本电话线,日本愿与中国妥定办法。未定以前,日本允若非先经中国政府允许,当不再扩充,亦不用为传递电报,争夺中国电报生意。

第三款

在满洲附近日本铁路境之商埠,计安东、牛庄、辽阳、奉天、铁岭、长春六处。中国政府允,自该商埠通至铁路境内,借给电线一条、两条,全归日本使用,以十五年为期。此项电线至铁路界为止,由中国巡管妥善。

第四款

本约第三款所指之借线,应由日本所用之日本报生,在中国电局内收发电报。其所需合宜之报房及办公之处,由中国备给。每年共租金墨西哥洋七百元,由日本付给。惟报生之寓处,不在其内。

第五款

本约第三款所指之借线,只可用为传递与日本电局往来之报。

第六款

在本约第三款内所指之商埠,日本报房当设立于中国电局之内,其投送日本电报之信差当不着特别号衣。

第七款

所有在满洲日本电线所发之报,日本允每年付给中国政府洋三千元,以作贴回之费。

第八款

本约当由中日两政府核定,俟烟台关东水线,暨日本在满洲电线详细合同定妥后,即当施行。

本约用英文订于东京,共计两份。彼此签押,以昭信守。

西历一千九百八年十月十二日

大清国电政局襄办　周万鹏　押

大日本国外务省次官　石井菊次郎　押

大日本国政务局长　仓知铁吉　押

附件

中日满洲陆线办法合同

中日两国今按照一千九百八年十月十二号两国所订电约,议定南满洲陆线续增办法合同,庶彼此便于传递电报。所有各款,开列于后:

第一款

甲、中国应将安东、牛庄、辽阳、奉天、铁岭、长春六处电局与各该处铁路境内之日本电局接通,以便中日电局彼此可以传递往来电报。

乙、日本电局在满洲办理电信,应由日本付给中国贴回之费。

丙、除日本铁路境外,凡有寄中国各处电信,及中国过去各处电信,由寄报人指明。由中国线路传递而交与铁路境内日本电局传递者,以及改道之日本电信,应由该日本电局收接,交与相接最近之中国电局转递。除每字墨洋五分外,其转递电价,应全数由日本收入中国之帐[①]。

丁、凡有寄往中国各处,及中国过去各处电信,由寄报人指明。由烟台关东水线传递而交与中国电局者,应由该中国电局收接,交与相接最近之日本电局转递。此项电报,中国应按照《烟台关东水线办法合同》第八款所定价目,收入日本之帐。

戊、凡满洲中国电局,收接寄与满洲日本电局之报,或由他处转至满洲中国电局,寄与满洲日本电局之报,应交与相接最近之日本电局。此项电报,每字墨洋五分,由中国收入日本之帐。

第二款

日本承允不减跌报价或用他法,与中国争夺生意。其全由日本电线传递之报,不在此例。

第三款

凡交与满洲相接中国电局之报,日本应按照中国所定报价收取。此项电报,除每字墨洋五分外,日本应全数收入中国之帐。其中国报价表,应由中国送交日本。

第四款

所有由相接之线传递之报,除本合同载明外,应按照现行《万国电报通例章程》而行。

第五款

所有满洲中日电局彼此传递之新闻电报,其价目应由中日两国随后议定。

第六款

彼此来往传递之报,应于交接之局登入帐册,每日核对。彼此账目应于每

---

① 编者按:"帐"旧同"账","帐"今作"账"。后同。

月底结算,其应找之款于结账后一个月交付。应付日本者,在东京交付。应付中国者,在上海交付,年历月份以西历计算。其中日两电局来往函件,俱用英文。《中日电约》第七款所载贴回之费,应由每月账单内,分期付与中国。《中日电约》第四款所载之房租,应于每年十二月,帐内交付。

第七款

结算账目以墨洋为准。至应付别电局之款,其银洋价目,彼此应于每季之前一个月,按照以上三个月上海银行汇兑之价,扯算核定。

如有不及一季,其银洋价目,应按照以上三个月上海银行汇兑之价,扯算核定。

注:不及一季,假如十月十六至十二月底,则其银洋价目应按照七月十六至十月十五三个月之价,扯算核定。

第八款

满洲及烟台中日电局彼此所用执事人员,或三个月内曾经雇用之人。若未经彼特准,此则不得雇用。

第九款

凡日本所造南满铁路界外电线,应于本合同施行之时,全数交于中国。一俟交割完竣,由中国在东京交付日本日洋五万元。

以上所云交割电线,应由中日两国特派委员会办理。

第十款

《中日电约》第四款所载之局房,应由各该段内两国委员会商定。

第十一款

本合同应立即呈请中日两政府核准,于互换之日起施行。以后或更改或作废应由彼此商准。本合同签押之员,系由中日两政府委派。为此,将本合同签押,以昭信守。

西历一千九百八年十一月七号
中历光绪三十四年十月十四日
用英文订于东京,共立二分
周万鹏　押
石井菊次郎　押
仓知铁吉　押

附件

烟台关东水线办法合同

中日两国今按照一千九百八年十月十二号两国所订电约,议定烟台关东水线续增办法合同,庶可彼此便于传递电报。所有各款,开列于后:

第一款

中日两国于本合同施行后,按照情形,当从速于山东之烟台至关东半岛租借地内之关东省某处,备设水线一条。或将旧水线修理,或放新水线皆可。按照以上所指之电约第一款办法而行。

第二款

中日两国当将该水线随时保护完善。如遇损断,当迅速修理。如该水线损断在离烟台七英里半相接之处,则修费由中日两国各摊认一半。

第三款

所有该水线应用之水线、房上岸连接之线及局中应用各件,由中日两国于两岸各自备置。日后应用经费,亦各自认给。

第四款

该水线所用电报机,若非别经议定,应用莫尔斯机或忽斯登机。

第五款

烟台日本电局置备各件及局用经费,应归日本认给。

第六款

早间六点钟至晚间十一点钟之间,每三点钟,应由烟台中国电局将该处日本电局与水线接通一点钟,自晚间十一点钟后至早间六点钟。如中国电局勿须应用,亦将该水线与日本电局接通。彼此议允,中日两电局于该水线收发电信,须互相照顾,和衷共事。庶彼此来往电信,不致延搁。

第七款

中日两国当按照情形,从速将辽东半岛租借地外至近之中国电局与最便之日本电局接通。该日本电局须与日本水线局直接者。此项相接之线,中日两国于各自境内,自行建造管理,为传递租借地北之中国电局来往电信之用。

第八款

甲　中日电局来往之报,由该水线传递。其每字价目,议定如下:

(一)日本

关东本境报价,每字墨洋一角半。

关东过线报价,每字墨洋一角。

(二) 中国

烟台本境报价,每字墨洋四分。

乙　关东以外,日本陆线报价,每字墨洋五分。

中国四码电报,日本报价,每字墨洋八分。

凡与中国以外来往电报,日本报价,每字墨洋一角。

凡由该水线传递之报,日本应按照中国所定报价收取。此项电报,除以上所云之日本报价外,日本应全数收入中国之帐。惟此项电报无论如何,其总数报价,不能贵于中国他路传递之价。其中国所定报价表,应由中国送交日本。

第九款

烟台、关东水线,若非别经议定,不能用为传递中国以外来往之日本电报。只可传递烟台本境日本官电,及烟台本境日文电报。

第十款

按照以上所云,电约第一款,烟台日本电局收发之电信,日本应将全数报价十成之一,收入中国之帐。此项中国应得报费,应于每月账单结算。

第十一款

该水线来往传递之报,应于交结之局,每日由电核对。

彼此账目,应于每月底结算。其应找之款,于结账后一个月交付。应付日本者,在东京交付。应付中国者,在上海交付。年历月份以西历计算。其中日两电局彼此来往函件,俱用英文。

第十二款

结算账目,以墨洋为准。至应付别电局之款,其银洋价目,彼此应于每季之前一个月,按照以上三个月上海银行汇兑之价,扯算核定。

如有不及一季,其银洋价目应按照以上三个月上海银行汇兑之价,扯算核定。

注:不及一季,假如十月十六至十二月底,则其银洋价目,应按照七月十六至十月十五三个月之价,扯算核定。

第十三款

该水线传递之新闻电报,其价目应由中日两国随后议定。

第十四款

该水线传递之报,除本合同载明外。应按照现行《万国电报通例章程》

而行。

第十五款

本合同应呈请中日两政府核准,于互换之日起施行。以后或更改,或作废,应由彼此商准。本合同签押之员,系由中日两政府委派。为此,将本合同签押,以昭信守。

西历一千九百八年十一月七号

中历光绪三十四年十月十四日

用英文订于东京,共立二分

周万鹏　押

石井菊次郎　押

仓知铁吉　押

资料来源:《国联调查团报告》,台湾"国史馆"藏"外交部"全宗,第51—70页。

17. 单片纸张(日期不详)

密。复调查团建议,关于东省自治保留于中央政府之权限一节,我方自无接受之必要。即欲依照总理建国大纲,实行中央与地方均摊制度时,交通一项自应划归中央权限之内,早经电达日内瓦代表团知照。

资料来源:《国联调查团报告》,台湾"国史馆"藏"外交部"全宗,第75、76页。

18. 外交部致交通部咨文(1932年11月21日)

去文亚字第七一五一号

为密咨复事。按准贵部密字第一七一号密咨,以此次国联调查团建议对于电政一端未列入保留于中央政府权限之内,应加以纠正。拟请电知我国出席国联大会代表团,特别注意据理力争,以保主权。相应合同《中日申约》《中日满洲陆线办法合同》《烟台关东水线办法合同》华、英文抄件各一份,咨请查照见复等因。

查调查团建议关于东省自治,保留于中央政府之权限一节,我方自无接受之必要。即欲依照总理建国大纲,实行中央与地方均摊制度时,关于交通、行政一项,自应划归中央权限之内。业经本此意,另电达日内瓦代表团知照在案。准咨前因,相应密复,即烦查照可也。此咨。交通部。

资料来源:《国联调查团报告》,台湾"国史馆"藏"外交部"全宗,第77—78页。

19. 参与国际联合会调查委员会中国代表处致外交部公函(1932年11月25日)

平字第516号

迳启者:兹有呈国民政府主席呈文一件暨报告五件,谨请大部转呈,并复抄稿二份。除一份送请备览外,并请将其余一份,转呈行政院备案。相应函达,谨请查照。此致

外交部

附呈文一件。报告五件,全部抄稿二份。①

顾维钧

中华民国二十一年十一月十四日

资料来源:《国联调查团报告》,台湾"国史馆"藏"外交部"全宗,第80页。

20. 外交部致参与国际联合会调查委员会中国代表处公函(1932年11月28日)

去文亚字第7244号

迳复者:准函嘱,将呈文及报告转呈国民政府。又,抄稿二份,以一份存部,余一份呈送行政院备案等因,并附各件到部。除将抄稿一份,存部备查外,余已分别转呈矣。相应函复查照。此致。

资料来源:《国联调查团报告》,台湾"国史馆"藏"外交部"全宗,第81页。

---

① 编者按:无附件内容。

21. 外交部呈国民政府文（1932 年 11 月 28 日）

去文亚字第 7248 号

为密呈事。准参与国际联合会调查委员会中国代表处函称：兹有呈国民政府主席呈文一件暨报告五件，谨请大部转呈。另，抄稿二份，除一份送请备览外，并请将其余一份，转呈行政院备案等因，并复呈文报告及抄稿到部。除将抄稿一份转呈行政院备案，并留存一份备览外，理合检同该代表处呈文一件、报告五件备文，呈请鉴核。谨呈。

附呈文一件，报告五件。①

资料来源：《国联调查团报告》，台湾"国史馆"藏"外交部"全宗，第 82 页。

22. 外交部呈行政院文（1932 年 11 月 28 日）

去文亚字第 7247 号

为密呈事。准参与国际联合会调查委员会中国代表处函称：兹有呈国民政府主席呈文一件暨报告五件谨请大部转呈。另，抄稿二份，除一份送请备览外，并请将其余一份转呈行政院备案等因，并复呈文报告，及抄稿到部。除将该代表处呈文及报告，特呈国民政府并将抄稿一份存部备览外，理合检同抄稿一份，备文呈请鉴核备案。谨呈。

附抄稿一份。②

资料来源：《国联调查团报告》，台湾"国史馆"藏"外交部"全宗，第 83 页。

---

① 编者按：无附件内容。
② 编者按：无附件内容。

八、东省事变(二)[①]

1. 国联行政院开会详情(1932 年 11 月 21 日)

十一月二十一日国联行政院开会详情

十一月二十一日,国联行政院开会详情。根据路透、国民通讯社等新闻登载:二十一日晨,国联行政院开特别会议,讨论李顿报告书。李顿及调查团其他各委员,皆坐于旁听席中。议长伐勒拉略述李顿报告书之起源,赞美调查团所成就之工作,称其报告书为光明文件,令人欣贺,使人兴奋,渠特向李顿等道谢。伐勒拉继乃追述此项争执中之程序之言,及国联大会成立十九委员会之牵动。旋请日本代表陈述其意见。主席并声明,今日下午会议时,中国代表亦可有机会说明中国政府之观察。

松冈洋右演词

调查团报告书从大体看来,其描写实情处有声有色,形影逼真,为回述以往经过之一绝妙、极有价值之图画。报告书中有数段,日本政府并可完全同意。日方首先向调查团表示极诚恳之谢意。但报告书之观察,则究不如经过长时期研究所得者之较为适当。故吾人(日方自称)已拟就意见书,希望行政院同人予以深切研究。报告书对中国国内情势之乐观,日本不能同意。今日之中国,远不如华盛顿会议时之中国。华府会议时,中国尚无共产党之为患。目前,蒋介石等均努力"剿共"工作,而中国国民政府与国民党仍未放弃其原有

---

① 编者按:"东省事变(二)"卷藏台湾"国史馆"之"外交部"全宗,入藏登录号为020000001398A。每条电文的资料来源标示原档案中的页码,不再标注入藏登录号,且每条电文标题由文献集编委会根据电文内容制作而成,特此说明。

政策。按数年前，该种政策曾使各国增兵上海，以防万一。

目前东三省之不安，实可谓受中国之影响，中国有意扶助此种不安行动，欲借以向世界表示，东三省人民不满于现时满洲当局。如认为目前东三省形势应由日本负责，殊为不公。

自中国接受所谓维新过激思想后，中国与列强之邦交并未进步。国民党政府养成排外意气，努力教养青年，以仇恨外人学说。五千万中国青年，受此种激烈主义之熏陶，于最短时间内，将成为一莫大难题，一可怖之危机。

日侨在华数年来备受压迫，中国政府利用排货为方略，压迫外人放弃其在华之合法利权。列强既已有条约明文，不准用武力，余（松冈自称）欲质问行政院同人，为何官式或半官式之排货运动，不为国联所痛诋，不受国联之制裁。关于调查团报告书中，常表示日本确有仇视中国处。日本政府觉华方民众误解日本态度，信不正确之报告，而徒自恐怖。日本人民向来希望依赖商业发展，而平安度其和平生活，其态度纯为友好的，且深望将来各国能于互助中，度其盛旺时日。

调查团报告书曾谓：九月十八日，南满路轨被损坏，不能认为日本军事行动之正当理由等语，路轨被损事，如只□路轨被损本身着想，当然无采取军事行动之必要。但调查团报告书，并未提及九月十八日案之严重背景。如该案在任何其他时间发生，形势无九月十八日之紧张，则调查团之观察极为正确。再者，调查团报告书，认日本于九月十八日及十九日之军事行动并非出于自卫，日本断难同意。一九二八年六月二十三日，美国务卿凯洛克〔格〕之照会，曾说明任何自主国均有自卫权，且自卫权为任何条约所规定者。美国参议院于通过非战公约时，曾有决议案，表示于必要时，施行自卫权之国家，或须超越该国之土地管理范围。

松冈复述及英前外相张伯伦于一九二八年五月十九日，及同年八月十八日之函件。于五月十九日函中，张伯伦氏表示，英政府深觉，美政府所提之非战公约草案已指明，凡逼不得已而采取自卫行动者，应为例外。张伯伦氏并郑重声明英政府意见，凡于某种区域内，其利害与独立及和平与治安有密切关系者，英政府不准任何其他国家干涉该区域。松冈又述及八月十八日之函件，内称非战公约不能限制或损害自卫权。张伯伦氏并于该函中说明，只有该国可自身酌定于何时或何种形势下，有采取军事行动之必要。根据以上已公布之言论，日本政府深信，日本军事当局之行动，纯为自卫而出，亦为巴黎非战公约所指明,任何国家可以采取。且该条约,亦复不加干涉者。

日本未将东三省纠纷提交国联处置之理由有四

日本所以未将东三省纠纷提交国联处置者,其理由:

(一)因日本全国意气激昂,不准任何外界干涉此事。

(二)因如日本将此事交诸国联为程序,故势必牵延时日,而日侨在东三省之地位与利权将受莫大损失。

(三)因外人不明了形势之严重,徒作口舌之争,日本深恐此事将永无早日解决之望矣。

(四)事变既已发生,日本只能随时应付。

关于东三省为中国领土一点,日本未能同意。因历年来,任何中国政府均未能管辖东三省。国联调查团认为恢复九一八事前状态为不适当,日本甚表同情。但调查团认为,保持目前状态为不适当一点,日本则绝对不能同意。日本深信,树立"满州政府"为解决东三省之惟一途径。故日本已承认"满洲国"。假使日本仅存有讨论其他办法之意,远东形势即立有危险性之发展。"满洲国"当局之自信力即顿形锐减,满洲将呈不安现象,中国更将扶助扰乱满洲治安之行动,故任何其他办法,吾人(日方自称)均不能讨论也。

松冈力斥调查团认东三省独立运动并非民意之说。彼谓:满州独立,并非日本主谋,实系东三省人民倒张学良之结果。调查团所得关于此点材料甚多,但调查团未予采用。日本政府曾严令文武官员,不准参加东三省树立新政府之工作。调查团处处接受张学良之片面言论,而拒绝满洲当局之意见,彼对此甚表遗憾。松冈谓:"满洲国"进步一日千里,最近竟能产生新预算为一铁证。东三省各地土匪横行之事,日本不能负其责。

松冈谓:如中国全国有良好政府,或东三省有负责维持秩序之当局,使日侨生命权利不致受任意之摧残及有意之破坏,则绝无此次事变之发生。吾人自卫行动,纯系出诸自然。而于吾人发动后,东三省之自主运动亦随之而起。与此事相似者,有希腊之独立可比。一枪之射击与自卫之还击,而引起希腊之独立。东三省之现状,吾人不能负责。系彼等之行动,非吾人之行动,激成此次大变。况吾人曾屡次予以警告乎。吾人既未违犯国联盟约、九国公约亦未破坏非战公约,松冈请求国联,以待遇中国之充分忍耐态度之一部,待遇日本。日本不愿与任何国作战,不愿侵占一寸他人土地,更无作侵略者之望。吾人极诚恳且深切的希望,吾人邻邦兴隆幸福。

我国顾代表痛驳松冈所述各点之演说。

顾代表演词

下午四时,大会继续开会。顾代表对调查团之数月辛勤工作,表示谢意。次述调查团在东省时,日本及伪组织对参加调查团之中国代表之行动,曾加以种种不合理之限制与障碍,致不能充分观察与搜集证据。以视中国之容许日方代表在中国各地通行无阻,任意视察,相去不啻天渊。旋对于日代表松冈演词最荒谬之数点,加以驳斥。其他各点,声明留待下次答辩,略谓:

(一)中国政治目前之尚未臻十分稳定之境域。一方面固系因中国尚在继续进展与过渡之时期,而重要之原因则系日本屡次阻碍破坏中国之统一运动与建设事业。

(二)远东及世界和平之最大障碍,并非中国,乃为日本传统之大陆政策。

(三)三民主义与国民党党纲之真义,绝非排外。中国政府及人民,亦绝无排外思想。所谓对日抵货运动,纯系对于日军侵略行为之一种合法的自卫行动。中国政府虽与[予]以同情及赞助,但其责任不在中国。

顾代表次陈述中国政府对调查团报告书之意见,略谓:调查团之重要结论,如日军在九一八晚之行动,不能视为合法之自卫行为,及"满洲国"纯系日本军人及政客一手造成,不能认为由真正的与自然的独立运动所产生,均极公允。细择调查团之报告,且可推得下列三项补充原则,即:

(一)不能任侵略者获得任何利益;

(二)中国所受之损失,应予赔偿;

(三)日本完全撤兵之义务依然存在,且为先决条件。在武力压迫与既成事实之下,绝无交涉可言。

对于报告书九、十两章,顾代表一面声明保留发表意见之权,一面对于该两章内所称之任何完满解决办法,须以国联盟约及九国条约为根据一节,极力称赞,认为系一重要原则。顾代表最后请求国联采取迅速而有效之办法,早日解决东省问题。

旋读中国政府对于李顿之意见书,并申述下列各点:

(一)调查团之中国参预员。调查团在满时,日人对顾之行动横加干涉制止,以致顾未亲赴各肇事地点考察或调集证人,与调查团询谈。而调查团之日本参与员,在中国各地行动自由,与顾所受之干涉截然不同。

(二)中国于建设过程中,所遇最大困难之一,即日本之干涉也。日本一方污蔑中国为无组织国家,一方处心积虑施行破坏中国统一之政策。日人切虑中国之政治统一,对于日本侵略政策与以大不利。故处处横加阻扰,实无希望中国和平统一之诚意也。日本之大陆政策,乃数百年来日军人所灌输于日人心理者之结晶,以侵略中国,为占领亚洲大陆之初步。此项政策危及远东和平,自不待言,加以蓄意施行大陆政策之日本军阀,具有世界最锐利之战器,并抱以武力实行侵略之野心,远东危险状态无以复加矣。顾旋博引各项史料,自十六世纪起以至于数年前之田中密奏,证明日本对华之侵略企图,为数百年来之一贯政策。

(三)关于抵货问题。顾称:中国人民之所以抵制日货者,乃为日本之横暴侵略也。抵货运动为中国人民自动之组织,政府难加制止。惟自九一八日本开始侵略以来,中国人民虽积极抵货,但决[绝]少越轨事件,此节李顿报告已加证实。当前之问题,并非抵货运动是否适合友谊邦交,实乃日本无故侵略中国土地,在此情况之下,中国能否再与日本维持友谊邦交。中国一方图由国联获一和平解决,一方仍须于可能范围内制止强寇之进展。中国迄今采用消极之抵货,以代武力抵抗武力之办法。如谓中国不能抵制日货,不啻认中国无此合法及和平之自卫权也。

(四)李顿报告书证明,日方所称炸毁沈阳铁轨事件,不足为日军行动之理由。为此事件,不足为日军于九一八夜在沈阳附近行动之理由,则更不足为日军于同夜侵占吉林、长春、营口等处中国领土之理由。

(五)锦州事件,为日方未有诚意解决满洲事件之证据。日本既于锦州、吉林以及满洲其他多处破坏中国行政完整后,而复以满洲之混乱状态,归咎中国。

(六)日本不顾国际约章,及日政府历次向行政院郑重承诺之义务竟于"一·二八"侵略上海,此乃日本蔑视国联之明证也。

(七)下届之国联特别大会,对于中日事件应加解决。中国政府素认中国与任何国家谈判,必以中国依照国联会章,及非战公约所应有之权益为根据。李顿报告对于中国政府此种之态度,表示赞同,中国政府甚为欣感。中国政府对于任何建议,能与此种重要原则符合者,准备接受。

(八)中国政府保留要求因日本侵略行动所受之一切损失。

（九）日本依照国联行政院去年九月三十日，及十二月十四日之决议案，应先撤兵。日本此时仍应履行撤兵义务，任何根本解决中日纠纷方案，必以撤兵为先决条件。

（十）李顿报告书对于满洲情形已详述殆尽。此时，国联亟应采取迅速有效方法，依照国际正义公理解决中日事件，维持国际和平工具。

资料来源：《东省事变(二)》，台湾"国史馆"藏"外交部"全宗，第4—13页。

2. 国联行政院开会详情（1932年11月23日）

十一月二十三日国联行政院开会详情

根据路透国民电社消息

日本首席代表松冈洋右今日下午赶至会场已稍误时。稍事休息饮水后，主席爱尔兰代表伐勒拉始宣告开会，随即请松冈发言。

松冈演词

松冈谓：彼保留关于其他事件此后发言权。今日下午，彼将仅对中国首席代表顾维钧博士二十一日所谈，略有申述。

顾代表曾谓据松冈所言日本为中国口中一小羊。松冈谓：彼决无此意，且无人可设想日本为一小羊。顾代表称如日本对非战公约意义之解释可予以接受时，该条约之价值将完全丧失。松冈极力否认此说。彼继即对顾代表二十一日向大会朗读之中国方面意见书加以批评。

彼谓：日本并无中国代表所称之大陆政策，中国无须有此种畏心，因该种事实将仅见于梦中也。二十世纪中，日本仅有一人曾被称为日本之拿破仑，曾有战胜世界之幻想及派兵往征大陆。但此人之计划已完全失败，日本可扩充其势力范围之机会甚多，而日本向未利用此种机会。其惟一理由，即日本之酷爱和平心，殊为坚决也。

顾代表曾历述多数日本政界要人之言论，以证明日本所谓侵略野心。余（松冈自称）不愿讨论此节。因行政院同人均可明了，任何人均可集合任何国政界要人不经心而发表之言论，而可以最严重之罪状加诸该国之身。

所谓田中秘密奏折，纯系子虚。既无此项奏折，且亦向未呈交日皇。此事之荒谬，实可无庸辩白。彼与田中时相过从，故深知田中决未草就该项奏折。

而一九三〇年间,王某曾允许采取有效方法制止该项捏造奏折之流行,以免有不幸之反响。而顾博士忽于此时重提该项奏折,竟认为真实文件,可见中国当局前后自相矛盾也。

此种小册,输入美国极多,各中小大学均充满印本,借以证明日本之所谓侵略政策。但凡熟悉于奏折之措词者,可立时发觉,该项文件为捏造。松冈并列举数段以说明之。如某所谓日皇因病不能亲视政务,故未克召集奏折中所提议之大会等语。且捏造该奏折者,不悉地理。某段称某地距菲利滨①仅一箭之遥,而该地距菲利滨竟有一千七百英里。可见实系华人利用外人易信捏造文件草就此文。且另造有多种同类文件,如日本拓务省会议纪录等等。请行政院同人自问,此种文件有无价值?华方谓外人侵略中国时,中国始有抵制外货之举。此说非实。中国欲利用抵货压迫列强接受华方要挟。故抵货实为宣战之变相。顾博士谓抵货为中国和平式之抵制,可见中国已承认曾予抵货以法律上之许可。余(松冈)认此事极为严重。按中国最初抵制外货,系抵制美货。美国政府致中国照会中,曾指明抵货运动为非常式不合法之外交手腕,且为一种恫吓仇视行动,而得中国政府之同情者。故中国政府有制止该项运动之责任。为获相当效果起见,美国曾调集太平洋舰队候令,因而得于二十四小时内,制止一切抵制美货行动。松冈并列举旧时排斥日货运动多次,实与日本侵略行为丝毫无连带关系者。且中国前次抵制美货运动,并非抵制美国军事侵略也。

顾博士谓排外风潮在中国内地极为罕见。如行政院同人细视排外风潮之统计,可不言而喻矣。日本屡次请各国注意及中国之排外运动。不只在学校中,即在孩童时期,该项工作即已开始。昔年拳匪事变与此次排外运动背景相同,此种训练五千万儿童以排外学说,实为一严重问题,请国联当局立即设法制止。如任其扩大,则将有较拳匪事变大十倍至二十倍之大乱,亦未可知。为中国本身利害起见,中国当局应醒悟其可怕之结果。中国难题本多,何苦再添上此种教育政策。

顾代表演说

中国首席代表顾维钧博士起立,谓时间已晚,而争辩之点甚多。彼拟于下

---

① 编者按:指菲律宾。后同。

次会议时,一一予以批评。但彼愿于数点,略有所言。关于田中奏折一点,松冈未向会场说明,该项奏折所提之政策,即为日本近数十年来之政策。田中本人创成所谓积极政策,事实俱在,空言无补。如该奏折诚系捏造,则捏造者必为日本人。因除日本人外,另无他人可想出此种凶恶政策。且该项政策,已为日本近年所切实履行者。

关于"二十一条件",顾博士称:最初日本政府否认该事,并谓系中国所捏造,但最后日本亦只得承认其为事实。得如此经验后,中国对田中奏折,不能不寒心。松冈谓抵制外货等于宣战。诚如此言,则中国深愿日本抵制华货,而不以武力占东三省。(全场大笑)

松冈谓日本向系协助中国统一,请问有何种事实可以证明之。日本之进攻上海乎,飞机轰炸无抵抗之城市乎,甚至此时,日本军队仍在与反满洲军队作战。将中国之最富庶区域夺去,焉能谓为协助。绑架一家之子弟,焉能谓为友好。顾博士末谓:现时间太晚,彼保留其他各点发言权。

顾代表昨二十三日,在行政院驳复松冈,敏捷隽妙,各方获一深刻印象。顾之态度姿势虽极庄严,但语中颇带诙谐。松冈答辩时请顾勿再提及田中密奏,应先证明此项文件之真实。

松冈洋右反对李顿发表意见

行政院主席凡勒拉旋请李顿就席。代询调查团委员,于聆中日两方意见后,有无感觉修改报告书之必要。应请调查团尽速集会,答复行政院。松冈起而反对,谓:调查团既已失其存在,无权发表意见。凡勒拉以主席资格宣称:调查团于未解散时,并未失其存在,此时仍可发表意见。松冈重起反对,并谓:日代表团,不能接受主席之意见。凡答:渠之主张乃极寻常之事也。顾代表赞同凡氏之主张,声称:行政院应予调查团以发表意见之机会。松冈又起反对,并称:日方对于调查团报告之解释,如有错误,日人自当更正,但渠信日方解释并无错误。凡氏称:渠非谓调查团之报告书应加修改,行政院仅欲以一修改之机会予调查团。该团委员是否用此机会修改报告,应由其自定云。次由李顿发言,据称:渠认行政院仅欲调查团答复,于听聆中日两方意见后,有无修改报告之必要,并非令调查团批评任何一方之意见。渠将于明日(二十四日)召集各国委员讨论云。松冈四度提出反对,并请行政院将其反对理由记入会议纪录。

松冈于结尾时,再行声明保留以后对其他各点发言权。翻译完毕后,松冈复否认日本抱有大陆政策。至于所谓田中密奏,中国代表对于故首相田中提出严重控告,但渠(松冈)不信行政院将因片面之词,断定某人或某国之罪状。渠认行政院应具法官之态度,对于被告方面于未证实其罪状时,当认其为无罪。松冈请求行政院将此记入会议纪录。松冈继称:日本从未破坏任何条约,关于此点,于必要时,日代表团准备再加阐明。日人对于中国之强盛统一从无忌虑。日人且力援中国恢复和平。日本之政策乃竭力维持东亚和平。日人素倾全力保持东亚和平,从未丝毫脱离此种政策。华人时常罔顾事实,妄加诋毁。但在行政院会议内,日方不得不要求华方提出确实证据。日本扶助中国现政府,并不后于美国。当孙逸仙博士因生命危险避难于日本之时,日本曾救中华民国。松冈提及日俄战争前之中俄密约。据称:依此密约,俄国可于最迅速期间内侵占满洲。是时,日本不得已对俄宣战。日俄战争虽为日本保全自身生存起见,但结果日本从俄国争回满洲一部份之土地,送还中国。倘日政府于是时知悉中俄密约之存在,或将要求中国割让满洲全部,则今日无所谓满洲问题矣。是时之中俄密约,为对付日本。此后中国是否决不缔结同样之秘密联盟,吾人未敢遽断云。

松冈末称:顾维钧博士敦促国联,迅速采取有效方法处置中日事件。但据日政府意见,国联应极端慎重考虑,不宜仓卒从事。中国代表谓,国联倘再迟疑将引起流血痛苦云云,似含虚声恫吓。其实,行政院若再延长考虑,决不至于增加满洲人民之流血痛苦。因满洲之三千万华人,较诸内乱频仍、盗匪充斥之中国本部之四万万人民,则幸福多矣云。

资料来源:《东省事变(二)》,台湾"国史馆"藏"外交部"全宗,第14—20页。

3. 国联行政院开会详情(1932年11月24日)

十一月二十四日国联行政院开会详情
国联行政院今日午后三时三十分续开会

顾代表演词

顾代表首先发言,谓:昨日松冈演说提出关于满洲问题,似无直接关系之争点颇多。为节省时间计,本人对于此种争点暂不答辩,拟用书面形式详细答复。本人不愿效法日本代表提出枝节问题，虚费时间。关于田中密奏问题，如欲证明此种文件之真实，除非调阅日本政府卷宗，外人当无其他证据。但今日之满洲状况，即田中密奏最好之证明也。

顾代表旋引松冈所著之《满蒙独立运动》一书，于是书内，松冈谓田中奏折乃日人所伪造，故即便田中奏折全属子虚，亦系日人所伪造。密奏之真伪姑且勿论，而田中之对华侵略政策确系事实。请行政院会员细读田中奏折，然后与今日之日本对华政策作一比较，则可明了此项文件之重要。至于松冈昨谓，中俄在日俄战争前缔结密约，危害日本一节，则须知日本自己所定之密约甚多，有迄今为人所不知者。其最著者为一九零九年、一九一零年、一九一二年及一九一六年之对俄密约。松冈所称，今日东三省人民，较前更为快乐一说，实非真相。

（一）今年十一月九日与十日，日飞机之轰炸村镇及日步军之攻击村民，死者数百。试问何快乐之有？顾代表旋答语曰："否。"

（二）"满洲国"之成立，果为当地人民自由志愿之行为乎？答语曰："否。"

（三）日本果已依照其屡次诺言，撤退其军队乎？答语曰："否。"

（四）争点果不可和平解决乎？答语曰："然。"

以上要点，必须牢记勿忘。日本违背九国公约，而与"满洲国"缔结盟约，事实不许争辩。事实之报告即李顿报告书，今在吾人之前。如吾人不承认李顿调查团之断论，则吾人将无从在共同努力中谋取解决方法。松冈见解，日本所以不将此问题提交国联之理由，察其所言，直谓一国之情感乃国际争议中判断是非之惟一仲裁人。何者为日本之解决希望乎？日本所希望者乃中国有内讧，及世界各处有经济难题之时机耳。日本所希望者在此，而时机果于一九三一年九月中来矣。日本所欲之解决，乃日本须以其自己手腕，解决此事耳。而其所谓之解决开端于沈阳，华人之权利，与全世界之和平，必须受日人之支配。试问此举动，果与今日世界之精神相适应乎？试问国联盟约将被视为废纸乎？试问九国公约尚被视为不过一种签名册乎？如吾人果欲用和平方法代替武力解决争案，则吾人不能置日本之挑战于不答也。顾代表演说之末段，以恳切之言论，吁请会众拥护国联盟约及国际和平公约。其言论甚引起行政院会议室中深刻印象。

松冈演词

松冈继起发言,据称:中国代表于实际上现已承认,所谓田中密奏之无根据。余于《蒙满独立运动》内曾谓田中密奏,乃不负责日人所造之伪造。余信顾氏谅必同意。但顾氏乃一堂皇国家之代表,何以竟于行政院会议席上,提出一不负责日人所伪证,余实难于了解。松冈继请国联注意,中国代表业已承认,中国政府援助抵制日货运动,并谓:李顿报告书之附带文件内,有中国所发关于抵货运动之密令。松冈继言:顾代表虽责其提出枝节问题,但顾自己对重要问题则轻描淡写,欲图抹杀日本向为国联之忠实拥护者。有事实可证明,中国此次之如此拥护国联者,因欲借此机会利用国联,达到其私心所欲。如国联之处置不违反日本生存及日本维持远东和平政策,则日本将继续为国联之拥护国。

伐维拉与松冈之问答辩论

松冈声明,彼保留以书面贡献意见权后,主席伐维拉称:时间已晚,本日可无庸继续讨论调查团报告书,但彼仍将予双方以发挥意见之机会也。伐维拉氏谓:调查团各代表应出席行政院会议,并向大会所问,予以答复。松冈问此种问答是否只限于报告书及各方对该报告书之批评?主席答称:彼昨(二十三日)晚之提议,乃向调查团各代表于中日代表发表意见后,彼等对报告书内容有无修改之意。松冈谓:如行政院与调查团可对东三省问题互相问答,则实出乎调查团权限之范围。且如此办法,果真实行,会议时期或将延长逾月,亦未可知。因各代表可有权以报告书以外之事,质问调查团也。

松冈反对调查团发言

主席答称:目前问题甚为简单,仅为调查团是否欲维持原案,或欲修改报告书,并不涉及他事。松冈称:如调查团决议不愿修改报告书,则彼必将质问调查团不愿修改之理由,此种问答势必迁延时日。

主席伐维拉与松冈争辩多时,松冈坚称调查团与行政院会议毫无关系。主席乃征求其他代表之意见。捷克代表宾斯起立,谓彼拥护主席意见,觉主席之解释极为公正。调查团之工作虽已完毕,但调查团仍然存在,行政院随时可向该团垂询。西班牙代表马达里亚加氏,亦赞成宾斯氏之意见,彼觉听中日代表争辩后,再听调查团之意见,别无不当处。调查团固已草就一报告,但如根据行政院之请求,即再作一报告书亦无不可。调查团仍然存在一点,毫无问题。如因此而会议延长时日,系无可能为之事。英国首席代表外相西门爵士谓此事有先例可援,并说及前秘书长特莱孟①氏,关于此种程序之言论。西门继称:调查团各代表来此地,非为看戏而来。彼等来此,定有相当用处,实显而易见。此来,非为协助行政院而何?

松冈称:前任秘书长特拉蒙氏之言论,更足显明日本态度之正确。日本并不反对调查团代表解释报告书之字句。但于原则上,反对调查团之把持行政院会议议事日程。彼望主席许其以书面发表日本方面意见。伐维拉氏接受松冈之请求,但觉同时调查团可开会讨论,彼等是否欲修改报告书,或继续维持原案。下午五时五十五分,行政院散会。明日即星期五,再行召集。

调查团委员集会,对报告书认为无修改必要

查李顿调查团二十四日上午十一时,在国联秘书处委员室,开非公开会议。据最后消息,调查团对于答复行政院之措词上午或可拟就。除非顾代表及松冈下午之演说内容后,使调查团委员有考虑之必要,则李顿可于下午出席行政院会议,正式答复行政院昨日之咨询。调查团会议至中午十二时十五分,暂行休息。但李顿一人仍留会议室内,谅系起草上午会议之纪录②。迨十二时半,各委员复继续会议。众料调查团将认无修改报告书之必要。又,电闻调查团各委员认为,报告书乃该团数月研究之结果,各委一律同意签字。自报告书提交国联后,并无任何发展,足使调查团更改原来意见。

资料来源:《东省事变(二)》,台湾"国史馆"藏"外交部"全宗,第21—25页。

4. 国联行政院开会详情(1932 年 11 月 25 日)

十一月二十五日国联行政院开会详情(据路透国民通信社等消息)

日代表提书面报告

国联行政院二十五日下午四时,举行公开会议讨论中日问题。日本代表

---

① 编者按:指特拉蒙。又称德拉蒙德、特拉门、特拉孟、拉德蒙、拉特蒙等。
② 编者按:"纪录"同"记录"。后同。

团有书面报告,说明日本对李顿调查团参加行政院会议事之意见。日方谓:调查团将报告书草就交诸行政院后,其职务已告终结。日本不反对调查团代表在行政院会议时有所询问,但日本认为调查团代表无权对中日两国代表在行政院席间所发表意见予以批评。日本首席代表松冈昨(二十四日)所发挥言论,今(二十五日)于意见书中再从新申述一遍。

松冈于意见书中谓:如调查团愿修改报告书,日本并不反对。但所修改者,限于报告书中之不明了处。松冈谓:如日方不断向调查团质问报告书各点,则会议时间将延长过久。

伐维拉希望中日勿拒解决办法

行政院将日本意见书予以备案后,请调查团主席李顿爵士出席发言。李顿爵士应主席伐维诺之请求,起立,谓:如调查团报告书能有助益于行政院,则调查团同人中心欣慰。除此而外,调查团不愿于报告书外再有所表示。主席伐勒拉问行政院各代表,有无询问事件?捷克代表宾斯氏称:最简单之办法,即将整个中日问题,移交国联全体大会讨论,彼欲保留关于此点发表意见权。主席伐维拉氏问:各代表是否欲稍候,再将中日问题交诸全体大会?彼谓:由事实方面着想,中日问题似不适于在行政院中讨论。且将此案交大会后,行政院各代表仍可有机会发表其对调查团报告书之观察。根据目前已发表之言论,中日问题得以迅速解决之希望甚少。中日两国代表意见,并无双方同意点,俾行政院同人可予以有益之批评。彼深望中日代表现时所持态度,并非中日二国政府之最后态度。且如有激底①解决中日问题之办法,希望中日两国勿拒绝之。如中日二国中,有一国与世界舆论相对抗,使国联工具不得尽量施行,或以不合作方法,阻扰国联工作,则吾人绝不能宽恕此种行为也。主席伐勒拉氏请求中日双方慎重考虑,彼等若何可以协助国联。日本既已拒绝调查团报告书所建议办法。中国既已接受调查团报告书之不违反国联盟约及非战公约条文与精神部分,彼认为,行政院不必向全体大会有所建议,俾予全体大会以充分自由讨论中日问题。

日本首席代表松冈对主席及行政院同人之努力及指导,表示谢忱。彼深信,终久[究]行政院必自身处置。此案应慎重研究,报告书内容不可轻予批

---

① 编者按:应为澈[彻]底。后同。

准。且日本根本觉调查团无权有所建议,日本对报告书内容不同意各点,已有数次说明。日本最初提议与中国直接交涉,但为中国所拒绝。因而局势顺其自然而进展,非人力所能变更。

松冈向本国政府请训,并主张根据国联盟约十一条

事既如此,余(松冈自称)须向本国政府请示。依余个人观察,应根据国联盟约第十一条,先尽力谋和解方法。此问题性质过于重要,除非双方能有同意解决办法,定无良好结果。日本希望维持远东和平,并非纸上和平。自去年以至今日,一年来,日本一切行动均根据一种信心,即只有履行承认满洲政策,始能维持远东和平。松冈末称:彼保留日后再次发言权。

主席伐勒拉氏问松冈:几时日本政府训令可到?松冈答:谓明(二十六)日下午可到,最迟下星期一(二十八日)。

顾代表表示同意提交大会讨论

中国首席代表顾维钧博士赞成将中日问题移交全体大会讨论。关于解决办法之原则及条件,中国政府暂时保留其意见。因目前对报告书其他部分发表意见毫无用处。但最低限度,彼希望日本代表松冈接受调查团报告书所定之原则,即中日问题之解决方法,必与国联盟约、九国公约及非战公约之条文与精神相符合。松冈谓:吾人应根据事实(即承认满洲)处理此案。中国绝对,反对以过去事实为解决方式之基础。但如依据国联盟约,以谋解决办法,则中国可接受。顾博士末复谓:中国赞成将中日问题以最快方法,移交全体大会。

松冈继之起立发言称:顾博士为其老友,并称顾博士所谓事实者,将包括条约、国际联盟及世间任何事实。行政院准许松冈向其本国政府请示关于将中日问题提交大会事。松冈应允尽力设法于明(二十六)日下午得到回电。主席伐勒拉氏提议下次会议于星期一(二十八日)举行,全场同意,乃闭会。

伐维拉详论会议程序应召集特别大会

昨(二十五)行政院会议关于程序问题,主席伐维拉发表重要宣词。据称:中日两方对于李顿报告均已阐发意见,而国联大会于本年三月十一日之决议案内,请求行政院将中日事件提交国联大会,故当前之问题,乃行政院是否即

将中日问题交付大会讨论,抑或暂缓移交行政院,于本年二月十九日所通过之决议案,已决依照国联会章第十五条,将中日争端移交大会。是以此时负寻获解决方案之直接责任者,乃国联大会也。

余(伐氏自称)认行政院对内一般意见,均欲特别大会于最短期内重行集会,继续讨论中日问题。行政院会员亦为大会会员,故于召集大会时,仍可有充分发表意见之机会。且于大会内发表意见,更为适宜。余信吾人于听取中日代表言论时,无不盼望其言词足以引起迅速解决满洲中日冲突之希望。但吾人迄今所听取者,未能满足此种希望。

中日两方对报告书所建议之解决原则未能全接受

日本政府于意见书内,并不接受李顿调查团所建议之解决原则,仅赞同李顿报告书内所称"徒谋恢复九一八前满洲原状,未足解决问题"一节。中国代表团对于解决之条件,保留嗣后发表意见权。目前所声明赞同之李顿建议原则者,仅第三项原则,即任何解决方案,必须符合国联会章、非战公约及九国条约之规定。是在此情况之下,行政院此时之任何决定,对于大会之探讨解决方针似无实际援助云。

李顿于报告书外,不愿再加意见

李顿继伐氏发言。李称:主席及中日代表对于报告书之慷慨陈词,本人代表调查团表示谢恫。倘调查团之报告书,对于国联此项极端复杂困难之问题,将有贡献,吾人于愿已偿。吾人于报告书所述外,不愿再加意见云。主席伐维拉于闭会前复称:中日两方,现均以其意见置于行政院之前。余应代表行政院,谨劝双方致力于问题上之积极方面即考虑准备如何援助国联,获一解决也云。

资料来源:《东省事变(二)》,台湾"国史馆"藏"外交部"全宗,第26—29页。

5. 国联行政院开会详情(1932 年 11 月 28 日)

十一月二十八日国联行政院开会详情
（根据中央通讯社路透电国民社等消息）

通过中日问题移交大会讨论

国联行政院今日上午开会,通过将中日问题交付国联大会讨论,会议时间仅历十分钟。主席伐维拉宣告开会后,宣读松冈洋右来函,略述日本政府致松冈之训令。据称,日本对于引用国联会章第十五条,及将中日问题移交国联大会两事,均有相当保留,故日本将不投票云云。行政院会员均无发表意见,或提出咨询之意,主席遂宣告讨论终结,以将满洲问题移交大会之提案付诸表决,结果通过。主席对于调查团委员之援助,表示感谢,并谓于必要时,或将请调查团委员援助国联大会。伐氏继谓:松冈因认调查团工作已告完毕,曾作保留,行政院已经阅悉。主席旋即宣告闭会。英外相西门因事返英,由英外交次官列席会议。

今日国联行政院一致决定,日代表未投票将李顿报告书移交国联大会后,秘书长特拉蒙即决定,渠已由行政院授权,于星期一召集国联大会特别会议,不必再取决于十九国委员会。嗣因接主席希孟自比来电谓:渠有事,恐星期一未必能赶到日内瓦,要求国联大会改于星期二日召集。

十九国委员会将于本星期四集会,大会定于星期二召集

现特拉蒙正考虑此事,将来大会于星期二召集(十二月六日)。逆料十九国委员会星期四(十二月一日)开会时,当可报告也。至国联行政院今日决定将李顿报告书移交国联大会,不过数分钟间事。主席伐勒拉首宣布,渠曾接日代表松冈洋右函,要求关于日代表前曾声明保留,日本不认李顿调查团今犹存在一节,载入会议录中。渠对此表示同意。嗣即询问诸理事,有欲发言者否?迨无人欲发言,本案即告结束。但伐氏声称行政院日后仍可在通过一决议案后,重行讨论此案。当时,对于松冈函中声明渠放弃投票一层,亦无人加以评论。公开会议即于十一时四十五分结束。

国联秘书长今日开始与十九国委员会主席希孟,接洽大会日期问题,约在一周与十天之间。

各国代表届时将发表意见

现已报告准备发表意见者,有伐维拉(爱尔兰)、柏涅斯(捷克)、马达利亚加(西班牙)等。瑞典、挪威、英、法、意以及南美各国代表,亦必发言。大会之辩论,殆半将限于原则问题。众意满洲事件经大会辩论后,各国对于李顿报告以及主要争点(即国联会章曾否遭受破坏)当可表明态度。而使美国明了国联之地位,庶可决定其自身之态度。美国迄今认为中日问题为国联之责任,不欲置喙。但国联倘使美国信任国联有解决中日问题之决心,美国会将变更其目前之观望态度,而与国联合作。国联大会闭会时,将令十九国委员会总结各方意见,草拟报告,或决议案草案,同时进行和解步骤。

日内瓦之两主张:邀请美、俄加入十九国委员会或于国联外召集独立会议。

行政院决将中日问题提交大会后,此间对于此后事态之进展,颇多推测:

(一)近有主张于国联外召集独立会议,邀请非战公约及九国条约之签字国参加会议者。此议现尚未寝。

(二)尚有赞同邀请美、俄参加十九国委员会者,图使十九国委员会集中努力于根据国联会章第十五条第三款进行和解程序,期于六十天内进行和解。倘于六十日后,该委员会之努力仍无结果,然后再行召集大会,考虑根据国联会章第十五条第四款之应行步骤。

上述两项计划,均赖美、俄两国之协作。但据目前情形,美、俄似无分摊国联责任之意。

资料来源:《东省事变(二)》,台湾"国史馆"藏"外交部"全宗,第30—31页。

6. 十九国委员会开会详情(1932年12月1日)

十二月一日十九国委员会开会详情(根据中央路透哈瓦斯等消息)

正式决定六日召集国联大会特会

十九国特委会今晨开会,正式决定下星期二(六日),召集国联大会特会,并答复中国首席代表颜惠庆上月二十九日之来函,略谓:十九国特委会决俟国联大会审议李顿报告后,始能考虑解决方案,及确定国联解决本案之期限云。

十九人特别委员会今早十一时十五分举行公开会议。主席希孟宣称:行政院既允讨论终结,在职责上,彼有召集全体大会之必要。根据行政院会议纪录,各代表俱不愿在行政院会议席间发言,而表示希望在全体会议席间发言者,则颇有其人。主席希孟对此次有土耳其代表首次参加十九人特别委员会会议,深表愉快。土耳其代表答称:彼此次与其他各代表共同谋一解决中日纠纷办法,泺觉荣幸之至。希望中日纠纷之解决更可增加国联盟约,及非战公约之力量。

颜代表致函主席,请速定解决方案

主席随即朗读中国代表颜惠庆博士之公函,内谓:十九人特别委员会应赶早召集会议,议定办法提交全体大会。因国联盟约规定,行政院应于六个月内作成报告,此项限期是否延长,应即予以最后之确定。中国政府对延长期限一层,极端重视,甚愿于最短时间为标准。因东三省间义勇军与日本军队,已发生严重战争。东三省之中国爱国男儿已下决心,反抗异国治辖。因日本仍继续其武力侵略中国,东三省人民所受苦痛已达极点。故国联应急于最早期间内,制止日本之非法行为,谋一解决办法。希孟提及国联盟约第十五条所规定延期一点,颜博士主张须予以确定。主席提议准许彼答复。颜博士谓:在全体会议未讨论中日问题前,十九人特别委员会暂时不能确定延期范围。因须根据全体大会之意见,始可预定所需时日也。捷克代表宾斯氏谓:于全体大会讨论终结后,十九人委员会再谈此事。马达氏谓:只有行政院或全体大会可应付中日问题,全体大会既为国联之最大团体,中日问题应交全体大会讨论。彼谓:目前确定延期范围为不可能之事,英国代表外次依顿氏亦表示:应待全体会议讨论中日问题后,再决定延期问题。爱尔兰代表康落尼氏问:十九人委员会决定延期事后,是否仍须再召集全体会议通过该案,彼表示此种手续,或须稽延时日,主席希孟答称,该案必须重交大会通过,希望各代表对其答复予以同意。

十九人委员会于十二时散会。全体大会已定于星期二(六日)上午十一时开会。

资料来源:《东省事变(二)》,台湾"国史馆"藏"外交部"全宗,第32—33页。

7. 国联秘书处分送松冈致行政院之备忘录
(1932 年 12 月 1 日)

十二月一日国联秘书处分送松冈致行政院之备忘录(根据中央路透消息)

国联秘书处今(一)日分送日本代表松冈洋右致行政院之备忘录,内称:中国代表顾维钧博士于十一月二十一日曾表示,顾博士随调查团去东三省时,沿途备受阻扰,满洲当局曾拒绝顾博士入境。赖日本政府力劝"满洲政府",顾博士始得入境。且顾博士之生命,纯依赖日本之保护而得安全。至于中国内乱情形,日本觉在多年内,中国内乱无肃清之望。但日本对希望中国得早日统一之诚意,并不因此而减少。至于调查团谓中国内部情形可早日稳固一层,日本万难同意云。

对于日本曾屡次尝试妨碍中国统一工作之指责,无根据。过去二十年,在中国之内战,盖若干抱有野心之军阀,无一不欢迎日本军火与款项之援助。日本曾或援助孙逸仙,孙氏并非不欲得日本之援助,彼逃亡日本时,其革命计划,在日本不能得有援助,如其所得于苏俄者。吾人对于中国之革命,希望其终止,而非其继续也,吾人希望其即终止。对于在袁世凯统治下之中国,日本曾阻止其统一之指责。该备忘录否认其说。颜博士谓:袁世凯总统正在完成其完全统一之光景时,以日本之阴谋,因而不就。但颜博士须回忆者,即袁氏之倒纯因其中国之敌人,而孙逸仙博士乃其中之最著者也。

日本于一九二七—二八年派遣军队至济南,为保护日人之生命财产,而对于蒋介石军队之停止前进,在任何方面并不负责。蒋氏计划之停止,系因于武汉共党政府之活动也。参考一九二八年五月十八日,故田中伯爵之宣言谓:日本或迫而采取适宜之手段,以维持满洲之安宁秩序。发表该宣言之原因,系恐中国军队一入满洲,其危险有如有平津一带战争之结果者。关于张作霖将军之被刺事,日本对于张作霖之排斥,实无利益可言。张之死,日本政府实震惊惋惜。

统一之中国将予日本扩张政策以一打击,而于其世界征服以忧惧也。吾人之惋惜,一如中国代表团所欢迎之李顿报告书所述称,谓:日本对于该问题之中心,全在其忧虑近代中国政治之演进,与其所趋之将来。吾人所惋惜者,中国之趋势,非秩序而是无政府状态也。

中国不能遵守条约,为现在争论事实之起因。在华盛顿会议所采取之各项议决案,中国政府所担负之责任,仍未履行。而中国代表之任何保证,并不觉其有能履行或将履行之担保。

中国国民政府维持九国公约、非战公约、国联盟约之神圣,其重要者,即签字国摒弃排外政策也。

因伪造田中奏折之流传所产生种种不良之影响。中国方面曾保证采取适当步骤,予以制止,乃中国代表,予以广布,且竟用于行政院会议之中。

关于排货问题,此乃各国遇中国国内情形不安定时,不得已采用之一种非常方法。排制日货,不能认为对于日方军事行动之报复。

国民党与国民政府之关系,正与共产国际之与苏俄政府相同。于是列举数目统计,表示在中国内部外侨之不安,而尤以外籍教士为甚,不认外国官员所提出之理由,认为能接受种种合同之价值,即可作为无排外情感之一种表示。

傀偏政府之劫夺盐税、关税、邮政、电报、矿产、铁道及其他种种税收,乃伪国成立后自然之结果,并绝对为其政府范围内之一种行为。

关于上海事件,华军之抵抗,乃非意料所及。日方困难之处,乃由于其军队数目过小,并须与藉凭房屋为掩护之华军作街巷战。中日两方生命财产之损失,固深遗憾。但在华军铁蹄下,日常华人之死亡率尤大,数百万无辜人民丧其生命,各省区惨遭蹂躏,各城市亦被互相敌视之国民党员,共产党员以及各军队,劫掠一空。其所残留得享安全之城市,乃经外人保护之通商口岸。此类地方为中国商人及银行界所汇集,甚且中国官员,亦逃避于此。

资料来源:《东省事变(二)》,台湾"国史馆"藏"外交部"全宗,第36—37页。

8. 中国驻日内瓦代表团发表节略(1932年12月4日)

十二月四日我国代表团发表节略

中国政府前曾以正式文件提交国联会满洲调查团,说明中国政府对中日争端之意见。今日,中国代表团已将此项文件之节略予以发表。此项文件谓:中国受日本继续不断之攻击,其主权常受日本之蹂躏。两国之国交,因此大受妨害。尚有一项文件为日本最近印行之日本现代地图,经日本文省审定者。该图将日本向外发展之形势,因五个逐渐扩大之圆圈表示之:其第一圈直径为一千六百零九公里,以后各圈逐加一六零九公里。日本势力达第三圈时,则中国本部之一部分、满洲全部、蒙古之一部分、西伯利亚之一半,以及菲列滨①之一部分,将均受日本之控制。至第四圈时,则中国全部、安南之一半、菲列滨全岛、阿留地安群岛、夏威夷全岛及婆罗洲之一部分将均入日本囊括之中。最后进至第五圈时,则太平洋沿岸全部,如阿拉斯加、加拿大及美国之西方海岸,悉在日本势力之下矣。

我代表反对将"满洲国"来电抄送各会员国

国联秘书处近以"满洲国"来电抄送各会员国,中国代表团业已提出抗议。

资料来源:《东省事变(二)》,台湾"国史馆"藏"外交部"全宗,第 38—39 页。

9. 十二月四日颜代表及松冈播音演说词
(1932 年 12 月 4 日)

十二月四日颜代表及松冈播音演说词

在特别大会开会前之今日,颜惠庆博士以英语播音演讲,其词曰:国联方面,对于满洲问题,于中国依国联盟约应有权利,而达到之一种解决,一再犹豫,不独将予三千万中国人以更多之痛苦与流血,抑且对于为正义与和平屏藩之国联,其能力之一般信仰,将发生不可挽回之摇动。颜博士引述李顿爵士最近在下议院演词作为结论,词曰:国联正在紧握此事之时,因满洲问题,一任其漂流稍久,系极危险之事也。松冈继颜博士续向美国播音,词曰:吾人非欲有满洲,但吾人希望国联对于满洲问题,稍为予以时间与忍耐耳。松冈继续谓:日本希望永久与国联合作,但中国政府对于其自己领土不能统治,自不能有权力要求其属领之主权。倘盗匪一旦剿清,"满洲国"之繁荣,比诸中国人所受之痛苦,其不同之处,将必明显。日本希望和平及与国联永久合作,国联任何之躁急行动,不惟彼等将怅惜,而国联亦将后悔之也。

资料来源:《东省事变(二)》,台湾"国史馆"藏"外交部"全宗,第 40 页。

---

① 编者按:指菲律宾。后同。

10. 国联秘书处分发各处中国代表顾博士长篇备忘录
(1932年12月5日)

十二月五日国联秘书处分发各处中国代表顾博士长篇备忘录(根据路透等消息)

备忘录对日本代表松冈洋右向国联行政院,屡次发表关于国联调查团报告书之日方意见,予以详细驳复。顾代表谓:日本虽迭次向行政院对报告书予以批评,但日方言论,既不足以变更报告书所记载之东三省实况,更不足以更改调查团之结论。去年九月十八日沈阳事变,系日本军阀根据固定政策,实行其大陆侵略,发展计划事实俱在,已无抵赖之可能。虽日本政府屡次向国联表示,决不再使东三省问题愈形扩大,而日本军队继续向东三省各地进攻,军事行动之范围日见增加,可见日本不过依照其预定计划,向各地进攻,至达到其占据东三省全部之目的而后已。

日本破坏中国在东三省一切原有政治组织,包办所谓满洲独立运动,建立所谓"满洲政府",甚至公然承认伪组织,此皆日本原定并吞东三省之逐一步骤。东三省一切民众大会示威运动、请愿书及代表团等等,均为日人暗中鼓动,借以遮掩世界耳目,希外人误认东三省所谓独立运动,系出于当地人民之自动。日本之目的,在使世界各国感觉东三省局势已有木已成舟之概。而同时日本雄霸东亚政策之一部分得告成功,更可再作进一步之功夫矣。

但中国在东三省之主权及日本侵略行为,焉能置之不理?日本军队应于最短期间内,撤回南满铁路区域内,使"满洲现时政府"继续存在,或承认伪组织,皆为中国政府所绝对不能接受之办法。无论任何解决东三省问题之方式,均须以撤销所谓"满洲国"政府为先决条件。为主持正义,及维护和平起见,侵略者不可给予奖金,而被侵略者应得充分之赔偿。

至于日力宣传国联调查团建议之最低限度,纠纷国须均有强而有力之中央政府一点,中国一向切实遵守国际间应负责任。日本既渴望中日问题早日解决,则日本亟应有可靠之中央政府。因日本于国联盟约、九国公约等条文所规定之责任屡次违犯,实令国联及以上各条约之签约国为之痛心。日本政府一切允诺,皆未履行。例如:日本代表曾先后向国联表示,不进攻锦州及齐齐哈尔,赶速撤兵入南满铁路区域内,且避免激引一切政治或军事之恶化。但日本毫无信义,对一切允诺,置之不问。因此,吾人感觉于国际场中,稳妥忠实之国家虽较弱,亦较愈于强而不可靠之国家。因强而不可靠之国家,实为世界和平基础之莫大危机,时时有破坏国际和平之可能。

国际调查团报告书之第一百二十九页内说明:中日两国外,世界各国在中日争议中,亦有应予维持之重大利益。此问题之真正及最后解决,必须适合世界和平组织所依赖之基本条约。如国联盟约及非战公约之引用,在任何地失去信用,则该条约在世界任何其他地点之价值,亦必因之而受重大损失。中国本遵守国际责任,维护世界和平之心,对国联调查团以上观察,完全同意,并深信中日问题之任何解决方法,必与国联盟约、九国公约及非战公约之条文相符合。

中国备忘录共有四十八页,将远东形势之种种,及日本之意见,作极详细之批评。关于中日两国目前状态,及日本所谓大陆政策,顾代表谓:日本今日内部紊乱,社会不安,财政困难之主要原因,即为所谓大陆政策。日本现时完全处于军人掌握中。顾代表力辩日方宣传中国排外之非实,并指出日本中小学教科书中排外字句,以为日本排外铁证。

关于抵货问题,其责任归诸日本,而非中国负担。日本负责之抵货原因,一经除去,则抵货运动一如其起因,亦归消灭。满洲在外交上已常认为中国完整之一部,而日本要求在满洲享有特别地位,不过系其传统扩张政策与征服亚洲大陆之假面具耳。

于一九三一年九月十八日事变及"满洲国"成立之经过,经冗长之追述,调查团收到一千五百四十八之函件。反对"满洲国"成立之事,并非包含所有其他不赞成"新制度",而不写信与调查团者。关于反对"新制度"之证据,可举事实证明,如数十万之中国人在满洲各部已□及现时仍与日本军队及"满洲国"军队交绥是也。

终以满洲之观察作结论,该处之情况令人可怖。而满洲之人民现处于日人统治之下,已在恐怖时期,内如报纸之检查、大批之逮捕,及不顾一切与毫无怜悯的对乡村之轰炸。

资料来源:《东省事变(二)》,台湾"国史馆"藏"外交部"全宗,第41—44页。

11. 八国集议方针(1932 年 12 月 5 日)

十二月五日八国集议方针(据哈瓦斯路透消息)

比利时、荷兰、瑞典、挪威、丹麦、捷克、西班牙、瑞士等八国代表,于今晨开会讨论明日国联特别会审理中日争端时,各国应取态度。按八国代表前为军缩问题,固时时会商应取之态度。至于中日争端,各小国半官式开会讨论如何一致动作,今日为第一次。开会时,各代表自由交换意见。捷克外长贝勒斯陈述,渠准备向特别会□坛主张之见地。贝氏之意:在确认国联会盟约所包含之原则,无论如何须予以救护。各代表对贝氏意见一致赞成,并决重行开会云。

八国会议谈中日事件时,荷兰代表声明:荷兰不能完全与各小国同意,因荷兰为九国条约之缔结国,应由自由行动云。

资料来源:《东省事变(二)》,台湾"国史馆"藏"外交部"全宗,第 45—46 页。

12. 国联大会开会详情(1932 年 12 月 6 日)

十二月六日国联大会开会详情(据路透等消息)

国联大会主席希孟宣告开会后,情形紧张异常。英首相麦唐纳、法总理赫里欧、德外长纽拉兹、美代表台维斯,是时适在国联秘书厅会议。因闻大会开会,特停止会议,相率赴场旁听。主席希孟首先宣告开会,并谓:依照行政院所授予及十九国委员会所证实之权限,召集此次特别大会,证明各代表国证书之手续,并非必要,故即请西班牙代表马达利亚加发言。

马代表称:此次大会系继续三月三日所召集之特别大会,故提议前次选出副主席八人。此次或有缺席者,应由其代表团之首席代表继任。希孟附议,大众通过。

大会主席之开会词

希孟旋称:大会议程内含有两项问题:一为中国关于中日问题之乞援,一为爱文诺继任国联秘书长问题。在未请预[与]会代表发言前,余先欲简述中日纠纷之经过。中国于本年正月,依据国联会章第十五条,请求大会援助。大会于三月开会,旋决定暂行闭会,以待李顿调查团之报告。是项报告,兹已完竣。且由行政院附加意见,于十一月二十八日,送交大会。十九国委员会对于行政院之行动,表示赞同。十九国委员会并接中国代表团要求,确定展缓期限之通牒。关于此点,该委员会决待大会讨论结束后,再行定夺。余欲将目前所收获之文件报告大会,即李顿报告书及其附属文件,与中日代表团声明书是也。大会之讨论,应以李顿报告书为基础,其他文件系属附加性质。余认中日代表应先发言,故现即请中国颜代表阐明中国立场云。

颜代表之演词

中国代表颜惠庆博士,今晨在国联大会演说:

(一)对于国联迅速研究李顿报告送交大会讨论,表示谢意。

(二)满洲情势自九月前大会闭会后,以至于今,实际上并无变迁。于九月前,曾请大会竭力制止敌对行动并促侵略军队之撤退,以及于行政院屡次决议案之范围内,依照国联会章之精神,和平解决中日纠纷。上述各项要求,亦国联大会三月十一日决议案所承认者也。查行政院历次之决议案,含有日本两项之允诺,即撤退军队,以及避免使满洲局势更趋严重。当前问题,乃日本曾否履行上述两项允诺?

(三)答此问题时,引证李顿报告书之第七十七页。日本继续依照其预定计划应付满洲情形,进犯锦州、洮南、哈尔滨、齐齐哈尔等处,迄今几占东省全部。自九一八以来,日军行动无不以政治策谋为前提。以致侵占满洲一切重要城市,破坏中国治权,改组行政机关。在九一八前,东省从无独立运动者。乃九一八后,由日军唆使而成。一切设计、组织至于施行,皆由日本军政当局一手包办。此则显而易见者也。日军当局所爱于傀儡者,因悉此种伪组合足供其驱使利用。李顿调查团曾经各方面搜集材料,深悉"满洲国"所倚赖而成立之最要要素有二:一为日军之占领满洲;一为日本军政份子之活动。故目前满洲之政治组织,断难认为真正及自动之独立运动。

(四)行政院主席于九月二十四日曾谓:日本承认"满洲【国】",当认为阻碍解决争端之行动。十九国委员会主席亦于十月一日对于日本承认"满洲"表示遗憾。李顿调查团兹已宣称拥护可以引用于当前问题之一切重要国际约章,吾人诚为欣悦。依照此项约章之原则,中国领土行政完整不可侵犯,此乃国联会章第十条及九国条约第一条所规定也。

又，国际困难应用和平方法解决，此乃依照非战公约所规定之国际义务。据李顿调查团之事实报告，日本之为侵略国，毫无疑问。日本既无理由酿成事变，复继续进行不合自卫之军事行动，并造成伪国加以承认。凡足引用于满洲问题之一切国际约章，日本无不破坏之矣。故日本之为侵略国，毫无疑问。关于此点，李顿报告，若于结论内，正式责成日本撤退军队，取消伪国，赔偿中国人命财产损失，则于逻辑上前后较为相符。但调查团之未规定上述步骤者，或因认此步骤应由国联大会决定。故大会之采取上述步骤，乃中国目前所切望也。此外尚有一点，即于中日问题，尚未全部解决前，李顿报告并无规定临时办法，先将东省交还中国。中国政府认为此点，亦应由大会决定。

（五）李顿报告虽有应行修改及补充之处，但中国政府认为，该报告具有充分事实，足为国联采取行动之根据。

（六）又促大会注意李顿报告下列之要点：

（甲）日方擅谓中日悬案达三百余件，和平解决方法均失效用。此说未有事实根据；

（乙）日本九一八之军事行动，不能认为公法自卫行动；

（丙）日本既在日内瓦应允各项义务后，依然进行其预定之计划；

（丁）所谓"满洲国"之独立运动，全由日本设计施行。

观于上述四点可知：日本未受任何挑衅，竟罔顾国联威权，破坏国联会章，蔑视非战公约以及九国条约，蓄意以武力及政治阴谋，攫夺中国之东三省。李顿报告对于日本，明已定谳，但日本毫无表示接受之意，即报告书内最重要之原则（任何解决应符合现有国际约章）日本亦无承认之意。

（七）日本前提五项基本条件，欲使中国直接谈判。此种提议非特中国，即国联行政院，亦难接受。因无论中国或行政院，均不能于军事威胁之下，接受谈判之提议。日本狡称：因国联及中国拒绝日本提议，故满洲事态演成今日之局面，此时已无可挽回矣云。如此狡辩，不啻谓行政院既不能于日本军事压力之下，接受中日直接谈判之提议，日本遂可自由扩充领占范围，以达东省全部，甚至创造傀儡，加以正式承认，俾可攫取权利，以遂其永久占领之计划。且向国联声明，无论任何调解计划，均不得影响伪国之存在。于此情况之下，试问国联有何调解机会？

（八）最近数日内中日事件之发展情形一一叙述，中国并非不耐于国联，和平工具进行之曲折迂回，实因国联之延缓，对于中日两方利害不同。中国因此延缓,所受损失惨巨,故请国联尽速进行。

(九)向大会提出四项请求:

(甲)特别大会宣告日本破坏国联会章、非战公约,以及九国条约;

(乙)大会责成日本撤退军队于铁路区域内。如此,则所谓"满洲国"者即可消灭;

(丙)大会依照三月十一日决议案,宣告不承认"满洲国"政府;

(丁)大会于最短期间内,确定时期。依照国联会章第十五条第四款,制定解决中日纠纷之最后报告,并公布之。

(十)中日间之唯一真正问题,李顿报告已阐明之矣,此时无庸再加叙述。中日争端如不依据国联会章之原则而谋解决,不独关系中国权益,即国联自身之生存,亦将受其影响。颜代表除演说要题外,尚提及日军因义勇军曾经过东省某乡村,故屠杀该处农民男女小孩共二千七百余人之惨案,并加以证实。此系美国某记者曾亲历其境,实地调查云。

颜代表之演说,精警透辟,听者动容。对于日本最近在东北之残忍屠杀,特别提出抗议。

会场情形

会场一隅,罗列照相机器拍摄影片。惟传音设备不周,故颜代表及松冈之演说,听者均受影响。颜代表为日内瓦各国代表最长演说者之一,日代表松冈之措词姿态,亦甚动人听闻。但因播音设备不佳,听众引为遗憾。中日代表演说时,全场无不侧耳注听,冀得其一句一字也。

松冈言及上述惨案时称:日代表团,已备文驳复,分发行政院各会员矣。据渠所得消息,此项报告,系由美国记者得自某国教士,该记者即妄加事实,拍发美国云。

时已达下午一时,希孟宣告休会,下午三时三十分继续开会。

下午开会情形

国联大会特会,今日下午三时半,继续开会。爱尔兰代表康诺里、捷克斯拉夫代表彭纳斯、瑞典代表思赖他、挪威代表郎齐相继发言,对李顿报告书中所叙事实,表示信任,并主张国联亟应宣布不承认"满洲国",从速促成中日两国之和解云。

大会中小国代表慷慨陈词

国联大会第一日(六日)会议,中日代表演说外,各小国代表慷慨陈词,语甚雄壮。兹特分志如次:

爱尔兰代表康诺里称:李顿报告书及大会此后行动,不独关系中日两方,且影响国联前途綦巨。大会行将采纳之决议,将为远东局势之枢纽。而远东之和平与战争影响势必达于全球,此乃事实,固非危词耸听者也。国联大会应根据事实,求获公允不偏之判决,俾可制止冲突,永除国际仇视,以及顾全各方正当权益。观察者有认国联无力解决重大问题者,余未到日内瓦前,亦与多数之爱尔兰国人同抱此态度。但抵此后,反觉国联组织确有保障世界和平之重大力量。惟必须国联坚勇不屈,切实果敢维护国联会章,以及自身之议案。倘国联遇有重大事变趑趄莫前,唯恐开罪任何一方,则国联之命运终矣。且若是之,国联亦无存在之价值。李顿报告书包含许多重要表示,余欲乘此机会,敦促大会注意:

(一)李顿报告似示吾人,日本为谋其自身之利益,并实行帝国主义方略,希图扩充。至此方略如何侵犯他国主权,则非其所愿也。日本创立满洲"新国",且继续其维持其存在,各方均已承认,不复置辩。此后满洲之治权,将完全操诸日人手中,岂系吾人之过虑哉。

(二)满洲事件之历程,实有破坏国联会章、九国条约以及非战公约。"满洲国"亦赖破坏上述约章,而告成立。此点,李顿报告似已言明。日本在满有重要权益,吾人固当承认。但此种权益应以和平方法保障,不能利用武力解决。余希望大会承认此点,亦希望日本再加思度,承纳余之劝告。大会代表苟非准备推翻李顿报告,必须宣告拒绝承认"满洲新国"。

据余观察,为谋保障国联,不得不有此种举动。日本或将告吾人曰:日本曾负巨大生命财产牺牲,图谋巩固在满地位。但吾人须知世界若竟发生二次大战,则人命之摧残,财产之损失,将难以数字计之。而结果复将置全球于经济社会混乱之中。国际联盟乃上次大战后所产生,无论其维系各国之实力如何薄弱,吾人不能任其中断。各小国因切身关系,对于坚决维持国联会章之原则,关怀甚切。倘国联于国际道义上之威权,竟因中日问题而告破产,则依照现有组织之国联,难于继续存在。兹日本方面着想,日政府亟应考虑,坚持目前政策,对于自身利害若何。日本若一昧拒绝恪守国联会章,各国对于日人之好感,以及日本对外贸易,均将受损。但国联大会应不顾一切代价,维护会章,此种责任绝不因日本之态度而灭。吾人对于日本人民热诚劝告,若仍不能动以利害,则结果将甚悲惨。

爱尔兰自由邦完全反对帝国主义之侵略,予认大会应行接受李顿报告。予仅代表爱尔兰自由邦政府声明,接受是项报告。自由邦政府且愿尊崇李顿调查团之劝告,拒绝承认"满洲国"并愿竭力援助国联,根据李顿报告,求获解决方案云。

捷克代表柏涅斯继康诺里演说。据称:国联大会引用会章第十五条,此乃第一次。故中日问题之严重,可想而知。当前之问题,为谋最后之切实解决或须引用膺惩办法。满洲问题关系之土地,约合德、法两国之面积。中日两争执国之人民,过于全球人民之半数。此外,尚有非国联会员两国,于经济上、政治上及道义上,均深注意满洲问题。凡此种种事实,均足表示中日问题之重要。捷克对于满洲问题深切注意者,纯受对于两国友谊感情之驱使。吾人于未作任何断语时,应行考虑下列问题:中日两方曾否遵守国际义务?国际约章曾否破坏?争执国对于大会及行政院历次议案,有无遵守?国联是否熟虑不偏袒坚决果敢应付满洲问题?最后问题极为重要,因国联此次之决议,将于国际间创成先例也。

上述之问题乃原则上之问题,吾人续行研究事实问题。余个人认定李顿报告为一珍贵严重公平之文件,余并赞同接受李顿报告。该报告明白表示,满洲及上海之军事行动,不能认为合法自卫性质。此则证明国联会员国之领土,曾被另一会员国侵犯。而此侵犯系不遵守国联会章,自属明显。自另一方面观之,一方既行提出自卫问题,则必认对方有仇视或敌对之行动。依据李顿报告及争执国之声明,此种行动,共有两种:即有组织有计划之宣传与抵货是也。国联对于此项行动固应严厉制止,但如国联之会员国竟于另一会员国之领土内,采此大规模之军事行动,希冀自行解决两国纠纷,则国联尤应坚决制止之。排外及抵货运动固应严重注意,力图解决。但目前问题于原则上,涉及较诸上述两事更为重要之事件。

今者国联一会国之领土,因被另一会员国军队之侵占,致成立独立政府。试问此种情形,是否完全背反国联会章第十条?此事将否成为国际间极端危险之先例?吾人若试设想同样情形发生于欧陆之上,则其结果当为若何?此种先例绝不能容其成立,贻患将来。至于遵守国际约章,试问九国条约曾否破坏?十九国委员会对于日本承认"满洲国",致使调解极为困难,甚感遗憾。满洲事变后,曾屡次发生极严重及违犯国联会章,与大会历次决议之事件,此点甚为明显。依据三月十一日之大会议案,国联对于此种事件应图谋补救。无论在何情境之下,不能加以承认。吾人于未依照国际约章第十五条第四款进行时,欲劝中日两方抱诚挚、忠实、友谊之精神,和平解决,勿迫吾人处于判官之地位。惟吾人虽极力援助,若调解之路径竟告失败,则国联之任务,当为依法判断。吾人应有毅力坚勇维持正义之尊严,遇到原则问题时,国联大会当无犹豫模棱之理。大会虽或未能立定解决办法,但此解决必须代表大会之意见云。

瑞典代表文登称:中日目前关系,已入于化装之战争状态。任何国家思想,绝不能为不顾国际关系之理由。大会目前之任务,系为决定破坏国联条约是否合法自卫。日本对于李顿报告之答复为,独立政府成立后,情势业已变迁。但从另一方面观之,独立政府之成立,系由驻扎日军所赏赐也。国联大会之决议,应以李顿报告为根据。日军在满行动,破坏国联会员国之土地完整。而日本之承认"满洲国",则系违反会章第十条。国联劝告日本撤兵,迄今未有效力。一切谈判,均于军事压迫之下进行,此则违背会章精神。是以情势极为严重,大会闭会前,应行表示解决方针云。

挪威代表郎格对于李顿报告,极端赞扬。主张大会接受李顿调查团之意见。郎氏续称:渠反对任何一国以武力解决国际纠纷。此种残忍方略之悲惨结果,人类之过去历史中,已有明白表示。目前,世界各国缔结非战公约,并互订公断条约,故国际纠纷得赖较好方略和平解决。挪威代表最后提及大会三月十一日之议案。希望中日两方于国联援助之下,力图和解,并希望与远东有重大关系之非会员国参加国联,对于解决中日问题之势力云。

资料来源:《东省事变(二)》,台湾"国史馆"藏"外交部"全宗,第 47—55 页。

13. 国联大会开会详情(1932 年 12 月 7 日)

十二月七日国联大会开会详情(根据路透等消息)

国联大会特会,今晨继续开会。西班牙代表马达利助、瑞士代表祝特、希腊代表卜利迪斯及危地马拉代表马都相继发言,均对我国表示同情。但未明白指斥日本违反盟约。日方现仍在此间散播中日行将直接交涉之谣言,冀淆国际观听云。

西代表首发言

国联全体大会今日上午举行第二次开会议时,西班牙代表马达利亚加起立发言。彼谓:主席请吾人说几句负责的话,而在目前严重景况之下,实以闭口无言为最妥。中日纠纷初起时,仅为两国间之争执。但逐渐变成国际联盟正式组织与国联会员中一最有力者之严重争持。此问题既复杂又困难,中日双方均有得失之处。不过目前最令人担忧者,即国联本身与日本政府已发生争执,对此事发言,固极痛心,亦为不能避免之事。西班牙代表对日本代表之和蔼风度,极表赞扬,谓屡次于讨论最困难问题时,会议得以进行顺利,日本代表之助力,着实非浅。

马达利亚加继称:目前之纠纷,为国家利权与世界利权相争执,为国家利权与改造良好世界之新道德势力相奋斗。在过去一年内,中日纠纷形势愈加严重,朝有不使形势恶化之允诺,夕即攻占城市。朝有撤兵之慎重□□,夕则以武力夺占东三省全部。此种国家利权与世界利权之争执,已于日本国内激起重大反响。日本最老且组织最严密之政治组织,已有动摇之势。日本伟大领袖,如井上及犬养毅等,均为此新骚动下之牺牲者。国联处理此案,取慎重、精细及忍耐态度,各代表深知此事之严重,亦不愿迟延不决。因可予有武力者,以机会造成新局势。而余仍曾以私人资格,努力设法谋一和平解决方法。

至于日本代表松冈洋右谓国联此次程序迟缓,及日本政局并未请求国联予以处决等语。余闻之,殊觉愤愤不平。吾人之责任,不仅在停止军事行动,谋一解决办法。吾人同时应恢复国联威信,阐扬国联主义,庶几解决中日问题之办法,得为千载所宗之法则。关于此点,李顿调查团报告书甚为有益。西班牙政府完全接受该报告书之观察与建议,西班牙政府觉中国之东三省,绝不能使其变为日本之"满洲国"。否则,国联盟约之价值,将完全归于乌有。该盟约之第十与第十二条,尤将失其效用。日本之真正永久利权,与国联利权相同。凡与国联利权相抵触者,即与日本之利权相抵触。吾人应使历史上永久存在之日本明了,吾人所反对者,乃此时日本之手段。

无政府之狂澜已波及全球,今日之世界所最急需者为治安。但穿制服者军队,不能代表治安。有法律,才能有治安。吾人应一致作法律后盾。(全场

鼓掌）

希腊代表演说

希腊代表博利帝斯，于全场鼓掌声中起立发言。彼谓：今早静听各代表之宏论后，实无其他意见可说。国联曾解决上海之中日战事，其功极大。目前所须处理者，系东三省问题，自较上海事件更加困难。彼对调查团报告书多方称许，谓该报告书，使各代表深悉当地情形，且予国联以解决此问题之途径。国联全体大会，此时急应讨论之最重要问题，系合法之自卫问题。任何国家于受危害时，得立时采取自卫行动。自国际公法上研究此问题，李顿爵士为国际公法著名专家，而调查团报告书关于此点之观察，极为显明。除非日本能另觅证据，推倒报告书之理论，则日本应遵从国联全体大会之决议。彼提及一九二五年希腊与布加里亚之争，希腊将该项纠纷提交国联解决。由行政院判决，希腊应付赔偿金，希腊皆悉数遵守。此次中日纠纷，日本固曾倍受侵侮，如取消条约、排斥日货、反日运动等等。但该时形势是否如此危急，致日本竟不诉诸国联。虽松冈洋右曾详述日方理由，但彼深觉日本应先试请国联设法出任调停之职。日本主张及用意或系出于至诚，但国联有痛日本之责任。目前形势尚未绝望，全体大会仍可觅一和平解决方案，而不致引用国联盟约第十五条第四节也。

瑞士代表演说

瑞士代表马达继希腊代表而发言。彼谓：对日纠纷，双方均不愿予以攻击，因中日两国与瑞士邦交均异常亲善。彼本日所欲言者，系为维护国联盟约而出。行政院所以将此事移交全体大会之目的，在使各国代表可尽量发挥意见。调查团报告书实一特殊文件，固为调查团之功亦为国联增光不少。彼主张于全体大会予此事以充分讨论后，由大会训令十九人特别委员会，觅谋一和平解决办法，并监视该办法之实行。彼希望此种办法可以成功，藉免有引用国联盟约第十五条第四节之必要。昨日两国代表所发表言论，令彼增加不少希望。

日本行动是否出于自卫，此点调查团报告书，已有极明显之答复。日本是否实行其武力侵略政策，报告书亦有答复。今日如无日本军队在东三省，则"满洲国"绝对不能产生。惟报告书亦曾表示，恢复九一八前状态为不可能之事。关于日本未提交国联一层,彼谓:日本实曾违犯国联盟约之第十条与第十二条,世界和平之唯一原则,即各国不能擅自执法。

吾人对双方向表同情,深望中日两国不只现时纠纷,即将来一切问题,均可以友好方式解决之。日本已超越其应有之权限,但如日本能遵从国联威权,则日本必得无上荣誉,增加道德实力及世人良心之尊严。

关德马拉①代表马多称:各小国对中日问题异常担忧,因该问题实包含一种主义之争。关德马拉政府拥护国联盟约,并觉国联一切行动应根据调查团报告书之意见。该国可竭力赞助李顿报告书,及尊重条约之精神。马多氏演讲毕,即休会。定下午三时三十分,继续开会。

下午开会

国联全体大会,今日下午三时三十分开会时,报名演讲者,已有友鲁圭②国代表布烈罗、英国代表西门爵士、丹麦国代表巴白格、德国代表牛拉德③侯爵、法国代表彭考尔、罗马利亚④国代表莫烈思哥(Gheorghe Mironescu)、意大利国代表阿路西⑤及中国代表郭泰祺等。

国联大会特会今日下午三时四十分,继续开会。法、英、意、德四大国代表相继发言,均未明白判断是非,但主张应以李顿报告书为根据,促成中日两国之和解。法代表彭古主张:国联应规定中日交涉原则之大纲。英代表西门谓:吾人应照顾事实,促进实际的解决,希望美俄两国均能参加十九国特委会。意代表阿洛素则倡议:对于中国改造实行国际合作,并赞助西门邀请美俄参加之建议。

友鲁圭国代表布烈罗发言

国联全体大会,今日下午三时四十分开会。首由友鲁圭代表布烈罗发言。彼谓:今日发言之目的,在表示友鲁圭国政府拥护国联权威,赞助组织特别委

---

① 编者按:关德马拉即危地马拉。

② 编者按:友鲁圭即乌拉圭。

③ 编者按:牛拉德,即时任德国外交部长康斯坦丁·冯·牛赖特(Konstantin von Neurath),亦译为牛拉兹、纽拉兹等。后同。

④ 编者按:罗马利亚即罗马尼亚。

⑤ 编者按:庞贝欧·阿洛伊西(Pompeo Aloisi),亦译为亚诺西。后同。

员会之提议。该委员会之人选,亦可予以相当增加,藉以尽力谋一解决方法。

法代表之演词

法国代表彭古谓:批评国联本属易事。有人以为如欧洲有纠纷时,国联处置之慢,亦如此次彼等之影象,诚为错误。中日纠纷之情形,殊为特异,非与寻常事件可比。例如,彼等应知,此次纠纷国之一,有驻兵于其另一国境内之特权。关于中日纠纷办法,彼谓:一年前十二月十日,国联由白里安担任主席职。通过决议案,且有附带宣言。不但行政院予以赞同,即纠纷国亦均同意。此后,乃有调查团之成立,其报告书已交吾人之前。报告书共分二部:第一部为观察,第二部为建议。吾人应根据该报告书之观察而努力。国联全体大会工作亦分二部:第一部为和平方式,指示最低限度,为和平谈判之基础。第二部即为引用第十五条第四节。调查团报告书表示最好之和解方法,即为由中日两国直接交涉。中日双方对报告书之建议尚无表示,彼觉报告书建议各点,应予以分别详细讨论。且初步工作,必须在设法和解。法国代表之演讲,毫无头绪且极不清楚。

英代表西门演说

英国代表西门爵士于今日下午会议席间表示:调查团报告书之最大功绩,在将东三省问题之复杂性完全显出来。中日问题,并非某国未依照国联盟约所规定事先设法和解,而向另一国宣战。亦并非某国兴兵,以武力侵犯另一国之土地。东三省情形之复杂,与天下任何处皆不相同。调查团报告书,不替任何一方面说话,对中日两国均予以有分寸之批评。日本不完全接受该报告书,中国亦然。凡一公正之报告书,不能忽视东三省旧日之黑暗,中国之排外及抵货运动。余对捷克代表宾斯所言,深表同情。即对任何方不予以攻击,中日问题之严重点,在双方均未履行国联规定办法。吾人既为国联会员,即有维护国联盟约之责任,即应设法使国联规定办法得以施行。吾人所注意者,在利用国联势力,使目前形势,可有进步。如国联不能办到,则将来影响,将不堪设想。

此次纠纷,既因九一八事前之不良状况而起,如在[再]恢复旧状,等于激引该项纠纷之重新爆发。只从理想方面着手,而置事实于不顾。由此看来,吾人应注重事实,虽双方俱不完全接受报告书,但亦有可同意者。吾人只能根据报告书前段所述过去事实,讨论事实。吾人应拥护国联主义,主张和解方法。

如直接交涉可有良好结果,吾人应竭力赞助之,国联亦可予此种和解工作以赞助。余深觉十九人特别委员会之功效,将尤为显著,如国联可设法使美国与苏俄派代表出席该会。日本代表松冈曾表示,日本为国联之拥护者。彼希望日本可保持此种态度,彼所代表之国家为国联之始终拥护者。关于此点,大国与小国毫无分别。国联盟约为大家之共同约法,吾人不能随意置之不理。应时时予以赞助,谋一适用办法。只要国联处置得当,国联之能力必大。英国可与其他会员(中日在内)协力谋一公平之解决,根本解决目前纠纷,消除将来祸源。

西门末引美总统林肯第二任就职时所言:与任何人无雠,以宽大为怀。吾人应立于正义不屈,以百折不挠之精神,完成吾人之工作,造成吾人及全世界之永久和平。

和兰①代表演词

和兰代表莫烈斯哥(E. Moresco)谓:关于调查团报告书,彼与以上发言各代表之意见相同,不愿即下断语。吾人现仍应根据国联盟约第十五条第三节,设法和平解决。彼赞成西门之提议,请美国与苏俄出席十九人特别委员会,并请凡在东三省有领馆之各国,随时报告当地情形。彼末称:各国应一致宣布不承认"满洲国"。

丹麦代表巴白格称:国联盟约之价值,在各人之看法中日纠纷,应依照国联盟约之原则解决之。彼深望中日两国任何国勿为全体中之弱点。

德代表演词

德外相牛拉兹演说称:德国对于中日事件,极为注意。德国乃被解除军备之国家,对于国联素来注重制止武力,与促进和平解决国际纠纷之制度。中日冲突性质特殊,故国联不宜徒从抽象之原则上着想。应成立建设计划,谋有效之解决,并预防日后冲突之复现。国联应注意满洲最近数十年来发展之趋势,谋使此种趋势倾向于和平途径,庶可永远制止武力之爆发。

意代表演词

意代表阿路西之演说,注重国联应依据实际而求结论。渠称:大会代表之

---

① 编者按:指荷兰。后同。

任务,系为根据实际求获解决,并非为讨论理想上之原则,而召集会议,李顿报告所提出解决方案,与在国联指导下解决中日事件之原则,完全符合。行政院与大会最近之辩论,并无表示李顿报告不能实行。该报告之建议,可为解决基础,但不必认之为固定及硬性之规则。李顿报告提议列强援助中国,维持稳定状态,此节亦当注意。因远东和平依赖长久之建设工作,余希望此种工作,可于两方面同时进行,一方解决中日事件,一方由列强援助中国建设。吾人或可另设机关进行此项工作最简单之方法,即将李顿调查团改成此种机关,意大利并不反对此种步骤云。

颜代表备忘录,主席认为最要之参考

国联全体大会今日上午开会时,主席比国外相希孟,读中国代表颜惠庆博士一公函,内称:主席于请各代表,注意各种文件,作研究中日问题之参考时,主席并未提及中国代表团于十二月三日提出之备忘录,答复日本对调查团报告书之观察。主席答称:颜博士所指备忘录,系于十一月二十八日以后提出,而行政院于二十八日曾有决议案,将报告书日本意见书及行政院议事纪录,一齐移交大会讨论。中国代表所指备忘录,于大会开会时,始分发各代表,故未提及。主席继称:中国备忘录,实为各代表参考文件中一重要者。大会将主席解释予以备案。

主席希孟宣告休会

全体大会今日下午会议,于六时四十分休会。主席希孟宣称:希望明（八）日上午可以辩论终结。提出决议案者,有爱尔兰、西班牙及捷克等国。德国代表牛拉德侯爵,亦主张请美国与苏俄出席十九人特别委员会。

资料来源:《东省事变（二）》,台湾"国史馆"藏"外交部"全宗,第56—63页。

14. 国联大会开会详情（1932年12月8日）

十二月八日国联大会开会详情（根据路透华联等消息）

土耳其代表演说,主张依照会章条文

国联大会今日上午十时四十五分,继续会议。土耳其代表胡斯尼裴最先演说。其演词大略如次:土国自远古而来,与中日两国邦交敦睦。对于中日人民,素表同情。故此次两国间发生冲突,土国甚为惋惜。土国人民酷爱和平,余愿于和平问题,表示土国态度。今日世界之不安殊甚,倘吾人一切计划设施,随时均可推翻,则召国际会议,解决战债金融以及其他问题,有何裨补。当前之现状,应行纠正者,不一而足。但一切改革必须在和平镇静之气象下,图谋实行。故余愿大会坚决明白申示其拥护国联会章,及其包含一切责任之决心。余深信国联大会此种表示,足以解除各国之顾虑,无论任何国际冲突,均有破坏和平可能。故余主张同时援引国联会章及非战公约,于国联会员国外,邀请非战公约之签字国参加意见,共同负责,求获问题之解决。李顿报告书虽示吾人以满洲问题之复杂,但该报告书对于事实无不顾到。大会之任务,因之便利殊多。大会必须依照会章条文,于最短期间制止冲突。土国希望谈判成功产生对于两方真正利益均可认为满意之解决云。

墨西哥代表演说

墨西哥代表潘尼第二演说,声明墨国愿根据国联会章,拥护和平正义。演词仅历两分钟,为国联大会席上最短之演说。

波兰代表演词,咸注重于进行调解

波兰代表齐涅克,今日亦在大会演说,注重中日问题内容之复杂。据称:中日冲突情形特殊,与其他之国际冲突不同。波兰对于中日两国同等尊重,波兰愿竭力援助国联,寻获解决。国联对于李顿建议,应慎重研究,任何决议,若非先有充分考虑,嗣后必将引起极大之困难。进行调解,为最适宜之解决方法云。

加拿大代表演词肆诋毁中国

加拿大代表柯亨继波兰代表演说略称:加拿大对于中日两方,均极怀好感。吾人对于任何一方,皆难引用西人标准,判其行动。中日两大伟大民族,现于国联之前互相辩护,于此即可证明国联之势力。吾人对于国联之巩固,无须过虑。中国政府是否具有充分强力,余个人非无疑问。加拿大为九国条约签字国之一,查该约最大目的,乃希望中国有力遵守条约,并设立巩固政府。九国条约,并无减少日本在华权益之用意。中国政府若谋取消日本依照条约所应有之权益,则为破坏九国条约云。柯氏旋读数年前,英外相张伯伦对于华人排英运动之宣言,及一九二七年二月八日,英国关于此事送达国联之文件。柯氏继称:日本去年亦可依照英国办法,将对华不满之事,通达国联。但即使日本有此举动,亦难任其永久占领中国领土。目前要务,在于引用一切调解方法,不宜提出膺惩问题。国联大会如不依照各方单独建议进行,或可以李顿报告为其行动之根据。加拿大提议设立国际委员会,并请中日两国参加。于可能范围内,制定日本可以接受之解决方案。倘日本准备和解,则国联之再行延缓势将引起不幸之结果云。

大会中之重要提案

(甲)捷克、爱尔兰自由邦、西班牙、瑞典四国,共同向大会提出议案,略称:李顿调查团之报告认定:

(一)九一八前,日本并未引用一切和平解决之可能方法;

(二)中日关系已入于变相之战争状况;

(三)日军九一八后之军事占领行动,不能认为合法自卫。

李顿报告并谓,日军不宣战而占领中国领土,宣告满洲脱离中国本部,目前满洲政治组织,并非自动真正之独立运动。国联大会鉴于上述各节:

(一)认为九一八后大规模之军事占领行动,不能认为合法自卫;

(二)国联大会且认,目前满洲之组织,系依日军占领满洲,始获成立,承认此种组织不合于现有之国际义务;

(三)国联大会授权十九国委员会,请求美俄两国合作,保障依据上述事实,解决中日纠纷。

(乙)瑞士及捷克向国联大会提出提案,略称:大会业已收到李顿调查团之报告与两方之意见书,以及行政院十一月十一日至十八日之会议纪录,决请依照大会三月十一日决议案成立之十九国委员会:

(一)研究此次会议中,各方所发表之意见与建议,以及大会收到之提案;

(二)起草建议,藉图中日事件之解决;

(三)于可能范围内之最短期间,向大会提出建议。

松冈声言反对提案

今晨大会,爱尔兰、西班牙、捷克、瑞典四国代表提出草案,对于日本肆加诋毁,殊属不合国联原则及李顿之报告。该提案请联盟否认九一八事件为日本自卫行动,声明"满洲国"之产生,为日军在场之结果。故若予以承认,势将违反国际之义务。最后并建议请美俄两国加入十九国委员会,共同讨论。松冈对该草案表示反对,要求将该案撤销。加拿大代表对日本意见表示赞同。松冈洋右称:捷克、西班牙、爱尔兰、瑞典四国,共同提出之提案,倘不撤销,将引起此时不能预见之结果。

主席发言暨日代表团发表关于四国提案

主席希孟称:日代表提出之程序问题,应由提案人考虑。于是提出此项草案之代表,暂行退席,私自商议。主席遂请波兰代表发言,日本显系以退出国联,恫吓大会,要求取消上述提案。

关于西班牙、捷克、爱尔兰、瑞典四国代表团之提案,日本代表团负责人顷发表文告如次:西、捷、爱、瑞四国之提案,余阅读后,甚为惊愕。据余意见,此项提案之用意,仅在屈辱日本。目前日本正在阐明其立场,而英法以及其他大小各国,现亦提出调解。日代表团深信,吾人业已接近调解途径,即大会席上,各代表之演说,亦重和解精神。但四国突然提出上述提案,完全违背此项精神。倘该案竟获大众之赞助,则吾人对此数日间在大会中演说之诚意,不得不加疑虑云。

郭代表演词

郭代表在国联大会演说之要点如次:

(一)中国之抵制日货,及义军之反抗日军属合法自卫,仍将继续实行。

(二)国民政府之地位稳固,势力日见增长,以李顿报告及伦敦《泰晤士报》,与上海《字林西报》之记载作为证明。

(三)大会三月十一日之决议案,责成日本撤兵。日本应先完成撤兵,然后举行国际会议。

(四)中国对于国联,始终拥护。中国决将于国联规定范围之内,应付中日问题。

(五)中国反对直接交涉,准备赞同如英外相西门所提出之合于国联规定范围内之国际会议。此项会议须请美俄两国,并须以国联大会三月十一日之决议案,及李顿报告第九章第三段(即任何解决必须符合国联会章非战公约及九国条约)为根据。

(六)所谓"满洲国"者,乃一冒牌之傀儡,尊之为"满洲国",不啻侮辱世界之正式国家。

(七)九一八前,日本常谓中国侵害日人权益,是时中国即愿提出公断,或交国联,或交其他国际公断机关审理。讵料日本非特拒绝公断,且竟采取军事行动。日本从未实行国联所规定之解决纠纷办法,而中国则竭诚引用此种办法。日军侵略中国之行动,为近代史中罕见之事。但中国力尽遵守国联会章之义务,履行行政院决议,冀可遽免情形之更趋严重。吾人深信任何公平之观察者,对于两方之责任问题,断不同等省视。中国于过去中即使有何错误,中国仍愿提出公断,但中国对于国联目前所处之情况,并无丝毫责任。

(八)南满铁路区域内,日本原无驻军之权。况日军现于铁路区域外,实行大规模之军事占领,如谓此非最严重之军事侵略,则无所谓侵略矣。

(九)日人在华之侵略,与英国以前在沪之行动,完全不同。倘谓英人在沪行动,足为日本侵略之先例,不啻公然侮辱英国。

(十)郭代表最后以中国发展东三省计划与日本军阀对满之计划,一作比较,表示两项计划,对于世界各国之利害。

郭代表于大会中,力辩抵制日货为合法自卫。据称:去冬,美国负责人氏亦曾提议参加中国之对日抵制,声援中国。中国此后仍将继续抵制,以抗日军之横暴。至于武力抵抗东省之义军,决与日军坚持到底。中国长期抵抗之实力,实较日本为强。日人因军阀之需求无厌,以致捐税负担奇重,政府预算不敷甚巨,日金□□,较诸去年已落五分之二。行政院前次会议时,东京交易所之日本证券,亦有惨落,日本人民之痛苦,日见增加。行政制度,亦愈趋窳败,而中国之抵抗外侮,以及行政之力量,则日见强盛云。

郭代表今日演说,绝对否认中日直接交涉之说,称:昨日李顿演说曾谓中日直接交涉,渠亦略有所闻。但余可声明李顿决非自中国代表团得此消息,因中国绝不接受直接谈判。此种传说,毫无根据,但国联大会尽可信任中国,将竭力援助国联。中国赞成于国联之下,举行国际谈判。若于十九国外,加入美俄两国,即可成为进行此种谈判最好之机关。国联大会此后一切之举动,应严格共同遵守三月十一日大会议案内所定规之种种原则。于未开始谈判前,且应责成日本完成撤兵,此为必须之条件也。郭代表于简述中国政府态度时,称:中国准备加入谈判,但此种谈判,必须为国际性质,并由十九国委员会主持。大会于谈判之先,应通过议案,宣告不承认"满洲国",并不与之发生任何关系。此项谈判,应根据大会三月十一之决议案,以及李顿报告第九章之原则。

小国代表会议

国联大会散会后,小国代表举行会议,讨论因日本代表松冈要求四小国撤销提案所引起之局势。小国认为,松冈之要求不合大会程序。因大会程序规定一切提案,应先交十九国委员会审查,然后再行提出大会。如照松冈要求办理上述提案,须有三分之二之多数,始可通过。惟国联大会内,难获三分之二之多数。

松冈演说,谓各代表对报告书不应断章取义,并指摘报告书

本日大会,松冈继郭泰祺演说。最先声明对于大会代表连日之言论,目前不能详细答复,惟保留嗣后批评权。松冈对于郭氏论及日本经济政治之言词,亦保留日后答复权。仅谓:日本所受世界经济危机之影响,与其他各国正同。日本虽有军人,但无军阀特殊阶级。如田中上将及其他军界领袖,类皆出身寒微既无所谓军人团体,亦无所谓军阀。军人之真正首领,系日本天皇云。松冈继谓:大会代表引证李顿报告,往往单独提出某句某段,作为攻击日本之资料,完全不顾其上下文连带关系,如此殊欠公允。譬如,李顿报告认日军九一八之行动非属合法自卫。但下句接称调查团并不否认当时日本军官或有自信,系图自卫之可能。且调查团起草报告时,某委员曾力争加入第二句,不然则反对接受第一句。故大会代表不顾报告书内上下文之连带关系,单独抽出一句攻击日本,极不公允。各代表不能先存成见,认定日本有罪,责其证明其无罪。余觉大会席上之演说,殊多误解。且所提出各点,日本于意见书内,早已答复之矣。余愿大会对于日意见书再行细阅。

日军在满,系依照中日条约,保障百万日本人民之生命财产。有如美国之出兵尼加利奎,保护美侨之生命财产也。昨英代表西门演说,曾谓:中日两国对于李顿报告,均未全部接受。李顿报告前后矛盾,显而易见。报告书虽经各国会员全体签字,但观报告书之前后冲突可知,各委员实际上并不同意,而于不同意中一致签字。如此前后矛盾之报告,日本实难全部接受。昨意代表阿路西言:国联会章,应有伸缩性。余对此语,极为赞同。国联倘不谨记此语,则

其所采行动,势将违背国联原则。日本于加入国联时,深信美国亦将加入。但美国嗣后决不加入,日本为其一切之利益计,亦不应加入国联。日本所以不顾自身利益,毅然加入者,诚为切望赞助国联工作。目前日本国内言论有认国联不能了解日本立场,日本应即退出国联者。日本于中国及亚洲全部,所处环境均极严重。惟日本单独奋斗,图挽狂澜,其避免战争之苦心,当可共见。美、俄两国,均非国联会员,此点亦应注意。国联既不包含美、俄两国或全球一切之国家,则当具伸缩余地,不能逾份坚硬。

某某等国代表称:国联乃其生命线。此系从其自身利益着想。但自日本立场观之,满洲乃日本之生命线。若欲照李顿报告书所主张之办法,而解除满洲武装,实不可能。盖必须以军队维持秩序,而中国实无维持秩序之能力也。共产党之危险当前,故日本之态度,渐能为人所了解。蒙古几完全附属于苏俄,共产主义侵入中国所以未能加甚者,实日本之功也。

关于"满洲国",大会应察一切事实。"满洲国"发展健全,日后当为远东和平之屏障。日内瓦现有"满洲国"代表三人,一为前中国税务司易执土,易氏现充"满洲国"顾问。吾人在满被迫采取行动,全国人民捐除政见,一致援助,岂谓日本六千五百万之人民全体疯狂欤? 日人所以一致拥护政府者,因认满洲问题,关系日本民族生存,无啻日本之生死问题。即国联引用最严峻之膺惩,日本亦不为之所怯。日俄战争,虽因中俄两国缔结密约,图害日本,但中国却因日俄之战,得以生存。试问日本倘不战胜俄国,今日尚有中国乎。中国希望外援之心,一日不死,远东和平一日不安。国联虽已制止列强偏袒任何一方,但中国希望国联援助之心犹未断绝。余悉中国国内颇有赞成与日亲善者,但因生命或其他之顾虑,不敢坦率直言。欧美人士或谓,日本背逆世界舆论。但余信,世界舆论渐利日方。纵使假定世界舆论,不直日方,试问两千年前使耶稣死于十字架者,非所谓世界舆论乎。今日世界若使日本上十字架,不久亦将觉其错误。目前中国腹地"赤患"蔓延,所涉面积四倍日本国境。倘日本在华之地位趋于薄弱,则中国之"赤祸",立时可以波及长江口岸。国联若真实希望远东以及世界和平,则巩固日本地位,为达到是项希望之唯一方法云。

资料来源:《东省事变(二)》,台湾"国史馆"藏"外交部"全宗,第65—71页。

15. 国联大会开会详情(1932 年 12 月 9 日)

十二月九日国联大会开会详情(根据路透等消息)

通过决议案将案件交十九国委员会

国联全体会议,今日下午通过主席团所起草之决议案,系将捷克与瑞士所提决议案加以修改而成。该决议案全文如下:

国联全体会议收到一九三一年十二月十日国联行政院决议案成立之调查团所草就之报告书、中日两国对于该报告书之意见及国联行政院于本年十一月二十一日至十一月二十八日间会议纪录。国联全体会议于十二月六日至十二月九日间讨论后,请由本年三月十一日,国联全体会议决议案成立之十九国特别委员会:

(一)研究调查团之报告书,中日两国对该报告书之意见,及国联全体会议时,各代表以任何方式所发表之意见及建议;

(二)起草提案以解决本年二月十九日国联行政院决议,提交大会之纠纷;

(三)于最早期间内,将该项提案,交国联全体大会讨论。

国联全体大会,今日下午散会前,主席希孟对辞职之秘书长特拉孟之劳绩,深为赞扬。随即宣告下次会议,暂无定期,将随时召集。但下次开会时,第一次会议为秘密会议,随即举行行政院公开会议云。

国联大会主席团举行不公开会议,决将各案移十九委会

国联全体大会主席团举行不公开会议,讨论日本代表松冈洋右之要求,及瑞士、爱尔兰、西班牙及捷克四国所提决议案等问题。经过短时间之商议后,议决由主席希孟于今日下午大会时,提出决议案。请大会将调查团报告书,及附带文件,全体大会四日来会议纪录,及四国代表所提出之决议案,一并移交十九国特别委员会讨论。大会并发表意见,亦不表示态度。故四国所提决议案,仅为四国代表之意见,不能代表大会全体态度。十九国特别委员会,有全权讨论各案,丝毫不受任何拘束。此决议案已得日本代表之同意,今日下午全体会议,将费时无多,仅完全通过该决议之手续而已。

十九国委员会议

十九国委员会定于下星期一（十二日）开会。主席希孟因政务羁身，不能离比京布鲁塞尔，届时决难出席。本应推举瑞士代表马达为主席，但因马达于全体大会时，发言多斥责日本处，故日本方面反对马达任主席之议。据目前情形，意大利代表亚诺西继任主席之呼声为最高。闻十九国委员会于十二日开会时，即决议请美国与苏俄参加该委员会，共同进行和解工作。当日即休会，延期至耶稣圣诞节（十二月二十五日）后再开。

资料来源：《东省事变（二）》，台湾"国史馆"藏"外交部"全宗，第72—73页。

16. 各方对于十九国委员会之观察（1932 年 12 月 12 日）

各方对于十九国委员会之观察（据十二月十二日各方电讯）

苏俄拒绝参加调解

十二日日内瓦电。英法在国联大会席上，显然袒护日本，助长日军阀暴行。因之，美俄对国联不欲轻易与之合作。十九国委员会，虽依照英外长西门主张，组调解委员会，邀请美俄参加。但俄国表示谓：辽案发生迄今，国联毫无对策，至事情不可收拾之今日，始邀请美俄共负此责任。俄国对此，不能轻易相从。美国则表示：国联非有切实表示，维持公理，拥护公约，美国不愿参加为日本工具，摧残中国。

美不参加调解原因

十二日日内瓦电。关于美国协助国联讨论满洲问题事。美国顷向国联郑重表示：倘国联不能较为迎合美国立场，美国将不参加国联关于中日事件之工作。前者或有逆料今日十九国委员会之会议，当极顺利。但现因美国提出警告，原有计划，势必变动。众料十九国委员会将于本星期内力谋制定各方可以同意之方式。松冈近于国联大会内称：国联对于中日事件，如加臆断，当有不可预料之结果。因此十九国委员会之讨论，必极困难。本星期内有达成败关头之可能。

盛传将组七国委员

上海十二日电讯。日内瓦方面盛传缩小十九国委员会,以中日问题有直接关系之中、日、英、法、意、美、俄七国,组织七国委员会,审议调解中日问题之方法说。日外务省对于此事,表示绝对反对。其理由如下:

(一)日政府既定方针,中日问题由两国直接交涉,力谋解决,绝对反对第三国之干涉,故日本不参加国联所组织之委员会。

(二)如调解委员会有束缚日本将来立场之性质,则日本积极反对委员会之成立。

(三)反对美俄两国之参加。

(四)国联设立调解委员会,限其目的为审议李顿报告书,及中日两国意见书,或研究改革中国内政问题。

日本反对调解委会

十二日,外部训令日代表团:

(一)帝国政府据保留盟约第十五条之原则,故不承认十九国委员会及其特别委员会有根据第十五条第三项之调解权限。因此,委员会之无论若何决议皆不能拘束;

(二)十九国委员会之邀请美俄两国案,主义上不能赞成。且李顿报告书与日本之意见书,已提交国联行政院,故委托有非会员国之美俄之特别委员会,系不合理;

(三)日政府表明,反对国联邀请美俄两国之结果,对该决议则弃权,续持旁观之态度。该调解委会蔑视日本之意见书,且无条件采决李顿报告书之第一章至第八章,而蔑视日本之原则,决意由正面加以一蹴。

资料来源:《东省事变(二)》,台湾"国史馆"藏"外交部"全宗,第 74—75 页。

17. 十九国委员会开会详情（1932 年 12 月 13 日）

十二月十三日十九国委员会开会详情（根据路透等消息）

十九委会激辩

国联十九国委员会，近日下午经过二个半小时之辩论后，议决派定五国小组委员，起草决议案。于最早期间内，提交国联全体大会。小组委员会委员为英、法、瑞士、西班牙、捷克五国。

今日下午辩论，异常激烈。所讨论焦点，系关于决议案之性质问题。英国代表西门爵士始终主张决议案，仅重新表示维持三月十一日之决议案，及请美国与苏俄参加十九国委员会讨论中日问题，并谓在未将一切和解方法施用前，暂时不应有所决定，事先赞誉或斥责任何方面。各小国对于维持三月十一日决议案一点，表示可同意。但决议案中如对所谓"满洲国"无切实表示，亦应表示赞成调查团报告书之前八章。爱尔兰代表对此层尤为强硬。此次所派定之五小组委员会中，捷克与西班牙为一派，英、法与瑞士为另一派。据云，所谓和平派将占优势。因捷克与法国关系，捷克不能不容纳法国意见也。故形势虽严重，前途尚无决裂危险，各方均不愿走极端。因深知如新决议案，越过三月十一日决议案之范围时，日本将立即退出国联也。小组委员会起草新决议案工作完毕后，将该草案先交十九国委员会讨论，再提交全体大会表决云。

十九国委员会会议至下午六时，空气较为缓和。西门之提案似占优势，西门提议，重申国联大会三月十一日之决议。渠认是项决议足以包括一切要点，并以极明白之文字申述国联之原则。

起草会开会

十九国委员会之五国起草委员会（前称小组委员会）今（十三）日下午，于国联秘书长之办公室中，举行第一次会议。此次会议，形势极端严重。各大国与小国之态度，于已过之二十四小时内，几毫无让步处，双方意见冲突在所不免。惟和解空气，亦非绝望。英外相西门爵士为居中调解最力之人，设法使双方意见勿走极端，致成僵局。五国委员会所起草之决议案，将说明请美国与苏俄参加十九国委员会工作之情形，及如何可使中日两国协助和解委员会方法。

各小国代表极力主张决议案中,应对于主义一层,有切实表示。因美国已曾示意英国是否应允参加十九国委员会工作,完全视国联全体大会对于主义一层,有无切实表示也。但关于此点,美国政府并未正式通知国联当局,至少亦无书面通知。故国联全体大会万难根据推测之事,而即有所决定。西门爵士主张,决议案重新表示维持三月十一日决议案原案,各小国所争持之主义,该决议案亦已包括无遗。

十四日,军缩会议闭会。十九国委员会可以全力应付中日问题。一般人希望五国决议案起草委员会可于十四日向十九国委员会报告。起草委员会之意见,国联全体大会则于星期五(十六日)开会讨论所提决议案,再将中日问题转交所谓调解委员会详细讨论。

决议邀请美俄参加

十九国特委会今日决议,邀请美俄参加中日争案之和解。俟国联大会核准后,即可正式邀请。

颜再函主席

颜惠庆博士函十九国委员会主席。再催该会依照国联会章第十五条第四款,确定最后日期,制成报告,并公布之。颜氏附带声明:中国政府准备依照渠前所表示之规定,接受调解。渠于本月六日曾于大会席上宣布矣。但依松冈历次言论,日政府态度倔强。日本如不变更其倔强态度,和解难有成功。希望十九国委员会确定展缓时期时,对于此点亦应加以相当考虑云云。

英劝日接受

驻日英大使代表英相西门,向日政府劝告接受调解委员会之提议。因设立调解委员会乃阻止引用国联会章第十五条第四款之唯一办法,政界中人极端否认。如日本拒绝调解委员会,西门将以提出援引国联会章第十五条第四款为恫吓。日人郑重声明:日本政府对于西门一贯之友谊态度,表示欣慰。

日反对调委

日本内阁今(十三)日讨论英国驻日大使林德雷爵士向日外务省所表示关于国联调解委员会之意见后,日本政府议决,训令日本驻日内瓦代表团拒绝参加所谓和解委员会。日方称:日本反对调解委员会之理由,与反对十九国委员会之理由相同。虽调解委员会有美国与苏俄参加讨论,该委员会不过系十九国委员会之一种扩大组织而已。

俄国拒绝参加

苏俄外交委员长李维诺夫已通知中国代表团,谓:苏俄拒绝参加十九国委员会,并称:如一年前,国联有同样请求,苏俄或可同意,此时已太晚矣。

资料来源:《东省事变(二)》,台湾"国史馆"藏"外交部"全宗,第76—78页。

18. 五国起草委员会开会详情
(1932年12月12日—15日)

五国起草委员会开会详情(根据路透等消息)

十二月十二日,五国起草会决议案

五国起草委员会对于决议草案以及报告之措词,今日已大体决定。如无意外发展,十四日下午五时,或可提出十九国委员会。决议草案重申大会三月十一日之决议,并建议邀请美俄两国加入。起草委员会之报告,对于李顿报告表示钦佩,并依照该报告九十两章之建议进行调解。众料上述公式或可得各方之同意。下午五时五十分,五国起草委员会散会。定十四日,正午再行集会。

十三日美代表台维斯表示

美代表台维斯今日语记者:若中日双方均愿和解,而国联本身感觉难于处置。邀请美国参加十九国特委会,共商调解办法,则美政府将乐于接受。

五国起草委员十四日三时半开会

五国起草委员会今日三时半开会,众料国联大会将于本星期六日,再行集会。

英外相西门返国,职务暂由卡杜根代理

英外相西门定本晚返国,十九国委员会代表职务,暂由卡杜根代理。西门

于十九国委员会会期未毕前,匆匆返国。谅系因法赫里欧内阁失败,牵动欧潮大局。

十四日起草决议案正交中日两国审阅

五国起草委员会下午七时四十分散会。讨论时间约达四小时。决议草案已草拟完毕,现交中日两方审阅,定明(十五日)午再行审议,下午提交十九国委员会。十九国委员会代理主席今日列席起草委员会会议。

十五日五国起草委员会续议

五国决议案起草委员会对于决议案草案,现已全体同意。定于下午五时,交十九国特委会讨论。如无异议,即交中日两国代表团。五国小组委员会,今日开会时,日本代表佐藤被邀于会议厅隔壁一室内相候。随时由该起草委员会向佐藤有所咨询。各委员对于决议案草案内容严守秘密,不愿有何意见发表。据云决议案措词极和平。

资料来源:《东省事变(二)》,台湾"国史馆"藏"外交部"全宗,第79—81页。

19. 国联消息(1932年12月16日)

十六日消息

我代表团失望,因草案无制侵略规定

十九国委员会之决议案草案,中国代表团认为非常失望:"草案距吾人所期望者甚远。该草案并未依照国联会章确定日期,制定最后之报告。此则尤为使人失望。次则草案内容,未有应付东省局势及制止日军侵略之规定。"十九国委员会之讨论严守秘密,昨日该会所通过之草案,一切正、副本,皆经负责人员检数,然后妥为封锁,以免内容泄漏。十九国委员会主张加入中日两国代表,即改为调解委员会。预定于半年内,向国联报告。十九国委员会并决对于两国之是非,不加断定,仅重申三月十一日之决议案,敷衍小国。按,小国近曾提出不承认"满洲国",现虽放弃提案,但对于国联措施颇为不满。国联大会将于星期一日或星期二日开会,辩论十九国委员会之决议。然后闭会,待明年继

续进行。

十九国委员会下午开会讨论时间约达三小时,国联秘书长及委员会主席报告与中日代表接洽情形。松冈及颜代表虽未接到本国政府之新训令,但能依照以前训令发表初步意见。十九国委员会或将于星期一日,再行集会。一切意见认为,中日两方既均反对该委员会之提案,该会似须暂行停止讨论,俟耶稣诞节后继续进行。

资料来源:《东省事变(二)》,台湾"国史馆"藏"外交部"全宗,第81页。

20. 国联消息(1932 年 12 月 17 日)

十七日消息

十九委会开会毫无进展仅混时辰

十九国委员会,今(十七)日开会时,并无重要事件讨论,仅混时辰而已。日本政府训令,今日下午始到。日本代表团今晚正从事于将密码译成明文之工作。十九国委员会今日下午六时三十分散会,定明(十八)日下午三时三十分再开会,讨论决议案草案。捷克代表柏涅斯已返捷京布拉革。西班牙代表马达利亚加,亦将于明(十八)日离此返西京。

起草委会集议草案趋势将更含混

五人起草委员会,今日下午又集议一次,但仍无结果而散。对于修改草案,势将取更含混之形势。日政府面训虽尚未到日内瓦,但众料日本必以承认"满洲国"为进行调解之条件。

决议草案内容依据报告书进行和解

十九国委员会送交中日两方之提案大略如次:第一决议案草案,首称十九国委员会之任务,在于努力问题之解决,并无制定报告之必要。该草案旋重申大会按三月十一日之决议,并谓:任何解决方案必须符合国联会章,凯洛格非战公约及九国条约。然后,根据李顿报告第九章,并参考该报告第十章之建议主张,以十九国委员会改为调解委员会,并邀请美俄两国加入合作。调委会有权采取一切必须步骤,用以完成其工作,并定明年三月一日向大会报告。调解委员会于不能同意时,应随时向大会报告。

第二决议案草案,对于李顿调查团之工作表示感谢,并谓:李顿报告书,公允不偏,足为国际文件之模范。

两草案外,尚有调解委员会之工作范围节要。注重委员会应依照会章第十五条第三款进行和解,并以李顿报告书之一至八章,及第九章为根据,第十章亦须加以考虑。且谓:满洲不能恢复九一八前之原状,亦不能任现有状态继续存在。

我代表团严正宣言

中国代表团,顷发下列宣言,表明中国政府对于十九国委员会所拟定决议草案之意见:"日方若无诚意接受谈判基础,则讨论细目徒属枉费时间。日本之放弃所谓'满洲国'者,乃调解之最必须条件"云。

起草委员会修改草案迁就日本

今日起草委员会,重行集会。闻系尊重日方抗议,讨论修改决议案草案之第一二三点。日方放弃案内之某项提议,根据李顿报告之九、十两章,以致对于调解委员会之权限,加以限制,故提异议。日方并反对草案之指定邀请美、俄两国。众信起草委员会将修改草案,措词或不指定被邀请加入调解委员会之国家。惟美、俄两国态度冷淡,邀请两国加入之提议或竟完全撤销,亦未可知。

资料来源:《东省事变(二)》,台湾"国史馆"藏"外交部"全宗,第82—83页。

21. 起草委员会消息(1932年12月18日)

十八日消息

我代表陈述我对草案见解

中国代表今日访起草委员会主席,陈述中国对于决议草案之见解,并要求加以修正。就现象观之,日本显属缺乏诚意,和解之进行,将徒劳无功。现全世界表同情于中国之人士,对于中国经济自卫努力之渐趋松懈,莫不引以为异。

起草委员会将于今日下午开会。中日两国政府训令均已到此。因决议草案系以李顿报告书第九章为基础,并顾及第十章。日代表曾口头通知国联,日本不能同意于李顿之建议。且以日本向主张以承认"满洲国"为调解之先决条件。今对此问题未有明确解决,故亦表示不满。国联嘱日代表提出书面陈述,日代表仍向东京请训。回训已于昨日到达,当晚转送国联。

全部问题暂搁

日代表团已得东京复训,现正赶译电码,提出讨论,故眼前此间未有发展。众意日本对于草案之某部分,虽坚决反对,但尚不至使调解完全陷于绝境。至于中国代表团发言人之声明,谅亦非无转圜之余地。惟耶稣诞节日转瞬即届,故此间预料,国联或将全部问题暂行搁置,待明年正月中旬,再行讨论。如此,可与中日两方考虑之时间,希望明年继续讨论时,进行或较顺利。

西班牙代表马达利亚加匆匆返国,谣传西政府对于马在此发言之态度颇为不满,故将马氏调回,以苏鲁埃达为十九国委员会内之西班牙代表,维持较为和缓之态度。上述谣传,虽难正式证实,然观马氏最早须待明年二月返此,故此谣传,似非无因。十九国委员会代主席维亚特,近受比国政府任命为社会部部长,已于昨晚返国。众料希孟将于星期三日抵此,充当国联大会主席。惟此间计划随时有变更可能,国联大会将否于耶稣诞辰(二十五日)前集会,现犹未定。

资料来源:《东省事变(二)》,台湾"国史馆"藏"外交部"全宗,第84—85页。

22. 国联消息(1932年12月15日)

十五日消息

草案内容共分四段

今日起草委员会及十九国委员会之两会议,对于决议案草案加以最后整理,定本晚提交中日两方。据各委谈,草案之措词极为和缓,或认此时情形较有希望。但东京及南京方面,对于草案之态度,此一二日内,外间尚难知晓。

会场以外之意见认为国联虑中国之反对,较虑日本之反对为甚。闻草案内尚有两段措词未定。一为政治性质,须本晚与中日两代表团商议后,方可决定。另有一段,关于邀请美、俄两国亦未决定。因国联向美、俄两国之探询,未有切实结果。而十九国委员会于未能确定两国均将应允加入前,似不欲决定邀请美、俄两国。中日两国之答复,□须四十八小时,故国联秘书处人员逆料星期一(十九)前难于召集国联大会。

又电。草案共分四段,大略如次:第一段对于国联调查团之工作,表示欣感。兹谓:调解委员会将利用调查团之报告,进行和解工作。第二段重申大会三月十一日之决议。第三段提议以十九国委员会加入中国代表,改为调解委员会。第四段系关于邀请美、俄两国加入调解委员会。

美、俄参加尚有困难

就现象观察,苏俄似将不愿参加十九国特委会。至美国则须先获对于调解中日问题之基础条件,始允参加。昨夜国联已电华盛顿征询意见,五人起草委员会继续开会三日,因大小国意见不一致,屡次激辩。直至今日下午十九国特委会开会前,起草委员会始商定决议草案。闻包含下列各点:

(一)调解原则基础;

(二)邀请美俄之程序;

(三)接受李顿报告书问题。

此项草案,经十九国委员会通过,并送交中日双方后,始提出国联大会讨论。但因苏俄似将拒绝参加,而美国参加与否,又属未定。故前途困难,至为明显。国联虽欲以其权力实行和解,但大国袒日态度未改。中国只有两条路可走:一则坚不屈挠,一则供人牺牲耳。又,十九国特委会今日已通过起草委员会之决议草案。

决议草案送交中日两方

十九国委员会今日下午开会讨论,时间达七十五分钟。对于起草委员会之草案,略加技术上之修正后,即加通过。当晚,将草案送交中日两方,希望明日(十八)可得两方之答复。各委对于草案之细目,咸守秘密。但众料草案之措词,极为婉转和缓,日本不至反对。起草委员会今日下午三时十五分,将再开会讨论技术上之修正,然后再由十九委员集会审议。昨日十九国委员会开会后,发表下列公报:十九国委员会今日下午开会,讨论起草委员会之决议,加以通过,并授权十九国委员会主席及国联秘书长,向中日两国接洽云。

十九国特委员会小组委员会拟定之决议草案,因受英国袒日之影响,以致颇为空泛含混,一若为日本预留狡辩地步也者。设英外相西门星期三不□伦敦,则所得结果决较此尤恶。小组委员会初稿,对于调解基础,仅及规定以和平方法解决争端之国联盟约及凯洛格非战公约,而未列入明定保障中国领土行政完整之九国公约,经我国代表要求始行加入。又,决议草案中对于解决时限,并未规定,仅言十九国特委会应于明年三月一日向大会报告调解成绩,而非提出建议。

资料来源:《东省事变(二)》,台湾"国史馆"藏"外交部"全宗,第86—87页。

23. 上海电台致外交部电报科电(1933年2月17日)

来电第44044号

发电:1933年2月17日17时45分

收电:1933年2月17日20时14分

急。南京外交部电报科劳科长勋鉴:密。筱(十七)电,谅邀察阅。顷再与国际电台接洽商妥。除随收随送职台转部外,另抄一份,赶明晨航寄京。谨闻。职沪台叩。洽(十七日)。

资料来源:《东省事变(二)》,台湾"国史馆"藏"外交部"全宗,第89页。

24. 上海沪电台致外交部电报科电(1933年2月17日)

来电44063号

发电:1933年2月17日23时40分

收电:1933年2月17日23时50分

火急。南京外交部电报科:据国际电台声称:大部已电该台,所有国联报告书由有线电转部。故职台遣差前往领取,不得要领而返。究应如何,祈即电示为祷。沪台叩。霰(十七日)。

资料来源:《东省事变(二)》,台湾"国史馆"藏"外交部"全宗,第90页。

25. 上海办事处致外交部电(1933年2月17日)

来电44037号

发电:1933年2月17日16时20分

收电:1933年2月17日17时10分

万急。南京外交部钧鉴:密。顷准国际无线电台管理局电话,以本部情报司为该局代收国联今午后广播之十九国委员会报告书全文,但查该电全文共一万五千字,须至明晨四、五时方收竣,可否即送请本处代转等语。查该电若由本处电台再转,机器及时间两有困难。拟请该局迳交航邮,明晨寄京。如何,乞钧裁。又,该电接到后,闻译中文发表。职处应有如何举动,乞先示知,俾准备。办事处叩。篠(十七)。

资料来源:《东省事变(二)》,台湾"国史馆"藏"外交部"全宗,第91页。

26. 上海办事处致外交部总务司电(1933年2月17日)

来电44058号

发电:1933年2月17日21时50分

收电:1933年2月17日22时05分

南京外交部总务司钧鉴:密。洽(十七)电悉。业与国际电局商定三办法:

一、该局所接成段,即送沪台转发;

二、明晨将已收到者,交晨航邮带部;

三、如飞机起行时,犹未收全,则全文交快邮寄部。

诸希查照。办事处。洽(十七日)。

资料来源:《东省事变(二)》,台湾"国史馆"藏"外交部"全宗,第92页。

九、各国对东省事变之态度及舆论(四)^①

1. 驻芝加哥总领事馆呈外交部亚洲司
(1933 年 3 月 11 日)

收文和字第 5684 号

为呈报事。本年一月二十八日,芝城共产党向本埠日本领事馆作反日示威。参加者六百余人,高呼反日口号,携有反日旗帜,一致反对日本侵占东三省,旋即发生暴动,一百八十余人当场被拘,谨将是日报章之记载附呈,尚祈鉴察。谨呈外交部。

驻芝加哥总领事馆呈

中华民国二十二年二月二日

资料来源:《各国对东省事变之态度及舆论(四)》,台湾"国史馆"藏"外交部"全宗,第 4—5 页。

2. 驻墨西哥公使馆呈外交部亚洲司(1933 年 3 月 14 日)

收文统字第 5470 号

呈为密呈事。昨日崇志因交涉排华事,面晤新任墨外交部长卡索兰(Dr. Jose Manuel Puig Casauranc),谈及中日事件。据该部长秘密面告,本年一月九日,彼曾电令国际联合会墨国代表,发表墨国不赞成日本侵略中国之举动,

---

① 编者按:"各国对东省事变之态度及舆论(四)"卷藏台湾"国史馆"之"外交部"全宗,入藏登录号为 020000001407A。每条电文的资料来源标示原档案中的页码,不再标注入藏登录号,且每条电文标题由文献集编委会根据电文内容制作而成,特此说明。

并将该电电底密示崇志阅览。查该电分四节：

（一）须向国际联合会声明：墨国以为日本侵略中国之举动，乃违反国际联合会盟约、非战公约及九国条约；

（二）须声明：墨国对于李顿报告书之内容，表示同意。更须声明：对于实行李顿调查团之建议，无论采用何种施行之方法，必须先得中国之同意；

（三）墨国极注意保障国际和平及合作各种国际条约之神圣；

（四）墨、日两国向来虽极亲善，惟墨国对于日本侵略中国之举动，不能不认为失当，故墨国须表示不能赞成。

该部长更言，现在国际联合会墨国之代表乃为驻巴黎总领事潘叶氏（Pani）兼任。彼因地位之关系，以致在国联会不能依照电令之强硬态度，悉行发表，颇为憾事。经已再令办理。

今晚，墨国新任驻法公使加西迪奥（Najesa Gastieeo）即启程赴任，业已令其到任后，即在国联会采取强硬之态度，并拟在最近时期内，另派专任国联会之代表，不由驻在别国外交官或领事官兼任，方易办事。墨国因维持国际间正义起见，必尽力援助中国等语，并向崇志查询，英国对于中日事件之现在态度。崇志答以不知其详，允代为密查，再行密复。除将大略情形电陈，并请电示应如何密复外，理合具文密报，敬乞赐察。谨呈部、次长。

驻墨西哥特命全权公使熊崇志谨呈

中华民国二十二年一月二十七日

资料来源：《各国对东省事变之态度及舆论（四）》，台湾"国史馆"藏"外交部"全宗，第8—9页。

3. 外交部致驻墨使馆电（1933年3月14日）

去电第1061号

驻墨西哥中国代表：一月二十七日。密。呈悉。应以口头向墨外长申谢。英国大多数民意认日本为侵略者，主张拥护国际联合会盟约，想英政府迟早必出于制裁一途。外交部。

资料来源：《各国对东省事变之态度及舆论（四）》，台湾"国史馆"藏"外交部"全宗，第12页。

4. 驻意大利使馆致外交部亚洲司电（1933 年 3 月 24 日）

收文统字第 5701 号

事由：驻义①使馆呈报交涉请义政府注意丁士源之言行

为呈报事。伪满洲国代表丁逆士源定于本晚潜抵罗马。丁逆之来，早有所闻。延熙于事前曾与义政府接洽。今晨复往义外交部访问情形。据称：关于此事，官、私两方均未有消息。延熙当即重申前意，请义政府对于该伪代表之言行特加注意。倘该伪代表有宣传举动或发表言论时，务祈转饬各报勿为披露，立蒙面允照办，并称：值兹中、义邦交益臻亲善之秋，义政府绝不能使中国有所任何不满之处等语。除于本晨以第六号电呈钧部外，合将经过详情，具文呈报。敬祈鉴核。谨呈外交部。

驻义使馆二等秘书代理馆务汪延熙谨呈
中华民国二十二年二月十五日

资料来源：《各国对东省事变之态度及舆论（四）》，台湾"国史馆"藏"外交部"全宗，第 13—15 页。

5. 外交部致驻比使馆电（1933 年 3 月 24 日）

去电第 35784 号

驻布鲁塞尔中国代表处：据日本联合社二十三日东京消息，比国驻日大使馆于九日对□访员发表谈话，极力赞扬"满洲国"等情，确否？仰查明电复。外交部。

资料来源：《各国对东省事变之态度及舆论（四）》，台湾"国史馆"藏"外交部"全宗，第 16 页。

---

① 编者按：原文为义，即指意大利。后同。

6. 驻比使馆致外交部电(1933 年 3 月 24 日)

收文统字第 5679 号

敬密呈者。顷闻伪国丁逆士源有到比参观工厂事,现正密查该逆举动。又,比国驻日大使某君已抵欧。但闻伊前因对荷兰、卢森堡举止失宜及办理英、比交涉不当,颇失比政府信用,故迭谋调任驻欧洲各国大使缺,均未达到目的。至其对华,尚未闻有言论举动。理合呈报接洽,谨密呈外交部。

代理馆务罗怀谨呈
中华民国二十二年二月十六日

资料来源:《各国对东省事变之态度及舆论(四)》,台湾"国史馆"藏"外交部"全宗,第 18 页。

7. 驻意大利使馆致外交部电(1933 年 3 月 25 日)

收文和字第 5939 号

事由:驻义使馆呈报丁士源过义情形。

为呈报事。关于伪国代表丁逆士源日前潜行来义,当经电呈,并经具文详呈各在案。查该逆来义之日,日本驻罗马大使馆,将大批宣传文件,派员赍往各报馆,请为披露。各报馆因义外部之暗示,未允登载。缘事前本馆已向义外部婉请,勿为倭奴利用,任其宣传。故义国报界对于日人之要求,咸一概谢绝。丁逆旅居罗马之日,本馆曾派员暗中视察其行动。除于抵罗马之次日,在旅馆中接见义国新闻界及各国记者外,余皆未遂其愿,于是匆匆即去。其谈话各报亦未登载,仅 *Tevene* 报上载有一段文字,其题为《由满而来不速之客》,而词多奚落。特节译其大意,另将原文一并邮呈钧览,谨呈外交部。

驻义使馆二等秘书兼代馆务汪延熙谨呈
中华民国二十二年二月二十四日

附件

由满而来不速之客

丁君士源代表"满洲执政"溥仪,自满洲取道苏俄而来欧,固一极难之使命。丁君除日本而外,寔[实]为世界各国未予承认之一国之民。其所处地位,当极困难。伊之来欧,定感百无头绪。我辈以国际眼光视之,觉丁君决非日本人,然又不能以中国人目之。我辈往晤丁君,不过出于好奇之心耳。

丁君之□,大概已非少年。服西装,操英语而带美国腔调。西谚有云:人不入山,而山自来。(按此即遭人厌恶而不自知之意)此丁君旅行之谓也。丁君既为一未经各国所承认之国民,不知其护照究从何处得来。居然亦乘国际车,入他国境,而周游列邦。阅其护照上,且有英、法、义、俄四国之签证。丁君谓:苏俄已允与满洲互派外交人员。且谓:俄业经承认"满洲国"所制之钱币。丁君此言,想伊深恐被各国轻视,不以人礼相待。一若其本系上流旧家子弟,一旦见弃于满洲荒凉深林之中,不免自惭自懑。故将苏俄承认满币事,特加宣扬。

殊不知苏俄承认满币,并不足奇。因苏俄与"满洲"固有经济之关系,其所容纳满币者,乃为商业上之利益。故事理上,苏俄并无不承认满币之理由。况苏俄之承认满币,于国际上实无足轻重。盖苏俄本国之卢布,在国际市场中亦无甚价值也。丁君所述端欲强言"满洲"现与中国已脱离关系,因世人置之不理,特来此作一番宣传耳。丁君前在巴黎逆旅中,曾一度接待新闻记者。今又在罗马大旅馆接见意大利新闻界及各国记者,有所谈话。我等见丁君衣冠整洁,尤以其绮样入时为可观。坐于安乐椅上,距我辈约数迈当之远。我侪阅人已多,故睹此亦不觉为奇也。

此时,丁君手中适持橘汁一杯,即举杯叙述满洲历史,而语无伦次令人难解。似乎谓:中国系隶属于满洲,而满洲并非中国之一行省云。言时仍执杯,而手发颤。我等聆此奇谈,始明丁君迨欲抬高其言论之价值,而难遂其愿,特张大其词。我等但有唯唯否否而已。记者中有天真烂漫者,贸然询问丁君,满洲军队咸操于日本之手,足见满洲之独立绝非民意。丁君是时手持杯而仍颤,答非所问。盖无兴味支吾其词,毫不关要领。而此天真烂漫之记者仍旧追问丁君,何以满洲境内均驻满日本军队,而政府中亦充满日本之顾问。丁君默然坐于安乐椅上。但觉其日友之目光,时时从旁睨视之。

资料来源:《各国对东省事变之态度及舆论(四)》,台湾"国史馆"藏"外交部"全宗,第19—25页。

8. 布鲁塞尔罗怀致外交部电(1933 年 3 月 24 日)

来电第 45905 号

发电:1933 年 3 月 24 日 14 时 11 分

收电:1933 年 3 月 25 日 2 时 02 分

南京外交部:七号二十三日。比国驻日本大使发表不利中国议论,现正婉劝改正。比社会党议员罗伦赖,以东省案,请比政府提议制裁日本。特闻。参谋部。

是否派郑楷觅聘外国军事专家。怀。

资料来源:《各国对东省事变之态度及舆论(四)》,台湾"国史馆"藏"外交部"全宗,第 26 页。

9. 中华民国外交部驻暹罗商务委员办事处呈外交部函 (1933 年 3 月 27 日)

为呈报事。窃查国联特别大会关于通过十九国报告书。是日,参加大会之各国代表,除中日两当事国外,其他四十二国一致投票通过。独暹罗代表不肯投票,颇引起各方注意。日本竟以暹罗斯举为表示好感,故叠电誌[志]谢。而暹文各报对于不投票之批评,大多表示赞同。认政府之中立态度,为极妥善之外交政策。独暹文《日日邮报》与《新暹罗报》,措词多所抨击。同时暹文《日日邮报》,欲知我华侨公意,特派代表来处探询。

职当以暹罗中华总商会名义作口头答复,略谓:此次国联特大会通过十九国报告书,暹国代表不投票或系一种适当政策,我华侨亦明了暹国处境之困难。且中暹关系至为密切,当不因此而对暹国政府有所改变态度,以致妨碍中暹亲善。再,我国已得到国际同情,多数投票通过,足见公理正义不容泯灭。此次贵国投票与否,实亦无甚关系等语。该代表遂将此谈话,登诸越日报端。现闻,暹国当局对于职所发表意见,亦颇认为满意。为此理合备文,并剪同《晨钟日报》所译暹文新闻一纸。呈请钧部查核。谨呈国民政府外交部部长罗。

驻暹罗商务委员陈守明

附:粘呈《晨钟日报》新闻一纸

新闻报纸内容

暹出席国联代表对解决中日纠纷建议不投票,暹报记者往中华总商会探询华侨对此事之观感,由商会职员接见,发表其个人意见,商会系商业机关,不愿干涉政治。

本京中华总商会,为暹罗华商之主要机关。该会现届主席陈守明君,日兼任中国驻暹之商务专员。此次国际联盟会解决中日纠纷。暹罗出席代表自动不投票之消息,传至木略后,暹文《日日邮报》为欲明了旅暹华人对于该事之意见,特派代表至中华总商会询问。因未晤主席,仅由该会职员接见。兹将该商会职员与暹报代表谈话志之于下。该商会职员云:中华总商会系旅暹华侨之商业机关,无意干涉政治。此次鄙人与君之谈话,仅属私人意见。暹罗出席代表对于中日纠纷问题之自动不投票,足见中立之态度及政治手腕之聪颖。关于暹国所处之地位,华人皆能谅解。故暹罗虽不投票,亦不致与中暹亲善有所妨碍。观各国投票结果,足见公道自在人心云云。

中华民国二十二年三月四日

资料来源:《各国对东省事变之态度及舆论(四)》,台湾"国史馆"藏"外交部"全宗,第27—30页。

10. 布鲁塞尔(比京)罗怀致外交部电
(1933年3月29日)

来电第46057号

发电:1933年3月28日14时30分

收电:1933年3月28日23时15分

南京外交部:二十八日。第九号。二十六日电悉。已遵办。比外部面称:事前不知,保证不再有。怀。

中华民国二十二年三月二十九日

资料来源:《各国对东省事变之态度及舆论(四)》,台湾"国史馆"藏"外交部"全宗,第31页。

11. 驻墨西哥公使馆致外交部电(1933 年 3 月 30 日)

收文平字第 5971 号

事由:呈报墨外交部长已将墨国对于中日事件之态度正式发表宣言由。

呈为呈报事。查墨外交部长卡索兰于本年一月九日,电令国际联合会墨国代表发表墨国不赞成日本侵略中国之举动各情形。业于一月二十七日电及同日呈字第九号密呈报告各在案。本月二十四日,墨外交部长已将墨国对于中日事件之态度正式发表宣言,内称本年一月九日,曾电令日来佛国际联合会行政院,我国代表按照下列各节明定墨国之态度,在适当之时机送发:

(一)墨国以日本不采用和平方法以解决与中国之争议,乃属减少国际间正义上原则之势力,违反国际联合会盟约、非战公约、九国条约之内容及精神。故不能加以赞成。

(二)墨国对于日本在中国物质上权利之重要,及其有权取得对于此等权利之保障加以谅解。故墨国对于李顿报告书之各建议,虽似觉表示,中国政府太无能力切实保护外国人民及外国资本。惟自大体言之,墨国似可赞成此等建议。

(三)墨国不能赞成侵犯中国之主权。包含日本对于"满洲国"加以保护及承认过早,亦在其内。

(四)墨国以为,对于中国事件,国际间之合作,应得中国之同意方可实行。

(五)墨国在中国现虽无物质上之权利,惟明察未来之情势,又因其在太平洋海岸之地位,故不能忽视远东之事务。

(六)墨国因有维持国际间和平及正义之愿望,故采用上述之态度。不能因此即解释为对于日本非友谊之举动。墨国政府及人民对于日本之友谊仍保存不变。

又,曾命令我国代表,对于国际联合会所拟之调停办法,如仍有成功之希望,应将上述各节暂不送发。俾免因墨国采取之态度过于激烈之故,以致妨碍调停之目的。惟调停经已失败,故于本月九日,业将前寄发墨国代表潘叶氏(Pani)之命令,送达国际联合会秘书长查收等。请除电陈外,理合具文呈报,并将该宣言之西班牙文原文,及本馆所译英文译稿一并抄录附呈。敬乞赐察,至为公便。谨呈次、部长。

驻墨西哥特命全权公使熊崇志谨呈

中华民国二十二年二月二十五日

资料来源：《各国对东省事变之态度及舆论（四）》，台湾"国史馆"藏"外交部"全宗，第 32—34 页。

12. 奥太瓦①总领事馆致外交部电（1933 年 3 月 31 日）

收文平字第 5988 号

事由：呈复关于坎②代表黎氏演说情形由。

呈为呈复事。窃奉钧部二十六日电开：国际联合会大会开会，坎拿大代表黎德尔（Riddell）演说，赞成报告。其措词与巴哈姆（Baham）个人意见迥不相同。中国政府深为注意，仰相机向坎政府口头说明，并略示谢忱。以后请其继续主张公道等因。奉此，职即于二十七日前往坎外务部，访见帮次长渥氏（Walken）及坎首相兼外长之私人秘书马氏（Maniam），口头表示谢忱。（因坎外次施氏现在英伦参加会议）

同时，适以新任周总领事行抵此间，曾同向该部约见。坎首相于本日晤面，乃又重申谢意。其实，本月二十四日，坎国会开会时，坎首相已将致坎代表黎氏训令全文宣读。经全场鼓掌赞成外，当时反对党议员自由党首领铿氏，及工党首领渥氏，亦均正式表示赞成政府此次之态度。谨将关于该项宣言之议事录一份，具文呈送钧部鉴核。谨呈外交部。

驻奥太瓦总领事李骏

中华民国二十二年二月二十八日

资料来源：《各国对东省事变之态度及舆论（四）》，台湾"国史馆"藏"外交部"全宗，第 37 页。

---

① 编者按：奥太瓦即加拿大渥太华。后同。

② 编者按：坎或坎拿大即加拿大。后同。

13. 驻比使馆致外交部电(1933 年 4 月 7 日)

收文统字第 5921 号

事由:为呈报与比外相希孟氏接洽事

为呈报事。此次国联特别大会对于东省案所议决各节,尚较公允。而比外相希孟又主席该会,理应对其有所表示。该外相会毕回比。怀于本月四日特约往谒,以私人资格面致钦慕之意,并告以中国人民对于大会议决案颇为满意,希望再有具体办法切实解决。当承告以美国已允加入大会所议决设立之磋商委员会,俄国尚无消息。

关于办法,现正由各国交换意见。但现值美国财政恐慌,德国政局骤变,其他各国并多处在困难境地,时机殊不好。美国新总统本日接任,对于该案谅当有所动作。继询及中国内情,当告以内部情形日佳,"共匪"已渐告清肃,各省对于建设事宜,颇多进行。如筑堤、筑路、设立工厂、整顿市政等项,成绩颇有可观,中央对于吏治复深注意云云。继承对于颜、顾各代表力争国权,表示倾仰之意。理合呈报接洽。谨呈外交部长。

代理馆务罗怀谨呈

中华民国二十二年三月六日

资料来源:《各国对东省事变之态度及舆论(四)》,台湾"国史馆"藏"外交部"全宗,第 42—43 页。

14. 驻墨西哥公使馆致外交部电(1933 年 4 月 11 日)

收文统字第 5975 号

事由:墨国革命党机关报□□①著论,赞成墨外交部长所发表墨国对于中日事件态度之宣言。具文呈报由。

呈为呈报事。查墨国对于中日事件之态度,已由墨外交部长于上月二十四日,正式发表宣言。各节业于上月二十五日呈字第二十五号呈文,呈报在案。又,查墨国革命党之机关报□□,对于前项之宣言,曾于上月二十六日著

---

① 编者按:该机关报英文名难以辨认。后同。

论,极力赞成墨政府之主张,并言对于"满洲政府"将来之情形,墨政府之宣言较国联会依照李顿报告书之建议所通过之决议,尤有利于中国。盖国联对于外国之权利,力图取得较大之保障,故对于日本亦为充分之让步。在墨国一方,对于保障外国在中国应享受之权利并未忽视。惟对于指摘中国对于是项保障太无能力一节,颇发生疑问。

故墨国建议,凡国际间之合作,不应超越中国所同意范围之外等语。查该报乃为代表墨国现政府发表政策之言论机关,可视为半官报。在墨国销路极广,乃为墨京著名日报之一。其言论对于一般墨人极有影响,即外国政府对于墨国事件亦颇重视其言论,尤以美国更注意该报之言论及纪事。理合将该报关于前项宣言于上月二十六日所着社论之西班牙文原文,及本馆所译之英文译稿各一份,一并附呈。敬乞赐察,至为公便。谨呈部长、次部长。

驻墨西哥特命全权公使熊崇志谨呈

中华民国二十二年三月四日

资料来源:《各国对东省事变之态度及舆论(四)》,台湾"国史馆"藏"外交部"全宗,第 44 页。

15. 罗马潘佑强致外交部电(1933 年 4 月 13 日)

来电第 46835 号

发电:1933 年 4 月 13 日 11 时 25 分

收电:1933 年 4 月 13 日 22 时 10 分

南京外交部请转呈蒋总司令钧鉴:驻义使馆所陈:爱利亚伯爵新发明鱼雷及唐克①,堪称抗日惟一利器。爱氏面称:愿往我国援助设厂制造。如何。乞电示。潘佑强叩。

资料来源:《各国对东省事变之态度及舆论(四)》,台湾"国史馆"藏"外交部"全宗,第 51 页。

---

① 编者按:唐克即坦克。

16. 奥太瓦总领事馆致外交部电（1933 年 4 月 26 日）

收文平字第 6368 号

事由：呈送坎拿大国联讨论会坎京分会，本年三月刊第一期由。

为呈送事。窃查中日事变后，坎方舆论详情曾迭经本管呈报钧部，鉴核在案。兹有坎拿大国联讨论会，坎京分会本年三月刊第一期。关于中日事多所论列，甚表同情于我国。谨特检同该刊一册，具文呈送钧部鉴核。谨呈外交部。

驻奥太瓦总领事周熙岐

中华民国二十二年四月三日

资料来源：《各国对东省事变之态度及舆论（四）》，台湾"国史馆"藏"外交部"全宗，第 152—153 页。

17. 驻比使馆致外交部电（1933 年 5 月 6 日）

收文和字第 6436 号

事由：关于比国驻日大使在比京国民日报发表中日问题意见事。

敬呈者：关于比国驻日大使，发表不利中国议论事，经于本月二十三日密呈，并先行电达各在案。旋奉钧部本月二十六日电令，向比政府质询各节。经于二十七日，约晤比外部政务司长，遵照部旨，请该部转令该大使注意，并告以怀前与该大使面谈各节。彼谓：比政府对于满洲问题，向主公道，即舆论界之表同情于中国者，亦居多数。最近上议院议员罗伦质问中日冲突案，及比外相答复各节尤可证明。

该大使对《国民日报》记者谈话，该部事前并未接洽。日前该大使来部告以与怀晤谈一节，已嘱其慎重。此事当转陈比外相，以后当保证该大使不再有此种谈话。深盼此种小节，不致影响两国友谊云云。因告以此事由日本通讯社披露后，中国舆论哗然。比国在华利益较在日本为重，中国市场公开又为比国解决经济恐慌之一出路，应当设法维持彼此感情等语。理合呈复。谨呈外交部。

代理馆务罗怀谨呈

中华民国二十二年三月二十九日

资料来源:《各国对东省事变之态度及舆论(四)》,台湾"国史馆"藏"外交部"全宗,第138—139页。

18. 驻比使馆致外交部电(1933年5月24日)

收文和字第6739号

事由:报告议员罗伦氏质问中日事件。

择译比《国民报》(社会党报)所载:上议院社会党议员罗伦氏质问中日冲突案之概略。

敬呈者:上月二十三日,比上议院开会。议员罗伦氏首先发言云:吾党议决关于中日冲突案,致多数议员甚为惊讶。盖其意以不应在会场中讨论中日事件。实则吾人受战事残酷之印象犹在,现亚洲炮声隆隆,岂能袖手旁观。须知当一千九百十四年,比国被侵犯时,他国议院亦曾投票反对德人。一言以蔽之,现世界情形如此,和平势难持久。故比王曾亲致函国联称:欧洲小国如能合作或可维护和平,余论应加勉励云云。盖鉴未来战事之凶猛,亦防不胜防。欲避免危机,现惟有多数国家表示一致反对侵犯者,以促和平之实现。至国联之价值,则全视其会员之组织如何,吾国代表希孟氏,固知世界大势,拥护和平。然欲其有所作为,则全视议院对其信任如何,故议院现不能不有所表示。

忆一千九百三十一年九月十八日,驻扎奉天日兵,以忽闻轰炸声,前往调查,被中国兵加以攻击为借口。随即驱逐中国兵万余,一方面并由朝鲜进兵。不数日而竟据满洲,尚称此举实系自卫。实则司马昭之心,路人皆知。盖日人如以轰炸声为可畏,则中国兵既被驱逐,当能安恬,又何必小题大做。至此中国遂诉诸国联,而日代表乃称,数日即行退兵,国联亦抱乐观。未料事有大谬不然者,日兵不特不退,反日进不已。屠杀人民,唯恐不多。乃由飞机在十分钟内,掷下炸弹八十枚,致死者无数,见者固属伤心,闻者亦当酸鼻。已故法外长白里安(Mr. Briand)虽在国联大声急[疾]呼维持和平,奈英、法舆论均不为其所动,反一致直日,使白里安孤掌难鸣,一筹莫展。大国既纵容日本,则上海之役,日人益无顾忌,残酷较前尤甚。不特此也,李顿调查团抵满洲时,伪国业已正式成立。复于去年九月十五日,与伪国订立条约,允其久驻满洲,近更要求国联承认。国联至此亦忍无可忍,乃由最后大会决定一致否认伪国,承认中国主权。日本以所谋不遂,乃行退出国联。

然中日事件尚未了结,据国联会章第十条称:各国代表,有使侵犯者尊重他国领土完整之责任。现中国领土已被破坏殆尽,此十条急应履行,否则国联威严何在。故鄙人急盼希孟氏在日内瓦提倡实行:

一、与日本断绝外交;

二、不供给其军火;

三、不与其经济上之援助;

四、拒绝日货入口。

罗伦氏之演说,可谓铁面无私,仗义直言。无如宗教党议员希爱斯,则竟反对,谓:中国内部纠纷,加以共党猖獗,而日本在满洲已非一日,根基坚固。现欧洲风云日紧,自顾不暇,焉能顾人。希孟氏则谓:中日事件,国联既已决定各国共同处置。比国惟有从众,当不能轻举妄动,单独提倡进行仇日举动。

而罗伦氏仍有要求比代表,遵守国联会章之提案。希爱斯则有反对罗伦氏之提案。结果希爱斯之提案(即仍信任比国出席国联代表之行动)竟以多数通过。社会党议员固属愤懑,奈天下只有强权而无公理何。理合呈报钧部鉴察。再,顷以罗伦氏提案虽未通过,然我国对其本人及社会党理应表示谢意。曾电请转商我国工会及商会,酌行电谢。谅承照办。谨呈外交部。

代理馆务罗怀谨呈

中华民国二十二年四月十二日

资料来源:《各国对东省事变之态度及舆论(四)》,台湾"国史馆"藏"外交部"全宗,第140—142页。

19. 外交部致驻比使馆电(1933年5月26日)

去文亚字第12537号

事由:报告罗伦氏质问中日事件

指令

令驻比使馆代理馆务罗怀,呈报议员罗伦氏质问中日事件由。

呈悉。嗣后对于比国议院及报纸各方面,发表与中日事件有关之演辞或文件等,仰随时搜集呈部为要。此令。

资料来源:《各国对东省事变之态度及舆论(四)》,台湾"国史馆"藏"外交部"全宗,第143页。

20. 驻比使馆致外交部电（1933 年 6 月 15 日）

平字 7308 号

摘抄驻比使馆来呈。

三、中日之事件

查国联处置满洲问题，固不能如上海事件之有圆满结果，吾人当认为遗憾。然其最后大会判决案，究不失为公道，吾人自应钦佩。至希孟姆①于大会闭幕时表示，颇盼中日两国能有直接适当解决办法。委员会对此极表同情也。

代理馆务罗怀谨呈

资料来源：《各国对东省事变之态度及舆论（四）》，台湾"国史馆"藏"外交部"全宗，第 144 页。

21. 驻比使馆致外交部电（1933 年 6 月 15 日）

收文平字第 7307 号

事由：呈送比国驻日大使前日演说全文事。

为呈报事。案查日本驻比大使佐藤，前在比京俱乐部演说，攻击国府，及本馆驳斥各节，经于本年四月十日，呈报在卷。兹据该俱乐部会长将当日比国驻日本大使演说各节，抄送前来。理合录呈察阅。谨呈外交部。

代理馆务罗怀谨呈
中华民国二十二年五月十二日

资料来源：《各国对东省事变之态度及舆论（四）》，台湾"国史馆"藏"外交部"全宗，第 145 页。

22. 驻巴拿马公使馆致外交部电（1933 年 6 月 27 日）

收文统字第 7194 号

事由：呈报巴国言论界攻击日政府暴行，及揭发日侨在巴阴谋活动情形。

---

① 编者按：希孟姆即希孟。

呈为呈报巴国言论界攻击日本政府暴行,及揭发日侨在巴阴谋活动情形,仰祈鉴察事。

窃自九一八事件以来,世中秉承钧部意旨,随时向巴国各界宣传。同时并令此间侨民加意联络各方,固结中巴政府人民之友谊。即所以阻遏日政府及其人民在此间之活动。是以,巴国朝野对于日政府及旅巴日侨,均无好感。特以巴国对于中日事件利害关系本属轻微,而驻巴日领若林亦不敢冒昧雌黄。本年之初,日本人民攻击纽约国家市镇银行(The National City Bank of New York)驻日支行及胜家缝纫机器公司(Singer Sewing Machine Company)驻日分厂事件,相继发生,此间社会已深抱不平。

旋而美兵二人在秦皇岛被日军拘捕之事又接踵而起。故此间最大之《巴美报》(Panama-American)于上月二十一日起,连日著论,攻击日政府及在巴日领日侨,揭发其秘密侦探运河军事,违犯巴国法律,妨害巴国民生种种事实,并随时举出中国使馆及中国侨民与地方人士间之美感,一为反衬。连篇累牍,几无虚日。至本月十九日,日本练习舰队离巴后,始稍止。查该报在巴销流最广,且系巴政府党之喉舌。自上项文字发表后,巴、美两国人士投函赞许者颇不乏人。五月一日劳动节,巴京工人平民万余,巡游市面,高呼打倒日本帝国主义及反对日本军阀屠戮中国人民等口号。驻巴日领及日侨,睹此情形,均噤若寒蝉,不敢声辩。所有该报指摘日政府及日侨情形,除有关于日本练习舰队来巴部分,业经本馆于本月二十二日使字第五八八号呈,呈报在案外,理合具文,连同剪报二十四则呈报。敬祈鉴察。谨呈外交部、次长。

驻巴拿马代办使事李世中

中华民国二十二年五月二十五日

资料来源:《各国对东省事变之态度及舆论(四)》,台湾"国史馆"藏"外交部"全宗,第148—153 页。

23. 驻巴拿马公使馆致外交部电(1933 年 7 月 6 日)

收文平字第 7622 号

事由:呈报日本练习舰队游巴及该馆驳斥该舰队司令官言论情形。

为呈报日本练习舰队游巴及本馆驳斥该舰队司令官言论情形,仰祈钧鉴事。

窃查自中日事件发生以来,日本政府遣使向各方游说运动,为其暴行辩护。对于美洲方面,尤为注意。最近派其练习舰队巡游太平洋,藉观光名义,行联络运动之实。该舰队入云、磐手二舰,由百武中将统率,于本月十三日,自美国金山行抵巴拿马。先期,世中晤巴外长谈及此事。巴外长表示谓:月前秘鲁海军巡洋舰一艘,潜水艇二艘驶来巴拿马运河。运河区政府以秘国与哥伦比亚国业已断绝邦交,为守中立起见,不特不予接待,且加监视。该舰等向运河区官立货仓请予售与燃料、粮食,亦遭拒绝。

此次日本舰队来巴,本可援照办理。惟中日虽在酣战,而国交依照存在。一切使领关系无异平时。与哥、秘二国之业已断绝邦交者不同,巴政府不得不按国际惯例予以接待。但日本穷兵黩武之行为,与巴国维持正义之精神,大相径庭。故决定只以招待寻常观光团例接待,无论彼方如何殷勤表示,巴政府亦决不愿施杯酒与之酬酢等语。该舰队十三日抵巴,十九日离此赴墨西哥。巴国大总统于十三日上午十一时,准该司令官入觐一次,此外并无任何招待。惟运河区美国行政长官海、陆军司令,均设宴款待,并请其阅兵。而日本驻巴领事若林,则于十三日晚,假座巴京国际俱乐部,设宴欢迎邀请巴国内政、外交两部长,驻巴使领团,运河区美国军政当局以及巴、美两国政商各界要人,男女约一百五十人。世中亦被邀请,托故谢却。该舰队司令旋于十八日,在其旗舰设茶会招待来宾。世中受其柬邀,亦却不往。此日本练习舰队来巴与各界周旋大概情形也。

关于该舰队司令在巴宣传中日问题一节。查该舰队抵巴时,巴京《星报》记者谒见该司令,询及中日问题。该司令只答以,中日纠纷不久即可完满解决等语,并云即假设再有如沪战之事发生,日海军亦无须出动。寥寥数语,不敢尽量发挥。即在宴会席上之演词,亦无一字涉及中日问题。惟十八日,该舰队行将离巴时,巴京《星报》英文部分,载有该司令发表关于中日事件之谈话一篇。大意谓:日军侵华系为赞助满洲伪国之独立。一俟秩序安定,即可退出。满洲伪国之成立,目的在防止赤俄之共产主义云云。本馆即于是日草就宣言,以本馆发言人名义发表,对该司令谈话,痛加驳斥。是项宣言,业在巴京《星报》之英文部分,及巴京《巴美报》之英文及西班牙文部分,于十九日该舰队启碇前发表。我方在巴宣传力量,远胜于彼。巴国朝野以及运河区军政各界,莫不对我深表同情。

该舰队抵巴后,运河区美国官立中学校于十五日请本馆秘书廖颂扬莅校演讲,"日本对于中美两国之威胁"发挥颇为透澈[彻]。溯自前年九一八事变以来,日本驻巴领事若林只有一次在巴京《星报》发表宣言,为日本退出国联辩护,当经本馆严加驳斥,并业于本年三月二十一日,由本馆使字第五〇六号呈,呈报在案。自兹以后,该日领未有任何言论发表。此间《巴美报》为巴国最大日报,对我感情极佳,指摘日本侵略行为不遗余力。该报于日本舰队将抵巴之前,连日著论攻击日政府及日侨在巴阴谋,提醒运河军政当局严加防范。迨该舰队抵巴后,该报又引月前秘鲁军舰被运河区监视之例,责难运河区当局,谓:其对于日本舰队不应予以接待,措词极为严厉。

巴京《星报》对我感情亦佳,尚无偏袒日方之言论。以上二报为巴国仅有之日报,《巴美报》为巴政府党之喉舌,而《星报》则虽接近政府,然较为中立和平。日舰队司令不敢在巴大肆鼓簧,亦系鉴于环境空气不佳也。所有日本练习舰队来巴情形,并本馆驳斥该舰队司令言论各缘由,理合检同剪报十六份,备文呈报。敬祈鉴核,至感公便。谨呈外交部次长。

驻巴拿马代办使事李世中

中华民国二十二年五月二十二日

剪报十六则①

关于日本练习舰队游巴及中国使馆驳斥日司令情形

驻巴拿马公使馆使字第五八八号呈附件

一、五月十四日《星报》,"日练习舰队抵巴情形,及该舰队司令官对中日事件之观察"。

二、五月十四日《星报》,"日领若林宴会欢迎记载"。

三、五月十五日《巴美报》,"日舰队司令官,对于巴拿马运河之观察"。

四、五月十六日《巴美报》,"本馆廖秘书,颂扬在运河美国官立中学演讲纪事"。

五、五月十六日《巴美报》,"社评:攻击日领宴会,谓:不应赴杀人凶犯之宴"。

六、五月十六日《巴美报》,"社评:指摘运河当局,不应招待日舰队"。

七、五月十六日《巴美报》,"日舰军官,述在美受优待情形"。

八、五月十七日《巴美报》,"社评:关于日间谍与日司令官密谋活动事"。

---

① 编者按:16条剪报附件具体内容从略。原档为英文,有需要者可与编者联系。

九、五月十七日《巴美报》,"读者通讯"。

十、五月十八日《巴美报》,"日海兵游览麦丹水闸 五月十七日《星报》日海兵游览大西洋岸"。

十一、五月十八日星期四《星报》,"日司令官关于美日关系及中日之事件之谈话"。

十二、五月十九日《巴美报》、《星报》,"英文部分 中国使馆发言人驳斥日司令官谈话"。

十三、五月十九日《巴美报》,"西班牙文部分 中国使馆驳斥日司令官宣言"。

十四、五月十九日《星报》,"日舰离巴情形"。

十五、五月二十一日《巴美报》,"此文系由该报主笔署名"。

十六、五月二十二日《巴美报》,"社评"。

资料来源:《各国对东省事变之态度及舆论(四)》,台湾"国史馆"藏"外交部"全宗,第175—195页。

24. 驻比使馆致外交部电(1933年7月27日)

收文平字第7973号

事由:为转呈比京赞助国联会十七届大会决议案全文由。

敬呈者:兹准比京赞助国际联合会万国公会秘书长来函,将该公会第十七届大会所决议关于中日冲突议案,全文抄送,请转呈政府等语。到馆。理合照录来件,呈送察阅。谨呈外交部。

代理馆务罗怀谨呈
中华民国二十二年六月十五日

资料来源:《各国对东省事变之态度及舆论(四)》,台湾"国史馆"藏"外交部"全宗,第198页。

25. 驻巴拿马公使馆致外交部电(1933年9月28日)

收文平字第9014号

事由:密。

驻巴拿马公使馆呈:使字第六六五号。为呈报巴拿马运河美国军政当局,防倭情形,仰祈钧鉴事。

窃查,巴拿马运河为太平、大西两洋航线之枢纽,亦为美国对外作战军事上之要塞。故美国政府常以海、陆、空重兵驻守之,而所筑炮台尤为坚强林立。自前年九一八东三省事变以来,本馆对于运河区海、陆、空军将官及行政官吏方面,极力宣传。而运河区军政当局,亦因以极为注意。两方友谊感情,日益亲密。其学校及军官俱乐部,并常请本馆派员赴会,演讲倭寇强暴侵略问题。迨至去年"一·二八"沪战发生,运河当局愤慨尤甚。且以太平洋风云日紧,遂极力严密布置河防。

美国护河军队计分太平、大西两洋部分。大西洋部分有海岸炮兵第一团、步兵第十四团、第六混成航空队、野炮兵第二团。太平洋部分有海岸炮兵第四团、步兵第三十三团、第十六航空驱逐队、工兵第十一团,统计将校士兵共一万人。而炮兵三团,统计各种大小炮及活动与固定炮约二百八十余门。航空方面战斗机、驱逐机、侦探机、轰炸机等计一百余架,各军昼夜操演,如临大敌。本年,美政府特拨美金四百万元,专为整顿河防之用。本月又派海军部次长亨利·罗斯福(Henry Roosevelt),偕同专门军官来巴巡视河防,并与运河区军政当局筹定巩固河防方案。

现据美京电讯美海军部长克劳德·史璜森(Claude A. Swanson)偕下议员七十人,定九月十三日来巴视察运河防务。本月初旬,世中与运河总司令布朗中将晤叙谈次。该中将密语以,所有运河作战应行整理之工程,奉令限定明年四月告竣云云。而查倭寇方面,一面派遣间谍探访运河军事秘密,一面令其驻巴领事在表面上与运河区军政各界极力联络。然,实际毫无裨益。故倭领虽月有宣传费美金数千元,但据此环境,亦无所施其诈伪宣传之技矣。惟倭侨中如理发匠、渔工以及油船公司中人,皆是间谍。曾经巴京之《巴美报》(Panama American),屡次发表言论引证事实,指摘排击,不遗余力。而运河军事当局遂因以加紧防范。且自前月,美兵一名窃售军事秘密文件之案发觉以来,运河总司令部情报处奉令检查倭侨来往函电,并暗中密询本馆,在旅巴华侨中有无通晓倭文者,拟聘为通译。以此,足征美国对于防倭备战之工作,莫不处处加紧严密进行也。所有巴拿马运河军政当局防倭情形,除随时探查再行密报外。理合备文呈报钧部。伏乞鉴察,至感公便。谨呈外交部部长汪。

驻巴拿马代办使事李世中

中华民国二十二年八月二十五日

资料来源:《各国对东省事变之态度及舆论（四）》,台湾"国史馆"藏"外交部"全宗,第 199—202 页。

26. 澳斯麓①王念祖致外交部电（1933 年 11 月 28 日）

来电第 59273 号

发电:1933 年 11 月 28 日 15 时 11 分

收电:1933 年 11 月 29 日 7 时 35 分

南京外交部:十一号。二十八日。

部、次长钧鉴:驻法使馆转送电敬悉。念已与外交次长接洽,彼谓:瑙喊②政府当严守中立,可照中国政府通知办理。念祖。

资料来源:《各国对东省事变之态度及舆论（四）》,台湾"国史馆"藏"外交部"全宗,第 203 页。

27. 危地马拉王麟阁致外交部电（1934 年 7 月 4 日）

来电第 62946 号

发电:1934 年 7 月 4 日 11 时 25 分

收电:1934 年 7 月 5 日 8 时 30 分

南京外交部:五号。四日。

钧鉴:中美五国政府及人民渐趋亲日排华,我国侨民前途大有可虑。敬祈简派贤能为驻中美五国公使,以外交官资格进行订约保护事宜。阁才短官微,难胜艰巨。倘蒙调部,或准辞职回国,感激殊深。统乞钧裁示遵。麟。

资料来源:《各国对东省事变之态度及舆论（四）》,台湾"国史馆"藏"外交部"全宗,第 204 页。

---

① 编者按:澳斯麓即奥斯陆,挪威首都。

② 编者按:瑙喊即挪威。后同。

28. 罗忠诒致外交部电(1934 年 7 月 7 日)

来电第 62960 号

南京外交部:二号。五日。

三日电悉。晤丹外部。据云北欧各国拟取同一态度,须与商洽。但小国势难就范,反对复选。诒言:东亚时局关系,世界和平至切,院席上不应缺乏东远代表。国际联合会处理中日事件,小国咸谓列强不无辜负中国,亦宜及时有情义表示。彼答:中国亦可联任,理由重要,当照此两点商之。瑞、璐外交及波罗的海各国如能定议,即与通知等语。诒。

注:三日电,系本部于六月三十日发电巴黎。使馆于七月三日转到,为本年国联院席,希同驻在国政府接洽,助我联任由。

资料来源:《各国对东省事变之态度及舆论(四)》,台湾"国史馆"藏"外交部"全宗,第 205 页。

29. 莫斯科驻俄使馆致外交部电(1933 年 12 月 19 日)

来电第 59962 号

南京外交部:三百十二号。十八日。美大使蒲立德(BULLITT)到任,昨日循例往晤。彼称:对于中国政府及人民向具好感。前在巴黎和会及华盛顿会议,均曾间接为华尽力。上次,宋部长在美会晤美总统,均系由彼陪往,相知甚稔。此次若非来俄,或将赴华等语。关于中国情形,彼自称如堕雾中。非特彼个人如此,美政府中人莫不皆然。临行前曾与其外部远东司长数度谈话,对于中国之真实态度,亦甚渺茫等语。当将我政府所处之困难地位,加以说明。战既不能,和又不愿,故不得不固守待援。

至对日关系,为避免更重之土地损失,不得不于委蛇。外间所传秘密谅解之说绝对不确。彼称:美国对华凡道义的、经济的援助,如否认伪国棉麦借款等,力能及无不勇为。惟对日战争,则美国人民鉴于参加欧战之毫无所获,只博得各国之赖债。美国人民对日本之侵略满洲,固深愤慨。而对法之赖美国,尤形激昂。故愿闭门自理,不欲干预外务。除日本对美攻击,美国当然还击外,美绝不愿对日开衅语。

以一九三五年伦敦海军条约期满,日本要求比率平等,美将何以应付。彼称:日本愿订条约,则十七比率仍在日本,若欲自由竞赛,则日造一艘,美造三艘。美将维持三十对十之比,且视财力谁胜语。以为此竞赛结果,仍必出于战争,且使日本保持满洲,任其坐大,彼得逐步实行其大陆政策,届时再与彼战,必较今日费力倍蓰。彼称:不至于此。对于日俄关系,彼亦称明春为紧要关头。

询以日俄若有战事,美将取何态度。彼称:现尚难言。关于俄美关系,彼称:俄美在各方无冲突之点。美总统胆识卓越,对于新事物无不虚衷接纳。此次彼来,对于苏联之政治、经济、文化各方面,凡有可以合作或采择之处,无不竭力进行等语。彼在旅馆中办公,馆舍尚未选定。拟本月底或开碴旋美,携带馆员全体,包括书籍、信差在内,共约八十余人来莫云。以上谈话,乞勿宣布为祷。驻俄使馆。

资料来源:《各国对东省事变之态度及舆论(四)》,台湾"国史馆"藏"外交部"全宗,第206—207页。

30. 莫斯科驻苏联大使馆致外交部电(1934年4月5日)

收电第61354号

南京外交部:四日。四〇八号。连日宴请外交团。前晚美大使谈称:俄美关系近来无甚新发展,一切计划尚未开始。又谈及俄日关系,彼称:据新自哈尔滨美国总领事调任驻苏联总领事汉森(Hanson)君报告:至少在数月以内,日本似不至有攻击苏俄之可能云。当询以俄日若果开战,美国态度究竟若何。美大使答称:美国态度当纯视随时情势而决定,不能预受拘束。俄日若果开战,美国当宣告中立。苟非他方挑衅或美国权利受有侵犯,不愿牵入漩涡。如1914年欧战时,美国并无参战之预约,且毫无此意愿,其结果则纯为当时情事所促成等语。告以在近代大规模战事中,欲求中立国权利不受侵犯,殊非易事。是美国欲求脱身事外,恐终不可能。彼称:此事有难预言过早者。美国现在政策,总在力求避免战事,尤不愿为第三国而对日作战。美国对华极富同情心,尤旦如此,对其他可知等语。驻苏联大使馆。

资料来源:《各国对东省事变之态度及舆论(四)》,台湾"国史馆"藏"外交部"全宗,第208页。

十、各国对东省事变之态度及舆论(七)^①

1. 照译颜、顾、郭三代表自日内瓦来电
(1932 年 11 月 24 日)

来电第 40163 号

南京外交部:十一月二十四日。第四百七十九号。

昨晚,台维斯与我代表团会餐,谈论满洲问题。渠意见如下:

(一)国联此时必须在李顿所得之事实下采取行动,维持盟约。

(二)美国所采态度已较国联为积极,现正静候国联采取行动,确定不承认"满洲国",藉予中国以精神上、法律上之判决。此后国联如再发起其他步骤,美国准备合作。

(三)关于英、法态度。台维斯谓:虽法外部素多谲诈,然而,赫理欧方面昨日尚有讯息。法国确采取坚决之态度。渠(台维斯)与西门常有接洽。渠信西门表面上虽欲示好于日本,真到短兵相接之时,尚属可靠,并云德国态度尚合情理,渠以为条约原则之维持,于德亦有利益。

(四)关于战债问题。法国力能付还,且亦应当付还。在五个月中从美国已提回之准备金,足可清偿十年之期款。至于英方债务,可稍从宽。不过欧洲联合战线,对付美国,实所深恶。

(五)渠提议邀请中国参加世界经济会议之筹备委员会,已经全体一致通过。会期约在明春,希望宋部长届时能亲自出席。

---

① 编者按:"各国对东省事变之态度及舆论(七)"卷藏台湾"国史馆"之"外交部"全宗,入藏登录号为 020000001410A。每条电文的资料来源标示原档案中的页码,不再标注入藏登录号,且每条电文标题由文献集编委会根据电文内容制作而成,特此说明。

资料来源:《各国对东省事变之态度及舆论(七)》,台湾"国史馆"藏"外交部"全宗,第5页。

2. 照译颜、顾、郭三代表自日内瓦来电
(1932年11月27日)

来电第40373号

南京外交部:十一月二十七日。第四百八十四号。昨与伐勒拉(爱尔兰代表即此次行政院主席)、班纳斯(捷克)午餐,谈论如下:

关于将案件移交大会一层,预料无甚困难。大会定期在下星期举行公开讨论。想该时各小国对于日本必有一番严厉之斥责。一般倾华情感势将达于极点。十九委员会将根据讨论起草报告,大约该委员会并将提出不承认"满洲国"之决议案,俾大会于十二月中旬,予以通过。同时设立调解委员会,加入美俄两国,于明年一月十日开会。然后,为求达实事求是之解决起见,将尽力迫中国让步。伐勒拉及班纳斯为个人极秘密之参考起见,询问我方具体计划,请非正式将我方最低限度之条件大概说明,调解大约难观成效。设竟失败,则委员会将提议由大会作最后之报告建议:

(一)对于"满洲国"不与合作,不加赞助。

(二)禁止军火输入日本,作为不承认"满洲国"之第二步。

中国既有此种法律上之决定,即可自由处置。增加武力抵抗,扩大经济绝交均无不合。伐勒拉又提议另一计划,作为两者择一之办法,意欲在东省组织过渡之国际制度,以五年为期,期满由民众投票解决。庆等当答以:就满领土与人民言,满洲应属中国毫无问题。民众投票解决一层,虽其结果中国必操左券,然而在原则上断难接受。庆等又谓我方意见除非日本先将军队撤退,先将"满洲国"取消,所谓国际制度万谈不到。伐勒拉并欲知满洲自治之确实性质与范围。关于顾问会议,庆等表示我方意见认为,如此不啻隐寓[寓]日本在满洲有一半主权之意,显与中国主权之原则大相径庭。自治与外国顾问,必须出于中国主权之行动,由中国向国联自动宣言。

资料来源:《各国对东省事变之态度及舆论(七)》,台湾"国史馆"藏"外交部"全宗,第8—9页。

3. 照译颜代表自日内瓦来电(1932 年 12 月 5 日)

来电第 40730 号

南京外交部:十二月五日。第五百〇一号。本日赴军缩会议主席午宴,晤美国、捷克、西班牙、爱尔兰、瑞典、意大利。美国代表谈话之间,对于中国空气良好。英外长云:英国为商业原因,且因是非之观念,常欲中国对英有正确之谅解。嗣庆谈及日本驻欧大使六员,可谓济济多士。而国联代表人选不于此中取材,必须另派松冈出席,日本外交可谓人才破产。英外长云:日本外交人员大都不善词令,松冈犹其中之佼佼者。不过其威胁之态度,殊为此间人士所不喜。捷克外长及爱尔兰代表云:已预备精密有力之演词。据捷克外长言谈间暗示,大约法国之声明书有利于中国。渠将表示对于盟约不得有任何之违犯行为。至于爱尔兰代表则谓:在报告书中不利于日本之处,可寻出三十点以上。美国正尽力设法使大会取强硬之态度。瑞典为今晨所会晤之八小国中态度最强硬者。明晨会议,仅由中日两国发言。据闻现充"满洲国"顾问之前海关总税务司爱德华,已于昨日抵此。再,第三项要求末尾应加"并不应与'满洲国'发生任何关系"诸字样。庆。

资料来源:《各国对东省事变之态度及舆论(七)》,台湾"国史馆"藏"外交部"全宗,第 11 页。

4. 照译颜代表自日内瓦来电(1932 年 12 月 6 日)

来电第 40782 号

南京外交部:第五百〇五号。本日下午,所有在会发言者,均倾向中国,申说国联原则倘容违犯,直是国联之崩溃灭亡。明日上午,将先由希腊、瑞士及另一国代表发言,英法各大国随后。尊处欲日方演词之详细报告否? 庆。

资料来源:《各国对东省事变之态度及舆论(七)》,台湾"国史馆"藏"外交部"全宗,第 14 页。

5. 照译中国代表团自日内瓦来电(1932 年 12 月 7 日)

来电第 40828 号

南京外交部:第五百零八号。十二月七日。西班牙及瑞士代表相继发言,竭力维护盟约及李顿报告书,驳斥日方所持理由。希腊代表对于自卫二字之意义尽量声说,并援引各专家学说指明日方之错误,惟主张进行调解。英、法、意各代表均相继发言。

资料来源:《各国对东省事变之态度及舆论(七)》,台湾"国史馆"藏"外交部"全宗,第 15 页。

6. 照译中国代表团自日内瓦来电(1932 年 12 月 8 日)

来电第 40853 号

第五百一十一号。十二月七日。顷秘书长分发西班牙、爱尔兰、捷克、瑞典各代表团所提出之决议案草案,兹将其草草译成电达如下:

大会:

(一)鉴于调查团曾宣言:关于中日两方之悬案,在九月十八日以前,未始尚无和平解决之方法。二国虽未正式宣战,但战争实已存在。造成现在时局之日本军队军事行动,不能视为正当防卫之行为。

(二)鉴于调查团曾宣言:未经正式之宣战,中国领土之一部曾受日本军队之攻击占领,并与中国其他各部脱离关系,宣告独立。

(三)鉴于调查团又曾宣言:"满洲国"之建设,不能视为一种纯属自动的独立运动之结果。

(四)知悉九月十八日事变以后,大规模之行动及军事占领,不能视为正当防卫之行为。

(五)知悉建设"满洲国"之成功,端赖日本军队之驻在。

(六)知悉承认"满洲国"一事,与现存有效之国际义务不相符合。

(七)爱授权于十九国委员会,请求俄、美两国政府之合作,与当事两方接洽,以便依据上述各项之了解,以求本争执事件之解决。

又捷克及瑞士代表团提出决议案如下:

大会:

(一) 现既接到调查团报告书、两当事国之意见书及行政院会议纪录;

(二) 并既聆悉自十二月六日以来大会之辩论;

(三) 爰依照三月十一日之决议案,授权于特别委员会:

(甲) 研究在辩论时所发表之意见与提议,及在所提出各项决议案草案中所发表之意见与提议;

(乙) 依照二月十九日之决议案,草拟在大会解决此项争执之建议;

(丙) 在极早时间内,将上述建议提交大会。

资料来源:《各国对东省事变之态度及舆论(七)》,台湾"国史馆"藏"外交部"全宗,第19—20页。

7. 照译中国代表团自日内瓦来电(1932 年 12 月 7 日)

来电第 40852 号

南京外交部:第五一二号。十二月七日。法、英、意、德代表,今日下午各有演说,其论调与其以前发言者不同,偏重事实与特殊情形。实际上可行之办法,厥为调解。法代表敦促讨论报告书第九章、第十章采用之为磋商解决之大纲。英代表措词,甚不友谊。援引报告书中不利于我之一部分,如排外运动及排货各节,其演说既不提恢复事变以前状态,亦未提消灭现在组织,仅提议调解,但又未如法代表举出第二种步骤。意代表谓:大会中各国之合作,此次实为首见。德代表亦倾向日方,重申英代表之演词,谓中日事件既非侵略,亦非战争,但反对诉诸武力,认为本问题与军缩有关。辩论将于明日终结,郭代表将有演说,以结束此项辩论。下午各代表之演说殊令人失望,尤以英代表所言为不佳。但各小国已联络一致,决定在大会委员会中继续奋斗。已有两种议案提出,另电奉达。请对英方发表不满意之批评。

资料来源:《各国对东省事变之态度及舆论(七)》,台湾"国史馆"藏"外交部"全宗,第22页。

8. 照译颜、顾、郭三代表自日内瓦来电(1932 年 12 月 8 日)

来电第 40855 号

南京外交部:十二月八日。第五百十三号。默察本日大会四大强国发言人演词,态度对我均不见佳。法国拥护国联虽极有力,然与我之同情,不过尔尔。其他各国,尤其英国则全无同情之表示。此均系为日本在满洲采取之决然行动所影响,与中国之并无一积极之政策,适相反背。一般意见大都赞成根据报告书最后两章,强迫实事求是之解决。预计将有极大压力加之于我,以求达此目的。我方竟无法增加政府及我方满洲政策之力量欤? 庆等以为:目前,不妨先在报纸表示我方对于英国态度之不满,或可促其改正也。颜、顾、郭。八日。

资料来源:《各国对东省事变之态度及舆论(七)》,台湾"国史馆"藏"外交部"全宗,第 24 页。

9. 照译颜、顾、郭自日内瓦来电(1932 年 12 月 8 日)

来电第 40871 号

万急。南京外交部:十二月八日。第五百十四号。坎拿大代表克安氏演词,对于中国及国民政府,狂肆攻击,甚至疑问中国有无权利为国联会员。渠称:所发言论,虽系代表个人之意见,但深信其本国政府亦同此意云云。此种攻击,实属无理已极。拟请尊处训令渥太华领馆,向坎政府提出抗议,并质问克安所发言论是否代表其政府之意见。

资料来源:《各国对东省事变之态度及舆论(七)》,台湾"国史馆"藏"外交部"全宗,第 26 页。

10. 照译中国代表团自日内瓦来电(1932 年 12 月 8 日)

来电第 40873 号

第五百十五号。十二月八日。南京外交部:土耳其、波兰、加拿大、巴拿玛[马]、智利、罗马尼亚、匈牙利、澳大利亚各代表,相继发言。对于报告书备予赞美,声说拥护盟约至关重要,并提议以调解办法,解决中日争执。关于加拿大代表之演说,当另电达。澳大利亚代表之演说大致相同,惟论调更为慎重。今日下午,将由科伦比亚①、中国、日本各代表发言,随后即宣告休会。日方对于决议案程序问题提出疑问,并以危词恫吓,谓今日下午讨论时如予通过,势必致发生重大结果云云。颜惠庆、顾维钧、郭泰祺叩。

资料来源:《各国对东省事变之态度及舆论(七)》,台湾"国史馆"藏"外交部"全宗,第 28 页。

11. 照译中国代表团自日内瓦来电(1932 年 12 月 8 日)

来电第 40888 号

第五百十七号。十二月八日。南京外交部:今晨大会散会后,西门请求会见,谓渠昨日演说未免近于粗率。但英政府之政策系详以调解方法,扶助此次中日争执之解决。英国在远东有莫大利益,对于中日两方均表亲善。继复回溯上海之会商,以为其对我友好之表证,并提议我方演说中可提及事实。如有以渠为袒护日本者,则实不啻消灭调解之目的。经庆等告以:渠之演说,殊使吾人沮丧。其在中国之反响,定属不良。唯经此番解释后,吾人复为安心。渠称:将转告日方,切勿误认渠之所言为袒护日本。渠并称:制裁日方之决议案草案,将使调解之举动,开始即受其打击,故仍以撤回为得计。复经庆等告以:满洲问题,现已成为国联与日本间之问题。草案系由其他各国代表团所提议,庆等又向其询问"公允之解决"系作何解释,渠答复模棱其辞,迹近规避。惟观其所言,吾人所得印象,为将来当以报告书全部作为基础。惠庆、维钧、泰祺叩。

资料来源:《各国对东省事变之态度及舆论(七)》,台湾"国史馆"藏"外交部"全宗,第 30 页。

---

① 编者按:指哥伦比亚。

12. 照译颜代表自日内瓦来电（1932 年 12 月 9 日）

来电第 40934 号

十二月九日十二时

南京外交部：第五百十九号。十二月九日。据可靠消息，加拿大及澳大利亚代表在大会之演说，实受英国之唆使。英国对日本所以表示好感者，乃动于财政及经济上各项之理由。英国主张延宕，反对不承认"满洲国"，并因战债问题，欲藉打击中国，以威胁美国。余正再恳十九国委员会规定日期，缮具报告。查此点以前各决议案中，已予包括在案。此次决议案内，似无须提及。余声说日方宣言，既称再不退让，态度坚强，目下实无调解之可能。鉴于比国所处地位之重要，对于该国希立即简派使节，并努力设法，以图抚慰该国各持票人为妥。庆。

资料来源：《各国对东省事变之态度及舆论（七）》，台湾"国史馆"藏"外交部"全宗，第 33 页。

13. 照译中国代表团自日内瓦来电（1932 年 12 月 11 日）

来电第 41025 号

第五百二十六号。十二月十日。南京外交部：今午，宴爱尔兰及瑞典两国代表。爱尔兰代表声称：今日代表团中之意见，其趋势不能若以前之有利于中国。瑞典代表谓：星期一日开会之十九国委员会，将由比国第二代表喀尔登【任】主席。委员会中，各大国所持态度，对于措辞强硬之决议案，殊不赞同。颇欲以空泛之措辞，采纳报告书中所得之事实，俾日方能接受调解。至其他各代表则主张，采取报告书一至八八①章，而以宣告不承认"满洲国"，为自然之结果，惟避免提及破坏非战公约一节。渠深信：委员会应提议组织若干小组委员会，扶助中日两方，同时开始磋议各项问题，以便对于每项问题，分别草拟条约。关于现在担任联络事宜，及将来中日开始会商时，充任视察员之人员，英方究应提出何人，我始可予接受。彼国各界，对此殊愿预有所闻。英方曾提起

---

① 编者按：原文多一"八"字。

蓝博森(Lampson)及勃拉德(John Pratt)二人,刺探我国意见。经答以:俟考虑后再为答复。鄙意,李顿似最适宜,然日本恐不能赞同,尊处有何卓见。惠庆、维钧、泰祺同叩。

资料来源:《各国对东省事变之态度及舆论(七)》,台湾"国史馆"藏"外交部"全宗,第 41 页。

14. 照译顾代表自日内瓦来电(1932 年 12 月 12 日)

来电第 41066 号

南京外交部:十二月十二日。第五百三十号。本日,晤脑门台维斯(Norman Davis)。渠将于星期五离欧返华盛顿去后,事务将由威尔逊公使代理,威氏时亦在座。当询台氏:以鉴于欧洲各大强此次在大会之演词,未知彼等对于中日争执,是否彼此已达有默认之谅解?渠答称:并无变化,美国将竭力调解。倘无效果,法国无论如何必决心维持盟约。西门之用意在于促进调解,不过其演词稍嫌憨拙耳。威氏询问:中国是否真欲得一解决?钧答称我方将以下列各节为条件,接受调解:

(一)宣布基本原则及适当有效建议之笼统接受;

(二)中日代表列席应参加谈判,与上海会议相同,不若山东事件中之观察员。

台氏云:倘国联不先宣布判词规定原则,美国不愿过问调解之事。认为至少总须根据报告书第九章,彼此约定。至关于程序一层,谈话一旦开始,列席各国自将参加讨论。正与关于法、德军备平等问题,五强讨论会相同。渠对于我方要求规定根据盟约第十五条,制成最后报告之期限,而不谈限制调解之意,表示赞同。渠意以为:倘我方坚持国联照经常程序,通过接受报告书之事实一点,则列强除非否认自己成立之委员会外,无从反对。但我方如要求斥责日本之决议案时,则列强中恐均将委之不顾。且予彼等以规避责任,而同情日本之藉口。渠赞成国联有一判决,惟不必犯人之怒。钧云:我方欲得一判决,连同不承认"满洲国"及不与合作之宣言。台氏询称:国联如有强硬之决议案,是否反足以使中国民意再作不可能之奢求?钧当答以:此事全视决议案通过后,国联究欲何为而定。倘列强诚恳协助中国,俾获一公平而与盟约及国际公约基本原则相符合之解决,则中国人民自将顺理近情,静候解决。而且强硬之决议案,倘列强联合阵线,共同赞助,则尤足以促日人之觉悟,而助其就范。台氏亦以为然。钧。

资料来源:《各国对东省事变之态度及舆论(七)》,台湾"国史馆"藏"外交部"全宗,第54—55页。

15. 照译颜代表自日内瓦来电(1932年12月12日)

来电第41076号

南京外交部:万急。第五百三十三号。十二月十二日。曾晤李维诺夫,今日午刻即将换文。我方换文内容如次:"依据在日内瓦历次愉快会商中,所举行最近之谈话,本代表兹奉令通知阁下,本国政府,为增进两国间为和平利益之友好关系起见,兹决定:认为自即日起,与苏联政府之通常使领关系已经正式恢复,即请查照为荷等语。"李维诺夫称:此事所以稽迟者,以渠欲亲自为之也。庆于星期二邀李午膳,已将席次名单交彼。座有李石曾、顾公使、郭公使、胡处长、钱泰及庆六人。询以是否将接受邀请加入十九委员会,李答大概未必。彼以为国联规避责任,延不解决,殊不必邀请局外人员参加,良以国联能适用制裁条款也。再者,派遣调查团以确知是否日本侵入满洲,抑中国侵入日本之事,历时一载,徒耗光阴。彼宁愿国联在缮发请柬之前,十九委员会先行拟具调解之基本条件,然后彼可以善为审度情势,再决定接受与否。庆拟将此项消息转达国联秘书厅,彼暗示日方仅交换意见,并未有具体提议,并称日方广布谣言,人所共知。庆当将尊电示彼,以为授权换文之证。现经彼此同意,将换文全文,于今日下午送交报馆发表,莫斯科及其他地方于明早发表。庆叩。

资料来源:《各国对东省事变之态度及舆论(七)》,台湾"国史馆"藏"外交部"全宗,第57页。

16. 照译颜、顾、郭三代表自日内瓦来电
(1932年12月13日)

来电第41126号

第五百三十六号。十二月十三日。南京外交部:今午宴西门及玛达里阿格(Madariaga)。玛达里阿格对于必须决定调解之基础,包括三月间大会所通

过之议决案及李顿报告书第九章,而以第十章作为一种之建议各节,均表同意。西门赞成缓进办法,假以时日,使对于日本能发生不利之影响。以为现在对日采用裁判办法,则其结果必将再无调解之可能。盖一措辞严厉之决议案,或可予中国以精神上之满足,然欲求一实质上有利于中国之解决,则此种决议案,反足闭塞其途径。经告以大会所当作为者,其最低限度为:

（一）采纳报告书已得之事实;

（二）宣告对于"满洲国"不予承认、不与合作;

（三）规定调解之基础。

第一点可防止对于事实问题重生争执,排除障碍,俾便讨论解决办法之具体条件。

第二点,三月间所通过之决议案,已予包含在案。重予声明,足使国联对于全世界地位益臻巩固。

第三点,欲使俄、美二国接受加入之邀请。第三点实属必要,即欲求我方之参加,此点亦必不可少。盖"满洲国"设尚有维持之可能,我方雅不愿入手调解也。

西门对于应采纳报告书已得之事实一节,谓:我方立论,殊为有力。至关于其他各点,渠以为:设现在即将用意予以宣布,殊非得计。苟不若是,难免使外界视为一种威吓之举动。经复告以:吾人固渴望恢复满洲,然吾人同时并渴望救护国联。渠称:目下应以坦白之精神,试为调解较为上策。如不能成功,则英国届时亦将起而扶助。任何措辞强硬之决议案,以维护盟约与国联二者,西门并提及李顿报告书,以为英国一致行动之表证。庆等表示赞同。关于地点问题,西门暗示以他处为佳,惟我方坚持在日内瓦。惠庆、维钧、泰祺同叩。

资料来源:《各国对东省事变之态度及舆论(七)》,台湾"国史馆"藏"外交部"全宗,第60—61页。

17. 照译中国代表团自日内瓦来电(1932年12月13日)

来电第41123号

南京外交部:第五百三十七号。十二月十三日。十九委员会于星期一下午召开会议,英国反对不承认"满洲国"之事,以其违反调解之议,法国对我态度,不若英国之不利。各小国主张发表强有力之声言。卒之,选派英国、法国、瑞士、西班牙、捷克，组织五国委员会，拟具将来讨论之基本条件。驻京比国代办之父代表西姆斯出席。与苏联复交之事，因事出望外，故此间颇为惊异。惟际此良时，克成此事，故印象颇佳。日方为之彷徨不知所措。我国人民暨诸友好往昔不无沮丧者，亦为之振发鼓励。拟请部长或其他要人电贺李维诺夫。代表团叩。

资料来源：《各国对东省事变之态度及舆论（七）》，台湾"国史馆"藏"外交部"全宗，第 63 页。

18. 照译顾代表自日内瓦来电（1932 年 12 月 15 日）

来电第 41239 号

南京外交部：十二月十五日。第五百四十四号。顷晤西班牙外长苏维打（ZULVETA）。渠与玛特里阿格（西班牙代表）两人同在起草委员会及十九委员会席上为我力争。渠本人赞成我方四点。惟云：会中阻力甚多，一般反对接受者之理由。金谓：既以调解为第二步办法，则目前自不应有何妨碍其成功之举动。各方意见既一致，如此必要之妥协，自属不可避免。目前下列各点似尚有望：

（一）发表一声明书，声明调查团报告书之价值及其重要性。

（二）以三月决议案、国联盟约、非战公约之原则及报告书最后二章，为解决本案之基础。

（三）规定最后报告之期限。

钧称：九国条约，确立尊重中国领土及行政完整诸原则。是以各项基础中，应将该约加入。苏氏答称：渠将设法进行，至关于不承认"满洲国"一层，渠曾设法加一声明于三月决议案，谓：该决议案已暗寓不承认之意，但卒未果。渠在会，对于报告书所称："恢复事前状态及维持"满洲国"二者，均非解决办法一层，亦曾表示反对。渠认为：后者为事实问题，与前者法律上之局面，显有不同。因询我方对于报告书之意见是否接受？钧当答以：在一切法律方面，我方力持恢复事前状态，但可自动使张氏改良满洲之行政等语。最后，钧对于西班牙主张正义和平之努力，表示感谢。苏氏答称：西班牙之外交政策，向以维持国联，友好中国为原则。起草委员会将再于本午会议。十九委员会，则将于下午开会。预计大会将于星期五或星期六开会。在大会开会之前，是否邀请中日两国列席讨论草案,尚未能定。但渠认为,关系方之投票,实有必要。盖目前程序,仍无非一调解办法也。钧。

资料来源:《各国对东省事变之态度及舆论(七)》,台湾"国史馆"藏"外交部"全宗,第66—67页。

19. 照译颜代表自日内瓦来电(1932 年 12 月 16 日)

来电第 41289 号

南京外交部:十二月十六日。第五百五十二号。俄外长离此,往柏林,与德国新领袖会晤后,即返莫斯科。庆往送别,在站晤谈。渠称:阅读决议案及理由声明书后,觉中国所欲一切在内,惟措词圆软耳,并称:对于国联之邀请俄国参加,将予重行□□,惟该委员会既仅为谈判而设,信日本对于决议案将不接受,而要求修正也。据渠昨日告庆谓:不欲与日本签订互不侵犯条约,日方显无诚意,并又谓:日军如竟越界,苏俄必立予痛击,信日本颇有战俄、美之心。惟欲逐一与角,而不愿独斗二强于同时耳。关于使节问题。据称:或将派前驻波斯、土耳其大使,现任奥国公使之某氏来华。渠私人希望庆往莫斯科等语。庆当答以:此事可在莫斯科商议,闻日本对于决议案将提议修正,俾其更趋软弱。但一般友好中国者,则亦在起草修正,求决议案之有力。另据报告谓:日本将断然拒绝,于是大会遂不得不放弃调解之议矣。

资料来源:《各国对东省事变之态度及舆论(七)》,台湾"国史馆"藏"外交部"全宗,第69页。

20. 照译颜代表自日内瓦来电(1932 年 12 月 22 日)

来电第 41494 号

十二月二十二日。第五百六十七号。南京外交部:闻目下英国所以持如此态度者,意欲使日本放弃上海。故对于满案,允予扶助。上述各节,似系一种可靠及有力之理由。拟请由尊处将此种情形转知美国为荷。惠庆叩。

资料来源:《各国对东省事变之态度及舆论(七)》,台湾"国史馆"藏"外交部"全宗,第5页。

21. 照译顾代表自柏林来电（1932 年 12 月 29 日）

来电第 41742 号

南京外交部：十二月二十九日。第四十号。昨晚，赫里欧与急进党执行委员会会晤后。对报纸宣称：现可采取之唯一光明政策，实为尊重条约。盖惟条约之维持，可以对付日本之拒绝退出满洲，对付德国之武装莱茵左岸，对付奥国之与德国联合也。《纽约前驱报》(NEWYORK HERALD)柏林消息：日本政府最近秘密照会苏俄大使，告以：苏俄政府一年以前，所提议之不侵犯条约，日本政府在现时不能缔结等语。该报解释此项密件，谓其暗示，将来尚有讨论之可能。又汤姆斯克(TOMSK)消息称：发现马占山将军，于拘留在汤姆斯克之被难军民中。顾。

资料来源：《各国对东省事变之态度及舆论（七）》，台湾"国史馆"藏"外交部"全宗，第 75 页。

22. 照译郭代表自伦敦来电（1933 年 1 月 4 日）

来电第 41989 号

南京外交部：关于英国援助"满洲国"，日本退出上海之英日秘密谅解，英外部极端否认。英国舆论极倾向于国联与中国。倘英政府对于国联、日本二者不可得兼，亦有不得不舍日本而取国联之势。是以西门之调解政策，乃所以延宕时期，藉图规避耳。山海关之冲突，引起此间官方之不安，并使举世对于满洲问题之注意再行集合。我方于此必须全力利用时机，迫日内瓦出图穷之匕首。是以使事变地方化，而迅速解决，似非上策。祺定明日赴日内瓦。郭。四日。

资料来源：《各国对东省事变之态度及舆论（七）》，台湾"国史馆"藏"外交部"全宗，第 78 页。

23. 巴黎顾维钧致外交部电（1933 年 1 月 6 日）

来电第 42071 号

南京外交部：三号。五日。极密。顷晤法新外交次长柯德，谈东案，告以榆关事起,益见调停无成功希望,亟宜另行设法。中国固急图恢复失地,同时亦欲保存国联。柯谓:现调停绝望,只能逐援盟约第十五条第四节,提出最后报告。钧请其注意:中国所提各点,尤以规定期限与宣布日本罪状为要。柯谓:此次日来弗开会,拟即规定期限,并根据李顿报告书,对日本之行为下一判断。钧谓:若无制裁办法,仍不能维持国联之尊严。柯谓:现分两步,先竭第十五条之能力,后商第十六条之施行,但军事制裁不成问题,经济制裁须美国参加。渠意:各国若能一致抵货,不及半年,日必屈服。问钧,美国态度有何消息。钧谓:美国态度显明。只要国联先下判断,其对制裁办法,深愿协商一致进行。

柯谓:法国右派报纸未免袒护日本,颇不以政府态度为然。但经说明法对东案不问根本是非曲直,其对盟约与非战公约不得不竭力拥护。右派责政府为漠视安全问题,但盟约为安全保障之一,焉能任日摧毁。彼又诘政府,以第十六条为不足恃。但非自第十五条至第十六条逐渐试验,不能知其可恃与否。现在左派操权,在国会为大多数所见与政府一致。至国联方面,法国不便出面主动,拟由赤哈提议。钧问:英国方面已否接洽,亦属要着。柯谓:自最近山海关事起后,即是英政府亦难再持调停政策矣。钧谓:今日传闻日方拟在法借债,且定大批军械为诱。柯答:借款不确,军火事亦不若外传之甚。但一经国联报告判断后,不特新货难购,即旧合同亦须停止执行云。

查柯氏向为驻国联代表之一。日内,又须赴日来弗,代表法政府。闻今晨接见钧前,曾与首相密商答复大旨。又,昨日钧访赤哈公使,表示谢忱,并谈东案,请继续主持公道。渠所谈与法外次所云,由赤哈动议各节,大致相符。至钧所述美国最近态度,系根据日昨访美大使谈话所得,并闻,此次日攻榆关,各国似颇张皇,以为日本逼人太甚,予各国以难堪。默察法外次语气,可见一斑。东京洞见此中关键,故昨今日,方盛传日政府视榆事为局部问题,不致扩大,深愿局部解决云云。钧以为,此时我方应坚持阵线,尽力抵抗,以示我决心而壮国联之气,俾乘此时机,收外交上之功效。不宜狂悖,委曲局部了事,益张日军气焰而增国际讥笑。请察核为祷。钧。

资料来源:《各国对东省事变之态度及舆论(七)》,台湾"国史馆"藏"外交部"全宗,第80—83页。

24. 照译颜代表自日内瓦来电(1933 年 1 月 8 日)

来电第 42203 号

南京外交部:满案已近最后时期。调解办法既归失败,故必应设法使大会最后报告于我甚为有利。此点极关重要。但为达到该项目的起见,首须美国表示态度。国联各会员国对于美国自去年八月以来态度之沉默,殊为失望,小国尤甚。同时,日本侵略行为,日甚一日。最近,美国对于外间所称,自日本占领山海关后,该国亦曾有照会向日方提出一节,曾予否认。即使此种否认确系实在情形,然外间人士对之殊为惊愕。除美国鉴于在华利益之重大,对于解决中日问题,本身别有更好办法外,为美国计,似应明白扶助国联,使国联道德上及法律上之裁判,更为有力。盖无论如何,此事于该国殊有裨益也。

目下,中日争执,固系国联应予解决之案件,美国并非国联之会员,然该国对此亦有重大之关系,无从疑义。故美国应以明白之宣言,勉励国联,不宜仅限于一种私人之谈话,及非正式之□□等等已也。现在,法国对我甚为亲善。惟英国方面,殊为棘手。职是之故,美国尤应表示更为坚决之态度。惟据最近报纸所载,美国似故持相反之态度。美国官场中人,曾开会讨论多数他项问题,而对于满案,独未提及。此间人士对此殊感不安。总之,吾人应敦催美国对于日本侵略行为再行表示态度。不但为中国及国联计,且为该国本身计也。最好,继任总统亦加入该项表示之中。惟举行须在一月二十日以前为要。惠庆叩。

资料来源:《各国对东省事变之态度及舆论(七)》,台湾"国史馆"藏"外交部"全宗,第 89 页。

25. 照译顾代表自日内瓦来电(1933 年 1 月 9 日)

来电第 42304 号

第五百八十九号。一月九日。南京外交部:一月九日,尊电二十三号敬悉。法国政府,并未突然即变态度。上年十月间,赫里欧告余,谓:首当设法以求调解,调解若归失败,然后诉诸法律。某次,赫里欧又称:法国政策不但维护盟约,且维护盟约之全部。惟最近法美邦交,令人难以满意。而关于偿付战债问题,法与伦敦又不一致。加以德国态度,异常强硬,凡此种种均使德外部深惧陷于孤立之地位。为本身利益计,更须拥护国联。对于日本之夺取山海关,群视为予国联以打击,吾人应救护国联。且关于军缩、治安之新计划,根据国联以为枢纽,左派所抱方针侧重下列各节:

（一）巩固和平机械,以增进治安;

（二）减缩军备,以防德国重行扩充武装;

（三）节省财政,以整理预算。

至各报纸论调,则左派报纸,对于中国始终表示亲善,右派反是。一月八日,《巴黎时报》尚序述我国无政府之状态。以为苟予日本以退出国联之藉口,结果将铸成大错云云。惟《巴黎时报》乃右派中之抱极端主义者也。维钧叩。

资料来源:《各国对东省事变之态度及舆论(七)》,台湾"国史馆"藏"外交部"全宗,第93页。

26. 照译颜代表自日内瓦来电（1933年1月16日）

来电第42675号

南京外交部:一月十六日。第六百零四号。据闻,美国在欧之各大使馆及公使馆,已奉到训令。以调解既无成效,请各该馆驻在之国联会员国政府对日本采取果断之行动。效果颇佳。颜。

资料来源:《各国对东省事变之态度及舆论(七)》,台湾"国史馆"藏"外交部"全宗,第98页。

27. 照译郭代表自日内瓦来电（1933年1月17日）

来电第42697号

第六百十号。一月十七日。南京外交部:下午晤西门。渠绝对否认对于修改方案预有所闻,并谓:如有一线希望,始终主张调解。惟调解失败,则当护卫盟约。依照第四节之规定,大会应缮具报告,发表意见。渠意:李顿报告书,实可用以作为一种最好之基础等语。经告以:中国虽不期望外方予以军事上之扶助,但至少中国有权请各国对于满案,作一种精神上及法律上之裁判。关于此节,国联如果失败,则在中国舆论上及远东事变将来之趋势上,均将发生最不幸之结果等语。西门显为所感。西门对于余所询各节答谓:渠最近与驻英美国大使之谈话,大旨系指即使将来罗斯福出掌国钧,英美政策必仍然不变。西门似极愿设法祛除外间对于其亲日态度之印像。我方如能将山海关失地立予恢复,自属上策。因果能实现,其裨益于最后报告书之解决,定非浅鲜。此事前途有无希望,该项迅速行动甚为得计,同僚均表赞同。泰祺叩。

资料来源:《各国对东省事变之态度及舆论(七)》,台湾"国史馆"藏"外交部"全宗,第 101 页。

28. 照译顾代表自日内瓦来电(1933 年 1 月 21 日)

来电第 42877 号

一月二十日。第六百十九号。本日晤班纳斯(捷克外长),解释我方之意见四点,如前电。渠云渠坚决主张两点:

(一) 不承认"满洲国";

(二) 不损中国主权。

驻捷克之日本公使,曾以日方提案向渠探询意见。渠当告以:对于该项提案,虽其他十八国一致赞同,渠必投票反对。至关于邀请美、俄一层,渠虽同意采我方意见,然而认为严格说法,日方反对亦不无理由。是以倘日本接受原案,则邀请美、俄一层,委员会可予同意删去。钧询以:倘日方收回对于邀请美俄之反对,而力持委员会须接受其所提之其他提案,则委员会将如何。渠云:渠对此无考虑之余地,关于小组委员会之大小、性质及权力问题,渠以我方意见为然。渠又云:日方答复,至今未到。本日会议席上,渠对日方提案痛加驳斥。各国均不满日方之答复衍期,赞成迳行从事第四节之进行,但未正式提出讨论耳。嗣经主席之提议,再予日方二十四小时,使其答复。渠以为,就一般空气而言,大约明日委员会将正式宣布调解终结云云。班纳斯态度甚佳。钧前已由驻巴黎捷克公使表示尊处对渠之谢忱。今日,再度向渠表示此意。顾。

资料来源:《各国对东省事变之态度及舆论(七)》,台湾"国史馆"藏"外交部"全宗,第 105 页。

29. 照译颜代表自日内瓦来电(1933 年 1 月 23 日)

来电第 43000 号

第二十六号。一月二十三日。南京外交部:据可靠消息,英国现正运动各方,草拟一措辞软弱,或使中日双方均无法接受之报告书,然后摆脱责任。瑞士态度大变,倾向日本。我方对之必须施以压力,并请求美国从中再为敦促。日方告主席及秘书长,谓:不能承认中国在满之主权,而对于放弃"满洲国"一事亦难同意。是以一般舆论佥认调解已断不可能云。惠庆叩。

资料来源:《各国对东省事变之态度及舆论(七)》,台湾"国史馆"藏"外交部"全宗,第 107 页。

30. 照译代表团自日内瓦来电(1933 年 1 月 27 日)

来电第 43163 号

南京外交部:一月二十七日。第三十九号。拟请将下列消息交报纸发表,"日本之黏性,异乎寻常。近来,日内瓦对日态度,有显著之转变。盖前此一般国联会员国,因日本之恫吓,颇虑其竟真退出国联。但照现在情形,日本之虚声恫吓,已为一般人所识穿。大都希望,甚至馨香默视日本早日退出,俾国联可得自由处置。不幸,日本现竟坚执国联,牢不放手,并取消前此对于盟约第十五条之保留。此种前后矛盾之卑鄙行为,颇为各方所齿冷"。代表团。

资料来源:《各国对东省事变之态度及舆论(七)》,台湾"国史馆"藏"外交部"全宗,第 115 页。

31. 照译顾代表自巴黎来电(1933 年 1 月 27 日)

来电第 43156 号

南京外交部:一月二十七日。第十四号。美国驻法大使告钧云:自本月初旬,钧将我方修正案,及在日内瓦方面所欲达之主要目的告渠后。渠与法国政府讨论中日问题,已有三次之多。据渠称:现在法国态度颇佳。义国驻法大使来晤后,钧感觉,义国似不甚赞成采取有足以迫日本退出国联之动作。彭古内阁之地位,因预算问题岌岌可危。因赴法总统宴会,钧即乘便将孔部长介绍于法国总统总理及英、美、德、义各大使。孔部长定星期六赴比,钧亦将于同日赴日内瓦。顾维钧。

资料来源:《各国对东省事变之态度及舆论(七)》,台湾"国史馆"藏"外交部"全宗,第117页。

32. 照译颜代表自日内瓦来电(1933年1月28日)

来电第 43207 号

南京外交部:一月二十八日。第四十一号。关于不承认问题,因英国表示反对,宣称英国不能自加无限之束缚于本身,起草委员会态度亦转软化。是以美国之再出干涉,实有必要。数委员国并云:关于不承认问题,国联三月十一日决议案,已超过美国一月七日通牒之程度。是以现时如欲再采取更较美国积极之步骤,煞费踌躇。英国现对于次要各点表示让步。是以不承认问题,各小国颇觉难于坚持,法律上特定罪名似难办到。然而引用李顿报告书之语句,亦不无可以增重道德上罪名之处。各国所以反对下一法律上之判词者,因如此,则任何一会员国均可引用第十六条,而使其他各国陷于窘境也,否则,报告提出后,日本如仍继续侵略中国,中国不必根据法律,尽可根据事实单独引用该条。此项理由似颇动听。其实真正原因仍不出于各小国之胆怯,无罪责日本之勇气而已。庆以为,此次大会报告大体上至少当较李顿书为佳,但仍视我方如何利用之耳。关于与美国务院及驻京总领事接洽之结果若何,请电知,并示尊处意见。两星期内,报告想尚难完成。颜。

资料来源:《各国对东省事变之态度及舆论(七)》,台湾"国史馆"藏"外交部"全宗,第119页。

33. 照译颜代表自日内瓦来电(1933年2月2日)

来电第 43413 号

南京外交部:二月二日。第五十二号。曾晤苏联外长,据称:新任大使正在物色娴习英语人员,随从来华。大使馆参事,或将兼任驻上海总领事之职。另在平津区域,设立一总领事馆。询以"满洲国"在赤塔设立总领事馆之事。

答称:此事久经商定,且苏联在"满洲国"亦驻有领事官员多人。渠对国联大会之最后报告,颇为关切,并问其后将有何种事项发生,关于日方所提之三国委员会一事,并未有何交涉。渠认为:不过系规避商订互不侵犯条约而已。渠留此时期之久,暂将视军缩会议之进程而定。就本日会议观之,法、意、德三国间之意见,相距甚远,会议似难有迅速之进展。拟请拨美金万元,为大使馆开办费用。庆叩。

资料来源:《各国对东省事变之态度及舆论(七)》,台湾"国史馆"藏"外交部"全宗,第 123 页。

34. 照译顾代表自日内瓦来电(1933 年 2 月 2 日)

来电第 43412 号

第五十四号。二月二日。南京外交部:晤爱尔兰代表,请其在报告书中应阐明下列三点:

(一)排货不受处分;

(二)日本军队负有撤退之义务;

(三)维持中国在满洲之主权。

渠表示赞同,惟声称:报告书原稿称,排货为不友谊之举动。而现今则改称为在一九三一年九月以前,排货实为一种挑衅之行为。经答以:若将该问题作一赅括之论断,似非得计。应缩小范围,仅论现在之排货风潮。盖此次排货风潮动机,实由于朝鲜之惨杀华侨。继之以日本之侵略行为,随使该风潮变本加厉。至关于法律之判断,渠意:只须说明事实已足。他若裁制问题,爱代表谓:第十五条并未允准采取任何裁制办法。故各国之中,即对于停止贷款于日本之建议,亦有持反对态度者。对于裁制一事,莫不谈虎色变。惟积渐办法,于迭次不同之时期,采取不同之步骤,则其影响所及,必能扶助本问题之解决。爱方向起草委员会所提出之其他各修正案,大半业已通过。爱代表并允许在十九国委员会中,将上述三点试为改善。维钧叩。

资料来源:《各国对东省事变之态度及舆论(七)》,台湾"国史馆"藏"外交部"全宗,第 125 页。

35. 照译郭代表自伦敦来电（1933 年 2 月 3 日）

来电第 43441 号

南京外交部：第四号。二月三日。晤英外相。渠向余提出严厉诘问，谓：近来报载，英、日二国曾有秘密谅解。又谓：英国对于西藏抱有某种企图，此种消息均系中国代表团所散布，而余个人尤应负其责任。渠对于上述两种谣言，切实否认，谓：该项宣传，于中国殊为不利。中国人士对于渠之演说及态度不无误解之处。而其原因实由于中国代表团并未向南京作详尽之报告。经答以：在中国及其他各处所有此种反响者，渠演说后，松冈对之所发表之谈论，实负其责。报载各节，在吾人方面固无责任之可言也。余谓：此案中国所处之地位异常明显，无庸再事宣传。西门似甚忧闷，因此种消息引起各方严厉之责难，势不能不由官方作正式之否认。惟最后渠称：甚愿个人间友好及坦白之关系，不致受其影响。本问题最要之点，在于不承认"满洲国"。此节，渠与余意见相同，并谓：三月十一日议决案中，所以加入此节者，原因实在于此。嗣后，尚当仍予维持云云。余将于本日返日内瓦。泰祺叩。

资料来源：《各国对东省事变之态度及舆论（七）》，台湾"国史馆"藏"外交部"全宗，第 127 页。

36. 照译顾代表自日内瓦来电（1933 年 2 月 3 日）

来电第 43455 号

南京外交部：二月三日。第五十八号。极密。顷晤薛西尔爵士，力促根据盟约第十、第十二条，明白申数日本之罪，并询渠之意见以国联及中国欲促日本变更政策，应以采取何种行动为宜。渠亦以为：日本已有违反盟约之举动，申数其罪自属必要。但认为，不宜引用第十六条。具有两种理由：

（一）此举足以使不愿实施制裁之数国，闻虎色变，惊惧不前；

（二）在法理上，第十条未有明定制裁之说。

至于第十二条规定于从事战争（RESORT TO WAR）之时，方可适用制裁。所谓从事战争者，战争状态（STATE OF WAR）之谓，中国与日本断绝外交关系，是未有战争状态之存在。钧云：盟约此语必须作战争行为（ACT OF

WAR)之意。日本既为侵略方,战争状态之存在,自当由日方承认。欲令受侵略者,宣布其存在,似欠公平。渠云:伦敦法学家讨论此问题,均认为词意不明。倘将来竟须引用第十六条,势必发生解释问题。渠赞成精神上之制裁,与李顿所说者同,并以为:中国如引用第十六条第四节,则不至发生此项困难。顾。

（按盟约第十六条第四节:联合会任何会员违犯联合会盟约内之一项者,经列席行政院之所有联合会其他会员之代表投票表决,即可宣告令其出会。）

资料来源:《各国对东省事变之态度及舆论(七)》,台湾"国史馆"藏"外交部"全宗,第 130 页。

37. 照译顾代表自日内瓦来电(1933 年 2 月 4 日)

来电第 43492 号

第六十号。二月四日。南京外交部:晤西班牙外长。日本新提案及我方催请规定日期函件,均于今日下午开会时提出讨论。十九国委员会对于日本之改变态度颇为感动。但其所达程度,犹不足以使该会之立场为之改变。目下尚可依据十二月间发表之条文,及曾经宣布之两种修改办法,从事调解。但一方面草拟最后报告书之工作,同时仍在继续进行。西班牙政府提议:对于不承认"满洲国"一事,不宜仅予声明。此种声明,其措辞之方式,且必须使任何一国,将来均不能与"满洲国"订立协定,其性质等于予以事实上之承认者。班纳斯对于此点立予附和,向各会员国建议:应采取何种行动一事,其重要性质,似甚于向当事双方建议依照十项原则以为解决之途径。至本报告书对于第十六条之影响,亦曾一度加以考量,惟并无结果。全部之讨论将于星期一日继续进行,并闻在起草委员会中,英方对于无论在任何情形中抵货运动均应予处分及禁止一节,殊为坚持,态度强硬。幸赖各小国坚决反对,始有曾经电达之折中办法。行政院本届会议于昨晚结束。分别派西班牙人阿尔格拉(ascarate)及英人爱特(waters)充任副秘书长及助理秘书长。维钧叩。

资料来源:《各国对东省事变之态度及舆论(七)》,台湾"国史馆"藏"外交部"全宗,第 133 页。

38. 照译顾代表自日内瓦来电(1933 年 2 月 7 日)

来电第 43581 号

二月七日。南京外交部:第六十九号。昨日十九国委员会开会时,马西格里为表明法国态度起见,谓:仅不承认"满洲国"为不充分。因各国均有领事驻满,事实上与之发生关系。可由事实上之承认,无形之中渐酿成法律上之承认。故必须承认采取不合作之原则,使此"新国"完全陷于孤立。顾。七日。

资料来源:《各国对东省事变之态度及舆论(七)》,台湾"国史馆"藏"外交部"全宗,第 135 页。

39. 照译颜、顾两代表自日内瓦来电(1933 年 2 月 7 日)

来电第 43588 号

第七十一号。二月七日。南京外交部:邀请李顿及西班牙、那[挪]威、瑞典各代表午餐。提议建议中须包括应使日本遵守之具体办法。庶与盟约不相违背之状况,得以重见恢复,并再声说须令日军撤退。如系必要,不妨以分段办法行之。例如,先从山海关及辽河一带入手。据李顿意见,除向国联会员国建议外,报告书中并应包括各种建议,其性质关系本问题解决基础之原则,及其实行之程序。至撤兵一事,渠及其他诸人金谓:中国军队程度,实不足以代替日军,应派遣宪警。国联中人均认宪警必能维持秩序,保护日人生命财产也。且中国方面并应保证,对于在伪国服务诸人,予以大赦。李顿谓:渠个人将请秘书处于起草建议条文时,列入一种积极办法,以图恢复平时状态,并嘱我方预筹划,聘用中立国武官组织宪警。对于组织宪警一事,现在究有何种进展? 贵处有何种计划提出? 惠庆、维钧叩。

资料来源:《各国对东省事变之态度及舆论(七)》,台湾"国史馆"藏"外交部"全宗,第 137 页。

40. 照译顾代表自日内瓦来电(1933年2月8日)

来电第 43620 号

南京外交部:二月八日。第七十四号。顷晤爱登上尉（CAPTAIN EDEN,英外次),告以日方之保留,势必破坏决议草案之原则。取消"满洲国",为根本重要之点。委员会如接受日方保留,直是摧残盟约之原则,我方绝对不能接受。且倘非当事人先将基础约定,从事调解可谓毫无意义。否则,徒为日方利用,延宕时间,以便其占据热河耳。渠承认我方理由颇具力量,并云:对于钧之向渠坦白,表示至觉欣慰,将慎重考虑日方之保留。委员会与日方有所约定后,自必与中国讨论。中国接受、拒绝,均可自由。渠答钧问时云:近来日方颇望调解。总之,无论调解,抑或报告,英国至愿及速竣事云云。渠提及蓝使来电,报告我方对英不满之事。希望中国勿轻信关于英国态度之谣传。最后报告提出后,真相自明。英国之政策,始终为维持盟约以尽对国联所负之责任。顾。

资料来源:《各国对东省事变之态度及舆论(七)》,台湾"国史馆"藏"外交部"全宗,第 139 页。

41. 照译颜代表自日内瓦来电(1933年2月17日)

来电第 44064 号

南京外交部:第九十六号。二月十七日。曾晤苏联外交委员长(李维诺夫),经示以国联之建议文,并询以苏俄是否将加入调解委员会。渠答称:国联未必发送请柬,因日本将不接受建议案也。李氏以为建议案颇称公允,并称报告书实为反对日本强有力之道德判词。此事在骄横国家视之,自觉酸辛,但将继续其军事计划。渠不能了解何以我国军队并不抗争,且以为苏炳文若将铁路隧道破坏,可使日军六个月内不能前进。而山海关一地,在战事发生一年来,继以日方之攻击,与日方订有协定后,犹未妥为防卫,殊使彼失望。李氏在军缩辩论会议中,曾屡次抨击日方不宣而战之侵略行为,并称苏俄已充分准备防御攻击矣。渠对盟约之解释,以为如日方不接受建议案,则中国在三个月后可对日本宣战。且关于条件之解释,彼以为如日方不接受建议案,则中国不受该案之拘束。李氏继称:查张家口昔曾驻有俄领。

资料来源:《各国对东省事变之态度及舆论(七)》,台湾"国史馆"藏"外交部"全宗,第140—142页。

42. 照译颜代表自日内瓦来电(1933年2月21日)

来电第44246号

南京外交部:二月二十一日。第一百零九号。国际公法专家贡献意见,认为中国应投票可决整个报告书,包括建议在内。然后,通知秘书长中国接受建议,系定对方亦将接受。为在技术上确定地步起见,遵照第六条之规定,中国通知国联,已派定关于撤兵之谈判人员,及预备自治宣言之委员会,并同时在大会宣布日本拒绝报告,开始进攻热河,实已有战争之行为。颜。

资料来源:《各国对东省事变之态度及舆论(七)》,台湾"国史馆"藏"外交部"全宗,第144页。

43. 照译颜代表自日内瓦来电(1933年2月25日)

来电第44486号

南京外交部:二月二十五日。第一百二十二号。缺席各国,大部南美国家,无关重要。惟暹罗对于报告书不投票,恐系预备将来禁运军火后,日本购买可由暹罗转运,现对此事在调查中。关于谈判委员会一节之修正,仅将愿参加之十二国列入而已。该十二国为德、比、英、坎拿大、西班牙、法、爱尔兰、义、和、葡、捷、土耳其。委员会必须俟日方接受后,方能成立。

资料来源:《各国对东省事变之态度及舆论(七)》,台湾"国史馆"藏"外交部"全宗,第146页。

44. 照译颜代表自日内瓦来电(1933年2月28日)

来电第44623号

南京外交部:二月二十八日。第一百二十六号。美国已接受邀请参加咨询委员会。据闻,苏俄之答复计有两点:一为须察看美国态度,二为俟美国承认苏联政府再定。李维诺夫业经离去,盼于星期一在莫斯科与彼见面。庆叩。

资料来源:《各国对东省事变之态度及舆论(七)》,台湾"国史馆"藏"外交部"全宗,第 148 页。

45. 照译外交部致施、郭、顾三使电(1933 年 3 月 2 日)

驻美、英、法使馆:第一三六、一零一、九六号。政府在未实行与日本断绝外交关系以前,亟欲知美英法政府态度,美英法政府是否:

(一) 赞成我国此举;

(二) 愿从中国之与日绝交,撤回该国驻东京使馆长官;

(三) 赞助(美)采取经济或其他制裁,盟约第十六条之执行。

希即设法探询美新当局,英、法当局之意见。迅复。外交部。

资料来源:《各国对东省事变之态度及舆论(七)》,台湾"国史馆"藏"外交部"全宗,第 153 页。

46. 照译驻英使馆来电(1933 年 3 月 4 日)

来电第 44870 号

第十二号。三月四日。对于三月二日第一零一号钧电,经向外交次长探明,对于(一)点,认为不审慎,且不智之举动。对于(二)点,英国未必将有此举。对于(三)点,中国有请求执行盟约第十六条之权,但难得全体一致同意。驻英使馆。

资料来源:《各国对东省事变之态度及舆论(七)》,台湾"国史馆"藏"外交部"全宗,第 156 页。

47. 照译顾代表自日内瓦来电(1933 年 3 月 4 日)

来电第 44876 号

南京外交部:第一三七号。三月四日。关于第九十六号、一百钧电。晤彭古,与之讨论电示之三点。关于我方断绝外交之目的,彼明了钧所解释之理由。但谓:此举不过表明在法律上战争状况之存在,或及使中国沿海一带受日方之封锁。钧告以:久已入于实际战争情况,且仍在继续。但中国之绝交举动,若得盟约国,尤以其中之大国之同样行动为之赞助时,则困难必可减少。既经大会之判决,则各盟约国有维持盟约之共同义务。鉴于日方之进攻热河,威胁攻击华北,请求制裁之时机已成熟,彭古谓:法国之政策为维护盟约。不论其在欧洲或在亚洲,将加入任何国际上之共同制裁。但彼且谓:欧洲正企望美国为其领导,法国不能采取单独行动,尤不欲有何举动,惹起美国不悦。钧又询:国联禁运事,法国方面是否可以对日立即施行。彭谓:对日施行禁运事,最好与制裁相同,采取国际行动。否则,由各国自由施行,势将对双方禁运,则对于中国似乎不利。概括言之,法国极欲避免普遍战争,但表示可由美国领导,以国际共同行动施行制裁。彭询及热河军事真情,钧竭力向之说明。

资料来源:《各国对东省事变之态度及舆论(七)》,台湾"国史馆"藏"外交部"全宗,第 159 页。

48. 照译顾代表自日内瓦来电(1933 年 3 月 6 日)

来电第 44973 号

南京外交部:三月六日。第一百四十五号。此间友好于我者均觉万分失望。金促我立即与日断绝外交关系,藉以纠正一般对我不良之印象,并表示中国不因军事上之失败,而灰心丧胆,仍有继续奋斗之决心。日军器械较我为精,此次我军失败,洵因最近日方在外国购得大宗军火飞机之故。可以此为理由,促国际对日禁运军火。政府有无关于日方最近定购军火之消息。骏人现在莫斯科,旭初已赴伦敦。报载迁都长沙之说确否。顾。

资料来源:《各国对东省事变之态度及舆论(七)》,台湾"国史馆"藏"外交部"全宗,第 161 页。

49. 照译顾代表自日内瓦来电(1933 年 3 月 8 日)

来电第 45100 号

第一百四十九号。三月八日。南京外交部:苏联答复国联称目前不能加入中日争执之咨询委员会。其理由为委员会中大半国家,苏联与之均无关系。言辞间注重关系深切之某非会员国,其用意似指美国而言。此间舆论,金以苏联企图设法取得美国之承认。西门及麦唐纳,将于下星期抵此。促成军缩会议及因中日争执各国对于禁止军火出口共同之行动,苟难成功,则英国亦将废止其目下对于此事之禁令。余曾谒马特利阿嘎,促委员会应采取迅速之举动,实行禁止军火运往日本,并扶助英国,出此难局。委员会在下星期恐将开会。维钧叩。

资料来源:《各国对东省事变之态度及舆论(七)》,台湾"国史馆"藏"外交部"全宗,第 163 页。

50. 照译郭公使自伦敦来电(1933 年 3 月 12 日)

来电第 45310 号

南京外交部。三月十二日。第十六号。昨晚,祺及松冈,均以无线电播音演说,颇为一般人士注意。松冈演说未得若何印象。听众金曰:"打倒日本,日本一强盗国耳。"对于祺之演说,有满意之批评。英国有势力之舆论,渐主张有效之制裁,但中国必须打开难关。德国之局面,使日本之患更形真实。

资料来源:《各国对东省事变之态度及舆论(七)》,台湾"国史馆"藏"外交部"全宗,第 165 页。

51. 照译顾公使自柏林来电(1933 年 3 月 13 日)

来电第 45359 号

南京外交部:第一五三号。三月十三日。据巴黎《每日邮报》(巴黎唯一之英文报)载北平消息,谓:倘若蒋介石将军阻止败绩之军队退入长城,则内战将不能免。北平命运,殊为危险,因该处有由南开到军队五师也。人民对于此项败绩军队之恐慌,一如其恐慌日本军队。除非蒋介石将军给该项军队以大宗饷项,否则将变为土匪。该报北平访员常将日本宣传材料作为中国新闻。提议对该访员之发电,予以注意。最近华北政况若何?传与江西共党已订停战协定,确否?顾。

资料来源:《各国对东省事变之态度及舆论(七)》,台湾"国史馆"藏"外交部"全宗,第 167 页。

52. 照译顾代表自日内瓦来电（1933 年 3 月 13 日）

来电第 45353 号

第一百五十四号。三月十三日。南京外交部：美国接受参加咨询委员会之文件，顷已到此。闻复书内称：凡在当地所作之任何定夺，美国委员并无接受之权，须先向美京请训，并称：美国对于应采办法之政策，尚未决定。友好诸人深惧，或致引起外间误会美国对于禁止军火出口一事之用意。委员会星期二日开会，阅悉俄、美二国之答复。然后，于星期三日再开，考量应采取何种办法。届时，美国代表亦将列席。鄙意，假令美代表能发言声称："美国虽不准备首先提创，然认禁止军火出口之办法，如对于争执双方一律适用，实难接受。"此事于我殊为有利。该项宣言能使友好诸人更为气壮，且甚合时宜。因□美国在委员会未作任何决定以前，将宣告止其禁止军火运往中日两国之禁令也。以上各节，并转电华盛顿方面矣。维钧叩。

资料来源：《各国对东省事变之态度及舆论（七）》，台湾"国史馆"藏"外交部"全宗，第 169 页。

53. 照译顾代表自日内瓦来电（1933 年 3 月 14 日）

来电第 45398 号

第一百五十六号。三月十四日。南京外交部：美国复文业已发表，内称美国既应保持其自由判断之权，故指派委员，系事所难能。惟深信参加该项会议，助益之处，定非少可。已训令驻瑞京美使，如各方愿望美国参加该项会议，时准其出席参加。惟无投票之权。维钧叩。

资料来源：《各国对东省事变之态度及舆论（七）》，台湾"国史馆"藏"外交部"全宗，第 171 页。

54. 照译顾代表自日内瓦来电（1933 年 3 月 16 日）

来电第 45523 号

第二百六十一号。南京外交部：法前首相赫里欧（Herriot），曾在星期日出版之□□报中,著论讨论日本占领热河问题。大旨如下:日本新采之行动,改变远东均衡,殊足危及世界和平。此次事变显系预有计划,北平之安全问题,迟早恐必有发生之一日。就法律上论,讨论第十六条一事,殊难避免。战时状态,业已存在,盟约显处于危险之地位。俄、美如拒绝扶助,欧洲各国殊无处置之能力。苟漠不关心,在国联方面必致发生严重之结果。倘令帝国主义□占胜利,则自一九一八年以来,一切关于提倡和平之努力,势必功败垂成。咨询委员会应设法决定,是否尚有调解之可能,减少双方之冲突,并反对武力之复活。惟全世界共同负责,然后乃能限制危机。各国必须避免采取分歧之行动云云。维钧叩。

资料来源:《各国对东省事变之态度及舆论(七)》,台湾"国史馆"藏"外交部"全宗,第 173 页。

55. 照译顾代表自日内瓦来电(1933 年 3 月 17 日)

来电第 45577 号

南京外交部:三月十七日。第一百六十二号。密。顷赴减军会议主席午餐,晤英首相麦克唐纳,告以我方改组军队,继续抵抗之努力。热河时局,当未可视为过去。此种局面对于世界和平颇有危险,似不应任其拖延。列国有立即采取一致行动,促日本醒悟之必要。渠云:渠早知中国在热河不能支持长久,是以未冒与中国以虚伪之鼓励。然而,彼亦觉此种局面对于世界和平诚极危险。日、俄之战,有发生之可能。惟英国不能单独作何诺言,必须获得美国合作方可。现在总须寻出一新途径,以调和中日。采取行动固属上策,惟恐益日本之怒,而将来妥协益感困难耳。

渠以为,最好将局面暂搁一时,以改进空气。昨晚,渠子及海珊爵士(HAILSHAM)与松冈晚餐,渠意于将来遣其子往远东一行,探询中日双方意见,以图妥协,认为不无裨益云云。嗣西门亦欲与钧谈话。西门云:法国彭古在宴会时,曾暗示对于远东局面,列国似宜有所行动之意。但渠则答以,对于实在情形缺乏最新消息。钧因略述大致情形于渠。渠云:中国误会渠曾与日本有所谅解,英国不反对进攻热河,其实大谬不然。渠本人曾向北平指摘日联造谣之事,北平表示道歉。渠并提及日人愤懑,将蓝浦森牵入漩涡之企图,以为日本通讯社谣传之例。渠云:英国投票赞成报告书,意即始终赞助之等语。

钧即促其采取行动,如外交上、经济上种种办法,以压迫日本。渠云:凡此种种,均在考虑中,惟无美国之合作,恐难效果耳。据渠所得消息,美国忙于国内问题,不欲多所作为。渠意:中国可以直接询问美国,以协助中国究能至若何地步。渠与麦克唐纳将赴罗马,其后西门将再返此间,而麦氏则将赴伦敦。鉴于彭古、西门、麦克唐纳所提出采取对日有效行动之条件,拟请电令施使,力促美国采取较积极之政策,并直接商询霍尔(HULL)。关于外交或经济制裁,指明单独对日禁运军火、军用材料、召回使馆长官、抵制日货进口等事,美国之协助,究可至若何之程度。

资料来源:《各国对东省事变之态度及舆论(七)》,台湾"国史馆"藏"外交部"全宗,第 176—177 页。

56. 照译顾代表自日内瓦来电(1933 年 3 月 17 日)

来电第 45575 号

南京外交部:三月十七日。第一百六十四号。关于禁运军火问题,因美国之行动迟迟,咨询委员会之注意亦见松懈。美国现正敦促,讨论各国同时召回使馆长官之事,各友好方面态度甚好,金同意下次会议中,由瑞典提出此项问题。法国方面可得同情,但倘美国不愿,英国方面或将发生阻碍。

资料来源:《各国对东省事变之态度及舆论(七)》,台湾"国史馆"藏"外交部"全宗,第 179 页。

57. 照译顾代表自日内瓦来电(1933 年 3 月 25 日)

来电第 45966 号

外交部:第一百七十九号、第一百七十七号电计达。《华盛顿先驱报》(*Herald*)称:美国政府将抗议日本之并吞现在受其统治之太平洋群岛,并协助德国。美国认为,该项群岛之让与欧战时之联盟国,乃指联盟国之团体而言,并非让与某一得胜国也。美国对于该岛之处置,亦有同样之权利等语。钧一百七十七号电,即(《巴黎时报》载柏林消息,日本宣言虽退出国联,然对于太平洋德国旧属各岛屿之委任统理,蓄意仍不放弃。此事德国政府视为将引起特殊重大之问题,牵涉委任统理制度之全部)。

资料来源:《各国对东省事变之态度及舆论(七)》,台湾"国史馆"藏"外交部"全宗,第 181 页。

58. 驻法使馆致外交部函(1933 年 3 月 29 日)

收文和字第 5969 号

事由:复十二月二十七日电,希、捷、爱尔兰各代表在国联主持正义,中国政府深表感谢。遵经转达驻法、希、捷两使及爱尔兰代表由。

驻法使馆函。总字第 198 号。迳复者:前奉由瑞馆转到大部,十二月二十七日来电开。自中日问题提出国联以来,爱尔兰、瑞士、西班牙、瑞典、希腊、捷克诸代表,均主持正义。中国政府深表感谢并盼其始终协助。希分别传达此意,并由法馆转告驻法、希腊、捷克各使及爱尔兰代表等因。尊经向驻法、希腊、捷克两使及爱尔兰代表,分别转达。该使、该代表等均颇欣慰。相应函复大部。即乞查照为荷。此致

外交部

中华民国二十二年二月二十日

资料来源:《各国对东省事变之态度及舆论(七)》,台湾"国史馆"藏"外交部"全宗,第 182—183 页。

59. 照译顾公使自巴黎来电(1933 年 4 月 23 日)

来电第 47301 号

南京外交部:四月二十二日。第二十四号。曾晤台维丝君,彼明日赴日内瓦,曾向彼解释:

(一)我方对于军缩所持之政策,以免除对于(二)我方对英国草案所提修正案之误会,美国对我方政策颇为关怀,渠对上述两事均表示赞助;(三)促其在日内瓦首先拟具不承认政策,并提议具体办法,协助中国压迫日本。

渠以为:禁运军火一事,若非列强准备贯彻始终,将使列强与日本间发生困难,而与中国无益。渠称:至于一切实际办法,日内瓦所施压迫,须俟各大国在华盛顿议有结果,方有效力。盖在华盛顿所得之同意办法,当能在咨询委员会中发生效力。但中国人民之联合一致,以及中国之继续抵抗,至为重要。列

强今日为他项问题所牵累,无暇顾及。然将来总有处理之一日。倘中国人民默不发言,或中国竟向日本屈服,则列强虽有所动作,亦属无益。当告以绝无屈服之危险,仍将继续抵抗,须知我方此时绝不能单独制止日本,列强必须予以物质上之援助,并须立即予以此项援助,使能有较为有效之抵抗。渠称:现在局势严重,华盛顿当不致不予以讨论也。渠对法国之态度表示满意,且以为近来华北事件之进展,或使英国采取较为严重之意见。维钧。

资料来源:《各国对东省事变之态度及舆论(七)》,台湾"国史馆"藏"外交部"全宗,第 187 页。

60. 照译郭公使自伦敦来电(1933 年 4 月 28 日)

来电第 47606 号

南京外交部:四月二十九日。第二十四号。伦敦各报扩大宣传英国驻华公使斡旋中日和平之事,显系英国从中指使。所发生影响于我极端不利,引起一般助我者之疑虑。列强颇有食言之意,我方万不可予彼等以口实。李顿现仍在英国各处演讲中日问题,昨晚与渠晤谈,渠对于汪、蒋合作表示欣幸,认为此系最有希望之途。但对于我方在大会通过报告不能加紧抵货运动,殊为诧异。渠以为我方惟有恃经济武器作有效之抵抗。

资料来源:《各国对东省事变之态度及舆论(七)》,台湾"国史馆"藏"外交部"全宗,第 190 页。

61. 伦敦郭泰祺致外交部电(1933 年 5 月 2 日)

来电第 47767 号

南京外交部:二十七号。二日。今晨晤台维斯,渠以列强不暇兼顾,致远东局势益恶化为惜。但深信吾国若能坚忍抵抗,胜利终属吾人。列强稍有余力,终难漠视。惟若与日妥协,则列强委实无法助我。弟答:决不妥协,并详告汪院长,宣言抵抗与外交并行之真谛义,渠表赞同。对绝交问题,渠谓:封锁固可虑,但日本因恐与列强冲突,或不出此。若不绝交,人将谓我无决心。对援用第十六条认为法律上无问题,政治上尚须待时机,但或可逐渐施行外交、财政、经济之压迫。弟问:美国能与国联共施经济制裁否?渠谓:可由宋与总统讨论。渠意:俄、日若冲突,日反得英之同情,故此俄必谋避免。驻英俄大使则谓:日果攻俄,非百万兵不济,故华北撤兵与对俄无关。祺。二日。

资料来源:《各国对东省事变之态度及舆论(七)》,台湾"国史馆"藏"外交部"全宗,第192—193页。

62. 照译顾公使自巴黎来电(1933年5月5日)

来电第47969号

第三十四号。五月四日。南京外交部:左派报纸《意力报》(Volonte)本日社论载称:现在,日、俄两国间所发生之局势,法国设不予注意,是诚大谬。

(一)远东事有战事,势必蔓延及于欧洲;

(二)因亲俄主义,现已成为法国政策上之一要点。

日俄如以兵戎相见,则俄国在欧洲之地位,将受其打击,法国不应漠然视之。故对于日本必须有所表示,以息争端。又《新时代报》(Ere nouvelle)载,东京消息:日本在经济会议中,将提出承认"满洲国"问题。设不能如愿,则对于会中所讨论各问题,大半当采取消极态度云。维钧叩。

资料来源:《各国对东省事变之态度及舆论(七)》,台湾"国史馆"藏"外交部"全宗,第195页。

63. 伦敦郭公使致外交部电(1933年4月30日)

南京外交部:四月二十九日。第二十五号。《每日传递报》(DAILY HERALD)今日刊载外交特派员之评论:严重责难兰浦森努力之调停行动,因完全与国联所取之原则相违反。照大势而观,日本急欲稳定南方局势,俾对付北面之俄国。已电宋部长如下:在华盛顿谈话会结束后,阁下是否来欧洲?伦敦会议极愿阁下出席,在外交方面亦极需要。阁下是否仍须余或顾公使去美会晤否?倘宋部长将来欧洲,余等之行似可无需。

资料来源:《各国对东省事变之态度及舆论(七)》,台湾"国史馆"藏"外交部"全宗,第196页。

64. 照译郭公使自伦敦来电（1933 年 5 月 9 日）

来电第 48172 号

南京外交部：《孟鸠斯德导报》发表驻东京英大使对温尼伯（WINNIPEG）《自由报》谈话称："日本因关于'满洲国'所采取之行动备受横逆之加"，中国侵害日本之权利，"日本至忍无可忍之时，乃以武力先占满洲，再占热河。中国人本极排外，亦曾与英国多次为难，及至现时，始知求与列强友好。其实不过欲得与国以对日耳。但英国视日本之友谊，较中国为重"云云。拟请唤起驻华英使之注意，祺亦将向英外部提出。祺。

资料来源：《各国对东省事变之态度及舆论（七）》，台湾"国史馆"藏"外交部"全宗，第 198 页。

65. 照译顾公使自巴黎来电（1933 年 5 月 13 日）

来电第 48418 号

第四十一号。五月十二日。南京外交部：五月十二日，尊处第一百七十四号来电敬悉。此间政府中人对于我国所处地位，并无何种误解之处。金以我方即用武力进攻，收复实地，亦属正当之举。依据保障和平之三种公约，列强职责不仅应阻止日本扰乱平津区域之安宁，且应阻止其侵略满洲及热河。列强精神上及法律上之态度，在大会报告中虽已阐明，然对于其一致同意之决判，理应使之发生效力。为求达此目的，在正月间即已可援用辛丑条约，要求日军退出平津。前于自日内瓦所发第五百九十一号电中，已言之矣。

但目下时局严重。鄙意，我方动作其所依据之基础，似应较为广阔。查非战公约及九国条约，对于遏制侵略一事，虽九国公约有互相询咨之规定，并俱无明白之记载。其载有确切裁制之办法者，惟有盟约第十六条。若仅使列强对于日本作空言之警告，继之并无具体办法以为其后盾，即令列强情愿出此，然结果将仍等同泡影。盖就外交上言，试问警告之严重，尚有过于通过大会报告书者乎？职此种种原因，贵部之欲维钧转告法外部者，究系何在？我方自身已准备采取何种行为？统希赐以较为详尽之训示。蓝博森要求我方作更确切之表示，与维钧第三十号电内所载，此间各方之意见正复，后先相映。贵部是否愿列强采取强制之办法,即抑愿列强催促日本从事即撤兵？若欲列强采取强制之办法,则我方之要求,惟有援用盟约第十六条。而对于美国,不妨以大会报告书为根据。若欲列强催促日本从事撤兵,则非我方情愿缔结一种之协定。此事恐难望其实现,盖欲求撤兵之成功或则签订休战协定,或则服从日本之条件以为解决之方也。维钧叩。

资料来源:《各国对东省事变之态度及舆论(七)》,台湾"国史馆"藏"外交部"全宗,第 201 页。

66. 照译郭公使自伦敦来电(1933 年 5 月 13 日)

来电第 48468 号

第三十三号。祺复与台维斯晤谈关于用如何有效方法,不承认"满洲国"及华北之严重局势。渠允回日内瓦后,在咨询委员会内协助,并云:各国不能再漠视远东问题,美总统已曾与英首相言及,彼甚忧虑。各国坚决对付德国后,再行对付日本。盖其威胁,因德国态度而更为确切也。渠极劝中国,无论如何不可屈服或议和日本。以为各国均甚冷淡,将来或有意料所不及者。关于五月十二日尊电一八九号,现正与英外部接洽,以期下星期初会晤。

资料来源:《各国对东省事变之态度及舆论(七)》,台湾"国史馆"藏"外交部"全宗,第 203 页。

67. 照译顾公使自巴黎来电(1933 年 5 月 19 日)

来电第 48700 号

南京外交部:五月十八日。第四十四号。法国新闻界对于美总统宣言之反感,取十分谨慎之态度。勒巴仑①总统之答词,短而涵[含]混,仅表示感谢,赞美其高洁之意志,并谓:法国具同一之精神,抱一致之愿望,予以认识。总理达拉第发表同样措词之宣言,但特别注重谓:须有有效力之行动,必祛除有理由之疑惧,然后顺利得以维持和平。法国官方意见,此项宣言在政治上似对世界民族而发,不似外交上之公文。法外部或不直接答复,法国之真正用意似欲

---

① 编者按:指时任法国总统莱伯朗(Albert Lebrun)。

待局势之更趋明了。维钧。

资料来源:《各国对东省事变之态度及舆论(七)》,台湾"国史馆"藏"外交部"全宗,第 205 页。

68. 照译顾代表自日内瓦来电(1933 年 5 月 24 日)

第二百二十一号。五月二十五日。南京外交部:本日会议时,西门另提条文,用以代替"安全"一章内旧有之规定。即将由各签字国间互相咨询,改作由国联会员国与签字协定之非会员国间互相咨询。是否已将我方修正各点,包括在内。台维斯朗诵宣言,解释美国所处地位,与星期一日该国所发表之□□初无大异,惟较为确切。台维斯并□□美国,如与各国同意认定某者为侵略国,则不但避免与各国取相反之行动,且对于本国人民之从事各项活动其结果,并以妨害维持和平之共同步骤者,亦将不予保护。法国、波兰、小协商国及德国,大体均表示满意。分组委员会将规定侵略国定义之报告书暂予搁置。谅各国中必有反对者。维钧叩。

资料来源:《各国对东省事变之态度及舆论(七)》,台湾"国史馆"藏"外交部"全宗,第 208 页。

69. 照译郭公使自伦敦来电(1933 年 5 月 24 日)

来电第 49196 号

南京外交部:五月二十四日。第四十一号。《每日评坛报》社评谓:"国联对远东问题应采取行动,国联在远东问题如暴露其弱点,则无往而不见其软弱无能矣。倘国联不可靠,则欧洲及任何处,尚有何保障。国联失败,则吾人无所适从。国联在远东失败,实为致命之打击。欧洲将来之和平,全赖国联在远东表现其权利如何。"《满城导报》社评标题为无荣誉之和平,谓:"倘南京政府与日本议和,致'满洲国'为日本所有,则南京政府之长久存在,日人能必乎。"

资料来源:《各国对东省事变之态度及舆论(七)》,台湾"国史馆"藏"外交部"全宗,第 211 页。

70. 顾维钧致南京外交部电(1933年6月17日)

来电第 50578 号

发电:1933 年 6 月 16 日 18 时 41 分

收电:1933 年 6 月 17 日 5 时 45 分

南京外交部:五十三号。十六日。昨回巴黎,晤东方股长,谈及停战协定。彼谓:事先接韦使电,请示应否斡旋。曾复以应限于人道主义促进停战,不涉外交。关于条款内容,务须力避边界等字。现查协定第四段,撤兵区域内治安由中国警察维持一层,言明北至长城为止。似乎长城以北之警察权,中国隐示放弃,将来易滋误会。最好设法声明保留云云。告以中国政府用意,全为局部停战,只限军事,不涉任何争执问题,亦无牵动东案根本问题之意。此次协定应否通告国际联合会备案,尚在考虑中。将来如决定通知或可于彼时声明。彼云:现因国际联合会关系,协定内容直接、间接足以引起东案本身之误会者,似宜设法解释云云。钧。

资料来源:《各国对东省事变之态度及舆论(七)》,台湾"国史馆"藏"外交部"全宗,第 212—213 页。

71. 巴黎顾公使致外交部电(1933年8月4日)

来电 53037 号

发电:1933 年 8 月 4 日 14 时 35 分

收电:1933 年 8 月 5 日 7 时 54 分

七十五号。四日。二百三十二号电悉。法、日联合在满投资事,顷询法外部,亦不悉,云:或系在东省法商所为,日人故意夸张。法政府对在我东省投资法商,决不予以赞助。但有自行冒险前往者,亦无法禁止云。钧。

资料来源:《各国对东省事变之态度及舆论(七)》,台湾"国史馆"藏"外交部"全宗,第 214 页。

72. 伦敦郭泰祺致外交部电(1933 年 11 月 9 日)

来电第 58100 号

发电:1933 年 11 月 9 日 0 时 1 分

收电:1933 年 11 月 9 日 10 时 35 分

南京外交部:第六十二号。八日。今日,贵族院讨论中国问题。培尔爵士称:南京政府,为中华民国比较最好、最稳固之政府。赞颂汪、蒋、宋三公,并谓中英此时最友善。英政府惟应积极援中国发展商业,以无驻华大使为遗憾。又谓:中国现有联日与联欧美两派,暗斗颇烈,殊堪注重云云。嗣英外部答应,英国对国民政府之企望及可能范围之内莫不赞助,将继续此政策。详情邮寄。又,昨下议院讨论军缩问题。工党发言人责英政府对远东维护盟约及公约不力,致军缩会议受打击云。祺。驻英使馆。

资料来源:《各国对东省事变之态度及舆论(七)》,台湾"国史馆"藏"外交部"全宗,第 215 页。

73. 伦敦郭公使致外交部电(1934 年 1 月 15 日)

来电第 60323 号

发电:1934 年 1 月 15 日 20 时 28 分

收电:1934 年 1 月 16 日 9 时 50 分

南京外交部:三号。十五日。三百一十号电敬悉。早经遵达英外部。本日英外相约晤,出示英国官吏接受外国勋章条例限制。格虽有例外,亦须预得英皇准许,并载明退任大使公使不在此列外。后,祺辑睦中英邦交之意,及已见明令为言。英外相允特请英皇核准结果,容续达。英外相旋询及闽变情形。祺以得之于报端者答之,彼亦喜其敉平。嗣谈及日俄关系,渠似不信日本愿先发难,但亦认为严重及中国地位之困难。对溥仪称帝,因十日电未奉复,祺未提及。祺。

资料来源:《各国对东省事变之态度及舆论(七)》,台湾"国史馆"藏"外交部"全宗,第 216 页。

74. 驻英使馆致外交部电(1934 年 1 月 24 日)

来电第 60444 号

发电:1934 年 1 月 24 日 18 时 04 分

收电:1934 年 1 月 25 日 9 时 35 分

南京外交部:八号。二十四日。英舆论对广田演词甚重视。*Daily Herald* 谓为公然向世界宣布其以全华为保护国之野心,且硬要列强承认其所谓使命云云。驻英使馆。

资料来源:《各国对东省事变之态度及舆论(七)》,台湾"国史馆"藏"外交部"全宗,第 217 页。

75. 巴黎顾维钧致外交部电(1934 年 1 月 26 日)

来电第 60407 号

发电:1934 年 1 月 26 日 00 时 05 分

收电:1934 年 1 月 25 日 12 时 07 分

南京外交部:一百二十八号。法报对广田演说评论多数谓:语气虽较和平,其欲独霸东亚、征服中国、铲除俄势政策,根本未变。益信田中奏折真确,日俄冲突难免云。再,溥仪称帝,遍载各报。国际方面有谓:伪国基础巩固,对日较可自由,有裨中国且合华北人民心理。有谓:称帝乃日诡计,此后操纵更易,并可藉以进取华北兼备对俄云,但均欲知我国态度。闻三月一日伪登极,恐更引起国际注意,似宜由政府届时发表宣言,以明态度、释群疑。祈酌夺。钧。二十五日。

资料来源:《各国对东省事变之态度及舆论(七)》,台湾"国史馆"藏"外交部"全宗,第 218 页。

76. 巴黎顾维钧致外交部电(1934 年 2 月 17 日)

来电第 60732 号

发电:1934 年 2 月 17 日 18 时 15 分

收电:1934 年 2 月 18 日 8 时 35 分

南京外交部:一四〇号。十七日。里昂商会会长在 WILXE 经济会讲演,谓:日货倾销如不设法抵制,对外命脉将全消灭,国内亦不堪设想。必须各国协同规定日货入口限量云云。钧。

资料来源:《各国对东省事变之态度及舆论(七)》,台湾"国史馆"藏"外交部"全宗,第 219 页。

77. 顾维钧致外交部和汪院长函(1934 年 3 月 14 日)

事由:陈报法国关于日俄战争及日货倾销两点之言论。

精卫我兄、院长勋鉴:法国对于远东舆论,历经随时电陈。比来,日俄风云日紧,世界战机愈迫。而在此经济恐慌中,日货倾销举世为之震惊。法国各报及朝野名流对此两问题,均极注意,竞相研究发为论著。近自法、俄联欢,日谋与德携手。法人论调,颇改旧观。可见各国纵横捭阖之术,固因时变化也。兹将法各方对此两问题观察,综合叙述,另纸附陈,藉备参考。至关于日德携手一事,传说颇多。上月,国联行政院开会时,弟以 *Berlin Tagellatt* 报驻瑞士记者之请求,发表谈话,告以德国在华商务重要,且政府聘请德国军事顾问颇多,邦交尤非寻常可比,德对远东举动不可不注意及此。此项谈话遍登德国各大报,颇为一般德民所注意。知关厪系,并以奉闻,专此敬颂勋安。

弟顾维钧谨启

中华民国二十三年二月八日①

附件

法国关于日俄战争及日货倾销问题之言论

(一)日俄战争

此问题在一年前,仅共产党人深信日本阴谋。时于其机关报大书"日本积极准备攻俄,速救我苏维埃祖国"等一类文字。其他各报则多以为苏俄版图辽阔,交通不便,运调困难且红军军心不一,战事一起,内变堪虞,俄政府自审国情,对日势须退让,绝难言战。

① 编者按:顾维钧发函日期是 1934 年 2 月 8 日,外交部收到日期是 1934 年 3 月 14 日。

自去夏,法社会过激党领袖赫里欧(Herriot)及航空部长毕业戈(Pierre-cot)访俄归后,发表言论,极赞苏俄经济建设之进步,及其空军之发达。舆论因之渐改对苏俄实力之观察,已不若从前之武断。今日,阿图罗·拉布里奥(Arturo Labriola)在《新时代》(Era Nouvelle)著论,谓:苏俄空军,由西伯利亚东部海岸五六小时内,可攻击东京、横滨、西京、神户等富庶中心区域。陆军可由外蒙古及东西伯利亚各处,夹攻满洲。日本方面,则一方欲铲除苏俄空军海参崴根据地,一方图据外蒙古,以为满洲之保障。故其现行步骤为进占内蒙,以便由库伦进攻伊尔库茨克及贝加尔湖等处,以实行其田中政策。日本向用不宣而战之方法,战事爆发随时均有可能云云。

近赫里欧在 Le Moment 著论,促国人注意远东危局,亦信日俄形势紧张。以为造成此危局之原因,纯由日本极力向外发展,及军阀主政所致。中东铁路问题、海军同量问题不过其外表耳。

各报以此,均倡议法国应注意远东事件,尤信日俄战端一启,范围将不仅在远东,势将蔓延于全世界云。

(二)日货倾销

此问题以前谈者绝鲜,半年以来,日货倾销范围日广,法人所受影响渐大。尤以非洲殖民地日货充斥市场,几为所垄断,商家损失既甚,舆论因之激昂。最近,日人在非洲埃塞俄比亚(Ethiopie)国内势力日益扩张,法尤引以为虑。深恐日本势力蔓延非洲,则法属殖民地,不特市场将为其所垄断,即地土亦将为其移民所充塞。近马利荣氏(Paul Marion)在 Le Quotidien 著论,谓:在此情形之下,若犹以自由竞争为名,而不谋抵制日货之策,前途将不堪设想。马氏主张厉行限制货量入口办法,以为与日磋商之工具,并谓:此仍不过片面办法,其根本仍须欧洲各国联合一致,以打破日人危险而无厌之侵略云。

按自九一八以来,法国舆论,除左党论调向表同情于我国外,其右派及资本家各报类多袒日。其甚者,赞日人为远东和平之柱石,维持安南殖民地之良友。其次,亦多认为远东辽远与法无关,尽可听其自然。今就以上两问题观之,似渐变其态度,趋向反日。盖法人初以日本野心不过吞并满蒙,近见其得陇望蜀,贪心无厌,气势张狂,大有独霸亚洲之概。任其发展,恐将危及安南。且法、俄新联欢好,期以制德。而日人攻俄之谋日显,更进图与德携手,实不啻间接与法为敌。因国际形势之变化,其论调遂渐改易。又闻日本对法国各大报向多津贴,近见舆论不利于彼方,以为无益,多将津贴取销[消],亦为论调改变之一因云。

资料来源:《各国对东省事变之态度及舆论(七)》,台湾"国史馆"藏"外交部"全宗,第220—226页。

78. 外交部致驻法顾公使函(1934年3月20日)

少川我兄星使□鉴:时事多艰,贤劳可念,环诵惠简,示及法国关于日俄战争及日货倾销两点之言论,并加断语。该于法人对日态度之转移,了如指掌。而执事对德报记者发表谈话一节,尤见语重心长。爰佩公孙觇国之能,藉并慕容扣囊之智。□□论志,扶掖良多。日本近感国际之孤立,远审世界之战机,捭阖纵横,狡焉思逞。初则亲法以掣英美,今又欲联德以防苏俄。蓄念所在,无非欲以称霸东方,谋现其所谓大亚细亚主义。欧洲人士或以肥瘠无关,或以形格势禁,不及明察,易受日方宣传所欺。迨揭破阴谋,复自惴惴,顿更初旨,诚如尊论所云,因国际形势之变化,其论调遂渐改易者,此际沉毅应付,怀远提携,行人有辞,邦国足赖,执事夙负敦繁,时望处之,自觉裕余遥企。去晖顿迟曷极,专复祗颂韶祺。

兹遵命改拟函稿一件。措词妥否,敬候钧裁。谨呈兼部长。

参事吴颂皋　二十一日

少川吾兄执事大鉴:接奉二月八日大札诵悉一是。承以法国关于日俄战争及日货倾销两点之言论见示,无任感佩。日、俄战机日迫,举国咸加注目。推原其故,无非由于日本之黩武主义向外积极发展所致。诚如法前总理赫里欧所言,中东铁路不过表面问题,日本军阀政治苟不根本改变,远东和平决难维持,若日俄战端一启,势必影响及于全世界。日人有鉴于此,故一面极力和缓美国反日空气,一面则在个别外交之下复有联德制俄之企图。德俄邦交显与往日不同,而法俄关系则日见亲善,日人果欲实行联德制俄,法必倾向英美,甚至促成英美法俄四国对日之步调一致,亦未可知。此则有利于我方之观察,顾就另一方面言,德为投资满洲起见,难保不为日方所引诱,而改变其对伪组织之态度。故吾人应如何保持中德亲善,而使德人觉悟,关系重大,亦不容忽视。执事向德记者发表谈话一节,弟深表赞同,尚望继续努力,是所感盼。至于日货倾销一事。首先受其影响者,当然为中国。我国生产落后,国力不充。如何图谋抵制,以收实效,殊有考量余地。英、荷各国,殆已洞悉日货倾销之害。英、日棉业谈判之失败,尤足证两国间欲谋经济妥协,洵非易易。惟法国于远东经济利益较少,保守派中人,平日囿于袒日成见,从不敢倡议抵制日货,尤为吾人所不取。今读大函,藉悉法国人士关于此方面之态度亦已转变。此固为国际间必然之反响,然吾人苟能利用时机,尽量宣传,使法国朝野晓然于日货倾销与土地侵略,实同为推行大陆政策之必要步骤,则积以时日,未始不能在外交上产生相当效果。此则尤盼执事能继续活动,为国效劳者也。要之,国难严重与日俱增,如何挽救民族,端赖内外一心协力奋斗,幸共勉之。专复祗颂勋绥。

部长署名

三、二十二

资料来源:《各国对东省事变之态度及舆论(七)》,台湾"国史馆"藏"外交部"全宗,第 227—232 页。

79. 伦敦郭公使致外交部电(1934 年 5 月 3 日)

来电第 61868 号

发电:1934 年 5 月 3 日 16 时 34 分

收电:1934 年 5 月 4 日 7 时 0 分

南京外交部:第三号。三日。英日商务谈判无望,英对日入口货加以数额限制,即将施行。商务大臣下星期且将在下议院声明。据报,英政府此举已得各属地一致赞助。日本仍图展缓,但据可靠消息,日本若不立即接受,以全球市场为谈判基础,则英必不肯再延云。此为英国对日政策改变之一大关键,于我大有利。特闻。祺。

资料来源:《各国对东省事变之态度及舆论(七)》,台湾"国史馆"藏"外交部"全宗,第 233 页。

80. 巴黎顾公使致外交部电(1933 年 5 月 11 日)

来电第 68016 号

发电:1934 年 5 月 11 日 17 时 30 分

收电:1934 年 5 月 12 日 7 时 20 分

南京外交部:第十号。十日,顷晤白多法外长详谈。先谓:日宣言欲操纵中外邦交。法政府答以公法条约为根据,颇为我朝野所欢迎。彼称慰并言:美方亦深表满意。次告以:我国与国际联合会合作,历时三年,当初日在国际联合会亦声明赞助。近乃多方宣传表示反对,实欲阻我发展。如日本在巴黎或日内瓦方面来运动反对,务请坚持行政院之原议,勿受恫吓。彼答当留意,并谓:日前答复日本所云,系法政府之政策。法固欲维持法日友谊,但亦不愿变更其对华之友谊政策,只望中国亦始终尊重门户开放主义。次及军缩会议前途,彼谓:法不愿抛弃和约,允德重整军备,但亦不愿由法宣告会议之终止。现德之军备已为难事,所望者,英方须有确实保证安全之办法云。但钧昨与英大使谈,英方态度似深不愿对将来有所约定之担任,现军缩会议定月终开会。我国军事代表均已回国,届时拟请唐武官前往襄助,乞商军事委员会电复为荷。拉氏昨晚到巴,即往瑞。钧下午启程赴日内瓦并闻。钧。

资料来源:《各国对东省事变之态度及舆论(七)》,台湾"国史馆"藏"外交部"全宗,第234—235页。

81. 巴黎萧继荣致外交部电(1934年7月11日)

来电第63070号
发电:1934年5月11日14时25分
收电:1934年5月12日7时25分
南京外交部:二十五号。十一日。法外交总长明晚由英返法,宣言在英谈话满意。又据报载:巴图赴英之结果。英已不反对东欧局部互助同盟,及苏联加入国联。又赞成局部互助同盟,当为续开军缩会议之第一步云。继荣。

资料来源:《各国对东省事变之态度及舆论(七)》,台湾"国史馆"藏"外交部"全宗,第236页。

82. 外交部致驻英使馆电(1934年8月25日)

原电稿(11)五奉附
驻伦敦中国代表:特密。今日,英日同盟有将恢复传说。希随时注意,并设法刺探英政府真实态度报部。外交部。

资料来源:《各国对东省事变之态度及舆论(七)》,台湾"国史馆"藏"外交部"全宗,第 237 页。

83. 伦敦郭泰祺致外交部电(1934 年 8 月 30 日)

原电存(11)五附

南京外交部:三三号。二十九日。四十九号电悉。日本因恐英美成立海军谅解,及苏俄将加入国联,益致孤立,故作英日复盟之宣传。但英方同情者,居极少数。加以英与美国及澳、坎等属地关系,决难成为事实。英方已绝对否认。又英外部一再向我保证,赴满考察,固毫无政治作用。祺。二十九日。

资料来源:《各国对东省事变之态度及舆论(七)》,台湾"国史馆"藏"外交部"全宗,第 238 页。

84. 伦敦郭泰祺致外交部电(1934 年 11 月 19 日)

来电第 65361 号

发电:1934 年 11 月 19 日 19 时 56 分

收电:1934 年 11 月 20 日 9 时 00 分

南京外交部:五十四号。十九日。八十号电悉。日使前向英外相表示,日本愿增进英日政治关系。英方曾以此事告美代表团,但闻未肯语其详,致美方颇疑虑。另一消息,日本欲得英国谅解,俾得在华北自由行动,以不侵害英国在长江利益为交换条件。余大概如来三十日云云,但未能证实。至日本在英借款一节,俄使亦以此举足增加远东战机,质询英外相。英外相未否认,仅允查明。复告知,惟上项英日商洽,近因美国报纸宣传政府注意,致英首相正式否认,英国亦多不满,势须停止或根本打消。

最近日本对英国海军建议答复不满,益可促进英、美联合。查英国亲日派以旧派海军人员为中坚,政府中以财、陆两相为最力。工党自、由党保守派之进步份子及国际联盟派则均反日,各属地亦然,并主联美。故英日联盟决难复活,政治谅解亦难成立。但英政府现仍持中间人态度,冀延长海军谈判。美国仍坚决如故。余续闻。祺。

附注:八十号去电,系报载英日进行政治经济等协定。又传英首相否认说。

究竟英日除海军问题外,曾否谈及其他事项,希设法侦查由。电报科谨注。

资料来源:《各国对东省事变之态度及舆论(七)》,台湾"国史馆"藏"外交部"全宗,第 239—240 页。

85. 伦敦郭公使致外交部电(1934 年 11 月 23 日)

来电第 65439 号

发电:1934 年 11 月 23 日 22 时 58 分

收电:1934 年 11 月 24 日 9 时 50 分

南京外交部:五十七号。二十三日。五十六号电计达。顷晤英外相告以:

(一)我国虽未参预海军谈判,但于其进行与结果,实与英美同样关切,甚或过之。如英美承认日本要求,无异承认其太平洋与东亚霸权,为虎添翼,中国更蒙不利。

(二)外间所谈政治谈判果确,则关系中国尤切。中国领土完整为九国公约基本原则,亦即太平洋安全之保障。

予奉命说明中国立场,并询问真相。英外相答称:关于第一点,中英利害共同,英国自身之权益必须维护,中国可勿虑。一面吾人仍须尽力谋一协定。关于第二点,英国以中国完整为一贯政策,绝不放松。予承认英、美、日互不侵犯公约确经谈及,但予曾言中国之权益亦须维护,此点予可切实保证。但此事并无具体谈判,贵国之关照,欲闻真相,诚属合理云云。驻英日使闻曾提议互不侵犯条约,美答中、俄须加入。否则,有九国公约,无须再订他约云云。日内再访美代表,余续闻。祺。

注:二十三日五六号来电——海军谈判已成僵局。祺访英外相,以政府名义探询真相并表示意见由。电报科谨注。

资料来源:《各国对东省事变之态度及舆论(七)》,台湾"国史馆"藏"外交部"全宗,第 241—242 页。

86. 伦敦郭公使致外交部电(1935 年 1 月 30 日)

来电第 66690 号

发电:1935 年 1 月 30 日 18 时

收电:1935年1月31日9时

南京外交部:七十四号。三十日。连日,英报对有吉铃木与蒋委员长会晤极为重视。且转载日方所传条件:如提供政治、军事、经济助力,反对九国公约订立。如日"满"之议定□中国应允不再诉诸国联,甚至退出,并将现有欧美军事顾问代以日人等等,不啻变相"二十一条"。此为日方惯用之试探宣传,以觇列强态度。如所传不实,似应更正,免淆听闻。如何乞示。祺。

资料来源:《各国对东省事变之态度及舆论(七)》,台湾"国史馆"藏"外交部"全宗,第243页。

87. 张歆海致戴季陶函(1931年11月18日)

季公院长钧鉴:敬肃者:海近日应宋部长之招,对于中日事件有所参预。惟于近几日内,所得国外电报情势骤变,不禁发一感想,于三日前拟成报告,送与宋部长。兹录呈钧鉴并略抒管见,谨祈裁察。呈宋部长文,查在最近五日内(至十六日止)所得国外电报忽表现一极重要之事实,即自从国际联盟会在十月二十四号闭会,至现在从重将开会之时,三星期内,世界舆论对于中日之事件,由当初之严厉批评日本政策,忽变成对于日本行动有表示同情之态度。揆其改变原因,大约日本驻各国代表向各国政府接洽及宣传有极精密之组织,有极沈鸷、极敏捷之手段,而中国则无法去与抵抗。只有施公使单独奋斗,除在行政院对付诸问题外,无暇顾到他方面之进行。所以最近五日之中,所得电报至少有十点可以证明各国态度改到与日本表同情之趋势。

(一)英国国会以尊重保守党之主张,已传出消息反对与日本经济绝交,由此以观,如即欲引用国际联盟会盟约第十五、十六两条,几几①乎有不可能之势。

(二)美国驻英大使道斯将军开会时,决不出席,各方认为日本胜利。

(三)美国外交次长,有递出一调和办法之消息。办法中,有述及中国不能承认对于满洲各种条约之说。

(四)英国传与日本有一秘密照会。其中有四点,第一点有中国须承认满洲条约等语。

---

① 编者按:原文多一"几"字。

（五）又传现在英美两国对于中日事件有所了解，然此了解仍不外乎与日本表示同情。（即西蒙、道斯及驻英日本大使三人间之了解）。

（六）近来法国报纸，除社会党报纸外，可谓全数已与日本表示同情。即是《巴黎时报》向来对于中国感情甚好，近来亦与日本表同情。（昨传法外相白立昂①之和平态度，为法参谋总长所不许）。

（七）美国报纸当中日问题初发生时，对于日本表示非常之愤感，今则改为转助日本。（另附上海《字林西报》新闻一则请察阅）。

（八）此外有几家英国报纸，如《先驱晨报》（Morning Herald）等，论调亦改为倾向日本。

（九）日本此次因与各国接洽有办法，及宣传有效果，以后将于行政院重开会时态度益形强硬。

（十）日本当初对于中国与行政院报告种种之消息，不过指为不合与不实。近则明目张胆公然诬为宣传品，且谓与国际联盟会有极大妨碍，致使国际联盟会受其影响，不能抱公平之态度。

上列十条，系三日前之五日中所得消息，业经录送宋部长者。自前日行政院开会以后，尤可证实。如果所传非虚，恐此次行政院会议所得结果，必与中国极大之不利。日本于三星期中，居然能转变世界舆论，令人极为可惧。我国应亟筹办法，速图补救。至其补救方法，似可仍从宣传方面着手。一面更派外交得力人员，速往各国政府接洽联络。谫陋之见，是否有当，并祈亮察。一切容趋前详陈。专肃敬颂钧绥，诸惟荃照。张歆海谨启。十一月十八日。

资料来源：《各国对东省事变之态度及舆论（七）》，台湾"国史馆"藏"外交部"全宗，第245—253页。

88. 中央宣传部致外交部函（1931 年 12 月 23 日）

事由：中央宣传部函转达赵公望陈述对外宣传之计划等情。

敬启者：顷接留美学生赵公望同志两函，陈述对外宣传之计划，并报告美国报纸对东省事件之态度等由。查函中所陈各点，足资参考之用。兹特检同原函及附件，函送贵部备作参考。此致

外交部

---

① 编者按：白立昂，即时任法国外相阿里斯蒂德·白里安（Aristide Briand）。

附送原函二件,报纸三纸①

中央执行委员会宣传部

中华民国二十年十二月二十一日

敬启者:周前曾上一函,想已寄到,兹将最近美国舆论界情形再为报告如次:

美国最初致牒国联时,措辞强硬,各报亦多责斥日本,一时所传国联方面情形大有利于我国。嗣日本东京来电,迭称日本政府军人及人民对美国加入联盟行政会旁听一事,甚为愤激,拟即退出国联云云。美国政府态度即突形软化,美国代表在国联行政会参加时未发一言,对中日两国劝告尊重凯洛【格】公约之牒文亦待至英法德各国送出后,始行送出,措辞又极为含糊,至报纸、电报都系日方宣传口气。

兹将日方宣传要点列后,请设法向国际方面加以驳斥为祷。

甲:日方系自卫行动。

乙:中国破坏条约。

丙:日方出兵系保护其本国人民及财产。

丁:中国各地反日系敌对行为,违反国联劝告"勿使目前形势更加严重"之语。

戊:满洲人民有自主运动。

己:我方主战空气系吹牛,不过对外宣传日本决不宣战。我国若宣战,彼亦置之不理。

庚:此次日本入满之兵,不过一万四千人,系在条约规定之内。

辛:日兵以少数击败我国数十倍兵士,显出作战能力之优胜。

壬:日兵在东三省投掷炸弹,系因受我国兵士攻击之自卫行动。

癸:我国兵士屠杀朝鲜人并抢掠村落,日兵不得不加以攻击。

甲,蒋先生必为粤方所扳倒,中国将有内乱。

乙:陈友仁将任外交部长,陈不赞同南京之反日主张。曾对日记者言:"□……□"。此事应请陈先生明白宣示,国人有无此项言论。又,报纸并称:陈在东京时,与日本政府曾有默契,亦应请陈先生一并宣示复议。

---

① 编者按:无附件内容。

丙:国民政府曾请求英、法派兵至山海关,为英、法拒绝。此事亦应请国府宣示国人,有无其事。

丁:中国所以不直接交涉,系希望各国干涉。各国如不干涉,中国即将直接与日本交涉。

戊:日本在满洲绝无领土野心。

己:日本人民、政府、军人皆一致反对他国干涉满洲事件。

书至此,读晚报,见载美国国务卿史汀生氏将赞同日本主张,撤兵期限不加规定云云。

望前函中未所虑及者,今成事实矣。驻美公使,迄未闻有来任消息。外部及施代表于此千钧一发之时,竟未见积极活动,国内和平会议仍迟迟未见举行,国内国外之形势,皆足悲痛,海外游子诚涕泣之无从也。此上中央宣传部

中央派遣留学党员赵公望谨启
十月二十日

又美报所载电报,多系联合社所发,并无路透社电。特闻。

敬启者:日寇侵占东三省以来,对美外交最为重要。兹将在美见闻所及,概括报告,并贡刍荛如左:

(一)日兵初占东三省时,美国报纸态度皆冷淡异常。及日飞机投弹轰炸锦州事发生,不惟美国政府态度忽变积极,即报纸舆论亦多攻击日方。其中尤以《华盛顿晚报》(Washington Evening Post)、《纽约晚报》(New York Evening Post)为佳,销路最广之《纽约时报》(New York Times)则态度尚在游移。但该报驻华记者阿本德(Hallett Abend)氏之电报已较平日好数倍,其他报纸有讥刺国际联盟之无用者,有讥刺中国军队之太无作战能力者,有主张□……□者。但总而言之,尚为对我方有利。

望意,此时中央宣传应偏重国际,庶足影响各国对此事之外交政策。而国际宣传此时最有效之政策,为收买外报驻华记者。查美国驻华外报记者,为数不上十人。此等大报之电报、各小报皆为转载。若能收买一人,其宣传即足以影响数百万人,较之我方散传单,办英文杂志等宣传,其相差直不可以道里计。且美国人对彼国人之消息,自甚信仰。若出自我方反以为一偏之见,不甚相信也,除收买其中重要分子外。望意,中央应每日接见外报记者一次至两次,尽

量供给已译就之消息。据此间报纸以观,东京来之消息,多由日外务省供给者。其为有利日方,自不待言。此应请钧部注意者一也。

(二)此次事件发生以来,美国报纸尚鲜有照片登载。间有一二,亦皆日方摄来,显为有利于日方之宣传。查美国人心理,最重照片等有证据之事实。望意,钧部应迅速电请东北当局将此次事件发生后,日方横暴违法等等事实,尽量摄为照片。不惟足供宣传,亦且可供交涉。此等照片或交各国驻华记者,或迳寄各国重要报纸,必受欢迎。据望连日所读美国及英国来之刊物,皆只登载两方当局照片及数月前东三省军队之照片等,其为缺乏此次事件照片自不待言,此应请钧部注意者二也。

(三)此次事件发生后,美国各报鲜有为历史的、系统的研究文字发表。远东时报主笔□……□氏,曾在纽约时报发表一文,语气亦多偏袒日方。美国人对远东问题素少研究,极易为不忠实之文字所煽惑。望意,应请钧部国际科对此事,编译长篇研究文字,投寄美国各报及杂志。(杂志中□……□态度尚佳,□……□则甚糊涂)最好用外国姓名投寄,素易登载。如能敦请国际间稍有名望之学者如刘大钧、陈达等,著为文字,寄至国外报纸或杂志,亦必受欢迎。此应请钧部注意者三也。

(四)对外宣传应力为其利害着眼,庶足以动视听。美国报纸间有谓:日兵占东三省后,对菲律宾及檀香山必加威胁者。此点颇足引起美国人对日之敌视。至国际联盟如不能解决此事,中国恐将联俄一点,最初美国报纸亦颇以为虑。惟最近莫斯科来消息,或谓日、俄已有默契,或谓中东路如不受侵迫,俄方决不牵入。此等消息不利于我方之成数较大。望意,中央对国际宣传应说及日本地震时,中国如何忙于救助,及今中国新遭水灾,各国方救助之不暇。而日本乃乘人之危,投井下石,不惟毫无人道,抑且卑鄙至极。此点虽与各国厉害无关,然亦颇足引起人类之同情也。

此外,暴露我国弱点之消息,如广东事件,两方各不相下也,中央调兵防备阎、冯及广东也,南京居民纷纷逃亡上海也,政府拟迁都洛阳也,皆足引起不良之观感,度为外报记者张大其辞,应请设法防止,此请钧部注意者四也。

(五)连日美国政府当局之谈话,虽为有利我方,但力避直接与日本冲突。我国若与日本开战,美国是否能武装助我,殊为疑问。即积极助我之上院外交委员会主席波拉氏,亦谓:中日若开战□……□。此时最可虑者,日本若与美国秘密协商,对美给与[予]交换条件,美国之态度即不难变为中立。据连日美报载日本驻美公使迭与美国国务卿史汀生氏会晤。至我国代办，则只与次长及远东司司长等晤商。相形之下，不利显而易见。应请中央催促颜惠庆氏迅速莅任，以利外交。此望贡之钧部者五也。

至对华侨之宣传，驻美总支部及中央派来留学各同志，皆能积极工作毫无问题可言，望羁留异地，每读祖国行等沉沦之讯，未尝不慷慨流涕。所冀国人一致团结共御外侮，此后，如有所得，将随时贡献至钧部。发给总支部之电报，每次皆由总支部转来，合并奉闻。此上中央宣传部。

中央派遣留学党员赵公望（原名澍）谨启
十月十四日

又，美国报纸对商会电报较为重视，应请钧部商之南京、上海等商会发电与美国政府及商会。十九【日】可望在报上登出也。

资料来源：《各国对东省事变之态度及舆论（七）》，台湾"国史馆"藏"外交部"全宗，第261—273页。

附录：
《沈阳事变案附件二：国联大会报告书草案》

《沈阳事变案附件二：国联大会报告书草案》①

目　录②

第一部　远东之事变 ……………………………………… 一～三

第二部　中日争端在国联方面之进展 …………………… 三～七

　（一）争端发展之简述 …………………………………… 三～七

　（二）争执提出国联之起因 …………………………… 七～一四

　（三）日本军事行动在北满之进展 ………………… 一四～一五

　（四）改组满洲民政机关之办法 …………………… 一五～一七

　（五）一九三一年十一、十二月间之行政院会议 ………… 一七～二〇

　（六）日军攻击锦州 ………………………………… 二〇～二一

　（七）在上海之敌对行为——敌对行为之起源 ………… 二二～二五

　（八）在上海之敌对行为——行政院及大会之讨论与敌对行为之中止

　　…………………………………………………… 二五～二九

　（九）日本在满洲占领之进展 ……………………… 二九～三〇

　（一〇）国联大会之讨论 …………………………… 三一～三八

　（一一）"满洲国"之组织——日本之承认 ………… 三八～四一

---

　　① 编者按：该附录资料的来源是《沈阳事变案附件二：国联大会报告书草案》，收藏于台湾"国史馆"蒋中正"总统"文物全宗，入藏登录号：002000000333A，数位典藏号：002－020200－00013－002，共84页档案。

　　② 编者按：该目录与页码均按照档案原文予以标出。

（一二）行政院对于调查团报告书之讨论 …………………… 四一～四二

（一三）大会对于调查团报告书之讨论——试行协商调解办法

………………………………………………………… 四二～四九

（一四）日本在山海关长城内之军事行动 …………………… 四九～五一

（一五）协商调解之失败 ………………………………… 五一～五五

第三部　争执之主要特性 ……………………………… 五五～六八

第四部　建议之叙述 …………………………………… 六九～八一

沈阳事变案附件二:国联大会报告书草案

国联大会报告书草案

大会按照盟约第十五条第三款所为之种种努力,期使依据该条第九款所提交大会讨论之争议,得有解决者,既不幸失败,兹爰依照同条第四款之规定,通过下列之报告书,以载明是项争议之事实及认为公允适当之建议。

第一部　远东之事变——国联调查团报告书首八章之采用及本报告书之计划

中日争端之根本原因,甚为复杂。行政院所派遣就地研究之调查团曾称:"本项争端中所包含之各种问题,并不如恒常所说之简单;盖此案极为复杂,惟有对于一切事实之内容及其历史背景有深切之知识者,始能对于此案表亦确切之意见。"调查团报告书前八章,对于中日争端之历史背景及有关满洲之重要事实,均有公正而详细之叙述,该报告书已另刊印于此,若再节要或重述,自为事实之不可能,且亦未免多事。大会于研究中日两国政府所送致之意见书后,即采用调查团报告书前八章之意见作为本报告书之一部份。

但为使调查团报告书之陈述完备起见,则将关于本争端各方面,行政院及大会所采取之种种办法以及调查团报告书内所未曾叙载之某某事实:如一九三二年初上海战事之起源,特为叙述,自属必要。关于此等事件,本大会采用各国领事调查团送致本大会之报告(此项报告已另刊印),以作本报告书之一部分。又自一九三二年九月初满洲各事件之详情,亦有重述之必要,因调查团报告书并未追溯至该日以前也。

本争端发展之简单历史的叙述,将载于本报告书之第二章,并须同时参阅调查团报告书中之事实的纪述。

第三章中申述本争端之重要特征,及大会根据主要事实而草拟之结论。

第四章则载明大会对于本案所认为公允而适当之建议。

第二部 中日争端在国联方面之进展

[一]争端发展之简述

自此案提交国联后,行政院及大会屡次之决议,均视本案在远东情势之变迁而定。

当中日争端发生之初,中国政府根据盟约第十一条,将本案提请国联处理时,事后之范围,不过仅及于沈阳及东三省若干之其他地点而已。行政院时并屡获日本保证,谓日本在满洲,并无领土野心,只须日侨生命财产得有安全之保证,则日本即可将军队撤退至南满区域以内,此即系一九三二①年九月三十日决议,及十月二十四日决议草案之旨趣。后者除日本外,为行政院全体所同意,故能使行政院向日本代表团再行求取承诺。

在日本代表拒绝上项草案后,因日本复坚持须解决中日各根本问题,遂使行政院方面于无碍九月卅日决议案各承诺之实施的范围内,更行提出办法,以期使两国之各问题,得有最后之根本解决。一九三二②年十二月十日行政院接受日本之提议,决议组织一"五人调查团"赴当地调查,并将"任何情形影响国际关系而有扰乱中日两国和平或和平所维系之谅解之虞者"具报于行政院。

在十二月与三月之间,远东情势,甚形恶化。日本军队完全占据南满,并开始侵占北满。在满洲以外,中日正式军队剧烈之冲突已在上海开始,且进行未已。同时在被日本军队占据之区域内,行政机关改组,形成"独立国"之建设,名为"满洲国",否认中国之统治权。嗣后中国申请行政院,除按照盟约第十一条外,并依据第十条及第十五条处理此项争执。一九三二年二月十九日,因中国依照第十五条第九节规定请求之结果,行政院将争执事件提交大会。

调查团报告书为详细审查争执之实质所必要,故从一月起,在未接到调查团报告书以前,行政院及以后大会之主要任务,在尽其力之所及以停止敌对行

---

① 编者按:原文为 1932 年,应该是 1931 年。

② 编者按:原文为 1932 年,应该是 1931 年。

为,并制止情势之更形扩大,同时保持当事国之权利及盟约之原则,俾不受任何"既成事实"之不良影响。大会三月十一日之议决案,明白表示联合会对于争执事件之态度,声言在未遵照盟约解决以前,联合会会员国应不予承认任何情势、任何条约或协议,其造成之方法违反盟约或巴黎公约者。

上海敌对行为告终,但在东三省日本军队或"满洲国"政府军队,继续与中国非正式军队作战。一九三二年九月,于调查团报告书在北平签字后之数日,【日】本政府态度又有根本之改变,即日本政府承认"满洲国"政府是也。

调查团报告书之送达日内瓦,不能在九月底以前——即六个月期限届满之前,此项期限,系盟约内规定依照第十五条致送报告书于大会者。故大会经当事国之同意,于七月一日决定展缓必须之期限,但了解此种展期不得视为先例。调查团因此遂能当地完成报告书,当事国遂能致送报告书之意见书,而行政院与大会亦能审查所有如此获得之材料。

此种材料之审查及与当事国意见之交换,自一九三二年十一月起直至一九三三年二月初,继续不断。经行政院讨论以后,大会根据调查团报告书所载之材料及结论,依照第十五条第三节以当事国谈判之方法设法解决争端,但无效果,以故大会依照该条第四节通过此次之报告书。

[二] 争执提出国联之起因——一九三一年九月十八至十九日在南满发生之事件——行政院最初之讨论。

中国之请求行政院,由于日本军队于一九三一年九月十八夜在满洲所取之举动。

因一事件发生于附近沈阳为日军所守获之南满铁路地带,日本军事长官遂以军事上之防范必要为词,派兵至地带外,特别至地带相毗连之中国城市及在沈阳终止之铁路线。中国城市如沈阳、长春、安东、营口及他处,遂被占据,中国军队被驱散或缴械。

九月二十一日,中国依照盟约第十一条申请行政院,立即采取步骤,制止情势之再有变化,以致危害国际之和平,并回复事变以前之状态及确定中华民国应得赔偿之性质与数目。

九月二十二日,行政院授权行政院主席(即西班牙代表勒乐)致紧急申请于两国政府,制止任何行动足以使形势扩大或有碍和平解决此项问题者,并劝两国政府可立即进行撤退其军队而不危及其人民之生命与财产。

九月【二】十八日,行政院主席根据自两当事国所得之报告,向当时大会例会解释情势,声言"日本军队撤退至南满铁路地带以内一节,正在进行之中",并谓九月二十八日"日本代表已在行政院宣称进行撤兵,除沈阳及吉林二处,在铁路地带以外驻有少数日本队伍者,仅新民郑家屯,为保护日本侨民免受中国兵士及土匪之侵击,因此种兵士及土匪正在扰乱上述之地方"。

当九月三十日行政院通过下列议决案时,(参观一九三一年十二月国联公报第二三〇七页)其情形如此。决议案如下:

"(一)行政院知悉中日政府对于行政院主席所为紧急声请之答复,及为应付此种声请所取之步骤。

(二)行政院对于日本政府之声明,谓对于东省并无图谋领土之意,认为重要。

(三)行政院知悉日本代表之声明,谓日本军队,业经开始撤退,日本政府当以日本人民生命财产之安全得有切实之保证为比例,仍继续将其军队从速撤退至铁路区域以内;并希望从速完全实行此项意愿。

(四)行政院知悉中国代表之声明,谓中国政府对于该区域以外日侨生命财产之安全,在日军继续撤退,中国地方官吏及警察再行恢复时,当负责任。

(五)行政院深信双方政府均亟欲避免采取任何行动,足以扰乱两国间之和平及谅解者;并知悉中日代表已保证各该国政府采取一切必要步骤,以防止事变范围之扩大或情势之愈加严重。

(六)行政院请求当事两方尽力所能,速行恢复两国间通常之关系,并为求达到此项目的,继续并从速完成上述保证之实行。

(七)行政院请求当事两方随时将关于情势发展之消息,充分供给于行政院。

(八)行政院决定如无意外事件发生,有即时开会之必要者,则于十月十日在日内瓦再行开会,以考量彼时之情势。

(九)行政院授权于其主席,经向各同僚尤其两关系国代表咨询后,认为根据从当事国或从其他各会员方面,所得关于情势进展之消息,无须再行开会时,得取消本院十月十四日之会议。"

行政院之愿望未得实现。十月九日中国代表团为日军"继续积极进攻",用飞机轰炸临时省政府所在地之锦州,要求行政院召开紧急会议。

行政院在九月开会时,曾决定将该院之会议录及关于中日纠纷之文件送到美国政府,同时美国政府亦表示与国联态度十分同情。

十月十六日行政院决定继续与美国政府合作,并邀请美国政府派遣代表列席行政院,以便商讨巴黎非战公约条文与满洲不幸现状之关系,及观察行政院关于该问题之其他一切讨论。

美国政府送致同样照会于中日两国政府。

十月二十二日行政院主席(法国代表白里安)提出一决议草案,该草案除当事国外,一致同意。

该决议草案于申述中日两国政府按照九月卅日决议案所承允之约束,及日本代表所称日本在满决无领土企图之宣言后,即请日本政府立即开始将日军撤退至铁路区域以内,于下次开会以前全数撤尽,并请中国政府准备接收日军撤退区域之办法,以保证日侨生命财产之安全。该草案为实行起见,且将详细办法亦略加规定。

该决议草案复向中日两国政府建议,日军撤尽后两国应立即开始直接交涉,谈判中日间一切悬案,尤其关于最近事件及关于由东省铁路情形所发生之纠纷。为达上项目的,行政院建议两当事国应组织调解委员会,或类似之永久机关。最后提议行政院应于十一月十六日再行集会。

十月二十三日中国代表接受该项决议草案,视为最低限度。

日本代表则提一对案,说明日本政府鉴于满洲局势之紧张及情形之纷乱,不能预定日军撤尽之确切日期,日本政府认定恢复较宁静之心理状态,为绝对必要,因此决定原则数点为中日两国间经常关系之基础;但日本代表无权将此种原则列入决议案中,亦无权在行政院会议席上详细讨论;以为此种原则只应为两当事国直接谈判之基本条件。

行政院认为既不知悉"原则"之内容,当然不能在决议草案内提及。

该决议草案因日本代表之反对(十月二十四日)未曾通过,行政院延会至十一月十六日。

中国代表于十月二十四日会议后曾代表中国政府向行政院主席发表下列之宣言:"中国与其他国联会员国同样受盟约之约束,谨慎遵守一切条约上之义务。中国政府矢志尽盟约上所规定之一切义务。为证明此种意志,关于条约解释方面与日本之一切争执,极愿依照盟约第十三条之规定,用公断或交法庭解决之。为实行此种意志,中国政府愿与日本订立公断条约,一如中、美新近订立之公断条约,或近年国联各会员国间所订立之多数公断条约然。"

[三] 日本军事行动在北满之进展

行政院十月开会以后,日军在满洲洮昂铁路之嫩江桥附近,复从事攻击。嫩江桥于十月间被黑龙江省主席马占山军队所毁,以阻止张海鹏军队之前进,盖据中国方面称,张海鹏系受日军之主使而取攻势者也。

为辩护干涉嫩江桥之修理为合理,日本政府曾向中国政府声称,谓洮昂路系依据合同由南满铁路株式会社建筑,中国方面尚未偿还债务,且不愿将以债改为借款,故此路可认为属于南满铁路株式会社,该社对于保护该路财产及维持该路交通,自属极为关心云。

十一月二日,日本政府声明,因南满及洮昂铁路局之请求,爰于是日派遣工兵一队,由步炮及空军保护前往修理铁路桥,日军当即与拒绝退让之华军冲突而将其击退。十一月中,日本军队遂开到且越过中东铁路而取得昂昂溪,嗣并于十一月十九日取得齐齐哈尔。

[四] 改组满洲民政机关之办法

当军事上行动如此向北满进展时,民政机关之改组亦复同时进行。就沈阳言之,在九一八事变发生政局解组以后,当地市政府首即交由日本上校土肥原负责,嗣于十月二十日,则由东京帝国大学毕业之法律博士华人赵欣伯充任市长。时辽宁前省政府,已迁往锦州,因又组织一辽宁省政府以资对抗。九月二十四日所组织之"地方维持委员会"十月间改为"辽宁省自治公署",十一月七日"自治公署"复又改为"代理辽宁省政府",宣告与从前之东北政府及南京国民政府脱离关系,同时复成立所谓"最高指导部",其职权之一部即为指导并监督省政府及鼓励地方自治。凡此种种新机关,以及发行纸币之银行,均派有日本顾问。此项顾问则大半为南满路具有势力之职员。

中国代表则坚称沈阳、吉林及其他日本占据之地点,所有种种新机关之成立与维持均应由日军负责,以为此种种机关均系日军之傀儡、日军之产生物。

日本代表则答复以为日本当局除鼓励华人自行组织团体维持秩序外,别无他法,此等团体果能恪尽其职责,则将使日本政府屡次所正式表示之愿望所谓从速撤兵一节较易实现。

不第此也,一九三一年十一月间中国代表团曾将盐务稽核会办克利夫兰德博士(Dr. Frunderid A. Cleaveland)之迭次报告送交行政院。据该项报告,则日本陆军当局,彼时正以武力夺取满洲各地之盐税。而据日本公文之所述,则谓日本陆军当局,将中国盐税机关之余款,另行移转于他一中国机关(当地之"地方维持委员会"),不能谓为不当。

[五]一九三一年十一十二月间之行政院会议——调查团之组织

是时行政院正于十一月十六日在巴黎集会。十一月二十一日,日本方面提议,派遣调查团至远东调查,并谓"日本政府依照九月三十日之决议案从速撤兵至南满铁路区域之真诚的愿望,决不因此项调查团之产生与派遣而有所变更"。

该项提议经致电后,十二月十日,行政院乃通过下列之决议:

"(一)行政院重申九月三十日一致通过之决议,该决议经中日两方声明各受其庄严约束,故行政院要求中日政府采取必要步骤,实行该项决议,俾日军得依照该决议内所开条件,尽速撤退至铁路区域内。

(二)行政院认为自十一月二十四日会议后,事态更为严重。知悉两方担任采取必要办法,防止情势之再行扩大,并避免任何行动,致再令发生战争及丧失生命之事。

(三)行政院请两方继续将情势之发展,随时通知行政院。

(四)行政院请其他会员国将各该国代表就地所得之消息随时供给行政院。

(五)行政院鉴于本案之特殊情形,欲协力促进两国政府谋两国间各项问题之最后根本解决,故并不妨碍上述办法之实行,决定派遣一委员会,该委员会以五人组织之,就地研究任何情形影响国际关系而有扰乱中日两国和平或和平所维系之谅解之虞者,并报告于行政院,中日两国政府各得派参加委员一人,襄助该委员会,两国政府对于该委员会应予以一切便利,俾该委员会所需之任何消息,均可得到。兹了解如两方开始任何商议,该项商议不在该委员会职务范围之内,又该委员会对于任何一方之军事办法无干涉之权,该委员会之委派及其考量,对于日本政府在九月三十日决议内,所为日军撤退之铁路区域内之保证,并无任何妨碍。

(六)在现在及一月二十五日举行下次常会之间,行政院仍在受理本问题中,请主席注意本问题并于必要时再行召集会议。"

行政院主席法国代表白里安,于提出是项决议案时,曾郑重声明行政院对于九月三十日之决议案及其自身之确信以为两国政府将充分履行该决议案之约言,各节均极端重视,并称双方均避免任何足以更致战争或使事态扩大之行动,实为必要而急切。

上项决议案通过时,美国政府曾表示欣快,谓实已有确切进步。

[六] 日军攻击锦州——南满方面中国残余行政权之摧灭

当行政院后事草拟上项决议案时,中日双方均曾请行政院对于延及满洲西南部之军事行动的危险,予以注意,因而有一种努力,即设法在日军与锦州张学良之军队间,设立中立区域。惟是此种努力不幸失败,日本代表当该决议案通过时,关于该决议案之第二节,曾声明接受,惟须了解该节之用意,并非阻止日军,因直接保护日侨生命财产,以免满洲各地土匪或不法分子之蹂躏所必须采取之行动,该项行动,实系一种例外之办法,基于东省之特殊情形,将来该地常状一经恢复,则此种办法之必要性,自亦归于消灭。

十二月廿三日,日军即开始向锦州方面进攻,而于一九三二年一月三日实行占领。日军当更进至长城,而与驻扎长城南山海关之日军连络。此种军事行动之结果,即为南满方面中国行政权之完全摧灭。

[七] 在上海之敌对行为——敌对行为之起原

一九三二年一月以后,满洲以外各地情形,日益险恶,上海亦然。

关于上海事变,国联前后从于二月初间在上海当地组织成立之领事团委员会,共收报告四件,叙述事变之经过,自开始之日起,至二月五日为止。其后之事件,均载在调查团报告书内。按该调查团之组织已于上文解释,系成立于一九三二年一月,于三月十四日到达上海。

先是在朝鲜曾发生严重之排华暴动,一如调查团报告书所述,是项暴动引起一九三一年六月以后在上海及中国其他各埠之抵制日货。日本军队之占领满洲,使抵货益见紧张,在某数事件中,中国政府及官方组织且有积极之协助。日本商务受重大之损失,两国人民间之紧张情感,益趋锐化,严重事变随即发生。因是,上海日侨遂请本国政府派遣军队战舰制止排日运动,其后日本总领事即向中国上海市市长提出五项条件。

上海市长于一月二十一日声明,对于其中两项条件,碍难照办。(即充分制止排日运动,解散一切挑拨恶感、煽动排日暴动风潮之排日团体。)

同日,日本海军司令公布:倘中国市长答复不能满意,为保护日人利权起见,决采取必要步骤。一月廿四日,日本海军增援军队到达上海。谣传华界闸北区中国驻军,亦在增兵。一月二十七日,日本总领事要求中国方面在次日早晨六时以前,对于所提条件,给予满意之答复。上海市长曾向各国代表表示意旨,将尽量让步,以求避免冲突。一月二十七日至二十八日之晚间,遂停止抗日会,其他抗日机关亦经中国警察分别封闭。一月二十八日晨,日本海军司令通知各国驻军司令,倘中国方面无满意之答复,决于次晨采取行动。公共租界工部局开会决定当日下午四时起,宣布戒严。至下午四时,日本总领事通知领团谓:业经收到中国答复,接受日本一切条件,该项答复可谓完全满意,暂时不采若何行动。同时,公共租界防务委员会,为适应当时之紧急情形,将租界划分区域,指定各国驻军分别担任防务,防务委员会所指定之日本防区,不仅租界之一部份,并连带突出界外之地段,西至淞沪铁路。日本海军司令部,位在该突出地段之极北端,属工部局之两路,北四川路及狄思威尔路,平时向有日本海军陆战队驻所。午后十一时,日本海军司令宣称:鉴于目前之紧急状态,帝国海军,对于有多数日本侨民居住之闸北一带情形,极为关怀,已决派遣军队前往该处,希望中国驻闸北之军队迅速向铁路以西撤退。

一句钟后,日本陆战队及武装平民,向铁路进发。其最后一队企图由入租界及防守地段之河南路栅门侵入车站,经驻守该段之上海义勇队加以阻止。该义勇队奉有严格命令,其原则为防守军队之职责,限于防御,不能进攻。遵照防守计划派至闸北一段之日本军队,与中国军队相接触。据领团委员会第一次报告书所称该项中国军队即使情愿撤退,亦为时间所不许。

[八] 在上海之敌对行为—行政院根据盟约第十条之讨论—大会依照第十五条之第一次讨论—上海敌对行为之终止。

上海战事,因此遂即开始,当时正在日内瓦开会之行政院及在上海有特殊利益之各国,曾屡次致力制止。上述严重事变发生后,中国遂于一月二十九日要求将争执事件,依据第十条及第十五条处理之。二月十六日,行政院各会员国,除中国及日本外,向日本政府提出紧急申请书,请注意盟约第十条。按照该条之意义"凡忽视该条规定,损害联合会会员国领土之完整及变更其政治之独立者,联合会各会员国均不应认为有效"。

二月十九日,行政院因中国之请求,将本争执事件提交大会。大会于三月三日召集开会。

行政院在大会开会之前,曾作最后一度之努力,以图停止战事。于二月二十九日,提议在上海组织圆桌会议,惟其举行须待就地已订有停止敌对行为之办法。

行政院之提议,未曾实行。因战事仍然继续,三月三日,大会于听取双方代表声说之后,于三月四日通过决议案如下:

"大会于申述行政院二月二十九日所议决之提议,并声明不妨害提议中所包含之其他方法之后,(一)请中日政府,立即采取必要之方法,使两方军事当局所发停战之命令得以有效。(二)请求在上海有特别利益关系之列强,以前项办法实行之状态报告大会。(三)劝告中日代表以上述列强文武官宪之协助,开始磋商,订立办法,此项办法须确定停止敌对行为,并规定日军之撤退,务请上述列强随时以磋商情形,向大会报告。"

三月五日,美国政府暗示已经训令上海该国军事长官,通力合作。

经各方所提议之会商于三月十四日在上海开始进行。大会所组织之十九国委员会因中国之请求,曾两次从中斡旋,将各种困难设法排除。卒于五月五日,在上海签订停战协定。同月六日,日本军队开始撤退,至五月三十一日,由日本派至上海各师团,均已再行登船。各该师团中,惟第十四师团经改派前往满洲。七月一日,大会接到报告,称仅有极少数之日本陆战队依照五月五日协定,暂时留驻少数处所,与租界及越界所筑各路线相邻近。嗣后各该队伍亦已撤退。

中国方面认日本在上海之干涉,致中国兵士人民死亡损伤及失踪者达二万四千人,物质上之损失,估计约值十五万万余元。

[九]日本在满洲占领之进展——行政改组之进行——"满洲国"之宪法

当上海事件正在发展之时,满洲之局,亦在进展之中。

二月五日,哈尔滨为日本军队所占领。嗣后数个月内,日本军队继续向中国军队残部暨义勇军、土匪及其他各种"非正式军队",作军事行动。小规模之战斗,蔓延于满洲一极大的部分之地面。

同时行政上之改组亦在进行之中。其最初各时期,已于上文述及。

一九三二年二月十七日有一"最高行政院会议"为满洲全部而成立。二月十八日该会议发表独立宣言。二月十九日日本代表于日内瓦行政院会议中说明在满洲地方"独立"之意义与"自治"之意义相同。日本对此种独立之成功,曾以赞成之态度视之。三月九日,各地方行政机关遂行合并为一"独立国家",名为"满洲国"。该"国"执政一席,由前清宣统皇帝溥仪君承受之。

中国政府曾于一九三一年十一月十七日声称,该逊帝为日人自天津日本租界勒绑押送至沈阳,其目的在建立一傀偏政府,以该逊帝为皇帝,中国政府对该号称国家之建立屡次诋为非法,而该"号称国家自成立伊始以及其后发展过程中,就有创立维持,均系由驻满日军指使协助"。

[十]国联大会之讨论—三月十一日之决议—关于依据盟约第十五条拟具报告书期限之决定

同时大会继续在日内瓦研讨该项争执事件,于一九三二年三月十一日经详细讨论之后,通过下列决议案:

"第一节　大会鉴于盟约所载各项规定,对于此次争执完全适用,尤以关于:(一)严格尊重条约之原则;(二)联合会会员,担任尊重并保持所有联合会各会员领土之完整,及现有政治上之独立,以防御外来侵犯之诺言;(三)将被此间所有一切争执,以和平手续解决之义务采用一九三一年十二月十日行政院主席白里安宣言中所奠立之原则。

回溯行政院十二会员于一九三二年二月十六日致日本政府声请中,曾重申此项原则,宣言凡轻视盟约第十条之规定,蹂躏联合会会员领土之完整,及变更其政治之独立者,联合会各会员均不能认为有效。

鉴于上述规定联合会会员国际关系,及和平解决一切争执之原则,与巴黎公约完全相符;而该公约实为世界和平机关之基石。其第二条规定:'缔约各国,互允各国间设有争端,不论如何性质,因何发端,只可用和平方法解决之。'

在本会尚未采取最后步骤以解决受理之争执时,特宣告上述原则及规定,负有一种必须遵守之性质;并声明凡用违反联合会盟约及巴黎公约之方法所取得之地位、条约及协定,联合会会员均不能承认之。

第二节　大会郑重申说:为由任何一方用武力压迫以觅取中日争执之解决,实与盟约精神相违背。

回溯一九三一年九月二十日及十二月十日,经当事双方同意之行政院所通过之决议。

并回溯一九三二年三月四日,经当事双方同意之关于切实停战及日军撤退事项,大会本身所通过之决议。

知悉联合会会员,在上海租界有特殊利益之国家,对于此项目的,准备充分协助,并请求各该国于必要时通力合作,以维持撤退区域之治安。

第三节　大会缘一月二十九日,中国政府之请求将联合会盟约第十五条之手续,适用于此次之争执;缘二月十二日中国政府之请求,将此次争执依照盟约第十五条第九节之规定,提交大会;并缘二月十九日行政院之决定。

鉴于本会接受处理中国政府请求中所指争执之全部,应负有适用盟约第十五条第三节所规定'调解'手续之义务,并于必要时,应负有适用同条第四节所规定'说明建议'手续之义务。

爰决定组织一十九会员之委员会,即以大会主席为该委员会之主席,连同当事国以外之行政院会员,及用秘密投票选出之其他会员国代表组织之。该委员会代表大会执行职务,并受大会之监督,应:

(一)从速报告关于依照一九三二年三月四日大会之决议,停止战事,及缔结协定,使上述战事切实停止,并规定日军撤退各事项;

(二)注意一九三一年九月三十日及十二月十日行政院通过决议之实行;

(三)经当事双方之同意,并依照盟约第十五条第三节之规定,从事预备解决争执之办法,并拟具声明提交大会;

(四)于必要时得向大会提议,向国际审判法庭,提出请其发抒意见之声请;

(五)于必要时,从事预备,第十五条第四节所规定之报告书草案;

(六)建议一切似属必要之紧急办法;

(七)于最早时期内,向大会提出第一次报告书,最迟不得过一九三二年五月一日。"

大会请求行政院将一切视为应行转送大会之文件,或附带意见转致委员会。

大会并不闭会,主席视为必要时,得召集之。

三月十二日,美国政府宣称国联大会之措施,实足使非战公约暨国联盟约所赖为基础之安宁与正谊之原则成为国际公法。美国政府尤为欣慰者,世界各国,兹以联合一致采取一种政策,即对于因违反各该条约所获之结果,不承认为有效。此于国际公法诚为一特殊之贡献,而亦为和平建设之切实基础也。

一九三二年七月一日,国联大会接据报告,调查团之报告书不能于九月前撰拟完竣,大会得当事双方同意之后,决定就确属必须之范围内将国联盟约所规定六个月拟具报告书之期限予以延展。

国联大会主席于六月二十四日函致中日代表提议延展盟约所规定之期限时,曾称"本主席职责所在,用进一言。本主席深信当事双方将恪遵其在行政院中所为不扩大局势之诺言,该项诺言固曾以明文载诸九月三十日暨十月十日(一九三一年)决议案中,而该项决议案仍有充分之执行效力者也。此项决议案在六个月限满后行将延展之期限中,将继续有充分之效力。贵代表定与本主席同此意见。兹一并请注意者,即三月十一日国联大会所通过之决议案,对该两决议案曾重予申述"。

国联大会主席于大会通过延展期限一事之后,曾述及其函中此节,并称:"此事既然如此,大会所采取之决定,授权本主席声明当事国双方必不得有任何行动,足以危及调查团工作之成功或国联为促成解决办法所尽之努力。"

"本主席兹复有提请注意者,即三月十一日国联大会曾经宣告国联会员国,对于凡以违反国联盟约或非战公约之手段所缔造之任何局势条约或协定俱负有不予承认之义务。"

[十一]"满洲国"之组织——日本承认"满洲国",同时组织"满洲国"之手续继续进行

该政府则设一"中央银行",并接办盐税行政(声明愿继续偿付外债所需款项之平衡的部分,该款项外债以盐税收入为担保者),关税行政关于以关税为担保之债务及赔偿款作同样之声明,以及邮务行政等事务。

"满洲国"军队之造成,出诸被聘为顾问之日方官吏之助力。日本政府于一九三二年四月八日通知书中宣称:"目前以友好之精神予'满洲国'军队以援助,以应其维持治安恢复秩序之需要。"

依据日本政府一九三二年十一月十八日之意见书,日本驻军东省"于二三年内可得最主要之股匪予以肃清"。

日本与"新国"之关系,自派遣武藤将军驻"满洲国"国都长春后,亦经确定。武藤于八月八日受命为关东军总司令,同时兼任有特别使命之特命全权大使及关东总督,统辖领馆事务、关东租借地之行政以及在东省所有之日军。此新任"大使"并未呈递"国书",仅日本一方面曾有此项任命。

九月十五日,武藤将军与"满洲国"国务"总理"签订日满议定书,内有下列之规定:兹因日本国确认"满洲国"根据其住民之意思自由成立而成一独立国家之事实,并因"满洲国"宣言:"中华民国所有之国际条约,以其应得适用于'满洲国'此为限,概应尊重之",日本国政府及"满洲国"政府,为永远巩固日满两国间善邻之关系,互相尊重其领土权,且确保东亚之和平起见为协定如左:

(一)"满洲国"于将来日"满"两国间未另订相及的协定之前,在"满洲国"领域内,日本国或日本国居民,依据既存之日华两方之条约、协定、其他约款及

公私契约所有之一切权利、利益,概应确认尊重之。

(二)日本国及"满洲国",确认于缔约国一方之领土及治安等一切威胁,同时亦为对于缔约国他方之安宁及存立之威协,相约"两国"合作以维持彼此"国家"之安全。为此目的所需要之日本国军队应驻扎"满洲国"内。

本议定书,自签订日起,即生效力。

"满洲国"遂得日方正式承认。中国政府对于此项承认,曾提抗议并说明"日本援用其对朝鲜之先例,实际上置东省于保护国之列,以为合并之初步"。

[十二] 行政院对于调查团报告书之讨论

该项报告书于一九三二年九月四日在北京签字,并于十月一日分别送达两当事国及其他盟约国。日本政府曾要求至少六星期之期间以便草送意见书,行政院因于九月廿四日决定至迟于上年十一月廿一日开始讨论。

当饬行政院主席(爱尔兰自由邦之代表凡勒拉君)表示遗憾,以国联调查团报告书公布之前,日方不仅承认所谓"满洲国"政府且与之签订条约,其所取之步骤,不得不认为于争端之解决有碍。国联特别委员会于十月一日公开会议时,表示同一之遗憾。

凡勒拉君又谓:"在过去一年间行政院以团体之资格,与组成行政院之各国政府,对于此项严重争端之是非曲直,始终谨慎未轻发一字之批评,因已组织调查团对于问题之症结,予以考察,而在调查团制成报告书以前,以及国联讨论报告书以前,此整个之问题,仍只能认为留待判决之案件。"

一九三二年一月二十一日至二十八日,行政院开会,讨论调查团报告书及两当事国之意见书。对于主席所问之问题,李顿爵士以调查团名义答称:本团同人对报告书不愿有所增加。

关于报告书中所包含之建议,行政院认为在中日代表之声言中不能觅得两当事国有任何协调之可能,以使其有益的进行讨论及贡献意见或建议于大会者。

在此情形之下,行政院只可将调查团报告、两当事国之意见书,及会议纪录递交大会而已。

[十三] 大会讨论调查团报告书——试行商议解决办法

大会于一九三二年十二月六日开会。经一番讨论后,即于十二月九日通过下列决议案。

"大会现接到调查团报告书,该调查团系依据一九三二年①十二月十日行政院通过之决议案所组织者,及两当事国之意见书,与一九三二年②十一月二十日至二十八日行政院会议方纪录,鉴于一九三二年③十二月六日至九日大会之讨论,爰请根据一九三二年三月十一日大会决议案所指派之特别委员会:(一)研究调查团报告书及两当事国之意见书,与在大会中以任何形式所发表之意见及提出之建议;(二)起草提案,以图解决依照一九三二年二月十九日行政院决议案所提交大会之争执;(三)在可能的极早时间内,将上述提案提交大会。"

十九国特别委员会拟就决议草案二号及声明书,指明该委员会照此根据认为可继续其图谋解决此争端之努力。

决议草案如下:

第一号决议草案:

"国联大会认为依据盟约第十五条规定之条款,首要之义务,厥为力谋争端之解决,故目前大会之职责,并不在于草拟报告,陈述争端之事实,以及对于该项争端提出建议;

以为一九三二年三月十一日之大会决议案,已订立原则将国联对于解决争端之态度,予以决定;

确认于该项解决办法中,国联盟约、非战公约暨九国公约规定之条款,必须予以尊重;

决定组织一委员会,其任务为根据国联调查团报告书第九章所申述之原则,并注意及该报告书第十章所为之建议,会同两当事国进行商议,以求解决;

指派国联会员国之在十九国特别委员会者组织一特别委员会;

以为美国及苏联如能应允加入谈判最为合宜,付予该上述委员会以邀请美俄两政府参加是项谈判之责;

授权该会得因欲使任务执行之顺利而采取各种必要办法;

申请该委员会于一九三三年三月一日前报告该会之工作情形。

---

① 编者按:原文为 1932 年,实际应该是 1931 年。
② 编者按:原文为 1932 年,实际应该是 1931 年。
③ 编者按:原文为 1932 年,实际应该是 1931 年。

　　该委员会应有征求双方同意而订定一九三二年七月一日大会议决案所提之期限之权;如双方不能同意于该项期限时,该委员会应即呈报,并同时将关于该案之建议呈送大会,大会应暂时停开,但该会主席得因必要而立即召集会议。"

　　决议草案第二号如下:

　　"大会对于依据行政院一九三一年十二月十日决议案委派之调查团所给予之厚助,表示感谢,并宣言该团之报告书,为一种忠实公正工作之模范。"

　　意见书如下:

　　"大会于一九三二年十二月九日决议请该会之特委会:(一)研究调查团之报告书暨双方之意见书以及各方在大会中所发表之一切意见及提议;(二)根据行政院一九三二年二月十九日将该案交办之决议,草拟关于解决该项争执之建议;(三)该项建议应于最短期间送呈大会。

　　如该委员会以为须将事实及情势之大概报告大会时,则在调查团报告书之前八章中可以得到该项陈述所必需之材料,因该委员会以为报告书之该部分中关于各项之主要事实,已予以一种平衡公允与完整之叙述矣。

　　但该项陈述,尚非其时,因依照国联盟约第十五条第三项之规定,关于争执之解决,大会应先尽力调解,设调解而成功,则该会应即印行一种关于是项事实之适当报告,若调解而失败,则应依据同条款第四节之规定,拟具该项争执事实经过之报告,及关于该案之建议。

　　在根据第十五条第三项继续努力调解之时,大会受盟约对于临时发生事件所赋予之责任,自应特别审慎,所以本委员会于本日提出大会之决议草案仅限于关于调解之建议。经三月十一日大会之决议特委会奉令拟一双方可以同意之解决争执办法,并以为美俄如能参与协助,双方代表之努力,尤为相宜,故提议应邀请该两国政府参加谈判。

　　为避免误会起见,兹声明现时所拟与两非国联会员国合作者,纯系办理以调解求解决之谈判,为此本特委会提议,本委员会应视为办理此项谈判之一新委员会,应受有邀请美俄两政府参加该会会议之权。

　　该谈判委员会因执行任务于必要时得便宜行事,且该会可以咨询专家,并该会如认为适当时,可以将其职权之一部分,交一个或较多之小组委员会,或一个或较多资望素孚之人员办理之。

关于法律事项,该谈判委员会会员应以大会一九三二年三月十一十八①决议案之(一)(二)两项为根据,关于事实经过,应依据调查团报告书前八章中之记述。至于考虑解决办法,则应依照调查团报告书第九章中所立之原则办理,并应注意该报告书第十章之建议。

十九国委员会以因该项争执情形之特殊,认为如仅恢复一九三一年九月前之情形,不能作为永久之解决,而维持与承认满洲之现政体,亦不能视为解决之办法。"

十二月十五日曾将两决议之草案及意见书送达双方,并经中日代表提出修改。嗣本委员会委员长及秘书长奉令与双方进行谈话。十二月二十日,委员会议决闭会,并规定最迟须于一九三三年一月十六日再行开会,俾谈话得以继续进行。

[十四]日本在山海关长城内之军事行动

一九三三年一月初山海关发生严重事变,该关位于长城之终点,据北平辽宁之中心,在军事上素占重要,适当为自满洲进犯者所欲深入现所称河北省之街道,且从河北省为入,日本认为系"满洲国"一部分之热河省之捷径。据日方消息,张学良将军将大批军队自河北省北部运入热河,惟据中国方面消息,则谓日本军队对于热河已决定取大规模之军事行动。

一九三二年十二月二十九日,据日方报告,在前数日间中国军队之集中为抵抗热河,已昭然若揭。日本代表并于一九三三年一月四日声称驻北平日本当局,曾极力劝告张学良停止军事行动无效,遂在此紧张不安状态之中,于一月一日至二日之夜间发生山海关事件。

日本关东军队越过长城攻击榆城,旋于一月三日占领之。中国政府确知此役华人民众被杀者,不下数千,当以日本非法利用条约上之特权,于一月十一日向一九○一年和约签字各国提出抗议,并声明中国军队因防护正当权利而抵抗日军侵略所发生之情形,中国政府不负任何责任。

[十五]协商调解之失败

九国委员会复于一九三三年一月十六日集议,说明关于议决案草案及附加理由说明书,虽仍与有关各代表继续谈判,惟除中日代表团于十二月间所提之修正案外,并未接到新提案。但据日本代表团称,新提案尚在与本国政府接

---

① 编者按:原文如此。

洽中,当可于四十八小时内提出之。

一月十八日,委员会接到此项提案,得悉其内容与委员会十二月十五日送交两当事国者,有数要点根本不同。日本代表团既于新提案时特别注重对于指派之调解机关仅能包括国联会员国一项,则九国委员会以为日本政府倘对于决议草案不过反对此节,尚不难与关系各方磋商解决此问题。是以委员对于此点要求补充说明,是否日本政府如此项困难可以解除即预备接受十二月十五日之决议草案第一号。委员会以为与中国代表团继续谈判以前,尚须等候日本对于此点之答复,因中国代表团之提案尚不如日本提案之于决议草案持根本之异议。一月二十一日委员会说明日代表致委员会主席及秘书长之说明书,其要旨谓即使草案内删除邀请非会员国参加调解之规定,日本政府亦不预备接受决议草案第一号。日本代表团分致以说明书时,曾以本国政府名义提出新提案。

委员会经将此项提案(附件一)连同中国代表团对于十二月十五草案原文(附件二)之修正案一并审查后,以为除声明无法制定一双方可接受之草案外:不能更有何办法,且中国代表团及委员会自身均以邀请美俄两国参加调解认为重要,如果委员会须照日本提案之意义同时修改草案中其他规定,则殊难,因日本一国之请求,即删除邀请各该国之规定。

委员会又以即使将理由说明书改为宣言,由主席以委员会名义宣读,关系各方并可自由提出保留,日本政府亦不能接受十二月十五日委员会所定之原草案,而必以新提案对于原文要求重要修正,而为委员会所不能接受者。

因此情形,九国委员会以为业经努力预备求得双方赞同之调解以符其受托之责任后,但仍似不能向大会提出此种建议。

是以委员会为实行一九三二年三月十一日议决案第三段第五节所受托之责务起见,已按照盟约第十五条第四节,拟具报告书草案。

本决定开始拟具此项报告书草案时,委员会不得不声明调解失败后,惟大会有权实施第十五条第四节之条文。惟委员会仍可接收双方所拟提出之任何其他提案。至二月八日日本代表曾将对于二月十五日原文之另一修正案提交委员会。二月九日委员会考虑此项修正案后,认为可再将有关该案者询问日代表,尤以日本政府是否能接受调查团报告书第九章之第七项原则,即关于在满设立广义之自治机关,并承认中国主权行政之完整,作为预定调解基础之一,并将此问题于同日备函送交日本代表团(附件四)。二月十四日,日政府复文内称确信维持与承认"满洲国"之独立为远东和平之唯一保障,而此全体问题或由中日两国依此基础解决之(附件五)。委员会于答复此函中深表婉惜,只得认二月八日之日本提案为绝未给予可资接受之调解基础,并复以在大会末次会期以前委员会自仍愿①对于日政府拟另提之提案加以审查,但日本代表团当确知若加重现有状态,定使一再努力调解之责务,即不失败亦必更困难(附件六)。

第三部 争议之主要特性

由此记述可见行政院或大会继续试觅中日争议之解决方法,已逾十有六月,并已根据盟约各条及其他国际公约通过多数议决案。凡事变之历史背景,其情形之复杂与日本在中国境内行使广大权利之满洲特殊情形,以及在满洲数处中日当局间事实上现有关系之错综复杂,均证明国联之长期尽力于协商及调查确为必要。然行政院及大会所抱希望以期由各方之声明及其参加通过之议决案而促现状之进步,则已失败,而现状反趋于时更恶劣。在满洲或在国联会员国之一之其他地方,其军事行动诚如调查团所称为"变相的战争者",犹日进不已。

大会将争执之特要各点详加考虑后,得如下之结论,并知悉下列各项事实:

(一)提交国联大会之中日争执,发生于满洲。中国以及列强始终皆认满洲为中国之一部,其主权属于中国。日本政府,于其对调查团报告书之意见书内,辩驳在范围极小之南满铁路区域内,中国前给俄国,嗣转让于日本之权利,与中国主权冲突之说,谓:"其实此项权利系由中国主权而来。"

中国始给俄国,嗣给日本之权利,均起源于中国之主权。依照一九〇五年之北京条约,"中国皇室政府应允俄国按朴次茅斯条约,对于日本之一切让予"。一九一五年,日本展长其在满洲权利之要求,系向中国政府提出。其后同年五月二十五日关于南满及内蒙东部之条约,亦系由日本与中华民国政府所缔结,华盛顿会议时,一九二二年二月二日,日本代表团声明日本放弃南满及内蒙东部之某项优先特权,并云:"日本之所以决定放弃者,系基于一种公平温和之精神,始终注意中国之主权,以及机会均等之原则"云云。华盛顿会议

---

① 编者按:原文如此。应改为"仍自愿"。

所缔结之九国公约适用于满洲,自与中国其他各部无二。即在此次冲突之初期,日本对于满洲为中国之一部之说,亦从未持异议。

(二)就已往之经验而言,从前支配满洲之当局,对于中国其他各部之事务,至少在华北方面,均具有相当之势力,在军事上、政治上,处于有利之地位,尤无疑义。若强将该省与中国他部割开,势将造成一严重之"未收回领土"问题,而危及和平。

国联大会提出上述事实非不注意及满洲过去之自治历史。举其极端之例,在中国中央政府权力极弱之时代,张作霖之全权代表竟以中华民国东三省自治政府之名义,于一九二四年九月二十日与苏联缔结关于中东铁路航行划界以及其他问题之协定。惟该协定之条文,显然表示东三省自治政府,并未自视为对中国独立的国家之政府,盖该政府仅信关于中国在东三省之权益,东三省政府亦可自行与苏联谈判,虽则数月前中央政府已与苏联缔结关于上述问题之协定。

(三)东省之自治亦可于以前之张作霖及以后之张学良为民政及军事领袖,与夫藉其所属之军队及官吏在三省内行使权力各节窥见之,但张作霖迭次宣告之独立,从未表示张氏本人或东三省人民有欲脱离中国之愿望。张氏军队之侵入关内,仅系加入内争,而并非视中国如外国。故在东省屡次战争,及独立期间,东三省仍为中国之一部份。且自一九二八年以来张学良已承认国民政府之权威矣。

(四)在一九三一年九月以前之二十五年,中国与东三省之政治经济关系日增密切,同时日本在东三省之利益亦继续发展。在中华民国时代东三省所组成之满洲,已为中国他省移民完全开放,此项移民取得土地后已于种种方面,使东省成为中国本部在长城以北之延长部分。东三省人口约三千万,其中汉人及与汉族同化之满人占二千八百万。且于张作霖父子时代中国人民以及中国人之利益,对于发展及组织东三省经济利源,较前尤为重要。

同时日本在满洲所获取或要求之权利,其影响所及足以限制中国主权之行使。此项限制之情形及程度殊属逾越常轨。例如日本之治理辽东租借地,公然行使与完全主权相等之权利。又日本以南满铁路为中心,管理铁路地带,包括多数之城市,以及人烟稠密之要镇在内,例如沈阳、长春等地。日本在此数处管辖警政、税捐、教育以及公用事业,并在各处驻扎军队,如辽东租借地内之关东军,铁路地带内之路警,以及各处领馆之警察。此种状态如系双方彻底了解之密切经济及政治合作之表现或可长久继续,不致发生纠纷及不断之争执。但因无上述条件,此种状态终必引起双方误会及冲突。且两方权利之相互关系法律状况之有时不能确定,以及日本特殊地位之观念与中国国家思想之益形对峙,又为许多争执及纠纷之源也。

(五)在一九三一年九月十八日以前,每一方在东省对于他方均有正当之不平理由,因日本利用有疑问之权利,而中国则阻碍无疑问的权利之行使。在九一八事件发生以前之最近期内,中日两方曾竭力以外交谈判之通常方法与和平手段解决两方悬案。此项手段,并未用罄。但中日间在东省紧张之情势,日见增加,且日方意见,主张于必要时,以武力解决一切悬案。

(六)在中国目前所处之过渡及建设时期以内,虽有中央政府之努力,以及已经获得之极大进步,然政治上的骚乱,社会上的不安,以及分裂之趋势,实为过渡情形所必不能免,此所以必须运用国际合作之政策也。此项政策之一种方法即凡中国为使其人民改造,及巩固其国家而请求之关于革新制度之技术上帮助,悉由国联总续供给之。华盛顿会议席上所表示之国际合作政策,其原则今仍有效。然迟迟未能实行者,要皆由于中国不时有激烈之排外宣传也。由经济抵制及学校之排外教育两方面,此项宣传之发展,已造成使此次争执爆发之空气。

(七)九一八前,中国为表示对某事之愤慨,或图援助某项要求而实行之抵货运动,足使已形紧张之局势更趋紧张,九一八事件后之抵制日货,则属国际报复之举。

(八)国联盟约对于解决争议之规定,其目的,系在制止足使国家与国家不免决裂之紧张局势。国联调查团认为中日间之一切争执,均可用公断程序解决。但中日争执之汇集的增加,已使两国间关系,更形紧张。因此自觉受损之国家,于外交谈判过分延长之时,有不得不唤起国联对于此项局势之注意,且国联盟约第十二条所载:"(一)联合会会员约定,倘联合会会员间,发生争议,势将决裂者,当将此事提交公断,或依法律手续解决,或交行政院审查,并约定无论如何,非俟公断员裁决或法庭判决或行政院报告后三个月届满以前,不得从事战争。(二)在本条内,无论何案,公断员之裁决,或法庭之判决,应于相当时间发表,而行政院之报告,应自争议移付之日起,六个月内成立。"

(九)自一九三一年九月十八日夜至翌日为止,当地日军官或许自信其行动出于自卫。此种可能,不必断定其为必无。但日军昼夜在沈阳以及东省他处之军事行动,国联大会不能认为自卫手段。即日本嗣后在争执进行中所采取之全部军事行动,亦不能认为自卫手段。且一国之采取自卫手段,并不免除其遵守盟约第十二条之义务。

(十)自九一八后,日军当局之行政及军事之活动,于基本上受政治理由所驱使。日方在东省继续前进之军事的占领,使东省一切重要城镇,均脱离中国当局之支配并于每次占领之后,行政机关必经一度之改组。日本军政官宪,筹组施行满洲之独立运动,藉谋解决九一八后满洲之状况,并利用某某中国人之名义及行动以及素来不满于中国当局之某某少数份子与地方团体,以期达到此项目的。此种运动系受日本参谋部之援助与指导,其所以能实行者,端赖日军之存在,不能认为自动及真实之独立运动。

(十一)前段所述运动的产生之"满洲国"政府,其主要政治及行政权,均操诸日本官宪及日籍顾问之手中。彼辈所居地位,足使其实在的指挥及支配东省行政。在东省占人口大多数之中国人,大抵均不拥护此种政府,并视为日人之工具。"满洲国"于调查团完成报告书后尚未经行政院大会讨论以前,得日本之承认,唯尚未得其他任何一国之承认。国联盟约国特别认为此项承认,与一九三二年三月十一日决议案之精神不合。

引起九一八事变之情形,实具有一种特殊之色彩。随后因日本军事动作之进展,"满洲国"政府之产生,及日本对该政府之承认,情势更形扩大。此案既非此国对于彼国,不先利用国联盟约所定调解之机会而遽行宣战之事件,亦非此一邻国以武力侵犯彼一邻国边界之一简单案件,殆无疑义。因就上述情形而言,东省具有许多特点,非世界其他各地的所能确切比拟者也。然日本军队,未经宣战,将中国领土之一大部份强行占领,且使其与中国分离宣布独立,则又为不争之事实。

国联行政院于其一九三一年九月三十日决议案中,提及日方声明,谓日本军队,业经开始撤退。日本当以日本人民生命财产之安全,有切确之保证为比例,仍继续将其军队从速撤退至铁路区域以内,并希望从速完全实行此项旨愿。又于一九三一年十二月十日决议案中重申九月三十日之决议,提及当事两方承诺采取必要办法,防止情势之再行扩大,并遏制任何行动,致再令发生战争及丧失性命之事。

关于此案应请注意者,国联盟约第十条曾规定会员国应尊重其他会员国之领土完整及政治上之独立。

又盟约第十三条曾规定会员国同意凡会员国间,遇有事端,足以引起彼此决裂者,愿将争端提交公断或依法律解决,或由行政院予以调查。

在九一八事变以前,原来之紧张状态,其责任因在于当事两方。但九一八事变后,中国要不负任何责任。

大会报告书草案(照颜代表十七日来电修正)。

第四部　建议

绪言

兹于提出建议之时,大会回忆本案件特殊之情形,并留意下列各项条件及观念:

第一节

无论任何解决办法,须不违反国联盟约、非战公约及九国条约。

盟约第十条　联合会会员担任尊重并保持所有联合会各会员之领土完全,及现有之政治上独立,以防御外来之侵犯,如遇此种侵犯,或有此种侵犯之任何威吓,或危险之虞时,行政院应筹履行此项义务之方法。

非战公约第二条　缔约各国互允各国间,设有争端,不论如何性质,因何发端,只可用和平方法解决之。

九国公约第一条　除中国外,缔约各国协定:

(一)尊重中国之主权与独立,暨领土与行政之完整。

(二)给予中国完全无碍之机会,以发展并维持一有力巩固之政府。

(三)施用各国之权势,以期切实设立,并维持各国在中国全境之商务实业机会均等之原则。

(四)不得因中国状况,乘机营谋特别权利,而减少友邦人民之权利,并不得奖许有害友邦安全之举动。

第二节

国联对于解决办法之态度,经三月十一日决议案第一第二两节,予以确定。该决议案认盟约所载各项规定,对于此次争执,完全适用,尤以关于:(一)尊重条约;(二)负有尊重并保持所有联合会各会员国领土之完整,及现有政治上之独立,以防御外来侵犯之义务;(三)负有将一切争执由和平方法解决之义务。

大会采用一九三一年十二月十日行政院主席宣言中以声明之原则。回溯行政院十二会员国,于一九三二年二月十六日致日本政府声请书中,曾重声此项原则,宣言凡破坏盟约第十条之规定者,均不能认为有效。认上述原则,与非战公约完全相符。声明上述原则,具有一种必须遵守之性质,并宣告不承认之原则。

最后郑重申说凡用武力压迫,以求解决办法者,与盟约精神实相违背,并回溯两次行政院所一致通过之决议案。

第三节

为使当事国间得树立一种能垂诸久远之谅解起见,解决争执之办法,须不违背李顿报告书中所载之十项原则,即:

(一)适合中日双方之利益 双方均为国联会员国,均有要求国联同样考虑之权利。某种解决,苟双方均不能获得利益,则此种解决必无补于和平之前途。

(二)考虑苏俄利益 倘仅促进相邻二国间之和平,而忽略第三国之利益,则匪特不公,抑且不智,更非求和平之道。

(三)遵守现行之多方面条约 任何解决必须遵守国联盟约、非战公约及华盛顿九国条约之规定。

(四)承认日本在满洲之利益 日本在满洲之权利及利益乃不容漠视之事实,凡不承认此点或忽略日本与该地历史上关系之解决,不能认为满意。

(五)树立中日间之新条约之关系 中日二国如欲防止其未来冲突及回复其相互信赖与合作,必须另订新约,将中日两国之权利利益与责任,重加声叙。此项条约应属双方所同意之解决纠纷办法之一部分。

(六)切实规定解决将来纠纷之办法 为补充上开办法以图便利迅速解决随时发生之轻微纠纷起见,有特订办法之必要。

(七)满洲自治 "满洲政府"应加以变更,俾其在中国主权及行政完整之范围内获得高度之自治权,以适应该三省地方情形与特性。新民政机关之组织与管理,务须满足良好政府之要件。

(八)内部之秩序与对于外来侵略之保障 满洲之内部秩序,应以有效的地方宪警维持之,至对于外来侵略之保障,则须将宪警以外之军队,扫数撤退,并须由关系各国,订立互不侵犯条约。

(九)奖励中日间之经济协调 为达到此目的,中日二国宜订新通商条约。此项条约之目的,须为将两国间之商业关系置于公平基础之上,并使其与两国间业经改善之政治关系相适合。

（十）以国际合作促进中国之建设　现时中国政局之不稳,既为中日友好之障碍,并为其他各国所关怀,因远东和平之维持,为国际间所关怀之事件;而上述条件,又非待中国具有强有力之中央政府时,不能满足,故其圆满解决之最终要件,厥惟依据孙中山博士之建议,以暂时的国际合作,促进中国之内部建设。

大会爰建议如下:

（一）兹因满洲主权既系属诸中国

（甲）鉴于日军进驻铁路区域以外,及其在铁路区域以外之动作,既与解决争端,必须遵照之合法原则,不相符合,而在极早期间成立一种与各该原则互相吻合之事实上之局势;又既属事所必要,大会爰建议此项军队予以撤退。鉴于本案之特殊情况,嗣后应建议会商之第一目的为着手一种有组织之撤兵,并决定其方法、步骤及期限。

（乙）鉴于满洲特殊地方之情形,尤以鉴于日本在该处之权利利益,以及第三国之权利利益,大会爰建议于一合理期间内,在满洲成立一种之组织,该项组织隶属于中国主权之下,与中国行政完整不相违背,并应具有最大范围之自治,以适应当地之情形,同时应注意多方面所订立各种现行有效条约,尤其日本之权利利益,与夫就概括论上述之各项原则及条件。至各种权限之确定,暨与中央政府之关系,由中国政府以宣言方式行之。该项宣言,具有一种国际了解之效力。

（二）

兹因李顿报告书既提及某某其他各种问题,以促进中日双方良好之了解,此种了解,实为远东和平所维系。大会爰建议当事两方应以调查团报告书所订定之原则与条件为基础,将各该问题解决之。

（三）

兹因实行上述建议之会商,其进行既应由一适当之机关执行之。大会爰建议当事两方,依照后开方法,开始会商,并请当事各方向秘书长通知,是否以对方亦应接受为唯一之条件,接受大会建议之解决方案。

当事双方进行会商时,应由大会所组织之委员会参加会商,并辅助之。

大会兹邀请每一国政府,一待接到秘书长通知当事国业已接受大会建议之后,即应派定委员会委员一人。秘书长并应将当事国业已接受大会建议一事,通知美国及苏俄,各该国如愿意指派委员会委员,并应请其指派一人。秘书长在知悉当事双方业经接受大会建议后一个月内,应采取一切适当步骤,开始会商。

为使各会员国于会商开始后,得评判当事各方,是否遵照大会建议起见:

(甲)委员会无论何时,如视为适当,对于会商情形,得缮具报告书,而以关于实行第一第二两项建议之会商情形,尤为重要。关于第一项之建议,委员会无论如何在开始会商三个月内,应缮具报告书。各该报告书并应分送会员国及在委员会中派有代表之非会员国。

(乙)委员会得将与解释报告书本节有关之一切问题提出于大会。

大会应依照盟约第十五条第十节,予以解释。叩。

凡移付大会之任何案件,所有本条及第十二条之规定,关于行政院之行为及职权,大会亦适用之。大会之报告书,除相争各造之代表外,如经联合会列席于行政院会员之代表,并联合会其他会员多数核准,应与行政院之报告书,除相争之一造或一造以上之代表外,经该院会员全体核准者同其效力。

鉴于本案件特殊之情形,故所作之建议并非指仅从事恢复一九三一年九月以前存在之现状,亦非维持并承认满洲现在之制度。盖维持并承认满洲现在之制度,与现存国际义务之基本原则,及两国良好之了解不相符合而二国良好之了解,实为远东和平所维系。当有甚为明显者即国联会员国之采用本报告书,实意在于遏制采取任何行动,性质近于妨碍或延宕建议之实行,而以对于满洲现行制度一事为尤甚,无论在法律上及事实上,各该国均应继续不承认此种之制度。

关于东省之时局,各该国意在遏制任何单独行为,各会员国中应继续采取一致动作,于可能范围内,与有关系之非会员国合作。除会员国外,九国公约签字国亦同意:

无论何时遇有某种情形发生,缔约国中之任何一国,认为牵涉本条约规定之适用问题,而该项适用宜付诸讨论者,有关系之缔约各国应完全坦白、互相通知。

为极力建议在远东成立一种与本报告书结论不相违背之时局起见,兹训令秘书长将该项报告书抄本分送签字非战公约或九国公约之非会员国,并向各该国声明,大会希望各该国附和报告书之见解,在必要时,对于远东事件之进展,并与会员国采取一致之态度与行动。

照译中国代表团对于报告书之批评(见二月十四日中国代表团来电)

同人曾托友好诸人,提出以下批评:

(一)第一建议中曾请中国采取若干之动作,即宣布自治,但各建议中并未请日方采取动作。

(二)第二建议之最后一句,以十月二十四日决议案之第四段甲节及第五段为基础予以修改。

(三)第四建议第三段"唯一条件等等……"意义不明。

(四)关于现状一事,末段字义不明了,应于"现状"之后,加入九月十八日以前存在之行政机关。

(五)对于报告书建议接受之期限,应予指明。

索　引

A

爱文诺(Joseph Avenol)　223,285

B

巴拿马　331－336

白里安(白立昂,Aristide Briand)
　40,79,116,295,329,389,399,
　401,405

班纳斯(Edvard Beneš)　15,156,
　158,172,175,239,341,357,362

鲍振青　71,73

北大营　2,90

北平档案保管处　246,247

C

蔡元培　202

陈铭枢　202

陈守明　322,323

陈友仁(友仁)　72,100,102,104,
　390

重光葵(重光)　2,78,95,139,140

D

大沽口　46,207,208

抵制日货(抵货)　10,25,86,129,
　140,145,151,158,210,213,
　215,216,222,230,231,233,
　238,241,265,266,268,272,
　284,290,295,300,301,354,
　362,371,373,382,384,402,415

丁超　104,214,245

丁士源(士源)　319,320

东北外交研究委员会　77,104－106

东三省　46,66,72,76,113,114,
　117,121,123,130,187,200,
　210－213,216,232,233,236,
　237,252,253,263,264,269,
　271,272,279,280,283,287,
　292,293,295,296,301,317,
　336,390－392,396,397,414

E

"二十一条"　67,74,83,138,238,
　388

F

伐勒拉（凡勒拉、伐维拉、伐维诺，
　Éamon de Valera） 15,239,
　262,267,269,272 – 278,341,
　408

芳泽谦吉（芳泽） 40,79,89,209

非战公约（非战条约、凯洛【格】公约）
　2,8 – 10,25,43,53,63,69,
　70,78,79,86,105,113,114,
　117,118,121,122,126,144,
　149,186,193,195,218,219,
　227,241,263,264,266,267,
　274 – 276,278,279,281,284,
　287 – 289,291,298,300,311,
　315,318,324,347,351,354,
　375,390,399,406,407,409,
　417,418,420

G

共产党 230,262,281,303,317,381

古北口 185

顾孟余 205

顾维钧（少川） 36,94,95,107,134,
　135,151,178,181 – 183,185,
　188,189,192,194,198,200,
　201,232,236,247,248,251,
　260,267,268,270,275,280,
　346,353,359,378,380,381,383

顾问会议 211,213 – 216,229 –
　232,252,341

关东军 2,244,407,411,414

郭泰祺（复初） 36,134,151,162,
　185,188,189,191,192,200,
　201,294,302,346,373,379,386

国联调查团中国代表处（参与国际联
　合会调查委员会中国代表处）
　246,260,261

国联盟约（国联会章、国际联合会盟
　约） 2,40,41,76,84,113 –
　115,118,121,124,126,186,
　195,219,227,241,264 – 266,
　271,274 – 279,281 – 296,298,
　300 – 302,308,310,311,315,
　318,324,330,351,406,407,
　409,410,415 – 418

H

哈斯（Robert Haas） 247,252

何应钦（敬之） 184,196,203,207,
　208

何柱国 153,161,165,167,170

赫里欧（Edouard Herriot） 285,
　310,353,355,369,382,383

胡汉民（胡展堂） 234

胡适（适之） 77

华侨 1,62,77,83,322,323,336,
　360,393

黄德中 63,64,66,68,69,71

黄郛（膺白） 196

J

江苏省国难救济会 75,76

蒋梦麟 195

蒋介石(中正、蒋主席、蒋委员长) 1-37,80,86-88,121,163, 164,166,180,183,184,189, 190,210,226,230,241,262, 280,368,388,394

蒋作宾(蒋公使) 5,7,32,41,52, 79,90,92,130,176,178-180, 251

交通部 252,253,259,260

锦州 58,76,81-83,95,98,99, 101,115-117,122,123,169, 245,266,283,286,391,394, 398,400,402

九国条约(九国公约、华盛顿条约、华 府条约) 3,4,25,39-41,43, 53,105,113,114,117,121,122, 126,144,148,149,193,195, 218,219,225,227,232,264, 265,271,275,276,278,281, 283-290,298,299,301,311, 315,318,324,351,375,387, 388,409,414,417,418,420

九一八事变(沈阳事变、满洲事变、满 洲事件) 40,41,54,78,100, 211,230,249,252,266,278, 283,289,291,334,391,394, 395,400,416,417

军缩会议 49,118,141,186,187, 223,308,342,360,368,379,385

K

孔祥熙(祥熙) 11

L

兰浦森(蓝普森、蓝博森、蓝博辛、蓝 浦森,M. W. Lampson) 28, 131,134,142,170,348,370, 374,375

李杜 214,245

李顿 6,25,136,138-140,170, 177,178,209,217,221-223, 228,229,234,239,243,248- 251,262,265,266,269,271, 273-279,282,286-293,297- 302,309,311-313,318,329, 340,348,359,362,363,373,408

李顿报告书 6,7,9,10,26,28,144, 163,217,220,226,227,229, 231,262,266,267,271,272, 276,277,280,286,288,289, 294,298,303,306,312-314, 318,324,327,343,350,354, 356,359,418,419

李锦纶 11,12

李世中 332,334,336

李维诺夫(李特维洛夫,Maxim Litvinov) 4,9,52,224,226, 229,309,349,351,364,366

刘哲(敬舆)　94,98,103

路透(路透社)　14,23,43,143,144,
152,191,209,262,267,273,
277,278,280,283,285,291,
297,304,307,309,391

罗怀　320,322,323,326,328,330,
331,335

罗伦　322,328 - 330

罗文干(文干、钧任)　3 - 6,8 - 24,
26 - 35,77,84 - 86,94,98,103,
107 - 111,139,140,174,182,
183,186,190,196,199,207 -
210,212,213,220,223,224,
247 - 249,251

罗忠诒　338

洛阳　84,108,126,392

M

马达里亚加(马达里阿格、马达利助、
玛特利亚格、玛特利亚嘎、马特
利阿嘎,Salvador de Madariaga)
175,239,272,291,349,368

马占山　57,96,113,204,249,353,
400

麦唐纳(James Ramsay MacDonald)
127,285,368

满铁(南满洲铁道株式会社)　75,
96,105,203

"满洲国"　9,26,28,146,148,152,
156,157,163 - 166,168,171,
173,217,220,227,229,240,

242,244 - 246,249,264,265,
271,282 - 284,286 - 293,296,
300 - 303,307,310,311,313,
319,321,324,340 - 343,347,
348,350,351,353,357 - 364,
374,376,394,396,397,404,
407,408,411,413,416

美国　2 - 4,8,9,11,20,23,25,26,
28,32,33,35,39,51 - 53,59,
61,67,70,72,73,79,91,105,
117,121,122,124 - 126,128,
129,131,133,134,136,137,
150,164,168,170 - 172,186,
189,192,194,197,202,214,
220,224,231,236,241,251,
263,268,270,278,282,288,
296,297,301 - 303,305,307 -
309,314,321,326,327,333,
334,336,338 - 340,342,347,
348,352,354 - 359,365,367 -
373,376,377,383,386,388 -
393,398,399,402,404,406,
409,420

门户开放　53,120,213,385

莫德惠　203,204

莫斯科　9,52,56,195,202,203,
206,235,338,339,349,352,
366,367,392

N

南满铁路　66,80,117,244,245,

256,283,301,397,398,400,
401,413,414

内政部 3

嫩江桥 400

牛拉德(牛拉兹,Konstantin von Neurath) 294,296,297

P

潘佑聚 60

彭古(彭考尔,Paul Boncour) 126,
134,135,139,294,295,358,
366,367,370,371

蒲立德(William Bullitt) 338

朴次茅斯条约 413

溥仪 7,232,320,379,380,404

Q

齐齐哈尔 113,122,245,283,286,
400

钱泰(阶平) 204,221,349

青岛市政府 88

权世恩 56-58,204,205

R

热河 4,22-24,27,29,30,32-34,
36,42,47,49,78,86,109,117,
120,122,149,151,159,165,
166,171,173-178,180-185,
187,190,191,200,246,364,
365,367,370,375,411

日内瓦(日来弗) 2,4,6,8-18,21,

23,29,30,32,34-36,39-41,
43,44,52,54,59,78,79,84,86,
87,89,93,102,103,108,109,
112,118-120,124-141,143,
144,146-186,188-192,194-
198,200,201,209,210,212,
214-216,218-232,234-241,
247,252,259,260,277,278,
281,287-289,303,305,306,
308,311,330,340-367,369-
372,375-377,385,397,398,
403-405

S

山海关(榆关) 20-23,46,85,86,
91,101,109,117,145,150,151,
153,159-163,169,170,198,
245,246,353-357,363,364,
391,395,402,411

上海救国团 27

施肇基 11,12,81

十九国委员会(十九委员会、十九人
委员会、十九国特委会、十九人
特别委员会) 6,11,16,23,
28-30,34,127,145,147,156,
157,165-167,171,172,175-
177,211,217,218,229,232,
241,262,277-279,285,286,
291,293,294,296,297,299-
302,304-316,341,343,347,
349-351,360,362,363,404,

411

史汀生（Henry Lewis Stimson）
　　19,25,39,136,391,393

松冈洋右（松冈）　14,15,36,72,85,
　　105,143,150,153,167,177,
　　181,218,239,240,262－265,
　　267－275,277,280,282,283,
　　288,292,293,296,299,300,
　　302,304,305,308,311,342,
　　361,368,370

淞沪　56－58,84,132,142,145,
　　162,169,403

宋子文（子文、宋院长）　3,16,19－
　　21,24,27,33,94,134,215,220,
　　233

苏炳文　239,364

苏俄（苏联）　12,39－42,46,51－
　　53,56,59,72,73,75,104,124,
　　194,202,204,205,212,224,
　　231,237,280,281,296,297,
　　303,305,307,309,314,320,
　　321,339,349,351－353,359,
　　360,364－367,381－383,385,
　　386,409,414,418,420

T

台维斯（台维丝、特维斯，Norman
　　H.Davis）　9,13,14,144,191,
　　192,285,309,340,348,372,
　　373,376,377

汤玉麟　109,180,246

唐生智　208

洮昂铁路　400

洮南　81,245,286

特拉蒙（特拉门、德拉蒙德、特拉孟、
　　拉德蒙、拉特蒙、特莱孟，Eric
　　Drummond）　10,23,116,125,
　　129,138,155,156,158,163,
　　164,170,221－223,239,273,
　　277,304

特种外交委员会（外交委员会）　10,
　　12,35,81,90,91,93,97,98,
　　101,112,115,123,179,212,
　　227,230,232,234,248,393

天津　33,46,61,81,82,88,93,97,
　　98,100,106,107,124,160,187,
　　244,404

田中奏折　238,239,269,271,281,
　　380

铁道部　205,206,236

童德乾（德乾、乾）　48,50,52,54,
　　55,59,60

W

外侨　111,113,118,281

汪精卫（汪院长）　3,130,132,142,
　　144,163,168,191,192,196－
　　201,203,206,220,222,223,
　　226,228,251,373,381

汪延熙　319,320

王宠惠　1,62,79,89,126,225

王麟阁　337

王廷璋 59

王维宙 98,103

王曾思 204

王正廷(儒堂) 78,80,86-89

威海卫 247

倭贼 39,41-55

吴朝枢 179

吴秀峰 154

五国起草委员会 307,309,310

X

西门(西蒙,John Allsebrook Simon) 22,28,33,128,129,131-133,136,141,143,144,146,147,152,167,170,179,239,273,277,294-296,300,302,305,307-309,315,340,346,348-350,353,356,357,361,368,370,371,377,389

希孟(西姆士、西姆斯、希孟姆,Paul Hymans) 127,137,138,140,146,165,222,223,226,277,279,285,288,297,300,304,305,313,326,329-331,351

喜峰口 185,189

暹罗 322,323,365

谢介石 232,249

辛丑条约 99,149,160,375

熊崇志(崇志) 317,318,325,327

徐谟(叔谟) 119,223,248

宣传部 389-391,393

Y

亚洲司 200,317,319

《烟台关东水线办法合同》 252,253,255,257,259

颜惠庆(骏人) 36,128,129,142,151,183,185,189,194,206,221,278,279,282,286,297,308,346,367,393

杨永泰 29

叶楚伧 36

义勇军 5,10,25,65,85,86,150,151,153,245,246,279,288,404

应歌兰(E. M. B. Ingram) 147

英国 4,11,19,21,23,24,28,33,50,72,128,131,132,135,143,158,164,170,178,179,190,194,195,273,279,294-296,299,301,307,308,315,318,342,345-347,350,352-355,358,359,361,364,366,368,370-373,375,379,384,386-389,392

Z

张伯苓 88,109

张国威 55

张海鹏 72,400

张景惠 232

张慎微(慎微) 29,32-34

张树森 73

张学良(汉卿、张副司令)　2,3,28,
　　29,32－34,72,78,80－82,84－
　　104,106－111,118,159,165,
　　167,185,234,245,246,249,
　　264,402,411,414

张作霖　72,234,235,280,414

赵公望　389,391,393

赵欣伯　72,400

郑孝胥　232,249

芝加哥　61,317

中东路(中东铁路)　51,53,84,202,

205,206,245,246,382,383,
392,400,414

《中日电约》　252,253,256,259

《中日满洲陆线办法合同》　252－
254,259

中央政治会议　116,179

周龙光　82

周熙岐　328

朱家骅　253

朱培德　208

字林西报　300,389

图书在版编目(CIP)数据

"国史馆"藏档. 二 / 陈海懿,常国栋,张任编. — 南京：
南京大学出版社,2019.12

(李顿调查团档案文献集/张生主编)

ISBN 978-7-305-08652-6

Ⅰ. ①国… Ⅱ. ①陈… ②常… ③张… Ⅲ. ①中国历史
—史料—民国 Ⅳ. ①K260.6

中国版本图书馆 CIP 数据核字(2019)第 236987 号

项目统筹	杨金荣
装帧设计	清 早
印制监督	郭 欣

出版发行 南京大学出版社
社　　址 南京市汉口路 22 号　　　邮 编 210093
出 版 人 金鑫荣
丛 书 名 李顿调查团档案文献集
丛书主编 张 生
书　　名 "国史馆"藏档(二)
编　　者 陈海懿 常国栋 张 任
责任编辑 黄 睿

照　　排 南京南琳图文制作有限公司
印　　刷 南京爱德印刷有限公司
开　　本 718×1000 1/16 印张 29.5 字数 483 千
版　　次 2019 年 12 月第 1 版 2019 年 12 月第 1 次印刷
ISBN 978-7-305-08652-6
定　　价 150.00 元

网址：http://www.njupco.com
官方微博：http://weibo.com/njupco
官方微信号：njupress
销售咨询热线：(025)83594756

ISBN 978-7-305-08652-6

9 787305 086526 >

定价:150.00元